新闻职场告白

◎ 韩自力 著

上海大学出版社

图书在版编目(CIP)数据

新闻职场告白/韩自力著. —上海:上海大学出版社,2018.1
ISBN 978-7-5671-3055-5

Ⅰ.①新… Ⅱ.①韩… Ⅲ.①新闻工作-文集 Ⅳ.①G21-53

中国版本图书馆 CIP 数据核字(2017)第 311553 号

责任编辑　黄晓彦
封面设计　缪炎栩

新闻职场告白

韩自力　著

上海大学出版社出版发行
(上海市上大路99号　邮政编码200444)
(http://www.press.shu.edu.cn　发行热线021-66135112)
出版人　戴骏豪

*

上海华教印务有限公司印刷　各地新华书店经销
开本 710mm×1000mm 1/16 印张 25 字数 449 000
2018年1月第1版　2018年1月第1次印刷

ISBN 978-7-5671-3055-5/G·2712　定价:60.00元

序

寿光武*

韩自力先生新闻自述体著作即将出版，嘱我写几句话。我欣然同意。

作为老同事，十多年朝夕相处，在我们各自60多年的人生中，很难再找到如此长时间相处、相知、相惜的缘分。这本书是写他自己的新闻从业经历，而其中着墨最多的那一段，正是我们在一起的岁月。我是目击者、参与者、合作者。我们是并肩而战的媒体人！

翻阅他的书稿，一段沉沉的历史浮现在眼前，一些新闻采编的故事和场景涌现在眼前，一个熟悉而又陌生的形象展现在眼前。

那时，每天早上6点半，我们都会走进位于上海汉口路300号19层的《新闻晚报》编辑部，7点30分会准时召开编前会。他总是坐在我的右手边。《新闻晚报》编辑部的主要领导、各部门主任和当班编辑、值班记者聚集在一起，开一个战前"神仙会"。会上，我们有一整套的流程：先要点评昨夜今晨全球发生的和即将发生的重要新闻事件与新闻热点。接着，研究、分析兄弟媒体的新闻观点和新闻处理手法以及版面布置，然后提出我们的战略与战术。根据原先制定的选稿原则，我们用独家、民生、时段、事件、故事、话题诸标准，确定当天下午出版的《新闻晚报》的稿件安排，头版头条是什么？头版主打是什么？整张报纸的新闻大餐是什么？重要的评论是什么？然后排兵布阵，突击补充采访，再根据各版定位和特色，编辑版面。

晨会结束，我们会聚集在4楼食堂吃早餐。中午12点签完报纸大样，电脑传版至印刷厂。我们又一起午餐。下午1点，召开新闻业务会，点评分析昨天出版的《新闻晚报》，传达中宣部、市委、市政府和市委宣传部等有关部门的指示和要求。然后各部门通报新闻采访线索，布置安排明天的采访稿件。

十多年来，我们就是按这样的生活节奏，日复一日地度过我们的新闻生涯的。为了一份我们十分珍视的报纸，为了我们的新闻理想，为了我们的事业、责

---

* 寿光武，原解放日报报业集团副总编、《新闻晚报》主编。

任与担当,我们总是把这些单调、严谨、枯燥的编辑生活,变得激情澎湃、荡气回肠!

那时的《新闻晚报》来了不少倩女帅哥,他们从学校出来不久,有理想,有活力,编辑部内总洋溢着一种舍我其谁的锐气、正气、勇气,时常弥漫着一种诙谐幽默、友好融洽的工作氛围。所以,当我翻阅他的书稿时,就会不由地怀念起那个值得怀念的时光。

那个时期,可以说是中国纸媒的全盛时代。党报、机关报,其主流特色很明显,继续拥有权威性和话语权。晚报的回归与兴起,凭着其市井风格和亲民路线,一下子赢得了本土市民的钟爱。而随后崛起的都市报,利用上午发行的优势,着重事件、娱乐、服务,沿着晚报的都市亲民通俗风格,走得更时尚、更年轻。那时全国的媒体市场普遍引入了竞争机制。一个城市,两个报业集团,党报、晚报、都市报,或捉对厮杀,或两军对垒,或正面冲撞,或迂回骚扰,煞是热闹。

《新闻晚报》隶属于解放日报报业集团,与《新闻晨报》互为姊妹报。当年创刊时,是一日三刊。出师未捷,果断调整。在少帅裘新的率领下,放弃午报,维持晚报,主攻晨报。由于上海晨报市场空白,战略得当,再加上一大批极具才华的年轻传媒人的奋斗,《新闻晨报》一炮而红,广告份额一下子超越《新民晚报》,不仅在上海,乃至全国纸媒中也成了新秀、翘楚。

《新闻晚报》的发展就曲折得多。解放日报报业集团要出一份晚报是多年的夙愿。所以,晚刊甫出,解放传媒人就有兴奋感,就集中优势兵力,欲挑战老牌的《新民晚报》。然而,这种想当然的匆忙上阵,只能以哑炮为代价。等到集团决定调整战略主攻晨报市场时,晚报的任务就是配合晨报发展,"骚扰"《新民晚报》发展。《新闻晚报》是《新闻报》框架下的一个编辑部体制,没有自主发行、没有广告权和人事权。那时,上海零售市场上,只要说到《新闻报》,必定是《新闻晨报》,说到晚报必定是《新民晚报》。中国的晚报市场已经出现产能过剩问题了。可以说,《新闻晚报》生不逢时,从趋势上来看已经没有什么发展空间。当然,这判断乃是事后诸葛亮。

那时晚报编辑部只有30多人,我是奉命而来。而胡廷楣、韩自力两位副总编辑却是自愿加入,并始终是乐天派。在这本书中,所记载的许多新闻事件,就是在那样的背景下所展开的。

《新闻晚报》虽然生不逢时,但是它的许多探索和理念,在上海新闻界是留下痕迹的,是留下启迪的。所谓逆水行舟,却也有一番风景可观。它在上海综合性日报中,率先突破体制框架,将经营权剥离,引入上市公司和民营资本,组建股份制公司。在发展战略上,先后提出:站在边缘为主流呐喊、控制型发展等创新理念。在报纸形态上,在国内率先试行狭长形大报模式。在编辑排版上,独创潮汐式理论。在采访上,率先提出了网格化模式。在战术上,采用不是用巴掌、拳头,而是用锥子,攻其一点,不及其余的方式,用特色打开市场。《新闻晚报》当年的教育新闻、社会新闻都是有口皆碑的。《新闻晚报》的新闻事件策划,以及自办发行和营销活动,在业内也都是非常有影响力的。

当然,《新闻晚报》最有影响力、最激越感人的是它的绝唱。它,成为上海两大报业集团合并后,主动休刊的第一张报纸。这既是上海纸媒调整布局的需要,也是它的宿命,更是中国纸媒的必然趋势。由于是第一,就特别有反响。它的休刊,既悲壮又理性,既突然又必然,既匆忙又妥善,展现了这支团队良好的素质和形象,也体现了上海报业集团的魅气、魄力和能力!我和自力兄,都是这张报纸的催生者和目送者。记得那天清晨,我们坐在莘庄的解放日报报业集团的新大楼里,坚持开完最后一个《新闻晚报》编辑会,坚持在最后一张大样上签名付梓。这种唏嘘、感怀、落寞,是无法用言语表述的。

那么,韩自力又是怎样一个人呢?

首先,他是一个大写的上海男人。他有个性,他不像许多上海人那么善于机敏,善于关系。他阳刚,从不避讳自己的见解。他有人格魅力,在晚报青年中有一定的影响力、号召力。他这样的性格与气质,也许与他家多为兄弟有关,也许与他插队和求学于东北黑龙江有关,也许与他出身于老干部革命家庭有关,他身上总涌动着一股豪气、侠气。

他根正苗红,拥有中国人才培养的全要素:党员、正规学历、插队落户知识青年、公务员。他先后在《上海商报》《新闻报》《新闻晚报》和上海电视台从事新闻采编、策划。他很早就获得新闻高级职称。这样的人才、汉子,早就应该成为我们新闻界的领军人才。由于他的工作变动太多、太快,而有些媒体组织建制也不完善,他一直没有得到及时的应有的重用。当然,磨刀不误砍柴工,最终他还是老树开花,修成正果,成为《新闻晚报》的领导。虽然,韩自力并不在乎这些官方的首肯,他有自我奋斗的精神和顽强的自我成长能力,但是我们的新闻事业毕竟主要还在体制内,不可否认这里还是聚集着中国新闻界的主要精英。

他可以说是中国近40年来传统报人的一个缩影与写照,也是中国改革开放历程的记录者与参与者。

他还是个社会活动家,他把当年赴黑龙江战天斗地的知识青年聚拢在一起,成为"黑帮黑兄"的头儿。他为两地文化、经济交流交往做了诸多工作;为知青和家属排难解忧不遗余力!他热爱生活,酷爱旅游。自从学会驾驶,有了汽车以后,每年驰骋上万公里,游览五岳山川。沿途拍摄了大量资料照片,写下了大量旅游笔记。

退休了,他更潇洒自任了,他更有情怀和诗意了。他很用心,把传媒生涯的点滴都记录下来。于是,就有了这本书。

而我能率先拜读又涂鸦成序,既是对他的敬重,也是对那段历史的深深缅怀!

目 录

1. 乱点鸳鸯谱 ………………………………………… 1
2. 无聊的日子 ………………………………………… 4
3. 艰难的跳槽 ………………………………………… 6
4. 给报纸挑错 ………………………………………… 8
5. 贵人相助 …………………………………………… 11
6. 保持距离 …………………………………………… 13
7. 自费采访 …………………………………………… 16
8. 亦编亦采之路 ……………………………………… 18
9. 被"毙"的稿子 ……………………………………… 22
10. 首篇获奖新闻 ……………………………………… 28
11. 再顶头版编辑 ……………………………………… 30
12. 感谢这本书 ………………………………………… 33
13. 部长的批示 ………………………………………… 36
14. 从图片突破 ………………………………………… 39
15. 甘愿为图配文 ……………………………………… 43
16. 现场通讯的优势 …………………………………… 46
17. 补上采访这课 ……………………………………… 49
18. 不猜动机 …………………………………………… 53
19. 闯入警戒线 ………………………………………… 55
20. 柳暗花明 …………………………………………… 58
21. "扫街"的活力 ……………………………………… 62
22. 好奇与质疑 ………………………………………… 64
23. 带实习生 …………………………………………… 67
24. 第二次跳槽 ………………………………………… 70
25. "奥特曼"的夭折 …………………………………… 72
26. 我与电视之缘 ……………………………………… 82

27. 泪湿"妈妈万岁" ………………………………………… 85
28. 单挑"就业市场" ………………………………………… 91
29. "马蹄"与"澳门" ………………………………………… 94
30. 以人民眼光评判 ………………………………………… 97
31. 铁窗里的对话 …………………………………………… 99
32. 神灵与法律（上） ……………………………………… 103
33. 神灵与法律（下） ……………………………………… 106
34. 一次艰难的较量 ………………………………………… 109
35. 七个女大学生的遭遇 …………………………………… 112
36. 躲猫猫似的采访 ………………………………………… 116
37. 截然不同的声音 ………………………………………… 119
38. 退款门前排起队 ………………………………………… 123
39. 碧纯水战 ………………………………………………… 128
40. 与律师对话 ……………………………………………… 131
41. 跌宕起伏的官司 ………………………………………… 134
42. 决斗与计谋 ……………………………………………… 138
43. 《智力大冲浪》兼职 …………………………………… 142
44. 中组部下达的任务 ……………………………………… 147
45. 商海试水 ………………………………………………… 154
46. 不吃回头草 ……………………………………………… 159
47. 合得来与合不来 ………………………………………… 161
48. 首战成功 ………………………………………………… 165
49. "初级阶段" ……………………………………………… 171
50. 大哥，你好吗？ ………………………………………… 175
51. 七名记者的日报 ………………………………………… 180
52. "娃哈哈"密谋"老农夫" ………………………………… 183
53. 千年曙光轮回 …………………………………………… 188
54. 野路子招聘 ……………………………………………… 191
55. 这是个"垃圾筒"？ ……………………………………… 194
56. 慈不掌兵 ………………………………………………… 198
57. 可惜了22万元 …………………………………………… 202
58. 整合、再造与激活 ……………………………………… 206
59. 多媒体合作实战 ………………………………………… 209

60. "厕所地图"起风波 …………………………… 214
61. 醉拍香港之夜 ……………………………… 218
62. 从漏稿到独家 ……………………………… 221
63. "新闻热线"变"读者热线" ………………… 226
64. 夜赴康平路 ………………………………… 229
65. 铁头碰铜头 ………………………………… 232
66. 周末特别行动 ……………………………… 236
67. 实习告别对诗 ……………………………… 240
68. 从骂声到掌声 ……………………………… 245
69. 都市里的童话 ……………………………… 249
70. 三个必去的地方 …………………………… 253
71. 重赏报料始末 ……………………………… 257
72. 追薪大行动 ………………………………… 262
73. 用网络再造纸媒 …………………………… 265
74. 50种麻油送京检测 ………………………… 268
75. 第二次领衔大部 …………………………… 273
76. 昨夜今晨激烈交战 ………………………… 278
77. 直播"特别行动" …………………………… 283
78. 新闻总监这活儿 …………………………… 287
79. 计划外的竞聘 ……………………………… 291
80. 换一套新的 ………………………………… 294
81. 我们应该如何盘稿？ ……………………… 298
82. "陈双龙事件"报道 ………………………… 302
83. 百姓议案进"两会" ………………………… 307
84. 将策划贯穿流程 …………………………… 311
85. 七点敲卡考勤 ……………………………… 316
86. 错过了最好时机 …………………………… 319
87. 报纸互动断想 ……………………………… 322
88. 从短信参政到民生访谈 …………………… 326
89. "生命奥运"的操作 ………………………… 330
90. 从"两会"转向抗灾 ………………………… 334
91. 以志愿者名义出发 ………………………… 338
92. 第一高楼上进出金点子 …………………… 343

93. 外来和尚好念经 …………………………………… 348
94. 什么是网格记者？ ………………………………… 352
95. 正面报道还有市场吗？ …………………………… 356
96. 我们能否引领网络舆论？ ………………………… 360
97. 先搞几块"试验田" ………………………………… 364
98. 遥望另一块纪念碑 ………………………………… 368
99. "上海生活圈"设想 ………………………………… 373
100. 向晚报挥挥手 …………………………………… 383

后记 …………………………………………………… 387

1. 乱点鸳鸯谱

　　1982年，国家百废待兴，社会对人才翘首以盼。这年春夏，恢复高考后的首批大学生毕业，成为各岗位的"抢手货"。但对于按政策分回上海的我们来说，却完全是另一种境遇。

　　这或许同我们曾经是知青有关。众所周知，两三年前，为了应付知青返城大潮，各级政府费尽了九牛二虎之力，好不容易刚刚消停下来，教育部又做出规定：已婚的知青大学毕业生可以分回配偶所在地。于是，上海不得不再接受一批当年高考在外地大学、配偶已经返城的知青。不管你是不是大学生，"知青"这个字眼对上海来说，都是一个相当敏感且超负荷的无奈。

　　我能作为已婚大学生，纯属偶然。

　　1978年秋，我考入黑龙江大学中文系。系里有一个所谓的"高分班"，同学大多是北京、上海、天津、杭州以及哈尔滨的老知青，其中不少已经是孩子的爸妈。像我这样没结婚的69届初中生，是班里为数不多的"小弟弟"。

　　1978年高考和大返城同步进行，已经在下乡时谈恋爱的知青，自然而然会出现一个高考上学、一个病退返城的现象。那天一早，上铺的同学拿来脸盆烧信，不用问，肯定是他那位回到南方的恋人，经不住亲友劝说，一纸书信，宣布劳燕分飞了。爱情有时在人生大转折的现实面前不堪一击，入学初期，经常听到这样的"噩耗"。

　　十分幸运，我的恋人来自一个中学又在一个生产队插队，虽然返城后也有亲友劝她与我分手，她却没有动摇。这让我全身心地投入来之不易的学习中，起初没想过结婚，总觉得那是毕业后的事。

　　没想到读大二那年冬天，政府要给父母落实住房政策，家里让我到校方开证明，趁寒假返沪时和她去民政局登记结婚，这样，好把她户口报到我家，从而多分几平方米的住房。

　　这让我打起了另一个小算盘：班里大部分同学来自农场兵团，都带工资上学。就算不带工资的插队知青同学中，除了我，也有助学金。校方不给我助学金的理由是因为我家庭平均生活水平高。可是插队八年多，我早已独立生活，再艰苦的日子里，也没伸手向父母要过钱，现在却不得不每个月去邮局取父母寄来的生活费，心里一直为此感到愧疚。如果办了结婚证，校方是否应该按小家庭来计算我的生活水平了？她那点工资和我一平均,应该符合申请助学金的标准了吧？

我的如意算盘落空了。等我寒假后拿着上海民政局开的结婚证去学校申请助学金时,系办公室主任根本不跟我谈什么大家庭还是小家庭的问题,直截了当对我说:"给你开证明就是弄错了,按规定,学生在校期间不准结婚。"那样子,恨不得要把我拿在手中的结婚证给没收了。

校方从此亡羊补牢,一直到我们毕业前,想要学校开结婚证明的同学,都吃了闭门羹。我成了在大学期间唯一加入"已婚"队伍的小学弟。当然,我从未想过这一纸证书在毕业时会有什么用处。

1982年夏,毕业分配一波三折,充满变数。

黑龙江方面对77级、78级大学生十分看好,辅导员问我:想去省委办公厅还是某大学任教？

我告诉辅导员:为了毕业后能和妻子在一个城市生活,从读大三开始,我就准备考研,除了专攻古代汉语,还多学了两册英语。可直到大学毕业分配名额下来,考研程序还没启动。得知无锡正在筹办一座新大学,现在我正与他们联系,想去那里任教。

两天后,果然收到了无锡大学筹建委员会办公室的回复信函,欢迎我前往任教。黑龙江大学也很爽快,看到这封信函和我的申请后,即签字同意发毕业分配调函。

虽然没等到考研那个时机,但我庆幸自己可以到江南这个离上海只有100多公里的城市,并对在大学任教期间完成考研充满了信心。

就在此时,教育部关于已婚知青大学毕业生可以分回配偶所在地的规定出台了。这在同学中炸开了锅,高兴的、懊恼的都有。结了婚的,毕业后各奔配偶而去,有上海同学去了北京,有北京同学去了上海,当然也有同学回到了配偶所在的当地农场兵团;没对象的南方同学,家里赶紧在当地张罗,然后趁毕业和分配之间的时间差打结婚证明;不屑于这样找对象的,老老实实留在黑龙江省当地分配。

我曾经很沮丧没能凭结婚证争取到助学金,没想到塞翁失马,焉知非福？这张具有法律效力的证明,并不因校方弄错而无效,反而在毕业分配中起了重大作用,"额角头碰到天花板",直接分回上海了！正可谓"虽失之于前,可得之于后矣"。

怀揣到上海报到的信函,我踏上56次列车。那是个夏天,车厢里旅客不多,风很爽。在黑龙江漂荡12年多,终于回家了,不免对十多年来风尘仆仆的一路有些留恋。车窗外的土地、村庄、车站飞驰而过,一幕又一幕曾是多么熟悉呀,如今被瞬间抛向身后,我轻轻地念叨:再见了！

上海,我在家里打开户口本,那上面有着12年前一行记载:

1970.3.18,黑龙江爱辉县插队,迁出。

今天又有了新的记载:

1982.7.19,黑龙江大学分配,迁入。

无情的数字,遮不住一个生命成长的过程。上海,把一个实际上只有小学六年级学历的我送去了黑龙江;黑龙江,却把一个有大学本科学历的我还给了上海。靠自己挣工分在农村打了八年"抗战",靠父母资助在大学打了四年"解放战争",如今我"三十而立",总算回到朝思暮想的上海。我一边办理回沪的各种手续,一边与她筹划年底的婚礼。

按理说,分别在1982年春季和夏季毕业的77级和78级大学生,是恢复高考后首批毕业生,本来应成为人才断档十年后的"香饽饽"。可是,上海对我们这些分回配偶所在地的大学生却另眼相看,很简单,因为我们身上有抹不去的"知青"印痕。

就拿黑龙江大学半年前回上海的77级同学来说吧,几乎全部收到了去上海三线——位于安徽屯溪的分配调令单。好不容易回上海,又要造成新的两地分居?经过艰苦的申诉,上海才将他们分配到位于市区的农场局。带着知青印痕从外地回来的大学生,分配也离不开个"农"字。轮到78级,不是明确要分到"配偶所在地"吗?那好,干脆全部分到配偶户口所在地的区里去了。

不管怎么说,少了77级被分配去三线外地的那一番折腾,78级还算幸运的,毕竟没有将我们当做大返城回沪的知青,直接分到配偶所在地的街道里弄去。

那天,我去虹口区政府人事科报到。科长对我说:你去区"爱卫办"(爱国卫生办公室简称)工作,编制在区卫生防疫站。偌大一个区,十年没进过大学生,却把一个学中文的本科生分配到卫生防疫站,好像有点乱点鸳鸯谱了吧?

我提出去学校教书。科长摇摇头说:你是综合大学毕业的,不是师范生。那么去生产企业吧?怎么说我也当过生产队长,搞生产应该相通。科长又摇摇头说:大学生是不会分到生产企业的。我不甘心地对他说:爱卫办这个地方,即使去了,我以后也会想办法离开的。科长笑笑说:你以后干干就会喜欢的。

直到后来我才知道,人事科科长的夫人,就在区爱卫办工作。当时还没有什么"人才市场"的概念,就业完全是"计划分配",一个人的命运,有时被一个不经意的"计划"就决定了。

直到四年后,颁布了新的人才流动政策,我才从"鸳鸯谱"中挣脱,走上了专业对口的新闻工作岗位。离开了这个我命中注定一辈子也不会喜欢的工作。

那年黑龙江大学校庆,同学相聚时发觉,各地同学中,跳槽率最高的就是上海。有同学替我惋惜:当年要是留在黑龙江多好!有结婚证分回上海是福,回上海被乱点鸳鸯谱却成了祸。是呀,17岁不到,下乡务农荒废八年;大学毕业,被乱点鸳鸯谱耽误四年。我步入新闻职场时,身边同时入职的差不多全是"小弟小妹",在他们眼中,我已经是个半路出家的"老"字号人物了。有什么办法呢?一毕业就近30岁的我,在安家与立业的选择上,只能以安家为先了。世上的事大凡如此,就如同鱼与熊掌不可兼得一样,右手画圆,左手画方,难以两成。

2. 无聊的日子

在爱卫办的那段经历,开创我不断跳槽的经历。就像一条欲挣网出逃的鱼,一次次跃起,一次次跌落,我竭尽全力,即便鱼死也要挣个网破。正是那样的跳槽经历,让我无比珍惜后来终于如愿的新闻生涯,毫无二心一干26年,直到退休。因此,描述那段跳槽经历是我"新闻职场告白"必不可少的序曲部分。

不能说爱卫办的工作没有意义,对办公室里来自卫生防疫、环卫的专业人员来说,研究蚊子、苍蝇、老鼠会传染什么疾病,然后通过街道里弄基层组织,在不同的季节开展不同的群众卫生运动,并进行检查、统计、评比,是十分惬意而对胃口的。但我作为此专业的门外汉,做的是附属性工作:写不定期的爱国卫生运动简报、帮领导起草发言稿,大部分时间闲着没事。

我从来都没想到,大学毕业后竟会成为闲人。每天一上班就喝茶、抽烟、看报,把一张报纸从头版看到最后一版,从头条新闻看到夹缝小广告,然后等着钟点下班,毫无乐趣可言。

能给我打发无聊的,是听办公室两位转业军医侃大山。尤其是陈军医,一说起沿海城市的高层内幕、西部山村的风流逸事,便津津乐道、口若悬河。久而久之,我发觉无非是些闭着眼睛听来,再张着大口传出去的东西,既无实用价值,也无判断见解。不听吧,有失礼仪;听下去吧,有点愚蠢。慢慢地,发觉陈军医对"花鸟鱼虫"的基本常识知之甚少,于是成了我打发无聊的对象。一次,在办公室角落里看到一只壁虎,我叫陈军医去看。他懒,不愿动,说道:"等我去看呀,壁虎已经飞走了。""嘻嘻……"我笑。"笑什么?它长翅膀的呀!"陈军医强辩。见我笑得前俯后仰,陈军医脸色由惊愕转而红紫,声调由低沉转而尖高:"这……谁知道,我从来没听说过这种东西……哼!这世界上的东西你也不一定都见过！"

　　闲着没事，我经常同他开一些小玩笑。他说去过哈尔滨，我问他"列巴"是什么？他说是"大姑娘"。他说去过新疆，我问他新疆最有代表性的花儿是什么？他说是"迎春花"。他说去过海南，我问他菠萝长在哪里？他说长在高高的大树上。诸如此类，不胜枚举。陈军医本可以老老实实地说不知道，但他口若悬河惯了，偏偏有问必答，每每令人捧腹。

　　当然，即使再无聊，并不是每次感到好笑都能笑出声来的。

　　四川北路海宁路转弯角上，有一个蛮有名的饭店——凯福饭店。那天，北京、天津的爱卫会领导来上海对口检查，午间去那里用餐。一进门，店经理、副经理、大小组长迎了上来，倒茶、让座、递香水毛巾，热情得不得了。天津一位领导问："凯福饭店的名称是什么意思？"店经理胖胖的脸上堆起了两块丰满的肉包，笑得露出了一排稀疏的牙齿："这有40多年历史了，最早是俄国人开的西菜馆，解放后改为中国菜，特点是北京风味。"北京领导一听来了兴趣："那就是京帮喽？""对，对。"经理有点得意，嗓门也大了，双手在空中比画起来："但京帮的大蒜、大葱味太重，味道也比较咸，口味不适合上海人。我们搞了改革，葱蒜少放点，略微甜一点，让它适合南方人的口味，很受顾客欢迎！"说到这里，经理"嘎嘎"地笑了几声："我们叫它是海派京帮，因为是上海的北……"这位胖经理没注意到，坐在一旁的北京领导拉长了脸。

　　陪同前来的一位上海干部，见话不投机有点尴尬，打断胖经理的话，"啊……啊……"地拖了两声长腔后说："不要搞什么派呀帮的啦，'文革'结束这么多年了，政治上的帮派都不行了，在这个菜上，还要搞什么帮派呀？这样越搞越乱，越搞越对立，我们要把精力放在经济建设上！"

　　胖经理脸上的两堆肉依然存在，但丰满度大为减退。副经理和大小组长的眼神也都露出吃惊。我刚喝了口水，听了差点喷出，赶紧拿过杯旁的香水毛巾假装擦拭，把眼睛也捂上，并拼命抑止颤抖的肩头，怕别人看出我在憋住狂笑。

　　有时候，无聊并不是真的无聊，而是你寻不到一点可笑的地方。

　　那时，还没有使用"市场经济"的概念，但已经有了"商品经济"的词汇。一天上午，卫生防疫站开支部大会，书记介绍自己在某地开会碰见了一位思想很解放的书记，提出应该把商品经济的原则应用到党内生活中来。这话很时髦，很吸引人，却也令人质疑。我尽可能像一个学生那样，在会上问："商品经济的原则是什么？"没人回答。我自己回答："其中一个重要的原则就是等价交换。是买卖双方在衡量对方商品的价值后，进行对等的交换。"随后我傻乎乎地发问："党内今后也要这样吗？"

书记继续不回答,但很严肃地对我说:"现在进入商品经济时代,你思想太落伍了,要好好学习啦!"

再怎么学习,我始终相信,这世界上有很多东西,是任何时代都不能改变的,甚至正是这些东西在推动时代进步。比如"奉献精神""理想和信仰",还有"一碗水端平""不要搞特权",等等。

其实,当时有一些原本应该为大众服务的领域已经开始搞等价交换了。如有些区教育局明文规定:教师子女在考初中、高中时,可以加5分,优先录取;有些医院也明文规定:本院职工子女就诊,可以优先照顾。这种所谓的"等价交换"还好只局限在医疗教育机构,如果党内也搞等价交换,不知道那些为革命牺牲了的烈士家属,会不会来重新算算账:有什么东西可以与他们的生命同等价值?

我希望这只是个别糊涂人在瞎扯淡,但自己是个不喜欢撑顺风船、有话憋不住的人,一旦不能幸免遇到这样的领导,职业生涯会变得很困难。如果坚持原则,可能被边缘化;如果随波逐流,活着就跟死了一样。性格决定命运,我更确信自己这辈子只能搞业务,并且一定要搞自己专长和喜欢的业务。

"人之贵自振拔也",这时,媒体上已经有人才招聘的信息。我不再每天把一张报纸从头看到尾,而是从中寻觅招聘信息,盘算我可以干什么和到哪里去干,我必须从爱卫办这个不属于我的天地里跳出来。

3. 艰难的跳槽

在差不多两年的时间里,只要从媒体上看到哪里有专业合适的招聘,我就去哪里应聘。法制报、交通报、空军政治学院、银行学校……那个年代到处需要人才,大学毕业生又少,我屡试屡中。但是,与应聘考试的一帆风顺截然相反,单位商调阻力重重,区卫生局一口咬定不放我走。

我可以不争不吵,但跳槽的劲儿却越来越大,越不放人,就越去应聘,领导不满意了。一天上午,时任区卫生局副局长的韩士章问我:"今后有什么打算?不想在爱卫办待下去了?"见我不吱声,便说:"据我所知,关于你要调动的事,上级是不同意的。"我终于忍不住,回答他:"人才交流是党的政策,我相信以后机会有的是。"

他听了我的回答,没说话,脸色十分难看。我知道,如果我一直应聘下去,外单位一个接一个没完没了的来要人,作为领导一次次出面阻拦,并不是一件光彩的事,长久下去也容易成为被人议论的话题。不过,对我来说,被拦住不放就已经是最坏的结果了,我又不想走仕途,还担心什么呢?我把希望寄托在党的十二届三中全会的召开,那是一个决定城市改革的有深远意义的大会。城市改革的根本问题是调动人的积极性,其中最大的改革之一,就是人事制度的改革。我相信将来一定会建立一种机制,那就是让人们能按照自己的意愿去寻找发挥才能的出路,我是能等到那一天的。

不得不说,应聘成功后的一次次被阻拦,不光在工作上,也在家庭生活上给我带来很多痛苦。我整天生活在不顺心的折磨下,八小时内的工作无所事事,于是就只好在八小时外多做些家务,我简直就变成"家庭妇男"了。

从下乡到现在十多年,妻子一直认为我是个只会干事业不懂生活的人,看我忙起了家务,一开始觉得奇怪,后来便乐得轻松,短短一个月时间里,回娘家住了两个星期。

我觉得该做一个大决定了,但不知与谁商量。郁闷无聊的我去了一次外地,在朋友家深聊到半夜。对我执意要调到专业对口的单位,朋友提出不同看法,认为我至今还陷在"专业"的圈子里,是市侩之见,应该从远处出发,掌握一切知识,准备积极参政。我的看法正好相反,在相当长的一段时间里,我可能都不适应官场的氛围,"拙于谋身者,未尝不巧于谋文焉",弃政从文乃至从商,才能活得自在快乐。我应该做好准备,如果所有的调动都被拦下,真的要考虑辞去工作甚至走出上海,下海自谋职业了。堂堂男子汉,既无意官场,又何必久居人檐下?

恰在此时,我多次应聘、多次受阻的经历被刚成立的市人才交流服务中心知道了。中心负责人约我见一次面,他开门见山地说:"我们刚办了一份《人才》杂志,你先写一些稿件吧,看看我们怎么办刊物,我们也看看你。关于工作调动的事,以后再说。"我对这样先干起来再说的模式很感兴趣,先试试笔吧。几天后,市人才交流服务中心寄来一份《人才》特刊,其中有我的言论《莫学鲁侯养鸟》。此文用鲁侯养鸟三日而死的例子,规劝领导不要把人才关在按自己设计的笼子里,而应该依人才的特点将他们放飞。这也算是我有感而发吧。

"先干起来再说。"这对我是莫大的启发。古人云:"困极则亨,理有必然,凡人遇小不如意动生怨尤,此自绝于天耳。"为什么不可以创造出一条身处困境而不失通达的途径呢?我开始留意起身边的新闻题材,为《新民晚报》、上海《大众卫生报》和上海人民广播电台写新闻稿,短短时间内被选用了20多篇。其中有一篇被电台当天头条播报,《新民晚报》头版刊登。

我从烦恼中寻找到了快乐,甚至对办公室那两个从来没人打开过的橱柜也产生了好奇。拉门一看，里面乱七八糟地塞满了自有这个办公室以来30多年的各种资料。反正待着也无聊，何不将它们先按年代，再按文件来源和形式加以整理，装订成册呢？

花了两个多月的时间，终于大功告成，两橱"垃圾"汇编成了两橱档案。

办公室主任见了，夸赞了两句：不错，不错，弄得挺干净，爱国卫生嘛，就要从办公室自身做起。

他，包括办公室的所有人，只把这当做一次打扫，没有人会去看一看这些已经整理出来的档案材料。但是我却受益匪浅，了解了爱卫办发展的历史、过去的经验套路……甚至虹口区一些重要场所的来历和变迁。我干了一件没人理解的小事，却挖了一个没人知道的金矿。从此，应付起给领导写报告、写工作简报、写年终总结来，如鱼得水，左右逢源。平时工作会议上，也能像模像样地引经据典，比较历史，提出建议和设想，颇有点"职场老手"的味道了。

在一次安排灭鼠的工作会议上，我根据虹口区1960年一份对河道鼠患的调查，大胆提出设想：租用橡皮艇，在全区河道退潮时，突击一天沿河滩下鼠药。

这个设想被付诸实施了。下鼠药的第二天一早，沿河边到处可见死去的老鼠，引来了啧啧惊叹的百姓。这件事在行业内引起反响，《大众卫生报》专门派记者跟随行动进行现场报道。我因此在当年被评为市爱国卫生先进个人，还拿到了区政府奖励的200元。那时候的200元差不多相当于我三个月的工资，算是重奖了。

从此，办公室主任见我总笑呵呵的，喜欢找我商量些事；甚至卫生局还让我参加区卫生系统发展史的编撰修改工作。尽管可以体会到他们对我的重视，但我不会因此放弃自己对职业生涯的目标追求。

山中风景再好，也无法留住奔向江海的小溪。我非常清楚，这里绝不是我的久留之地。

4. 给报纸挑错

一次次跳槽受阻，迫使我一次次放低要求，以至于只要能离开这个区，其他任何地方我都愿意去了。

我去应聘上海对外服务公司，这是正在筹建的新公司。应聘地点在外白渡桥南堍那个早先的英国领事馆大院内。里面以对外经济贸易促进委员会为中心,设立了许多对外经济机构。参加应聘的人不少,大多是外语和司机岗位。我参加文政人员应聘,应聘分两个过程:面试,了解我的爱好、志愿,对当前改革的想法和对工作的要求。面试官向我介绍对外服务公司的基本情况,竭力引导我从思想教育工作方面多想想,最后还询问了我单位的放人态度。笔试,要求当场写篇一短文,短文的题目是:"如何做好秘书工作?"我快速写完,一字不改地把短文交上。面试官看了稍稍一愣,让我坐等一会儿,马上把短文送到了里面的办公室。

不一会儿,他出来对我说:很高兴你应聘成功了,初步确定你担任公司总经理秘书。希望你及早与单位交谈,让单位同意放人,好办手续。应聘程序的顺利出乎我的意料,而让单位放人的难度却在我的意料之中,但不管是什么结果,我都必须硬着头皮要争取一下。

接下来的几天里,我找相关领导一个一个地谈,想让他们能理解我目前的心情和状况,同意放人。但是,我又一次失败了。领导个个面无表情地回答我:我们是不会放你走的。

碰了一鼻子灰,那些天情绪十分低落,我无奈地盯着办公室的窗外发呆。

窗外是一片石库门旧式里弄,一处阳台上,有一只被遗弃的瓦罐,瓦罐里是一撮奄奄一息的兰花。早在初夏时,我就看见兰花丛中冒出一棵另类的丝瓜秧来。没几天,这棵丝瓜秧便高出兰花一头,伸出了细长的须,在风中整天摇晃。那须就像一双小手,触摸到晾衣架旁多出的一截钢丝,紧紧抓住,迅速攀登,每天爬上半尺。

盛夏来临,火一样的太阳晒热了水泥墙,钢丝更是烫手。攀在钢丝上的丝瓜秧枯了一截,紧接着,下面的叶子全部卷曲、蔫黄、枯落。可是顶端的小须依然每天半尺向上攀缘。它曾经离开钢丝,向四方探索,发觉再无其他的可依附物,便又回到了艰难的钢丝旅途上。

它开始加快速度,一天一尺。风来了,它不动摇;热晒下,它不屈服;底下的叶片枯落了,顶上的新叶却更茂盛。终于,它爬完那段钢丝,双手抓住了墙顶。

在那里,它兵分两路,一支向阳台外延伸,一支沿着墙顶边缘爬行,碧绿生青的叶子开始茂密,为它光秃泛黄的茎挡住了阳光,为它贫瘠干涸的根接来了露水。风再来,它舞起绿油油的叶子,摩挲出欢快的笑声;日再晒,它昂起毛茸茸的长须,挂满了幸福的露珠。

阳台的另一边,一直受人眷顾的石榴、丁香、雀梅、牡丹、玫瑰……现在被这棵迟迟到来、受尽磨难的丝瓜藤遮护,笼罩在柔和的叶光下,个个神采奕奕。而被遗弃瓦罐中那撮原本奄奄一息的兰花,好像也被激活,露出了一点生机。

我无法不赞叹这棵丝瓜秧的生命力。在所有这些花中，它来路不明，身份卑微，生存条件最差，但它渴望生活、顽强生活、快乐生活，有着谁也无法阻挡的生命力。

无意中，我回头看看从垃圾变为档案的那两只橱。可惜，在这个办公室里，再也找不到可以去整理的橱柜了。我想坐下来写稿，但本来就无所事事的办公室，又有多少东西能让我每天提笔呢？我实在太需要找一件每天可以消耗大量精力的事去做，否则要闷出病来。看着办公桌上被我从头翻到尾的报纸，我突然笑了：何不做一个专给报纸文字挑错的读者？这样也可以不荒废自己的中文业务。

经过几天"考察"，发现上海这几家报纸中，《文汇报》的文字差错最多，我开始以《文汇报》为挑错对象，每天把看到的差错记在纸上，然后给《文汇报》寄去。一开始，《文汇报》还回给我一些打印出来的感谢信，慢慢地，不再理我。是呀，一个长期重复做这种事的人，不是吃饱饭没事干，就是脑子出了毛病。哪家报纸的编辑会有耐心与我这个挑错上瘾者继续周旋下去呢？

我并不在乎《文汇报》是否回信，只是在用这种方法为自己治病，或者说是用这种方法来防病。我没办法停下来，并越干越精于此道。从一开始的文字，到后来的文句，再后来是对整篇内容的更正。俨然如一位编外责任编辑，把每天已经出版的《文汇报》当做摆在案头等待审阅的清样了。

1986年7月2日，《文汇报》三版发表了《青工生活费用的投资流向》一文，说当下青工每月伙食占开支四分之一，60%～80%用于储蓄。显然此文在数学统计上出现了谬误，不能自圆其说，调查上也违背事实，将青工的生活开支估得太低，而把储蓄比例大大抬高了。我写了一封信寄给《文汇报》编辑部，表达了不同看法，对文章的统计纰漏进行了分析。

我没指望《文汇报》会对我的这封信给予答复，但却没想到会是另一个结果：一个星期后，办公室主任从区里开会回来，见到我便紧张严肃地压低声音说："你以后当心点，要保护好自己，不要再写这些乱七八糟的东西了。"

我对主任笑笑："什么乱七八糟的东西？无非是对青工的生活开支和储蓄比例有不同的看法罢了，这都不能讨论商榷了？"

主任仍然一本正经："反正我是为你好，你当心点就是了。"

我不知道是谁干的，但这让我极其反感，没想到藏龙卧虎的新闻单位，也有些病虎痴龙。我想，如果自己是一名新闻工作者，不仅在文字上不会出那么多差错，在采访上也绝不会违背事实。

"如果？"办公室陈医生听了我私下里的想法，劝我说："人生没有如果，你不要想去当什么记者了,领导不会放你走的。"

其实,经历了一次次跳槽失败的我,难道不知道领导的态度吗?只是对此越来越执拗的我认为:人生没有如果,那是指已经发生的过去;对于尚未开始的今后,一切如果皆有可能。

10个月后,我终于跳槽成功,成了一名新闻工作者,开始了整整26年的新闻生涯。我至今都不知道这是一种幸运还是不幸,因为尽管这命运的改变里有我执着的努力,但还是离不开一位"贵人"的相助。

5. 贵 人 相 助

那几年,领导的变动很快。比如一直不肯放我走的韩士章,这两年又从副局长升迁到副区长,然后去静安区当区长了。而虹口区分管爱卫办的副局长,也换了一个新人。

别看小小官场的变动,却牵动着许多人的神经,调动着各种人的表现。新副局长上任后第一次来办公室,就很有意思:

"唷,局长来了!"老刘反应快,笑脸相迎,一只手准确地插进上衣胸袋,将一支烟挟出来递上去。新副局长把捏烟的手略抬了一下示意:"我有了。"老刘依然笑着:"再接一根,再接一根。"

新副局长没理睬他,调整一下音色,两只眼睛在镜片后扫视了一下,缓缓地问大家:"你们主任呢?"老刘递烟的手还停在半途中,有点麻木,一旁的老陈马上机灵地应道:"她有事出去了,局长坐一会儿。"老陈自从新副局长跨进门,就很想搭话,没捞着机会,正憋得脸色微红,新副局长发问,他恰到好处地回答了,心情一下子轻松了起来,本来低着的头也抬起来,微笑地看着新副局长。

新副局长蹙了一下眉头,慢慢地吸了一口烟,吐出一条小白龙,平缓地说:"那好吧,以后再说。"他依旧捏着那半支烟走了出去。

屋里,老刘很不痛快,把手里的那支烟塞进自己嘴角一边,另一边嘴角一张一合地对老陈说:"你让人家坐,人家睬你了吗?现在人家神气喽,是来找主任哩!"

老陈小心翼翼地朝门口张了一下,又朝老刘那里挪动一下身子,压低声音,却涨紫了脸回击道:"哼!他进来后,我一直都没有睬他呢!谁先睬他,谁就是这个!"老陈伸出一只手,弓起手背,用五根手指在办公桌上划拉几下,做出一个乌龟爬行的动作。

有小道传说区爱卫办也在考虑提拔一个副主任,张三李四王二麻子,我也是被考察对象之一。对此,我并没放在心上。可就在分管爱卫工作的副区长去国外探亲,另一位副区长汪永安临时代管时,突然找我个别谈话。话题从爱卫办要提拔一名年轻副职谈起,我声明自己不合适,因为一直想调动工作。他大概也认为爱卫办工作对我不是很合适,就问:"我分管下的住宅办、城建办等单位怎么样?也可以安排副职。"我再次明确地表示,我不想留在区政府的任何一家机关单位,只想去一个与所学专业相关的业务部门。汪副区长是个性情中人,他听后沉思了一下说:"区政府机关只有走仕途,如果你真的不想走这条路,那把你留在机关就耽误了。你走吧,如果在外面不顺利,还可以回来找我。"

我终于也碰到"贵人"了。

不过,我至今都有点怀疑:爱卫办要提拔年轻副职这事,一般不会由临时代管副区长来找人谈话。爱护青年才俊的汪副区长,很可能想利用自己临时代管的机会,先把我挖到他的手下。

他没想到我在升迁机会面前却表明了不想走仕途的意愿,尤其当了解到我为此执着四年多,应聘了近十家单位没走成的经历后,动了恻隐之心。这个平时就非常实在的领导,此时像一位慈善的长辈,果断地打开那只关闭的鸟笼,把我放走了。

"贵人"有如"日月有明,容光必照",而我最终能离开那里,则如"流水之为物也,不盈科不行",假如我没有足够的耐心和获得区市两级的奖励,假如没有区里要提拔年轻干部这事,流水又怎么能过得了这些沟沟坎坎?

至于直接分管爱卫办的卫生局新副局长,当然不会反对副区长的意见。我终于像一只自由的鸟儿,可以翱翔在无边的天空。天不再与,时不久留,必须抓紧时间,在汪副区长代管期间飞走,否则夜长梦多,极有可能再被抓回到笼里。

1987年5月23日,与汪副区长谈话后不到一周,经朋友推荐,我通过了《上海商报》的面试和笔试,去那里实习。四个月后,实习期满,我回爱卫办去办理商调手续,听办公室主任说:"还好你走得快,分管副区长从国外回来后,听说你已经去《上海商报》实习,把卫生局管人事的批评一通,说这个人怎么能放走呀!"

我摸了一把心口,担心地问:"她不会不让我办理调动手续吧?"四年多来,在跳槽这件事上,我已经被拦怕了。办公室主任说:"这次不会了,因为要放你走的是汪副区长,她不至于这点面子都不给吧。"

我庆幸自己当时走得快,那年,我34岁,人生转折的回旋余地已经小到了极限!

当然，我还要感谢虹口区爱卫办，在我去《上海商报》实习和办理工作调动后，他们先后两次邀请我去莫干山和桂林疗养。十月桂林，花剩余红，树凝浓绿，同相处五年的同事宴别后，坐在大山深处疗养院的阳台上，看月上远峰，听狐鸣深谷，心情真的特别愉快。

在后来的新闻生涯中，我曾听到过一些人的私下议论，对我来自同苍蝇蚊子打交道的爱卫办感到不屑。这或许是因为他们的事业实在太顺利了，对我来说，四年多跳槽经历的艰难，一言难尽。爱卫办的放与不放先不谈，光用人单位我就跑了不下十来家，面试，笔试，考遍了上海的东南西北。有一点是肯定的：挫折下坚持目标的执着，烦恼里创造快乐的追求，困顿中自我振拔的毅力，不正是职场上必备的素质吗？或许，我应该感谢这些年来跳槽的艰难，正是这样的经历，让我后来在新闻生涯中具备了屡闯难关终有所获的基因。

我的"立"，比古人要求的"三十而立"晚了几年。34岁，才找到自己感兴趣的职业。不过，工作便是爱好，这是何等完美的结合！想起在爱卫办当"编外责任编辑"，为报纸挑错改错，还要被提醒"不要再写乱七八糟的东西"，我必须承认，能从事新闻工作，对我来说真的是一种幸运。说实在的，金钱和权力并非不值得追求，也完全理解一些新闻人的另谋职业。我之所以在后来市场经济大潮中，多次放弃了改变人生经历的机会，是因为这四年多的艰难跳槽，令我牢牢记住自己选定新闻职业的初心：无论是性格还是兴趣，我都不适合直接参与到现实的是是非非中。我能做和想做的，就是当一个社会和历史变革的记录者与传播者。

6. 保 持 距 离

我清晰地记得第一次去《上海商报》面试的过程。

1987年5月底的一天，我忐忑不安地走进位于铜仁路的上海财贸系统党校。在这所学校一处简陋狭窄带阁楼的旧板房里，总编李音看了我的简历，拿来一篇七八千字的文章对我说："你把它改成800字的消息，算做一次考试吧。"

尽管我以前为新闻单位写过一些稿件，但从来不知道在开头要写上"本报讯"三个字。李音总编看了我的800字浓缩稿，说道："文笔可以，但不懂新闻格式，可以留下实习三个月，然后再谈调动的事。"

十分感谢李音总编能收留我这个连新闻格式都不懂的人。

李音，原是《解放日报》的老资格新闻工作者，1985年，市财办要办《上海商报》，特地请他来掌门。他作为《解放日报》的《市场漫步》专栏的评论家，"文革"前在上海财经领域的影响就很大。据说其夫人与他是同事，"文革"中一起受到冲击，被造反派逼得跳楼自杀。这对李音来说是一生最悲痛的事。他后来写过三本书，一本是《市场漫步》，精选了他在《解放日报》所写的经济评论；一本是《岁月悠悠》，汇编了他半个世纪来，直到离休后还在发表的随笔和散文；一本是《报社大楼的疯狂年代》，是他纠结于心，犹豫再三，终于在晚年完成的一部纪念夫人的小说。可以说，在评论、散文、小说这三本不同的书中，展示了他全面的才华。

我十分幸运，能在这样一位慈祥、稳重、内敛却才华横溢的前辈引领下，开始自己的新闻生涯。

三个月的实习，我先做校对。当时报纸还是铅字排版，《上海商报》没有排字车间，要到文汇报印刷厂排版。这是个半体力活，整个排版过程，我们都小心翼翼地站在排字工人后面，待工人初排一结束，赶紧上前搭手，抬起百十斤重的铅版去打出版样，然后拿着油墨未干的版样，坐到一边去校对。报纸的大样要经过一校、二校，我们也要一次又一次抬铅版，弄得两手沾满油墨，收工时要用毛刷使劲刷，才能洗净指纹和指甲里的油墨。

《上海商报》一周两期，排版那天，李音总编会到《文汇报》的校对组来审阅最后的清样。他用红笔勾出需要修改的地方，最后写上"付印"两字，签上大名。见我总是站在一旁认真看他修改，他便不厌其烦地对我说明为什么要这样改。业余时间，我找来《人民日报》和中国人民大学的新闻函授材料自学。就这样，在耳濡目染和自学实践中，我逐渐掌握了新闻的基本常识和版式处理的基本技巧。

我的实习期正式结束是在四个多月后，1987年10月中旬，编制进入《上海商报》，成为《祖国四方》和《世界之窗》两个版的组版编辑。

《上海商报》是一份经济类专业报纸，规模不大，结构简单，除了总编办，只设了采访部、编辑部、广告发行部。我所在的编辑部不到十人，包括要闻编辑、专版编辑、美编、校对。本来很单纯的一个业务部门，但人员构成却并不单纯。

20世纪80年代中期，全国经济类专业报纸如雨后春笋般涌出，仅上海就有《上海商报》《上海经济报》《新闻报》以及名目繁多的企业报。由于人手紧张，这些新办报纸从基层企业借调了很多通讯员。在基层滚爬摸打多年的通讯员尽管年纪稍长、学历不够，但对行业情况及人脉非常熟悉，他们与新进的年轻大学生在业务上是一种互补。当然，也有极个别的对新招的年轻大学生有一种戒备和排斥,听到年轻大学生对他礼貌的"老师"称呼,面无表情,爱理不理。我因为不想与人结怨,能避则避,实在避不开,便开口叫一声"老师"。

很快到了年底,好几月也不开一次会的部门终于要开会了。就在这次会上,对人爱理不理的那位先生嗓门压过了部主任,俨然成了会议主持人。他开口就责问:"搞什么专栏,都是瞎搞!"拿着我编辑的《祖国四方》和《世界之窗》版面晃了两下说:"办成什么样子了!"他指手画脚,跑东跑西,激动得不得了地哇里哇啦说了一大通。显然,这并非正常的业务探讨和批评,而是在给我演一场"下马威"的戏。部主任一口一个"是呀"地应着,再也找不出别的话来对付他。所有的人都缄口不语,实在听不下去的偷偷溜走了之。难得的一次部门会议,大家不欢而散。

我没有走。我有一个习惯,无论一场戏演得好与不好,我都会看到最后,然后再作出独立的判断。

我是同几位大学生一起前后脚新进报社的。稍许年长一些的我,话虽不多,却在新进人员中经常得到些赞同和附和。我明白,这让我成了"出头椽子"。

新进人员被挑衅、排挤和歧视,在职场上是很普遍的现象,这我能理解。但太过分的攻击性行为,会超出职场竞争的规律,从而引起乱象。任何一个团队,如果无人能驾驭并制止这种乱象,久而久之,就会蔓延猜疑、萎缩、妒忌、无知和狂妄的气氛。

面对无聊的强势,我可以谦卑有礼,但摆尾示好、卑躬屈膝,是无法做到的。最恰当厚道的做法就是对所厌恶的人保持距离,学古之君子,交绝不出恶声,不争不吵却也不卑不亢。

之所以仅仅是保持距离,而不是揭竿而起,挺身对抗,是因为三点:仁厚的部主任不可能对新老之间矛盾持明确的立场,甚至在某种情形下,新人极可能被联手指责;单位内人事竞争复杂,新人不应因一时爱憎而坠入"站队"被利用的陷阱;我的时间属于业务,这是立身之本,生命纠缠在无休止的低级争斗上是极大的浪费。

另外,我从来就相信"多行不义必自毙"这句话,这句话的关键在"自毙"这两个字。就像一个惯于违反交规的人,死于车轮之下的概率极大,只是我不想做那个与车祸有关的司机,惹一身麻烦不值得。

从此,即使避不开,我也不再开口叫他"老师"。我成了编辑部里第一个与他照面时不打招呼的人。其实,保持距离与挺身对抗一样,都需要一定胆量。我想到过自己可能会为此付出代价,但同能够保存内心那一点点的快乐与尊严来比,这点代价算不了什么。

结果出乎我的意料,这么做的感觉十分良好,起码自己的心灵得到一种释放,浑身轻松,快乐自在。

有一位哲人说过:人类社会一旦摆脱了野蛮,就应该通过文明的竞争来维护社会的平衡,任何一方失去限制,都必将给自己带来不幸的灾难。这话绝对正确。也许是一种感染,也许是一种默契,编辑部的年轻人随之都与他保持了距离。

7. 自费采访

1988年初春,一场甲肝突如其来大流行,打乱了上海这座大都市的正常生活节奏。

编辑部主任没能幸免,患甲肝住院治病。李音总编考虑再三,把头版编辑的重担交给了我。进报社才半年多,尽管我担心不能胜任这项重要的工作,但总不能见火不救吧?

那时的版面,都由编辑手绘画好版样,交给工人铅字排版。任务下达当天,我拿起画版尺,面对桌前的版样纸和一摞报社记者的稿件,如履薄冰,忐忑不安,不知如何下手。头版的报头、报眼及期刊日期等要素,是我以前从来没关注过的,稍有不对,还不被排版的工人骂个狗血喷头?好在临时负责编辑部工作的王芳炳老师,是一位从上海《青年报》退休的资深编辑,业务深湛且思路清晰,在他的指导下,我糊里糊涂地画出了第一张版样。

为胜任这一工作,我调整了原来按部就班全面自学新闻函授的计划,重点恶补其中有关编辑的业务,加快熟悉版面设计的步子。那些日子,只要看到有意思的版面样式、标题样式,我都抄录在一个小本上,空下来就琢磨比较它们的特点。这使我对版面的组稿和编辑业务逐渐成熟起来。

在职场上,不要拒绝和厌烦可能会产生的各种意外负重,无论这种负重的降临是什么原因。拒绝负重的人,命运也会放弃他,相反,把握负重的机会,它能逼迫你迅速成长,为能承担更重要的使命打下良好的基础。

10个月后,部主任康复,我再回国内版当编辑。工作交接时,李音总编只对我轻轻说了四个字"干得不错"。

如果说回国内版当编辑仅仅是重操旧业,并不准确,因为起点已经大大不同,虽是旧业,但我开始探索新的操作方式。这个念头产生于一次"自费采访"。

在我顶替头版编辑半年多后的一天,或许是对我的工作比较满意,或许是考虑到我曾在那里插过队,李音总编答应我一个"非分"的请求:同意我去黑龙江采访一个边境贸易活动。之所以说是"非分",因为那时版面编辑是不能跨过采访部门自己出去采访的。见我满脸高兴,他又冷冷地对我说:这并不是报社下达的采访任务,所以你必须自费前往。

的确,这不是报社下达的采访任务,是我自己提出来的。信息来源于外地一家媒体的简讯:1988年夏,黑河将举办首届中苏边境贸易洽谈会。那是我下乡插队的地方,在那条边境线上,曾经剑拔弩张,大军压阵。照明弹、窃听器、蛙人特务、战舰队列……我曾整整目睹了八年多。现在,突然要用西瓜换钢铁,做起边境贸易来了。我很难想象,那些曾经在黑龙江沙滩上会晤时,面无表情两眼敌视的双方,如今是怎么握手言欢和笑脸迎送以物易物的?他们会互相再叫同志呢还是彻底改称为先生?总之,发生在我插队地方的重大变化,实在太令我感兴趣了。尽管当时经济上很拮据,我和妻儿刚从父母处搬出独立生活,借1500元买个国产彩电预计还要两年后才能还上,但我还是决定自费前往采访。

采访自费,稿件却要争取见报。我写了此行采访的计划方案,一式两份,一份给了报社领导,一份给了黑河驻沪办事处。报社领导没有吱声,黑河驻沪办事处没有回复,我却乐滋滋地准备起行装,就当是一次重返第二故乡吧。

像当年插队一样,乘火车,再乘长途汽车,三天后,到达黑河,已经半夜。饥肠辘辘的我和同车到达的记者敲开一家饭馆的门,想随便吃点什么填一下肚子。

店主听说我是来自上海的知青,又在这儿插过队,特地加了一个菜,还拿来一瓶啤酒,说"送给知青大哥",这让我感动了一夜。

第二天我去会务组,却被浇了一头凉水。

会务接待人员看了我的记者证,很坚决地说:"我们没请长江以南的记者,不接待的。"

我说:"我是自费来的,不用你们接待,只要你们告诉我会务程序,允许我采访就行。"

缠磨了半天,当他知道我曾经是这里的知青后,跑进了里屋。好一会儿出来对我说:"那你先参加今晚的招待酒会吧。"

晚上,上千人的宴会,黑河地区专员挨桌敬酒。来到记者这几桌时,专员问:"听说有个在黑河当过知青的上海记者也来了?"

我站起来回敬专员一口酒,然后直截了当地说:"我有个意见要提。"

专员问:"什么意见?"

我说:"这次上海来参加边境贸易的企业有七八十家,为什么这么多?因为其中有很多厂长经理是当年曾在黑龙江下过乡的知青。另外，还有几十万曾在黑龙江下过乡的上海知青都在关心这件事：当年枪对枪的敌人，如今怎么就成了贸易往来的朋友？但是很遗憾，这样的大事，会务组竟然没有邀请任何一家上海的新闻媒体；我主动自费来采访，会务组却说不接待。"

当着几十位来自长江以北的记者，专员满脸诚恳："好意见！好意见！我们什么时候也不能忘记曾经为边疆作出过贡献的上海知青。我立即安排会务组接待，而且一定要接待好。"我相信专员的话是出自肺腑的，就像与我毫不相识的饭店小老板，都会给"知青大哥"送瓶酒加个菜一样，黑河人与上海知青有深厚的友谊。

就这样，招待酒会未散，我已经拿到了采访证、宾馆卡和就餐券。

进报社一年来，我做了半年国内版编辑，顶替了半年头版编辑，这是第一次作为记者前往现场采访。1988年7月28日《上海商报》三版发表了《国境线上的商品展销会　黑河市中苏边境贸易见闻》一稿，这是我新闻生涯中的采访处女作。令我感到荣幸的是，在见证中苏首届边贸活动中，我是唯一来自长江以南的记者。

在完成电报发稿的当天，报社催我返沪。《上海商报》创刊后第一次有记者跑那么远去采访，他们不太习惯，嫌我外出一周，时间太长了。但那里曾是我下乡的地方，大学毕业回上海后，我还是第一次重返插队故地。无论如何，哪怕只有半天时间，我也要回去看一看。更何况我是自费采访，出发前就产生了这样的心愿。否则，大老远赶到黑河城里采访，却不回村里看望老乡，那会让乡亲们寒心的。

后来，报社副总编庄稼对我这次中苏边贸采访作了如下的评价："这不仅成为上海新闻界的独家新闻，也引起了各方面的重视。不少厂商纷纷前来了解情况，有些行业后来也派员送货前往黑河参加边境贸易，使报纸宣传起到了促进边境贸易的作用。"

8. 亦编亦采之路

《上海商报》的国内版以前只有我一个编辑兼校对，重回国内版后，报社将外地报道从每周一期增加为每周两期，为此再配了一名编辑和一名校对。由于我尝到了去黑河自费采访的甜头，看到有了三人的新组合，便提出加强国内版组稿与采访的书面建议,除了编发外地通讯员稿件外,要走出上海组稿采访。

无论是打仗还是生产,包括从事新闻,只有突破才能进步,决不能人为地在自己的工作中制造种种限制,包括时间、题材、方式、预想、分工等。我心目中理想的国内版是采编合一的,在这份书面建议中,我提出要改变"坐等来稿、缺乏计划、盲目组版"的状况,通过主动组稿和采访,创造与各地通讯员直接接触和合作的机会,并扩大与巩固本版编辑同各地记者站、通讯站的联系,引导和提高各地来稿水平。同时,也可以使本版编辑通过组稿、采访的深入过程,提高业务水平,改进版面工作。

国内版当时有三名成员,这也使加强组稿采访有了可能性,我提出打破国内版现有编辑校对的岗位限制,三人轮换外出组稿采访,并对轮换日程进行了详细的安排,对轮换制度进行了明确的规定,甚至重新拟定了好稿好版的评比标准。这对编辑来说,不仅是一种从版面上的解放,也是对采编综合业务的一种激励。

也许是因为在爱卫办当了几年秘书工作,我习惯用书面的方式,完整地在业务上提出自己的设想。这种所谓的完整,包括三个方面:一是要阐明设想方案的必要性,尽可能想到所有的反对意见,并一一给予解答;二是要充分考虑设想方案的可行性,难度在哪里,由谁来执行,怎么执行;三是要敏锐把握设想方案在执行中可能会引起的一系列变化,并为种种变化做好应对。

用书面方式提出设想,不仅能使自己的设想更加全面,也是对审批领导的尊重,是与同事达成共识的最好做法。

李音总编同意了我的设想,但对打破三人中编辑和校对的岗位限制,却表示担心,他提醒我:每个人的潜力不一样,有的人一辈子也带不出来的。

我怎么也没想到,为国内版组版编辑争取到的第一次去外地采访,竟碰到了一场地震。

1990年2月10日凌晨1点多,在江苏太仓沙溪镇,与几位乡镇企业老板还在闲聊,只听见远处传来一阵如坦克前进般隆隆的低沉声,随之震动慢慢逼近,桌椅晃动。我们赶紧拉门往外走,一条狗抢先冲出,在一片空旷之地站住,对着月亮狂吠。那晚恰是正月十五,圆月挂着浓浓的月晕。我只觉得地皮尚在颤抖,四处人喧狗吠,地震了!

报社司机急忙发动汽车,欲返回上海。我平静地对记者张成垣说:"留在当地,了解地震灾情。"然后对司机说:"如果上海地震,现在往回赶也没用,甚至都进不了城,摸清情况再说。"

我们走到小镇的街上,看到许多人抱着细软、家电,裹着棉被蹲坐在门口;部分房屋墙上有裂缝但并不严重。一会儿,只听见有线广播响了起来,叫大家不要慌张。

事后了解到，这场以沙溪镇为中心的地震为 5.1 级，伤亡人数 26 人，其中死亡 2 人，均为间接死亡。

不管怎么说，我们终于走出上海去组稿采访了，地震的经历让我们感到十分刺激。

后来，国内版外出组稿采访的路程越走越远。1990 年 5 月 12 日，我邀请采访部主任陆志丰一起，沿大运河采访。搭乘运输粮食的船队，我们穿越淮河、长江，从淮阴到无锡用了四天时间；然后，乘游船经太湖一直到杭州。

大运河之行，是我为自己所喜欢的写作而创造的一次机会，即用散文通讯的方式来写经济报道，在经济报道中写出人的感情命运。但这次尝试失败了，报社"枪毙"了这篇稿件。

我没有停下这种写法上的新尝试。在新闻创作上，那种能让读者如临现场感同身受的散文写法一直是我的追求。

1990 年 7 月 27 日，在去连云港采访时，我依然用这种风格对沿途进行记录：

8:55,226 次列车，从上海发往连云港。

盛暑，整个卧厢只有十来个旅客，冷冷清清。

11:00 后，过无锡，偶尔可以看到洪水退后的痕迹：尚未退净水的麦垄、依然浸泡在水中的护路树、一两处坍塌的民房以及横倒的树干。骄阳正午，空旷的田野里几乎见不到人，积水岸边的树荫下，或有一两个人稳稳地持着伸向水中的渔竿。

14:50,临淮关。呈现出一片片"湖泊"，"湖泊"里伸出半截电杆、几枝树梢。远处有村庄半淹在水里，乡民划着船在运送东西。路基旁是一排排简易棚，灾民在阳光下龟缩在棚里，远处便是他们淹在水里的家。

20 分钟后，火车过蚌埠站，天色开始阴下来。农民在已退去水的芜草中锄地，他们的身后露出了稀稀拉拉还活着的农作物。远处有的田块重新翻耕，起了一条条黄褐色的田垄。牧童和牛一起浸泡在积水中消暑嬉戏，轰然驶过的列车，没有引起他们的关注——就像列车窗前划过一家砖厂，没有乘客会去关注那一堆堆砖坯都已坍塌成一堆堆泥坨。

20:00,车到徐州，似下过小雨，列车转向东方。

22:00,车窗外吹起阵阵风哨，偶尔，看到星星点点的灯火映着倒影，或许是又经过了一个尚在积水中的村庄？

总之，冷清的车厢，冷清的田野，冷清的白日和夜晚，洪灾后的大地，一片寂静。

其实，记录沿途的情景只是我随手进行的练笔，就如同画画的采风。这次去连云港的真实目的是采访一个重要的新闻：一个半月后，中苏两国将贯通一条新的铁路线，这条东起中国连云港，途经苏联、德国、波兰等欧洲各国，西至荷兰鹿特丹，全长10900公里的"亚欧大陆桥"被称为最为安全、经济、快捷的国际"黄金通道"，而"亚欧大陆桥的东桥头堡"就是连云港。

为了采访到连云港市的市长，我在那个城市里等了四天。直到第四天，才通知我于下午4:30到市政府会议室等候。

那位市长一见我就说："晚上我已经安排宴请香港客人了，只能给你半个小时。来这里采访的新闻单位太多了，新华社、《人民日报》，还有你们上海的《解放日报》……"

只有半个小时？我不得不客气地打断了他的话，说："连云港作为欧亚大陆国际联运的东桥头堡，理所当然会引起各媒体的关注。"然后马上切入正题："正因为这是一件大事，所以我在贵市实地走访和考察了八个问题。我不太清楚，如果不解决这些问题，连云港将如何来承担起东桥头堡这个重任？"

连云港市的市长大概没有见过我这样采访的，多余的话戛然而止，开始正眼瞧我。其实我非常明白，他让我等了四天，除了忙之外，也同他并没有把《上海商报》当回事有关。我对这次有难度的采访早就做好了准备，在等候市长的四天中，调查了该市在承接国际联运中硬件和软件方面存在的不足。

我没有将八个问题一个一个地分开提出，而是一口气问完。这应该符合市长"半个小时采访"的节奏了吧？但一连串的问题却把采访变得像是一场责问，让我自己都觉得有点不好意思了。市长听完后，也一改开场白的缓慢口气，急促而激动地开始一一作了说明。

等他一说完，我想了想，八个问题都涉及了，于是合上本子说："我的采访结束了，应该没有影响市长接下去的活动吧？"

那位市长惊异地看着我，可能我提问的尖锐和采访的干脆触动了他，他向我发出邀请："请跟我一起出席与香港客人的宴会吧。"

我婉拒："谢谢，我为今天的采访等了四天，连云港的同行知道我今天将完成采访任务，已经为我安排了告别晚餐。"

市长连说了几声对不起，站起身，一直把我送到市政府大门口。

国内版走出亦编亦采的路，让我有机会开始从船工直到市长的一系列采访，也让我体会到新闻的价值多半不由被采访者提供，而萌生于记者精心准备的提问里。提什么问题、如何提问，大有讲究，记者的提问水平与新闻的价值高低呈正比例关系。

9. 被"毙"的稿子

现在来说说那篇被"枪毙"的大运河稿件。

在我下笔这样写的时候,就知道当时大多数经济报刊对这种散文化而且写感情命运的作品是难以接受的,所以对毙稿的结果没感到意外。只不过我想追求一个目标:将散文化新闻写法作为一个努力方向,并由此形成个人的写作特色。跟随船队漂流大运河,是一次尝试这种写法的不可多得的机遇,无论结果如何,我都想触碰一下报社对此类写法的接受底线在哪里,从而可以反思自己在写作上有待完善的地方。

我从来就认为,在业务上,当年轻人的追求与所处的环境发生不相合时,最聪明的做法是既不放弃追求,也不对抗冲突,而是通过融入环境,让自己的追求变得令人理解。就好像一个有超前意识的年轻人,如果不在着装上融入主流社会,往往很难被大众所接受,久而久之,就可能陷入孤芳自赏,甚至自我封闭的尴尬境地。在追求超前意识和把握大众接受程度这两者之间,我不会放弃前者,却要学会善于调整后者,对此我充满了自信。

附被毙的稿件如下:

运河人纪实

一、老船工的号子

1990年5月12日,我们登上运输船,同船工一起,从北向南开始大运河的漂流。

这是一支编号为231的货运船队,148马力的拖轮,拉着12条60吨或80吨的驳船,条件相当简陋。

计划中,我们将从淮阴出发,直到杭州,用五天的时间完成里运河和江南运河共510多公里的漂流。

傍晚,随着船工的吆喝声,驳船的碰撞声,满河里腾起了"突突"的马达声,起航了。

暮霭中,船队驶出了淮阴城。

我站在甲板上,望着这世界渐渐地暗淡。

终于,大地和天空都不见了,只有弯曲的大运河,还泛着暮色的余晖,仿佛一条刚出炉的钢水。

我们的船队,便漂浮在这金色的溶液上。金色的溶液翻滚着,就好像伴随着昔日的船工号子:

"嗨嗨,喂嗨嗨,这条运河九里弯,

嗨喂嗨,喂嗨喂嗨嗨,弯弯里头有渔船。

嗨喂喂,肚里个饿来喂嗨喂,心发潮,嗨喂嗨,

我请你管船的带带篙,嗨喂嗨喂嗨喂嗨嗨。"

昨天,在淮阴市运河职工新村居委会里,17岁就上船当小伙计的退休老船工周同举,一打开话匣就叹道:"世上三样苦,撑船、打铁、磨豆腐。"随后,他迈着拉纤的步子,为我们喊起了这首当年的号子歌。

他说那时候弄船的:"年轻时拿水篙子,年老时拿旱篙子(讨饭棍)。很多人还活不到年老,就被运河上的滩滩险险、风风浪浪夺了命。"

洪泽湖的岗堆,浪头最硬。修石堤日费斗金,经不住西风三浪。在那里不知翻了多少船。

还有清江大闸口,闸门狭窄,溜塘深广,水势湍急,浪涛滚滚。下水船一靠近闸就如箭一般随流急下,稍不留意,船撞石壁,家破人亡。过闸前,船工都要先焚香祭拜,祈神保佑。

弄船人苦,苦到连岸上穷苦人家有姑娘也不嫁弄船人。

饿苦、累苦尚有解脱的时候,难熬的是光棍苦,漫无尽头。

周同举说到这里时突然打住,他把居委会里的女人都赶跑了,接着对我说:"害臊。年轻的时候,10个弄船儿,9个没老婆。没房子没地,谁嫁给你呀!拉纤拉到没人处,憋得慌,就朝着两岸使劲喊。"

他又摆出撑篙的样子,喊了起来:

"嗨嗨,喂嗨嗨,乡里的妹子好穿红呀,

花衣上有条画眉红呀,嗨喂喂。

人家的画眉呱呱叫啊,

她家的画眉不出笼,嗨喂喂,嗨喂嗨喂喂嗨嗨。"

号子歌的余声还在我的脑海中回荡,但天边的余晖已经完全消失。运河水变成深蓝色,静静地了无声息,只有拖船的马达声轻轻地哼唱。

我不由感叹:运河上再也听不到当年撑篙拉纤的号子歌了。

二、船队长的情歌

船队长胡树春,一个40来岁的退伍军人,悄悄来到我身后。

听船员说,此人说话幽默爽快,除了指挥船队航行,另外还有两个业余爱好:为船员当月老和写诗,并且都有所建树。

我依然还沉浸在老船工的号子歌里,对他说:"天还早,不想睡,能听你唱段号子歌吗?"

他笑了:"现在谁还会唱那个!你没看见运河里都是机器船,再也没有拉纤夫了吗?"

船队长拉我一起坐在船舷上。

月亮上来,运河忽闪忽闪着片片银光,我心里一片惆怅。

我问:"运河上虽然没有了歌声,但有人不是还在写诗歌吗?"

他知道我在说他,双手叉胸笑了起来,轻描淡写地说:"那都是下里巴人的东西。"

我说:"我想听听。"

他顿了一顿,用低沉浑厚的嗓音轻轻吟道:

明天我们就要分手,

你默不作声,

只是轻轻地缝上我心窝那枚掉了的纽扣。

相聚的日子像针一样短,

相思的深情似线那般长。

针穿过去了,

却把线儿长留。

你终于说出一句话,

声音似乎在微微颤抖:

"船上要比岸上凉……"

吟完,他半晌不语,望着已经不见踪影的淮阴城。

我惊异地望着运河水面上越来越柔和的银光。

船队长站起来说:"现在的弄船人有家有老婆,但一出船就几十天回不去,心里自然就会存着感情。只是我们大老粗,表达得不好。"

三、水手长的柔心

真正的大老粗是他。

但只要靠近他,你却能感觉到他细腻的感情。

他,35岁,一米八的个头,寸把长的胡子,蓬乱的硬发。在船上紧伴着我,却一言不发。

我问他:"船队长和指导员的名字怎么写?"

他躲避着,支支吾吾了好半天,告诉我:"我跟你讲,我没有文化。我跟你讲,我只上过小学一年级……"

在月色氤氲的运河上,他开始讲述自己,他不断使用的标点符号就是"我跟你讲"。

我发现这是一首美丽的哀歌。

陈建山,驳船上的水手长,弄船人的儿子,五六岁起就牵着小船在运河上玩。在他上完小学一年级时,"文革"开始,他辍学了。

后来,他再没进过学校。如今,有两个孩子。家在泗洪县农村,老婆在家种田。

他已经三个月没有回家了,想孩子。

他说他一生的希望就是让孩子读好书,再不能让孩子也像自己这样没文化。

想爱而极少有爱的机会,那爱便常常满得溢出来。

每当船队穿过城镇,陈建山便会钻出舱来,眼睛不自觉地停留在岸上儿童纯真的脸上,恨不得抱过来亲亲。

不过,这些孩子并不缺少爱,对这个痴情水手的回报,有时竟是从岸上飞来的瓜皮和石块,甚至从桥上撒下一串尿。

陈建山想叫喊,吓唬一下恶作剧的孩子,又担心孩子受惊从桥上翻落,只好拭去身上的污物,默默地钻进狭窄的船舱。

但只要岸上传来孩子的声音,他就忍不住又要钻出舱来,笑着看着孩子。

夜深了,我回舱躺在陈建山让出的床铺上。

忽然,床头上用橡皮膏粘着的一张黑白小照跃入我的眼帘。

一男一女两个小孩的合影。稚嫩的脸蛋上,露出甜甜的笑,两双骨溜溜的大眼,好像在责怪我睡在了他们父亲的床上。

我的心弦一下子被什么拨动了,我能想象得出,当经历了一天的艰辛,躺在床上让肌肉松弛时,陈建山便是这样,通过目光开始与儿女心灵的对话。

这真像是一部读不完的小说,陪伴着水手度过数不清的日日夜夜。

粗壮的大汉,爱得竟是如此细腻。

四、小毕的相对论

第二天,船泊在高邮装货。

这里平坦得令人一眼就望到天边,方方正正的麦田、稻田和点缀其间的村落,一片寂静。

只有这一条水线,一条陆线,并排延伸,跑着船,跑着车,川流不息。

傍晚,12条驳船满载着粮食和棉花重新编好队。

拖轮拉响了鸣号,于是,"开船喽"的叫声,一声接一声,一直从头船传到尾船。

像水上列车一般的船队，在鸭群嘎嘎的惊叫声和撑鸭人"嗬嗬"的吆喝声中，又滑行在运河上。

大运河，像一条碧玉链儿，满满地串起了累累的珠宝。

淮安、宝应、高邮、江都、扬州、丹阳、常州、无锡、苏州……大大小小，有多少历史名镇；

骆马、洪泽、淮河、高邮、沼泊、长江、太湖……，长长圆圆，有多少湖泊江河。

横跨在大运河之上，有各种古的、新的、出名的、不出名的桥；

竖立在大运河之旁，有各种木的、砖的、石的、铁的、方的、圆的、八角的塔。

这里有过阿拉伯人的商船、古琉球国的使船、英国的洋火轮……

这里来过伊斯兰传教士普哈丁·穆罕默德、意大利冒险家马可·波罗、东南亚苏禄国的东王……

各式各样的城和水，各式各样的桥和塔，各式各样的船和人。一千多年来，这里成为中国人口最密集，经济最繁荣，文化最昌盛的地方。

中国的大运河不像中东的苏伊士运河、西欧的基尔运河、美洲的巴拿马运河，它们直接沟通了两边的大海。中国大运河则巧妙地贯通了内陆的五大水系及它们的支脉，覆盖了大半个中国，使大陆的水路同海形成了多元化的网络。

中国的大运河作为中国特殊的地理条件和社会条件的产物，合理地存在了千百年，并反过来影响了中国的地理和社会，影响了中国的民族文化。

如果说，自然的黄河曾是中国文明的摇篮，她摇着中华民族走过了夏商周秦汉隋唐宋等朝代，那么，自从有了人工的大运河，中国文明的摇篮便渐渐从黄河流域和中原地区，东移至运河流域和东部沿海地区，她摇着中华民族走过了另外半个宋朝和元明清诸朝代。

直到今天，大运河仍然摇着年轻人的追求和希望。

毕友四，江苏516船队的年轻水手，将代表公司参加市里的一个演讲比赛，临时抽到公司做演讲材料准备，这次他陪我们一起上船。

在淮阴等船时，他连输给我两盘围棋。于是上船后老想拼搏翻本，说一定要打得我"落花流水"。

小毕那年26岁，农村的孩子，运河航校毕业的中专生。在船上当了7年水手，又自学到大专毕业。头脑灵活而性格倔强，言语中充满了相对论。

"这样的船队时速多少里？"我问他。

"或许5里，或许20里，要看顺水顶水还是顺风顶风。"他回答。

"如果是顶水顶风呢？"我非要问个清楚。

"那还要看装货的多少以及装的是什么货。这些都不是绝对的。"他不想清楚地回答我。

于是,我只好转换话题:"你结婚了吗?"

他回答:"已经离婚了。"

他看到我有点惊诧的目光,对我说:"她的父母看不起我和我的家庭,我们自己双方都为了维护各自一方的尊严,就这么离婚了。没有谁对谁错,没有什么绝对坏的一方。"

当谈到他一岁的男孩,他湿红了眼说:"在她那儿,我去看他,真可爱。"

终于,他流露了那绝对的感情。

小毕本有机会离开船队上岸工作,但他有点倔。社会上越是对船工有歧视,某些船工的自卑感越强,小毕在船上干下去的决心就越大。

我问他:"干一辈子?"

他摇摇头:"这不是绝对的,我的目的只是磨炼和体验,来证明一切应该承认的价值。当然,这一切都不必经过世俗的首肯。"

他又回到了相对论。

他对现行的很多东西并不满意,但他最讨厌听到"搞不好了"的悲叹。

他承认社会对个人的影响,但他更相信每个人也可以影响社会。

就像河流一样,人家都是顺着地形,由西向东流,但是京杭大运河,不就偏偏从北向南流吗?

而且,这些众多东西走向的自然河流,最后不是被南北走向的人工运河给沟通起来了吗?

一条不附势随流的人工河,最后对中国的人口、经济、文化不是产生了很大的影响吗?

船队,缓缓地靠近又一个翻水闸。大运河上的翻水闸把顺势而下的运河水翻到上游去,正是它,保持了上游高位的水量,决定了运河的存在。

中国的南水北调被安排在大运河,正是因为运河上有许多这样的翻水闸。

难道,小毕就想做这样的翻水闸?

我的沉思,被拖轮三声短而急促的汽笛打断,船队完全停下了,"倒锚喽!"的呼喊声,此起彼伏,从船头的胡队长一直传到了船尾的小毕。

尾　声

船队在后来两天里,从长江北岸的六圩进入长江,又从长江南岸的谏壁口再进入江南运河。

然后,经丹阳、常州到达无锡。

无锡运河岸边,有着绿云青烟一般的柳色,我们在那里告别生活了四天的

231 船队,乘上了去杭州运河的豪华游船。

从无锡去杭州的运河分东中西三条线,我们走的是进入太湖的中线。

船驶进太湖,我躺在床上,透过五光十色的铝合金门窗,可以将太湖的水、太湖的岛以及太湖上西沉的夕阳统统一览无余。

还有那甲板上穿着花裙的姑娘、戴着墨镜的男士、时髦的中年人或老年人,当他们为太湖美景发出阵阵赞叹时,我却感到了疲惫。

在紧闭的双眼下,喊着号子歌的老船工、会写情诗的船队长、大胡子的水手长、自信倔强的小毕……一个个向我走来。

在他们背后,就是那条大运河,那人工开凿的伟大工程,那中国土地上深深有力的一捺!

10. 首篇获奖新闻

我终于获得了一次成功,但这里我先提另外一个话题:编辑与读者的交流。因为这次成功并不完全归于个人写作方式的改变,而是与读者的交流给了我机遇。

我喜欢外出采访,但我也喜欢坐在编辑部里,一篇又一篇地编发读者的来稿。从标题到导语,从段落的前后调整到只摘取一段精华……不同的思考、不同的手段,这是一种艺术创作和享受。我尽可能发现每一篇稿子的亮点,能在版面上用其所长;实在碰到一无是处的稿件,我也会善意地给读者写一封退稿信,对他提出希望。这些信件全部亲笔写,我从来不用打印的退稿信。

我在爱卫办给报社投稿时,无论用与不用,从来没有收到过报社编辑亲笔写来的信。当时,我问一位来采访的记者这是为什么?他淡淡一笑:"编辑与读者之间用笔交流?那要追溯到'文革'前,现在早不时兴了。"那时我就想,倘若我有一天当编辑,一定要亲笔给读者写信,要和他们交上朋友。

新闻工作者在某种意义上来说,还是一个社会活动家。学会用平易近人的态度、真挚的感情和深刻的思想去与各界交流,才能得到信任和共鸣,才能挖到有价值的新闻。尽管报社为了鼓励和方便编辑对投稿人回复,印制了许多统一格式的回复便笺,但我弃而不用,只要空下来,就有针对性地手写回复信件。

因为我写信,所以我也收到好多读者给我写的信。我和他们不仅探讨稿件的写法,也同他们交流最新的动态以及对版面内容定位的思考,我努力想形成社会共同参与办报的氛围。

正是在这个前提下,我经常能拿到独家来稿,并有了这次成功的机遇。1990年9月16日,杭州一位读者报料说,梅家坞爆发百年不遇的洪水,有一台上菱冰箱被冲入小溪,翻滚十来里,外壳完全变形,但村民抬回来插上电后照样制冷。针对当时市场上假冒伪劣商品泛滥的情况,时任上海市委书记的朱镕基提出"质量是上海的生命"的口号,这个实例有力地反映了一些上海产品过硬的质量,受到了消费者的好评。

编发此稿两个月后,我应上菱冰箱厂技术维修中心之邀,前往梅家坞实地回访。既然来到现场,我当然要写稿,而且坚持用我最喜欢的新闻方式:通讯。这篇短短757字的通讯《冰箱遭灾后记》,发表在1990年11月19日《上海商报》三版。

[附文]

冰箱遭灾后记

下午,我们一行来到梅家坞村。

本报9月17日曾报道这里有一台上菱冰箱被山洪冲走七八里仍正常运转的新闻。这次应上菱冰箱厂技术维修中心之邀,来实地看看。

一路上,维修中心的周培南经理向我讲了这样几件事:云南地震,一台被埋入废墟顶部砸坏的冰箱,照样运转;芜湖火灾,一台外壳已烧坏的冰箱,仍旧制冷。周经理诙谐地说:"厂部抓好了质量,减轻了维修中心的工作量。"

这里还留有12号台风的残迹。泥石流淹没的菜田、山洪冲毁的桥墩、溪中断裂的石板、只剩下四框和顶盖的房架,甚至在山腰上没被冲毁的房屋里也留着齐胸高的水渍印。村民向我们诉说当时的情景:突发的山洪和泥石流,什么都来不及抢救,什么都可以去了再来,只有人是最要紧的,向山顶上跑。百年不遇的山洪……

在一堵断垣前,我们见到了梅宝富,他正与妻在堆石头。那场山洪和泥石流,将家里所有"站"在地上的东西,包括那台上菱冰箱,一卷而光。只留下一屋子两尺来高的泥石。当他从十里外的小溪里抬回这台冰箱时,冰箱四周统共12条边,没有一条是直线;冰箱前后四个平面,都留下了坑点;冰箱里面塞满了泥巴和柴草。

时隔近两个月了,梅宝富仍以惊喜的神态向我们说:"真没想到,清洗完冰箱插上电源,冰箱竟会正常制冷!"

他还有两个没想到:

当本报刊登这则消息四天后,上菱冰箱维修中心的经理,就带着一班人马,风尘仆仆地赶到他家,确证这台冰箱重新使用完全可靠后,帮他调换了原已扭曲的底座外壳。他还想不到,今天上菱冰箱维修中心再次来到他家,帮他配齐了冰箱内散失损坏的间隔层和水果箱。

这原来是天灾,并不要上菱厂负责的。可上菱厂的同志却说:即使是天灾,我们也要对自己的用户负责。

车子缓缓驶出梅家坞。

我们看到一排排新砌起的梯田坝、新筑起的围墙、新盖起的楼房。村里到处堆着木材砖石,小路上忙忙碌碌奔驰着装满建材的手扶、推车和卡车,他们正在重建自己的家园。村民见到上菱厂的车,个个露出笑容,投来敬意的目光。

周经理显然是被村民的热情打动了,在车里轻轻对我说:"我也有一个没想到,两进梅家坞,村民就已经把我们当做老朋友了。"

与被"毙"的《运河人纪实》一文相比,《冰箱遭灾后记》一文短小平实,不再更多地掺杂作者主观抒发的文学性,而是扣住主题,用"四个没想到",完整地叙事抒情,凸显出被采访人物和感情的动态,使报道变得生动可读。

如果说此文提及了"四个没想到",那么,我还有一个没想到:这篇短通讯,成了我新闻生涯中首个得奖作品,并连获两奖:1990年度全国商报"洁银杯"短通讯一等奖,1990年度上海市好新闻作品(通讯)三等奖。尽管在我后来拿到的新闻奖中,它不是最高的奖项,但它对我追求散文化新闻写作的激励和指导作用却相当巨大。

好事成双。这一年,上海自新中国成立以来首次进行新闻编辑评选,我获得"霞飞杯"上海十佳青年编辑提名奖。

掐指一算,进入新闻单位已经第三个年头。我不是那种爆发力很强、一入门就令人刮目相看的小精灵,但三年过去,我已经扎扎实实地打好了业务的底子,可以自由飞翔、大胆创新了。

11. 再顶头版编辑

进入90年代,经济类报纸因为同质化严重,竞争越来越激烈。

我所就职的《上海商报》是上海财办主办的一份报纸,其发行和影响力起初在上海各类经济报刊中名列前茅。到1991年,各报都有新的变化。特别是一些主流报纸采用电脑排版后,版式大为改进,新闻时效性大大增强,这对无资金实行电脑排版的各类经济报纸来说，压力十分巨大。《上海商报》的采编人员盼望市财办能为此给予资金和硬件上的支持。

1991年春节前，市财办牵头，组建了《上海商报》理事会。理事会成员是财办下属的一些主要商业机构，实际上就是想要他们出资，解决《上海商报》的资金困难。但事情进展并不理想，这些理事单位除了愿意提供当年报纸出版所需的纸张、印刷等成本费用外，并无意再对电脑排版等进一步的投资。对市财办来说，资金的事也只能努力到这一步了，但多少出了点钱的各家理事，在理事会上反过来要求报社拿出改革方案，争取在诸多经济类报纸中脱颖而出。

此时的《上海商报》领导班子正好进行新老交替。李音总编退居二线，新总编朱明顺来自中百一店，业余写过小说，是财办系统土生土长的文化人。新总编召集数次班子会议讨论版面改革，结果只提出了时间概念，即春节后要有变化，却没有提出改革的具体思路。

退居二线的李音最后向新总编推荐，由我来当头版编辑。这是报社第二次要我顶替头版编辑，新总编找我谈话时，我犹豫了一下，接受还是拒绝？

我很清楚，市财办牵头组建的理事会并没有解决电脑排版的硬件问题，在这种条件下，版面要想有大变化，要想能在同类报纸中脱颖而出，就等于用"小米加步枪"打天下，不打破常规、不进行创新是无法取胜的。几年来的业务积累和沉淀，以及敢于挑战新事物的勇气和充沛的体力，让我跃跃欲试，想承担起这个任务。问题是报社既没有给我一个已经形成共识的改革思路，也没有给我打破常规的权力。所以我很明白，作为一个顶替头版编辑的执行者，要靠自己去摸索，进行一场自下而上的改革，这是十分冒险的。

即便是猴子的冒险，也并非光靠勇气和体力所能实现，更何况我必须关心别人所不易注意的问题，以自己独特的思考和方法去考虑、处理问题，这是冒险的重要因素，也是最不容易被人接受的因素。就怕到时候"掌财的拥财不发，掌兵的握兵束手，一小吏张空拳上下叫号，举动掣肘，事不可为"。

我对新总编说："我只有一个担心：新的尝试恐怕会不被人接受，而且也难免出现疏忽，所以希望总编能够给予支持。"

新总编沉吟不语，好像在掂量我会提出什么样的"支持条件"。我知道他并非出身新闻专业，再说新来乍到也不了解我，心中一定犹豫保留。于是补充说："我不要求采取表扬的、肯定的形式，只要默许即可。"

他可能觉得我没提出什么条件来，追问我还有什么要求。真的就这点要求，我想不出来了。突然，我觉得话题可以轻松一些，说："想起一个年轻人来，王杰。我需要人，让他跟着我行不行？"

王杰,于1989年从复旦大学新闻系毕业来到《上海商报》采访部实习,实习一年没有转正,被再延迟实习半年。半年后,仍然没通过他的转正,报社正讨论他的去留问题。那时候,《上海商报》很少有大学应届毕业生,更何况来自复旦大学新闻系的毕业生,我相信能考上这样大学的人应该是可塑之才,走了太可惜。

这几乎不是在提条件,而是帮领导解难题了。于是,王杰从采访部调到了编辑部。

王杰并不理解这一点,还以为是报社对他的一种"发配",开始来的那几天,他默默坐在那里看我,眼神里带着戒备。

其实,不理解我的人很多,就拿我答应接手头版编辑这件事来说吧,事后好多人都来劝我别犯傻。

一个资深老新闻工作者对我说:"版面搞得再怎么样,也没有什么名堂。"他认为我是搞采访的料,做编辑没意思。

一个校对三番五次对我说:"你这么卖力干什么?现在的领导一塌糊涂,你这样是在为虎作伥,将来天下一变,统统完蛋。"

采访部一个记者认为我顶多也就是三分钟热度。

一个广告发行人更以朋友的口气劝我当心,以免被人利用。

劝说的人都认为我太简单太愚钝,怎么可以不去想一想这件事会给个人带来什么风险?但我却清楚,人要是越"聪明"越不会轻易地朝不明确的目标前进。古人云:祸福太明,趋避计较,此心敏矣,然施于事则比比败也。我相信,只有不计利害者谓之"愚"的人才能勇往直前,天下事常常成于愚而败于敏。

对于所谓的"会被利用",我认为是实在太过虑了,而且在职场上有太多的才子被毁于这种过虑了。别人在利用你时会废掉你的"武功"吗?会剥夺你的金钱财产或者智慧性命吗?都不能。那好,就尽量地来利用吧。其实,有时候人们并不清楚究竟是谁利用了谁?往往正是利用者帮助被利用者实现了梦想,积累了智慧,兑现了价值。假如这个世界因计较戒备可能被利用而吝惜付出,坠入既不被利用也不去利用的自闭,那么大地能冒出绿荫、天空能出现彩虹、四季能秋去冬来、社会能前进发展吗?

我所担心的并不是自己的"被利用",而是那些常常凌驾于业务之上的职场争斗。假如一个团队一直处在互相防备只求自保的氛围里,甚至有些人画狗不像,却善于画鬼,他可以误会你接手头版编辑的动机是冒尖;可以指责你在版面上的尝试是不稳定、不成熟;可以猜疑你策划记者写稿是有跨部门指挥的野心……那么,实干者往往容易成为倒下的靶子。

我必须预料到最坏的结果。假如没有这样的心理准备,就无法忍受可能会伴随着你的这些误会、指责和猜疑。当然,那就最好趁早别揽着干事,因为那一定会给你带来痛苦。

好在我无意于职场争斗,对于名誉、利益,已看得淡化。这次接手头版,无非是想利用这样的机会,在业务氛围上打破沉闷、干点实事;更是为了防止自己在平庸中坠落到只会发牢骚的颓废。

我设想的最坏结局无非就是这样:重新回到国内版干我的编辑去。我喜欢国内版已经形成的亦编亦采的工作方式,喜欢一个人一支笔一本采访簿走遍天下的感觉。想到这里,心中一片轻松。我对在改版过程中可能会产生的一切都不会有过敏的反应,相反,这一切会淡然地从我的头脑中滑过,就像水珠从鸭背上滚落一样。

因此,我没有向领导提出任何个人要求,并跟总编说好是临时顶替,等完成头版改版任务,依然回到国内版。不过,最终的收获变得出人意料,正是在这次接手头版改版的任务中,我喜欢上了编辑这个"为人作嫁衣裳"的工作。

12. 感谢这本书

接手头版编辑任务后,我开始思考头版内容和风格的重新定位;同时着手搜集各种电脑排版报纸的版式,结合本报的实际内容大胆实践。我还手工制作或勾画出各种版面变化的样式,制成干片付印,以弥补铅排手段不足的缺憾。我想用"小米加步枪"的方式与已经进入电脑排版的报纸比拼,尽管这些变化的手段被人称之为"野路子",甚至是幼稚和粗糙的,但正是在这样的比拼中,我对版面的理解和把握逐步到位。

三个月后,1991年的6月,《上海商报》开始电脑排版;再两个月后,我被聘为编辑部副主任,主持部门工作;这些条件的具备,使头版的改版进入新的起点。

我要感谢一本书,这本书对我的影响,或者说对《上海商报》改版的影响实在太大了。

采访部记者陈芳见我整天坐在编辑部捣鼓版式,便从她先生张伟清(《解放日报》记者)那里拿了一本书借给我,书名为《美国报纸组版和设计》,作者是美国的达里尔·莫恩,译者是《解放日报》副总编辑陆炳麟和江和平。陈芳叮嘱我:"抓紧看,我先生不舍得将这书借给别人的。"

这是我见过有关组版的最好的书,令我爱不释手。我不好意思久借,只能边看边摘抄,以便反复阅读慢慢消化。可以说,我的编辑理念是由这本书奠定基础的。

我不光自己看,还把摘抄的内容先后编成五个讨论专题,组织编辑部全体人员进行业务学习。下面简要论述一下这些专题讨论对我们的启示。

(1) 组版宗旨:不能把读者局限在面窄量小的决策者和经营者,而要扩展到全社会的消费者。必须跨出行业,面向社会,使《上海商报》扩大信息量,提供各种服务,成为商业与整个社会联系的桥梁;开展工作研究、分析、预测,引导全社会商业行为的健康发展;提出批评建议,接纳全社会对商业的呼声、意见;反映商业面貌主流,争取全社会对商业的理解、支持。作为编辑,必须寻找全社会对商品经济的共同兴趣点,通过选稿、编稿、标题、组合、集纳等各种手段,引导报道角度由企业内部转变为用户、市场;由单纯业务转变为生活、思想、文化;由领导机关转变为群众百姓;由指令性的规定、会议等转变为活生生的循循善诱。

(2) 版面设计:关注两个原则:一是越简单越好,二是形式服从内容。记者要追求文章的可读性;编辑要追求版面的易读性。易读性是读者的利益,也是组版要达到的目的,而最能达到这一目的的便是模块式编排。在模块编排中通过对比来突出重点,消除单调;通过平衡来保持匀称,呈现美感。要精心研究如何在对比中求平衡,在平衡中求对比,既有共性,又有个性。在对比和平衡的矛盾统一中创造出千变万化的版面样式。

(3) 标题制作:标题不仅是文章的"眼",而且是版面的"眼",是组版设计的重要手段,是编辑对稿件的再创作。经济类报纸的标题必须打破以往的思路,避免干巴巴的单位名称和一连串枯燥的数字;避免空洞的不着边际的"显著成效、成效显著"等形容性语言;摆脱谨慎有余大胆不够、抽象干瘪缺情少趣、长于陈述疏于表现、露而不藏长而平淡、多粉饰形容少简练动词、巧用活用不足语言缺乏功夫、大白话儿太多不讲音韵节奏的种种平庸,在不脱离稿件本身的基础上,尽可能帮助稿件跳出俗套。

(4) 重新估计图片地位:读者常常是被一张精彩的图片吸引住然后再去看有关的文章,而不是相反。因此,图片不是文字的附属物而是一种报道的形式,决不能仅仅把图片当做版面上的装饰品或分隔文字的材料。值得庆幸的是,当时国内一大批报纸的编辑还没有意识到用图片来扩大信息来源和提高设计价值,我们可以以图片报道为突破口,要求组版编辑在版面设计前就应该考虑好图片,可能的话还应该同摄影记者探讨照片的采访效果和具体要求,并由此考虑到版面的篇幅多少和若干的配合文章。

(5)电脑排版中线框网的运用:这涉及比较专业的编辑技术手段。尽管如此,编辑部的定期业务学习,还是吸引了其他部门一些同仁前来旁听。我为此再作了两个对报社采编业务未来发展的专题讨论:

弱点·对手·借鉴:《上海商报》的优势正在丧失,要以《新闻报》《工业经济报》为竞争对手,以《工商时报》《中国商报》《新闻出版报》为重要参考,除了了解政策动态,提高思想水平和增强新闻敏感性,还要借鉴这几家"北派"报纸的标题内容、版面样式和图片处理手段,从中摸索出一套适合本报组版设计的特色。提倡编辑向记者学习,提倡编辑同记者"侃大山",以掌握报道早期情况和发现尚未见诸文字的社会热点,使组版的目的更加明确,采用稿件尽可能做到分清轻重缓急,照顾全面合理。

演变及发展趋势:要建立新的流水线,打通记者与组版编辑,文字编辑与组版编辑,摄影记者与文字记者的三大沟通渠道。展望将来集合传播和集体传播的趋势,组版编辑应该具备在后方坐镇的能力,不仅做到能对常规的采访进行计划,也能对重大的、突发的报道进行谋划,熟练地接受和贯彻总编室、部主任的指令。即使到一线参与某些报道,组版编辑也应该清醒地认识到:自己的拿手好戏在于组织起一支报道力量,调度好这支报道力量,敏锐果断地处理来自一线的问题,与所有的人形成一定的交叉复合工作关系,而不是各管一段,坐在流水线的那一头守株待兔。

编辑部在业务讨论中提出的理论和操作设想,实际上是一线采编人员对市财办要求《上海商报》拿出改革方案的具体回应,而非报社领导层制定的改版方案。所以,市财办并不知道也不可能对此作出肯定与否定的意见,这场自下而上的改革变得相当吃力。好在持续几周的业务讨论,使编辑部的业务有了大幅度提高,改版的定位和方向也清晰起来。

那天节日加班,跟着我画头版的王杰迟到了。编前会安排版面结束后,他才出现在编辑部,没听到编前会对头版安排的要求,就黏在我旁边左问右问。我说了好几遍见他也没弄明白,就站在他摊开的版样纸前,用笔替他画了个草图。

王杰不再吱声,坐在那里一算,标题、文字、图片都正好,就叫起来:"各位,把韩老师的画版尺扔了,他用不着尺!"说罢,他又黏过来,坐在我旁边说:"这已经不是第一次了,有什么绝招?透露一下。"

我说:"没有绝招,只有勤奋。"

他眨巴着狡黠的双眼说:"猫教虎,留一手呀?"

我笑了,对他说:"你这个弼马温,老想回花果山撑齐天大圣的旗。没把你压到五指山下,你哪里会认什么师父?"

王杰一愣,随即大笑:"师父又点我穴位了。"

王杰所说的又点穴位,是指他一到编辑部就被我批评的事。那天他改完稿交给我时,没有把稿件和发稿单用别针别在一起。我一边将稿件别上别针,一边问他:"就这么交给我了?没听说过这句话吗,不做小事焉谈理想?"那天,他也是这么一愣。

不过,我一直欣赏年轻人要做"齐天大圣"的理想,但要真正实现目标,还是要让他们先学会做小事,并把小事的细节做好。这无疑是我对年轻人的起码要求,因为任何成功者的所谓绝招,都是用细节的功夫堆砌出来的,一个不经意的细节,往往能反映出一个人深层次的业务能力和行为修养,也常常决定了一个人是否足堪重任。那些对做小事不屑一顾,老是怨恨自己怀才不遇的,大都是在职场上输得一塌糊涂的人。

13. 部长的批示

从市财办领导到普通读者,都发现《上海商报》的头版发生了一系列变化。

新闻头条打破了以往工作会议、领导活动、创汇利润产值等消息稿一统天下的局面,被内容厚实、体裁活泼的稿件,如工作研究、市场巡礼、调查报告、通讯甚至图片取而代之。兄弟媒体对《上海商报》转播转摘的重点从原来头版的底部转到了头条,不少读者反映《上海商报》的面孔变了。

其实,不光面孔变了,连说话的腔调也变了。最明显的就是标题语言风格,从抽象的数据、平淡的陈述变成了形象化的口语。

任何变化,除了来自新的思路定位,必须还要有采编在操作层面的变化。尽管自下而上的改革无权改变操作程序,却还是可以改变操作氛围的。这种新的氛围就是采编之间的合作,无论什么样的变化都不是个人的作用,编辑与记者,是做新闻的两只手,一手独拍,虽疾无声。比如标题的改进,我并不是那种才华横溢、倚马可待的起标题快手,很多好标题都来自与记者的沟通,来自记者对编辑工作的支持。所以,我喜欢合作。

这说起来简单,做到却很难,而且还容易引起误会。不是每一个记者都愿意让版面编辑特别是版面设计人员参与到他对新闻判断的圈子里的。在传统的采编观念中,作为无冕之皇的记者,让拿着尺、笔、橡皮的版面编辑人员来参与他们的采访,毕竟是十分难以忍受的。记者难道需要一个版面编辑来指点吗?

我不想指点别人，只是为了提前几天，甚至提前几个星期去了解采访的进展，做到与采访同步进行，而不是等在传统的流水线那一头守株待兔。编辑只有尽早介入记者的采访，才能充分准备，争取足够的时间来酝酿出好的标题。

作为一名主持编辑部工作的副主任，我还有一个目标，就是通过参与新闻采访计划和谋划，使编辑与记者互相交叉，使报道的各种手段结合起来，从而形成报道组式的编辑部，让部门里的编辑由版面的装饰匠变成真正的新闻传播者。

难上加难的是，这次《上海商报》的改版是由编辑部发起的自下而上的变革，没有权威的参与和制度的保障，编辑部即使理清了办报思路，也不能强加于其他部门，只能靠一篇又一篇新闻稿的成功，在潜移默化中形成采编之间默认的新合作。所以，这是一个渐变过程，需要相当的耐心。

古人云，可与言而不与之言，失人；不可与言而与之言，失言。为防止人们误会，采编之间的沟通只能从关系尚好的记者个人开始。

1991年5月，一位平时比较谈得来的记者被我两退其稿。最初，这篇五六百字的新闻仅仅报道了市百三店分店在边缘新村开业后经营效益上升的消息，我觉得此消息还有没挖出的新闻价值。我问记者：这家店为什么能在边缘新村做到经营效益上升？受到启发的记者重新深入采访，了解到当时边缘新村比较冷僻，因囿于"店多才能成市"的旧观念，许多商家不肯进驻，而已经进驻的市百三店分店根据当地居民特点，走出了融购物、娱乐、美食于一体的新路子，将多种服务功能融为一体，结果独家成市，获得了经营效益。原因是挖出来了，但文章分量还不够，我进一步对记者提出要从宏观的角度，思考一下上海当时大量居民从市中心迁往边缘新村的社会大背景，他们需要就近的、方便的商业服务，敦促商业部门去边缘新村搞好服务，为上海城市改造尽责任。记者第二次修改稿子后，我把原来《融购物、娱乐、美食于一体　市百三店分店走出新村商店经营新路子》的标题改为引题，增加了口语化的《把偏僻冷角落搞闹猛》主题，作为头版头条。

国家商业部胡平部长看了这篇报道后十分重视，批示："上海市百三店融购物、娱乐和美食于一体，走出困境，其实现代化商场走的都是这条路子，只要领导班子树立改革意识，根据自身条件，提供多种服务，就能创造效益。"

一家地方经济类报纸的报道能得到部长的批示，对记者和报社管理层来说是一种鼓励，上海商界和市财办对《上海商报》也有了好评。新总编心中终于松了一口气，对市财办提出《上海商报》在春节后改变面貌的要求，总算有了一个交代。

好的开头，引起了反响，时不时会有记者来找版面编辑聊天。同时，也有人对这种聊天感到不解甚至质疑。为防止可能产生业务以外的职场误解，我要求编辑抱着"人知之不为劝，人不知不为沮"的态度，仍然把这种沟通的度把握在与记者个人的私聊之间。

接二连三有变化的标题和文章不断在这样的私聊之间产生。如原标题《上海五大工业局五十三家工厂与商业一局六大批发公司联手促销》,这么长的一串数字怎么做主题?我与记者聊天侃大山,得知在"全民经商"的大潮下,工业系统与商业系统经常有互撞,于是悟出这种联手促销的真正意义,提炼出《变"对抗赛"为"接力赛"》的主题,使读者打开版面后感到版面"弹眼落睛"。

如与记者聊天中得知他正在采访"上海造纸工商企业互惠互让摆脱困境"一稿,在他未动笔前,我就想好了主题:《让出一个活络空间来》。

人们通常认为有好的操作才会有好的结果,但我要争取的是用好的结果去形成好的操作。要知道,报界长期来有一种"通病",采访记者与版面编辑为稿件的发与不发、删与不删、上版时间、版面位置等,经常发生矛盾。为避免矛盾,不少报纸对采编操作程序都有严格规定,就像工厂里流水线的上下工序,互不干扰,各自为政。长此以往,记者吃不透版面,怕发不出稿,不敢在写作与选材上创新;编辑不了解采访,提不出报道思路,只能做个版样的装饰匠。而且越如此越容易产生矛盾,这是一种恶性循环。记者埋怨编辑稿件处理不当、编排紊乱;编辑埋怨记者写得不好,老一套。最终还会钻进牛角尖,争论起你有权还是我有权,大家各叹苦衷。这不是没有人才办不好报纸的问题,而是流程体制本身扼制了人才的产生,阻碍了报纸的发展。

《上海商报》却在这一阶段出现了新的氛围,编辑部成了记者喜欢来坐坐谈谈的地方。聊天,从个别记者,到骨干记者,再到采访部副主任,直到采访部主任,最终促成了采编两部的紧密合作。正是在这样的优势互补下,采编两部门开始有计划地搞一些大的连续报道。如《如何振兴国营批发商业》的8篇系列报道,市财办拿着这些报道召开全市批发公司会议,进行专题研讨。如《菜场四步曲》4篇,市人大特地请记者去座谈,市政府派员来向记者了解情况。如《社会商业连续报道》7篇,全部被上海人民广播电台转播。

在一系列成功的报道案例后,尝到了甜头的同仁看到了采编配合的优势,合作的喜悦冲淡了矛盾。记者提前知道自己的稿件可能会在版面上作何种安排,心中有底,创新胆子大了,好稿不断出现。编辑对一些主要稿件在发稿前甚至在记者采访前,已经知道和了解,积极出谋划策及思考版面上的手段,编排花样多了,版面标题生动了。

作为一名编辑,尽管"为他人作嫁衣裳",在成绩面前总是默默无闻,但也不是一无所获。1992年5月1日"社会商业连续报道之五",我起的标题:《能容纳才能有云集,阿拉是否也反省一下自己的地方保护主义?》被中国经济信息报刊协会评为好标题奖。

《上海商报》分管采访的总编助理后来问我：你作为一个编辑坐在家里，既不出去采访接触基层，也没有机会参加各种会议了解上级精神，怎么能给记者出这么多的主意？

这是个一下子让我难以回答的问题。我突然想到《虞初新志》中有"瞽者对天下事无不知，独眼龙知十之六七，双目明者仅知十之一二"的描述，可见对天下事的知晓，明眼人有时不如盲者，古已有之，大概是因为瞽者的专心和用心吧。

那么，一名编辑在业务上的专心和用心体现在哪里呢？我想了想，回答她：作为一个编辑，一要从理论刊物上学习有关政策，心中要有大局；二要广泛浏览各报加以比较，了解时势的动态和变化；三要多跟记者交流，从尚未发稿甚至记者还没动手写作的线索中发现最新的问题；四要眼观六路，耳听八方，留意身边百姓话题，知晓读者对新闻的需求。四者结合，才能新意不断。

14. 从图片突破

奇怪的是，同文字记者完全相反，摄影记者对与版面编辑的沟通很感兴趣。正如《美国报纸组版和设计》一书介绍：20世纪70年代，在美国引起编辑部的演变，不是从管理专家，而是从摄影记者开始的。虽然晚了20多年，但当时《上海商报》也正在经历这样的过程。摄影记者白华阶主动要求与版面编辑直接接触，他一方面是为了自己理解版面意图，另一方面也想参与版面设计或能对版面设计施加影响。我满足了摄影记者的这一要求，将同摄影记者的结合作为改变采编操作程序的探索。这一探索，给了我很多体会。后来，在1993年第10期《新闻记者》这本专业杂志发表了我和摄影记者搭档的体会，附下：

编者按：过去，人们没有充分认识到新闻照片在报纸版面上应有的作用和地位，往往将其视为美化版面的点缀。《上海商报》编辑韩自力在组版过程中，和摄影记者密切配合，作出种种尝试，还新闻照片应有的地位和作用。

我和摄影记者"搭档"
——一位报纸编辑组版手记

也许是我见惯了报社流水线般的工作程序，我编我的，你采你的，互相交流很少，还免不了采编间闹些矛盾。几年前，当电视台约我去撰写一个专题片时，我突然发现了一个新的天地。在那里,编导、撰稿人、主持人以及摄像的、打灯光的在一起构思节目。有时,当摄像的或打灯光的提出了超过编导的构想时,编导便灿烂地笑着大叫一声好。那种愉快的合作气氛真令人十分羡慕。

我真想把那种气氛"引进"到报社中来。

后来,当我试着这样去做时,我发现理解与不理解的都有。而与摄影记者白华阶的搭档,却成为许多可列为"理解"中的一个。

一场令人吃惊的失败

这是一个同我一样有很多缺点的摄影记者:脾气倔、讲话冲。但他事业性很强,这一点很投我的心。同他第一次有意识地搭档是在我主持编辑部工作以后。当时,编辑部在进行版面结构、头条安排、标题内容形式及线框网等一系列改进。同时,在图片的使用上也进行了探索。如:把豫园商场的图片配上古城墙形的网边,把小图片不规则地排列成题头图等。同仁们反映有新鲜感。但小白却不以为然,他嘲笑我搞的是花里胡哨的小动作,建议我再胆大些。"好,我们一起商量商量吧。"我并不计较他那可以噎死人的口气。

于是,一个方案形成了。那是1991年7月1日的头版,整版用一张南浦大桥的图片处理,套上淡淡的红色,作为长通讯《崇高的精神》的底色。为此我们花费了不少精力。出报那天,我怀着想看新生儿子般急切的心情跨入报社。可是,惨得很!走廊评报栏上,赫然写着几个大字:"整个版面一片红,实在太难看。"

在摄影室里,小白与我默坐良久。我们起初都在搜寻着安慰对方的话,但两个大男人,这话没法出口。终于,小白开口了:"妈的,下次再试。"我笑了,拍了一下他的肩:"好你个工作狂!"

事后,我从深层次反省了自己:由于在大学接受的是文字训练,对图片不甚了了。前阶段的探索,还只是停留在把图片作为分隔文字、装饰版面的材料这样肤浅的认识水平上。其实,报纸的图片同电视的图像比,尽管有劣势,却也有着魅力。因为报纸图片能够将最精彩的一瞬间定格下来而留给读者去细细品味。编辑应该和善于去挖掘图片的潜力,使之成为重要的版面语言。只有树立这个观念,图片报道的改进才能走上正路。

我把这些想法同小白谈了后,小白连说"有启发",称我为"难得的知己"。那天下午,两人抽了足足有两盒烟。晚上,我的咽喉痛。

几次早有预料的争议

过去,我在安排版面时总是先考虑好头条、二条、报眼、压底4篇文章,然后才是图片。现在我开始改变这种思考程序:每期都要先知道图片内容是什么?

画面如何？先确定图片的位置。

那是1991年底张扬路商业中心开工打桩的报道。文字记者拿来的是一份统发稿。作为周三报，在这样各报记者都前去采访的新闻中，我们的时效肯定要吃亏。那天正好小白也去了现场。我首先向他了解情况。他反映，因为下雨，各报记者都在打桩前离开了现场，只有他一直等到打桩，拍下了独家照片。我以为，图片价值已超过了文字的价值。于是提议：做头版左头条，占四分之一版，标题为《浦东张扬路第一桩》。这张独家照片的地位和篇幅，强烈地表达了我们这份经济专业报对浦东商业发展的欢呼，也为浦东的建设留下了一份珍贵的资料。

见报后，引起了一些争议。有人说：照片作头条，没见过；篇幅这么大，没见过。也有人称赞：舍得花版面，有气势；够浦东味儿！应该讲，我预料到会有这些争议，而且寄希望于这些争议，使大家达到一个共识：图片不再是报纸的装饰材料，不再是配角，而是能够唱主角的独立新闻。

紧接着，又发生了一次争议。1992年春节前，市商业工作会议闭幕。那期报纸是这样安排的：报眼是一篇介绍三任市长关心上海商业的文章，我请小白配了三任市长的人像资料照片。每张一栏宽。同时，我请小白去拍一张会议代表在讨论大会文件的特写照片。根据画面，我起了标题《六个自主，令人开怀》，放在报纸中央，四栏宽。简单地说，我想在闭幕那天的报纸上反映这样的版面语言：六自主改革要依靠代表们回去推进。报纸出来后，一些同志直摇头："市长照片只有火柴盒一样小，代表照片却这么大，这样处理不恰当。"作为编辑，我无法为自己辩解。恰在这时，小白从闭幕式会场打来电话："会上只听见代表坐下就翻报的声音，大家都在议论谁上了报。前来参加闭幕式的市府副秘书长胡正昌（现市人大副主任）在休息室肯定了版面这样的安排。"搭档预料到报社里可能发生的争议，一个电话，把我从压力中解脱了出来。

正是这些争议，促使我们更精心地组织图片报道。我们不仅根据版面需要事先构思图片内容，还利用一切工作间隙，共同到现场构思画面角度，尽可能做到摄影记者采访及构图时有的放矢，版面编辑安排布局时胸有成竹。

随着逐步深入的"搭档"，我们共同提出了这样的问题：在独张照片之外，还有没有其他的报道形式，使图片能冲破一般场面报道的俗套，进入深层报道的领域？

初步尝试的成功

几乎年年如此，有关春节市场的照片大都是琳琅满目的副食品加上熙熙攘攘的顾客。这大概是囿于思维定势所致。1992年春节前，小白对我聊起这样一种感受："过去春节前，凌晨两三点就有顾客用砖块、破篮头在菜场里排起长队，而现在直到五六点菜场开秤后还冷冷清清。"我接口说:"冷冷清清正反映了市场商品的丰富,反映了上海菜篮子工程的卓有成效。"但是如何用图片来表现这样的意思呢?我和小白一起深入菜场采访后,决定用一组四张的系列图片报道,分别在春节前后四期头版上用四栏大的篇幅刊出。总标题是《从菜摊子看变化》。开秤时菜场冷冷清清的标题是《笃悠悠过年》,这句话后来也被其他报纸引用来评述春节市场;针对那年取消蛋票、黑市上卖蛋女随之消失的情况,我们拍摄了菜场蛋品丰富的特写,标题是《黑市与票证成正比例减少》;由于菜场开展优质服务,校秤处工作人员无所事事,这张照片的标题是《谁拉走了本处顾客?》;因菜场增设午市、夜市以及规格净菜的上市,"上班族"顺便买菜的越来越多,他们大多用马夹袋装菜,我们用四张特写拼成一幅照片,标题是《告别菜篮头》。

这组春节市场图片刊出后,引起了同行的瞩目。一位在某报总编办当头头的老同学后来见到我说:"我把这几期《上海商报》拿到摄影室,请他们好好研究。"读者也来信发表评论。而我和小白则真正过了一个非常开心的年。

后来,我们又搞了多次分期刊出的图片系列报道。如:反映淮海路地铁工程中商业企业如何克服的《淮海路"阵痛"见闻》、介绍八仙桥副食品商场如何开拓经营的《八仙过海各显神通》、讴歌南京路大变样的《中华第一街巨变》,等等。

除了分期刊出的图片系列报道外,我们又尝试了同期刊出的组照。如:反映四川北路无证摊贩多的《打桩游击队》、反映股市热潮和股民心态的《股市即景》,这组照片刊发后立即被有关报纸索要去加以重登。我们还用新旧照片对比,来反映外地个体和私人企业发展迅速,"垄断"了黄浦区小型商店拍卖的情况,并写了《上海人囊涩气短 浙江人出尽风头》一文,成为当时社会上的热门话题。上海人民广播电台《市民与社会》开播式就提到了这篇文章。

在我们"搭档"期间,小白发表在报上的新闻照片接二连三入围各类摄影大赛并获奖。要知道新闻照能入选以艺术为主的摄影赛是很不容易的。小白的"名气"大了。再跟他一起外出采访,听见有人叫他"白大师"。每当这时,他并没有忘了我,总是把我推上前,介绍我是"懂图片的版面编辑"。一次,巧遇几大报的夜班编辑和摄影记者。几杯酒下肚,我醉醺醺地"摆平"了一个多小时的"搭档经"。羡慕得那些摄影记者直夸小白有个好编辑,而那些编辑直夸我有个好摄影记者。作为一名编辑,我只是出于一个愿望:有更多的编辑能去了解摄影记者,去尊重摄影记者,去重新估价图片的地位和作用,去探索挖掘图片的新闻潜力。这是一块大有前途的处女地。

"搭档"带来的意外收获

在编辑生涯中,我萌发出一种想法:能否改变过去只有文字记者要求摄影记者为文配图的惯例,写一些为图配文的新闻体裁,让图片唱主角呢?

于是,我开始试着为图片写作。先是摄影特写。一次在郊县的鸭市采访,突然下起暴雨。几位鸭农骑车载鸭进场。有人大叫:卖鸭的变成水鸭子喽!引得满场大笑。摄影记者拍下了这张照片,我写了《鸭市雨情》。还有一次采访郊县商店第一部自动扶梯启用,摄影记者捕捉到人们先乘为快的紧张场面,我又写了《如步青云》。这些文章篇幅都和照片一般大小,文章和照片的手法都是特写,编排上以图片为主,互相烘托,较有可读性。后来,我又与小白合作,通宵采访乍浦路美食街和街头夜排档,用11张照片以及与这些照片大小相应、内容相应的文字组成了一篇摄影通讯《餐馆、排档、夜神仙》,占头版半个版面,像一套小型的连环画。

意想不到的是,这种尝试竟使我获得了新闻奖。前面提到的《上海人囊涩气短　浙江人出尽风头》获得国家商业部评出的1992年度商业好新闻三等奖。

15. 甘愿为图配文

报纸一般都让摄影记者为文字配图,而极少去让文字记者为图片配文。我在《新闻记者》发表的文章中,提到自己多次为摄影记者的图片配文,不过是想尝试一下新鲜的做法。有人对此不屑一顾,理由是:这些配文都是现场通讯,而现场通讯是最容易写的。

如果说我的文采不好,倒也罢了,但如果说现场通讯最容易写,我却不敢苟同。恰恰相反,在读者眼里,那种5个W要素齐全的开头、中间、结尾的新闻写法,活像一块三明治,早已令人生厌。作为一名记者,要想写好现场通讯,必须要靠平时积累下的敏锐性,在现场透过现象抓住本质;必须要有快速调动五官的能力,捕捉动态、颜色、声音、味道等各种要素;还必须要有临阵散发的文学想象力和融入现场的情感……全面而细致的观察、敏锐而果断的选择、积累和瞬间的结合、情感与想象的激发,这种在现场即时发挥的综合素质,并不是很容易具备的。

不说别的,就拿使用语言来说,现场通讯讲究白描,这实在是一种很难拿捏的语言功夫。白描不是词穷,而是一种意境。穆青说:豪华落尽见真谛,从平凡中见深刻,在沉静中见热烈。自然流畅,不事雕琢,讲究的就是平淡有思致。就因为思想和意境平庸,人们最容易陷入掉书袋卖弄词句的坑里。鲁迅说过:穷措大想做富贵诗,多用些"金""玉""锦""绮"字面,自以为豪华,而不知适见其寒蠢。

我喜欢用通讯的手法,把生活里生动活泼的具体事例发掘出来。做国内版编辑时,我通过亦采亦编的机会,探索实践现场通讯的写法;做头版要闻编辑时,我通过为摄影记者的图片配文,仍然是在寻找写现场通讯的机会。

以下选两篇我的"为图配文",也可以说是现场短通讯。一篇是《鸭市雨情》(特写),刊于1992年4月27日《上海商报》头版;一篇是《如步青云》(特写),刊于1992年9月23日《上海商报》二版。我不敢说自己已经做到了,但这是我一直追求的目标,是我最感兴趣的新闻体裁。由于写作的时间正好是邓小平南方讲话之后,反映了在继续坚持改革开放的路线下,上海郊区农村发生的巨大变化以及郊区农民对这种变化的欣喜心情。版面主打用的是最抓人眼球的瞬间定格画面,然后搭配上生动活泼的文字,用相得益彰的图文,来表达更淋漓尽致的现场氛围,从而让读者的阅读在此停留更久。

[附文]

鸭 市 雨 情

听说上海县七宝乡有个鸭市场,我和两名摄影记者慕名前往,到那里正好中午。

果然名不虚传,700多平方米的塑料顶棚下,五六千白鸭排成条条长块,大部分都有买主,只等开秤。

市场管理员说:交易原在凌晨进行,由于买卖兴旺,渐渐提前到半夜、晚上直到现在的中午。上个月已成交60万斤。青浦、松江、川沙的养殖户都来了。鸭子大部分销往市里,这里成了全市最大的活鸭批发市场。

正说着,飘起了雨点。一对农村夫妇一前一后各骑着一辆满载鸭子的自行车进场。妻子卸了鸭,边帮助后到的丈夫卸鸭,边嗔怪他动作慢被淋着了雨。丈夫傻笑着不言语。县工商局副局长顾造琪对我说:"这是本县的养鸭户。鸭市促进了我县的农副生产,仅鸭哺坊全县年产就达700余万只。"我边听边看着一位头戴盔帽的摩托手抢在其他小贩前,将夫妇俩的鸭子全包下了。成交的速度令人惊讶!

雨越下越大。一辆川沙来的卡车进场。手脚快的贩子不顾淋雨和车身外的泥巴,纷纷爬上车。不到十分钟,一车鸭子又被分光。一位贩子对记者说:每天12点开秤,下午2点就结束,交易很爽快,讨价还价的很少。确实如此,不少贩子看中货后,在过秤前拼命地用手由鸭胸脯向颈上挤捏,挤出了一摊摊鸭食,减轻分量;而货主却稳坐一旁,毫无不快的表示。

几个老乡七嘴八舌地议论:这些日子改革呼声多了,吃鸭的人也多了,价钿从1.8元升到了2.1元,我侬农民养鸭蛮开心!"

又有一位农民冒着倾盆大雨骑车载鸭进场。"卖鸭的变成水鸭子喽!"有人打趣。摄影记者突前抢镜头,这位农民得意洋洋地对着镜头,故意在车上延长了几秒钟,不料车一下子滑进棚内,他急忙摆腿下车,一脚踩在鸭屎上,一屁股坐在鸭身上。没想到他还挺逗的,大叫:"没事,垫鸭(填鸭)!"我突然感受到了鸭市溢满了一种情愫。你听:大雨下着,哗哗哗!满场鸭叫,嘎嘎嘎!大伙乐了,哈哈哈!

工商局顾副局长笑得弯下了腰,话语中透出一种深沉:"这样搞下去,农民高兴煞!"

如步青云
郊县第一梯——青浦白玉兰商场开业侧记

城里人喜欢默默地从内心来感受周围的变化,郊县人却仰首伸眉,将由变化带来的激动溢于言表。

9月20日,青浦白玉兰商场的开业成了当天县城最轰动的事。一万多人早早就云集在装潢华丽的商场门口,其中相当一部分是为玻璃门内那上海郊县第一部自动扶梯而来。不要以为他们都没乘过这玩意儿。现在青浦人到外面闯荡的多了,什么没见过?但这不是在市区的南京路、淮海路,是在县城,在自己家门口。而且自动扶梯是由本县小蒸乡的乡办厂——扬子自动扶梯厂提供并安装的,自然又新鲜又自豪,先"乘"为快喽!

庆贺开业的鞭炮声刚起,急不可耐的人群便蜂拥而入。眼快脚快的小青年一下就踏上电梯,如腾青云,平步而上,哈哈地乐个不停。稍后,中年人扶老携幼挤了进来。小孩睁大了眼睛,好奇地看着自己从人群中升起;老人则一脸紧张,欲拉住扶手,又赶紧缩回,扶手怎么是活的?

不排除有人真没乘过,有的一踏上梯阶,重心向后,连退几阶,同后上的人挤作一堆;有人却迟疑,不知怎样才能把脚定在转动的梯阶上,同前面的人拉开了空档。没有指责抱怨,只有围观者善意的哄笑。

二楼自动扶梯出口处,一位胖老太笑眯了眼,一步出电梯就大声嚷嚷:"糊里糊涂就上了二楼!"那神态似乎还不过瘾。等我们下楼,见那位老太又排在了乘梯的队后。碰上了新鲜事,老人就跟孩子差不多。

下午3点半,碰到白玉兰商场经理,问:"这自动扶梯带来了不少生意吧?"经理笑答:"仅彩电销售额今天已达7万多元,同装修前的原五金商店比,真是青云直上。"

16. 现场通讯的优势

假如说,首篇获奖的《冰箱遭灾后记》,是我在国内版任编辑时探索现场通讯写法的一次成功,那么,获得国家商业部1992年度商业好新闻三等奖的《浙江人出尽风头 沪上人囊涩气短》一文,则是我在主持编辑部工作时通过为图配文探索现场通讯写法的又一次成功。

1992年10月15日下午,上海首次拍卖小型商业企业,吸引了各大媒体的关注。摄影记者白华阶邀我陪他去参加这次拍卖会,我明白,他想让我为他的图片摄影配文。

在此拍卖会上,黄浦区拿出7家小商铺作为拍品,参加竞拍的有50位上海"老板"、12位外地"老板"。谁也没想到,7家小商铺竟然全部被浙江"老板"竞得,而且其中有6家被浙江皇家实业有限公司的老板陈金义独吞。

事后本市各报均以消息稿报道了拍卖结果,只有《上海商报》,除了白华阶的图片外,还在头版发表了我的现场通讯稿《浙江人出尽风头 沪上人囊涩气短》(1992年10月19日《上海商报》头版),描述了上海"老板"无奈作壁上观、浙江"老板"财大气粗的场景,提出了"上海私营企业发展比外地起步晚了,要好好赶上去"的呼吁。在同城媒体中,这是唯一对这件事用现场通讯形式、从两地对比角度进行的报道和记录。此文在众多媒体的消息稿中胜出一筹,展示了现场通讯的立体透视优势,引起了各方的高度关注。

尤其此文标题提到"沪上人囊涩气短",引起了本地市民的不同议论。当时上海的一些人还沉浸在"上海人不是没钱、上海人是精明"的自恋中,对我的报道提出了不同的看法。

文章见报后一周,1992年10月26日中午,正逢上海人民广播电台《市民与社会》栏目首期开播,其话题就是"上海人是否囊涩气短",开播前一天,电台还特地进行了专门的预报。

我很佩服电台编辑,他们在这个栏目的新闻策划上,抓住了上海人在这件事上的敏感神经。后来某些传播学专业人士在总结新闻策划这个专题时,把这场拍卖以及拍卖后的新闻报道当做一个典型案例进行了分析。有位专业人士这样提到:"新华社、《人民日报》、《文汇报》、香港《文汇报》、《解放日报》、《新民晚报》、《浙江日报》、浙江电视台等重量级媒体均在显著位置大篇幅地进行了报道,标题有《浙江人出尽风头　沪上人囊涩气短》《他轰动了上海滩》《新大亨从幕后走向前台》《上海滩竞拍传奇》《145万买到了什么》等。"

他在提到媒体时把新华社放在了第一位,而在提到文章标题时却把《浙江人出尽风头　沪上人囊涩气短》放在了第一位,可见这篇文章的影响力是"重量级"的。他对相关报道的评价是:"当某一新闻事件发生时,公众对相关的社会背景和发展趋势的了解还很模糊,新闻起到一个'引导'公众认识的作用,这就是新闻策划的前瞻性原则。"

事隔几年后,我查了一下有关资料,在1991年以前的三年,上海处于改革开放的后方,个体私营经济发展缓慢。邓小平同志南方谈话后,上海虽然开始重视私营企业的发展,在青浦和川沙建了两个私营企业经济区。但毕竟起步比江浙等省晚了一拍,上海私营企业的数量和规模还是落后于东南沿海的一些省市。7家小商铺在上海拍卖全部落入外地"老板"手中,就是最好的事实证明。

令人欣喜的是:不久,上海市工商局印发了关于鼓励支持个体私营经济发展的"十四条"和"十五条"政策,上海个体私营经济结束了三年徘徊发展局面。

1992年至1995年,被业内称为上海私营经济开始快速发展的阶段。有如下一些数据可以来证明:

1991年上海私营企业仅为2288户,到1995年已达39819户。

1991年,上海私营企业上交的税收总额仅为2480万元,到1995年已达58900万元。

到1995年时,上海的私营企业发展已经在全国领先,他们开始演绎自己"春天的故事"。

各位注意,上海私营"老板"被浙江私营"老板"在拍卖会上集体打趴下的那一年,正是1992年,后来这一年成为上海私营企业转变的标志年。这个转变,为国营和集体企业的改革开辟了缓冲地带,也为经济体制的改革拉开了序幕。

我想,现场通讯稿是不是最容易写的,在此已经不言而喻了。

[附文]

浙江人出尽风头　沪上人囊涩气短

10月15日下午,上海商城剧院座位爆满。上海拍卖行举行首次小型商业企业拍卖。当该行宣布此次拍卖收入全部捐赠东亚运动会时,会场响起了掌声。

被拍卖的是黄浦区7家小型商店,建筑面积最大不超过30平方米,最小仅3.96平方米。竞拍者有50位上海人,12位外地人,均为个体户或私营企业主。这意味着,随着今天下午7次锤声,7家商店将从公有制顷刻变为私有制。

谁都没有想到,今天的拍卖竟都以起拍价3到4倍的高价成交;而且都被浙江老板中标,其中竟有6家商店被一家买去。上海50位老板只有坐着看热闹咽唾沫的份儿。

　　开拍第一家是川南油酱店,建筑面积仅15.1平方米,起拍价5万元。一开始尚有几位上海老板叫价,竟叫到12万元后便偃旗息鼓。只剩下几位外地老板仍互不相让。在拍卖师一声紧一声地催问下,叫价达到18.8万元。"一个非常吉祥的数字!"拍卖师一边炒爆豆似的报着价,一边夹着精彩评语,但话音刚落,这个吉祥的数字便被打破。竟叫到20.8万元时,场面上一阵沉默,只有拍卖师一连串"谁要?"的发问,随着他目光的扫视,手中小锤一直从左晃到右,最后落下,"当"的一声,宣布成交。人们一下子缓过气来,响起了掌声。成交的89号是浙江皇家实业有限公司,其代表从记者的包围中挤到台前,当场付清钱款。据称:该公司是私营企业,下有雇员几百人。

　　第二家被拍卖的是浦南油酱店,起拍价8万元,经过37轮叫价,最后以23万元又被89号成交。接着,仅3.98平方米建筑面积的万兴果品店也被89号以13.8万元的高价成交。在祥康理发店的拍卖中,78号开始与89号对抗,但双方似乎有约定,当叫到26.8万元时,78号的搭档向89号做了一个手势,于是89号放弃竞叫,78号成交了。经了解,78号也是浙江皇家实业有限公司的人。那么,互相竞叫抬价,是策略?是广告?抑或其他?78号自己解释:虽为一家公司,却是两个职工。言下之意,这是职工个人行为,而非公司组织行为。

　　后三家拍卖竞叫终于在两家"老板"间真正展开。但皆非"上海籍",而是两位"浙江籍"老板:31号与89号。31号陈汉明,浙江温州人,已年过花甲。四年前的今天,他在黄浦区一次小型商业企业拍卖中曾成交,经营很成功,每年上缴利税10多万元。今天他摆出了志在必得的样子。常常企图以8千、1万甚至1.2万元的大幅递增镇住对方。但89号始终笑眯眯地跟左右商量着,然后不慌不忙地以最低加价1000元紧跟。场内不断为31号的跳跃加价鼓掌。结果,事违人愿,跃进果品店、建新食品店相继以26.8万元、33.1万元的高价,又被89号成交。到此,7家被拍卖商店已有6家落入浙江"皇家"。上海"老板"都已放弃竞叫作壁上观。座上来宾无不愕然。拍卖师仰头倾尽杯中茶汁,语音沙哑。只有89号及其助手满脸春风,笑视对手。最后一家,东宁油酱店,起拍价6万元。31号显然已不耐烦,竞叫价增幅更大,当叫到17.1万元时,拍卖师满场子催问。而89号显然在与左右商量中耽搁了时间,于是"当"一声,四年后的同月同日,陈汉明,在艰苦的竞叫中终于拍卖成交,"一统天下"的局面被他打破了,几乎所有的人都鼓起了掌。

挤出会场的几位上海"老板"心中不平。甲:"不是我们不为上海人争面子,但个体户与私营企业比,'立升'太小啦。"乙:"今天的拍卖结果证明,上海私营企业发展比外地起步晚了,要好好地赶上去呀!"

不过,市财办主任张俊杰在拍卖前的发言中谈到:"我今天很高兴,因为有很多外省市的人也来参加了今天的拍卖。"这或许正会促使上海人的奋起吧!

17. 补上采访这课

不得不承认,与有固定条线的文字记者相比,无条线的摄影记者更具有"人来熟"的本领,他们会很容易地在几分钟内就把采访对象搞定。与生俱来与人"慢熟"的我,几次跟着摄影记者到现场采访,目睹他们的本事,真是佩服得五体投地。于是,有时候就想自己出去练练采访的本领。在我的观念中,做编辑的必须是记者出身,没当过记者就做编辑是一种缺憾,一定要用各种方式来弥补。

当然,编辑的采访是有限制前提的,你不能闯到采访部的记者条线范围内。由于记者条线分得很严谨细密,编辑采访的东西大多只能是马路街头的所见所闻。后来,我的这些冠以"记者见闻"的文章,实际上同我最喜爱的现场通讯的写法基本相同。像发表在1992年2月21日《上海商报》头版的《"热情"在前 无情随后——南京路交易中心商场怪现象一瞥》、1992年4月15日《上海商报》二版的《"水老鼠"! ——苏州河桥头非法交易见闻》(以下简称《水老鼠!》)等。

就拿《水老鼠!》一文来说,这并不是报社给我们的任务,而是我带着跟我画头版的编辑王杰,在完成版面工作之余挤出时间,前后花了两周时间调查和思考,写出的一篇稿件。

两周里,我们沿苏州河步行30多里,查访了20座桥头的各种地摊交易,还采访了区市政管委会、街道办事处、港监、工商局等五个单位。成文后约3500多字,修改了两遍,但我还是觉得未写好,想做些补充调查后再发稿。可是那天因二版缺稿,只好发稿补版面天窗了。我从来没想到要发到头版去,不光是因为感到此文还未写到位,而且那天还有市财办给我们的独家新闻:《全市六自主试点单位审批权限下放》。对比之下,《水老鼠!》一文放在头版显然将冲淡它。我不想有人议论说编辑部不公正,更不想承担"用自写稿冲淡市领导重要稿"的责任。

但那天总编老朱从《文汇报》签大样回来,见到我第一句话就问:"《水老鼠!》一文为什么不发在头版?"我只是笑笑,没作解释。老朱说:此文透露出来的信息是多方面的,而且仅就文中透露出来的记者艰辛也足够引起人们的注意。

老朱没有说错,第二天早上,电台早新闻转播了《水老鼠!》一文,以至于头版《六自主试点单位审批权限下放》的独家新闻倒被忽视了。上班后,报社的评报栏内,有人写上了"好稿、好题、好记者"的红笔批议。

[附文]

"水老鼠"!
——苏州河桥头非法交易见闻

(一)

苏州河,尽管她在市中心蜿蜒长达16.8公里横穿而过,尽管她曾是万商云集上海的主要通道,然而像她的大名"吴淞江"一样,被人淡忘冷落了。每天,南来北往数百万人跨河而过,人们越来越有一种反差的感觉:她的东面,浦江架桥、外滩改造;她的身边,北京路、天潼路日新月异;她的头顶,四川路、河南路、长寿路翻天覆地。唯独她的两岸依然如旧,寒酸肮脏,与周围的不断现代化格格不入。

有人淡忘冷落,却有人喜欢这淡忘冷落。上海的黄金地段里,也不会有这样的淡忘冷落。种种见不得阳光的生物开始在这里孳生,另一畸形的"热闹"在这里形成。记者最近前后花了两周时间,从东向西,沿河步行了苏州河在市区的所有20座桥头,发现除了两座跨度最长的立交桥外,种种非法交易竟占据了18座桥头。皓发老者、豆蔻年华、男的女的、楚楚衣冠、褴褛百结,各等人色聚集在这条臭河水的两岸。假发票、褪色灵、裸体照、冥钱、算命……只要有孔方兄,除了坦克大炮、飞机导弹之类,什么交易都能在这里找到影子,令人叹为观止。

无须有人计划安排,无须有人调整网点,几乎每一座桥头都神秘兮兮地形成了自己的"经营特色":白渡桥靠打手势成交的旅游品;乍浦路桥五花八门的自行车零配件;四川路桥低声拉客的假发票;河南路桥实物展示的轴承回收;福建路桥开列名单的药品收购;浙江路桥的无证运输;西藏路桥的刻章贩、"黄照"摊;新闸路桥近百只外烟摊头;长寿路桥看手相、抽字签;一直到真北路桥的建材倒卖……

据我们初步估算,每日出入于桥头的非法交易人数不下两三千人,月交易额起码在百万元以上。

(二)

苏州河应该是上海的一条彩带,而现在却像一条皱折从上海的脸蛋上划过。这不仅是说那黑水、垃圾以及一路的坑渍,不仅是说与如此环境相配的非法交易。与这些抛头露面的贩子闲聊,发觉不过是些外地来沪的"盲流"或本市退休、待业、打折扣请长假的小喽啰。而瓣开皱折,记者见到和听到的是一个个乘"的士"、骑摩托、背保险箱、提"大哥大"的老板。

四川路桥头,每天在一个固定的时间,就有两个三四十岁的男子,骑着摩托送来成沓成沓的假发票。他们在冷僻的昆山公园里有秘密的接头点,在闸北棚户区内有老巢,在江浙农村有地下加工厂。乍浦街道市政科反映:抓进来的假发票贩子身上分文没有,转眼之间却会有人送上罚款保人出去。其组织严密可想而知。

假发票又与私刻章的串成一气。记者看见一女贩子从口袋中掏出一方形的卫生巾塑料袋,包着的发票货色齐全。部队医院、国营商场、运输出租、工程承包、旅馆饭店……都赫然盖有国家的税务章和单位公章。据小贩称:卯准了"大头",一张成本仅几分钱的假发票可卖到600多元。今年1月,某街道抓到一购买大笔发票的福建人,此人承认自己是"老户头",声明是单位领导叫他来买的。邪乎不邪乎?

记者还发现新闸路桥下有一茶馆,每天下午三点半后,大宗非法交易就在那里谈判。从旧手表到金笔尖、戒指、玉器、古玩、外烟,无所不有。一些便于藏匿的货物随身带走,有的白天就上了船走水运。大包大箱的货物,则在半夜通过外省市的通宵长途,直接运到家门口。百闻不如一见,大把大把的钞票进出,引诱了左邻右舍。那里的相当一部分居民加入非法交易,形成"保甲联防",一惊百惊,一哄百哄。家居此地的居委干部只好眼闭口闭。当然也有狗咬狗的,去年此地一户居民参与贩外烟,货没提到,反被骗走了一万多元。

此外,修车摊贩的幕后,往往是一些盗窃团伙,提供着新的旧的各式各样的自行车零配件。拾荒者的蛇皮袋内,屡屡藏着铜、锡、铁等金属材料。药品、轴承、建材、非法像带、黄色相片……其背后无不潜伏着善良的人们猜测不透的黑幕。甚至眼镜贩子的背后,也有着非法的生产、批发基地。在昌化路桥头,两个温州贩子从江苏丹阳某地以四五元的低价批进劣质的眼镜,在苏州河边可卖到十三四元。

所有这些货物,从产到销都有秘密渠道。采用偷盗、蒙骗等各种非法手段,钻财务报销、公费医疗、财产保管等各方面的空子,吞噬着人民的血汗,破坏着国家的经济秩序,污染着社会的风气,其危害程度已远远超过贪污、盗窃、受贿等罪。

本文原只想归纳一下现象,不想也不可能触及每一种非法交易的背景,或开出根治此类现象的药方。但既沿河走了一遭,有些话就不得不再说下去。

（三）

人们或许还记得，两年多前纠集在闸北虹口交界处——虬江路大型非法外烟市场，在猛烈持久的冲击下，如今已作了大转移，在闸北黄浦交界的新闸路桥头安营扎寨了。

苏州河是全市六个区的交界线，非重叠式的管理为非法交易提供了"打游击"的条件。贩子们在交界线上躲来躲去，各区的执法队追到桥头即止，只好望河兴叹。无力的又无效的轰赶令贩子都觉得好笑：各区的边缘、全市的中心，似乎可以写一篇《非法交易何以能够生存》的论文了。

除了地域上的分割外，本地区内各部门间也存在种种分割：假发票属税务、刻章属公安、像带属文化局、无证设摊属工商、市容整顿属街道……到底谁是主管部门？谁都摇摇头。按说，各区有一个各部门联合组成的执法大队，却归属于区市政管理委员会，每次行动都是从整顿市容的角度出发，连他们自己也承认，不过是"揩揩面孔"而已。

西藏北路街道市政科叹苦衷说："我们是各部门凑起来的杂牌军。根据民事诉讼法，街道执法的手段有限。抓住贩子往有关部门移交，有关部门还嫌烦。再说，仅仅从市容上去管理又能解决什么问题呢？"据称，该街道曾邀请公安、工商联合冲击非法交易，终因经费不足而无法连续进行。

工商有工商的难处，明知这些贩子背后有"大鱼"，但伏击、侦察却不是工商能采取的手段。在管理中反而还经常受到反冲击。2月28日，闸北工商局三人被贩子打伤。前不久，又有三位工商人员在新闸路被围哄，已收缴的外烟又被抢走。对非法市场的管理，不组织几十人的队伍长驻根本不行。但一个区的工商局哪里抽得出那么多的人去固守阵地呢？

公安也有限，主要精力在社会治安，经济案件最好由其他部门分担。另外，财力也有限。那些"老板"手提"大哥大"、脚蹬摩托车，没等摸透他们的规律，他们已摸透了公安的规律。一次，两名公安追击两个"老板"。"老板"跳上电车，坐了两站拦了一辆"的士"飞驶而去。两名公安跳下电车，只好打道回府。叫"的士"？回去能不能报销还是个问题。

调查中，不少诉说困难的人们也同时发出了强烈的呼吁：如此猖獗的非法交易一定要彻底铲除，期望上面能拿出有效可行的具体方案。一位街道市政科负责人说："必须从法律的角度出发，进行立案、侦破、审判，才能挖掉根源。"还有人提出："除了严厉打击外，在苏州河两岸建立起正当的商业网点，挤占掉非法交易的场所，也是人们盼望的、可行的事。希望有列入政府的实事项目。"

(四)

大凡一个伟大的城市,总有一条伟大的河穿行其间。走完了苏州河20座形态各异、跨度不一的路桥,我们脑海里常常浮现出这样一些画面:无锡运河畔,杨柳依依;苏州城中心,小桥人家;哈尔滨松花江岸,游人簇簇……

最近,报载市商业一局计划将苏州河北岸的一部分仓库腾出来开办贸易市场。这不禁使人产生了一个美好的梦:

苏州河北岸众多现代化交易市场,接纳着太湖流域的各种农工产品;苏州河南岸连成了一排排零售商店;两岸护汛墙旁绿荫郁郁,间夹着石凳石桌;悠然自得的游客,替代了这帮不三不四的贩子。苏州河沿线,在北京路、天潼路的挟带下,成为上海又一条东西向的商业街,同横跨她头顶的四川路、河南路、西藏路、长寿路互相辉映。

苏州河的历史、苏州河的现状,都有理由重新成为一条万商云集的商业之河。

但这是靠市商业一局一家所能办到的吗?

18. 不猜动机

1992年8月,我被聘为编辑部主任、报社编委。其实,在此之前我已经担任编辑部副主任主持工作,但进入编委能够参与决策层的讨论意见,对报社下一步发展方向提出建议,这还是不同的。

曾有一位总编助理提醒我:"现在你当了干部,要改变一下自己了。"说实在的,我没有去想如何让自己改变得更像一个部主任,想得更多的是如何改变这个部门的工作。

当时,老朱总编在听取采编部门意见后,通过编委会宣布了新的稿件操作程序。经过一年多自下而上的探索,旧的采编操作程序终于被新的程序替代了。

后来,复旦大学新闻系请我去给学生讲座,我指出这种新的采编操作程序,关键是稿件在采访部到编辑部之间,撤除了原来总编发稿的这一环节,使采编两部互相直接交流有了可能。使编辑争取到了尽可能早的接触稿件的时间,使集合传播有了尽可能多的时间酝酿。在某种意义上来说,这是平面媒体摆脱长期采编分离模式,走向采编合一模式的一种探索。这种采编合一的模式,实际上就是以组版编辑为中心,形成一个为版面服务的,包括版面设计、文字编辑、外勤采访相结合的报道组。

我心里十分明白,操作程序再如何改进,也只是一种形式,关键还是人在起作用。新的操作程序对编辑的要求更高,假如编辑还停留在装饰匠的水平,那么任何操作程序都等于零,都变得毫无意义。编辑不仅要懂得采访、图片、字体、编排等,还必须懂得政策,懂得预见,懂得尊重别人。作为对编辑的业务要求,我在编辑部内部制定了一系列制度。如《编辑部业务学习制度》《编辑部业务考核奖惩制度》《编辑部公开评报制度》《编辑部编前会议制度》等。

一切都很顺利,但有位领导对我起草的《编辑部门人员须知》(以下简称《须知》)有一点异议。

这个《须知》与一系列业务制度不同,它着重于编辑部的精神建设。《须知》内容很简单,包括如下几点:"一丝不苟,不停追求,主动配合";"诚朴简明";"不猜动机看效果,不听蜚言看事实,不唯资历看才干;反对两种风气:斤斤计较,人人戒备;提倡两种精神:责任感,冒尖欲"。

我在部门会议上对《须知》做了如下的解释:

"一丝不苟",讲的是工作态度,要么好好干,要么干别的去。"不停追求",讲的是学习态度,指出维持现状的结果只有一个:被淘汰。"主动配合",讲的是合作态度,强调了任何一个生物都是一个整体,"独大"一定是会夭折的畸形怪物。

"诚朴简明",表明的是思想方法,团队的氛围、风气和精神都基于此。

"不猜动机看效果,不听蜚言看事实,不唯资历看才干"这"三不三看"强调的是实干精神;反对"斤斤计较,人人戒备",是指每个人对自己的劳动投入和每个人如何处理好与同仁的关系要有正确的态度。提倡"责任感",是踏实做好眼前工作的基础,提倡"冒尖欲",是激励业务成长的未来希望。这些都是我期待形成的部门氛围。

我把《编辑部门人员须知》张贴在墙上后,这位领导在编辑部看了半天,对我说:其中"不猜动机看效果"很片面,动机是很重要的。他要我修改"须知"。

我解释说,这句话没有否定动机的重要性,否定的是对别人动机的无根据猜疑。

对此,我后来专门又做了一番解释:

人们做事的出发点,是一种心理活动。这种心理活动没写在脸上,你可以猜我的动机是什么,我也可以猜你的动机是什么,经常会发生误会。遇到心术不正之人,甚至会存心给对手乱编一些动机,"以迷导迷,诘难无已",将团队引入混乱状态。

我不是算命先生,不是预测大师,不懂星座面相,不会经易八卦,没有先见之明。因为比较愚钝,对别人的动机,我猜不准,也不愿意猜;因为比较呆板,对猜别人动机的议论,我听不懂,也不愿听。而且,老是喜欢猜别人动机的,大都是吃饱了不干事的人,或者是心理有病态的人。他今天在你面前猜别人的动机,明天又会到别人那里去猜你的动机。如果一个团队放任让不干事的人去猜疑议论干事的人是什么动机,这个团队一定会"鸟惊而高,鱼恐而下",最后就没有人再肯干事了。

因此,对业务部门来说,评价一个人的最简明方法,就是只看干事的效果。不管别人议论某个人的动机是多么渺小,为了谋生、为了冒尖、为了私心;作为领导,都没必要受其干扰,只要这个人所干的事效果好就应该肯定。也不管别人赞美某个人的动机是多么伟大,为了团结、为了全体、为了领导;作为领导,没有必要受这种舆论的影响,只要这个人所干的事效果差就应该批评。

我认准一个道理:在这个世界上,对一件事的否定容易,对一个人的否定困难。因为人是复杂变化的,尤其身处猜疑与被猜疑的团队之中,即使是简单的动机也会变得复杂;而身处评判标准简明可循的团队之中,再复杂的人的动机也会变得纯净。说到底,不猜动机就是想创造一个诚朴简明的团队,就是想避免宗派团伙和尖滑钻营,从而扶持团结合作和实干真干。

这么容易做的事不去做,却对最难猜的事瞎起劲儿,就远远不是我的愚钝和呆板了,而是一个真正的傻瓜白痴。

制定这个《须知》的本意,就是想摆脱职场上的人际纠缠和无聊竞争,紧紧抓住业务这个立身之本,随着时间的推移,慢慢加速,让那些低俗的人和事被呼啸前进的列车远远抛离,留下来并能让我们享受的,是在业务空间里的徜徉和追求。

我没有修改这个"须知",而且不管我后来在哪里任职,负责哪个部门,都将它作为原则,写好后张贴在墙上。事实证明:正因为"不猜",也不听"别人猜",不管我待在哪里,总会出现不少业务尖子。以至于其他部门不要、领导觉得难弄的人,在这样的部门里也能够"变废为宝",脱颖而出,成为新闻业务的中坚力量。

19. 闯入警戒线

也许四年前我的自费采访给黑河留下了深刻的印象?那次我曾向地区专员指出:几十万曾在黑龙江下乡的上海知青十分关注黑河的边贸。

1992年11月,黑河驻上海办事处主任找到我,说黑河地区行署专员赵培星正在上海考察,离沪前希望我帮他张罗一场与上海各新闻媒体见面的恳谈会。这对我来说并不难,上海各大新闻媒体都有我的朋友。恳谈会结束后,我在《上海商报》头版发表了《一条发财"定律"——黑河地区行政公署专员赵培星在沪谈中俄边境贸易》的专访文章。

两个多月后,黑河驻上海办事处告诉我,赵培星专员想通过我邀请上海四位记者去采访黑河"龙节"边境贸易洽谈会。

1993年的"龙节"是2月22日,我和上海电视台记者李虹光、上海《劳动报》记者费凡平一路乘火车北上。在冰天雪地的龙镇半夜换乘去黑河的火车,没有座位、没有空调,把我们冻得说不出话来。列车上年轻的厨师得知我们是当年的下乡知青,好心地拿出仅剩的两只土豆炒了盘土豆丝,又到车厢里一个一个推醒乘客,竟然讨来了半瓶白酒递给我们。我和费凡平连声谢他,他憨憨地笑着说:知青,是我的朋友。

李虹光和费凡平在大返城后是第一次重返插队的第二故乡,一到黑河就急着先回生产队去。我已经回来三次,没急着回生产队,一个人溜达在黑河的江边。返城15年,第一次在冬季前来,我被久违的江边雪景吸引。

宽阔的江面上,覆盖着一冬的积雪。积雪下的冰块,纵横罗列,卧立撑拄,凹凸相间。一条被碾压出来的雪道,向江中心蜿蜒而去,白茫茫的雪道尽头,有一点红。

鬼使神差地,我竟然走下江堤,沿着蜿蜒的雪道,向江中心的红点走去。"嘎吱、嘎吱",四处静得出奇,只有我踩着雪地的声响。我忘记自己是在向边境线走去,只是下意识地被洁白的雪道前引。

"站住!不许动!"

我回过身来,吓了一跳:两名全副武装的边防战士驾驶着电动雪橇车,向我飞速驶来,溅起的雪花扬向两边,中间是黑洞洞的枪口,直指着我。我意识到自己闯入了军事禁区。

雪橇停下,两把枪对着我:"干什么的?"

"记者。"我掏出证件老老实实地递给他们。

"回到岸上去!这不是你待的地方。"

"我想去江中心的边境哨所看看。"

"不行,除非你有军区的证明。"

我说:"15年前,你们还是孩子,但我作为一个知青,和边防战士一起在这里站岗放哨。今天想来感受一下当年的情景,能不能给个方便?"

两位战士的目光互相交流,沉思了一下,放下指着我的枪,和气地对我说:"上车吧。"

　　他们驾驶军用雪橇,带我来到江中心的红点。原来,那是边境哨所的五星红旗。黑龙江冰封后,边防军将哨所从岸上移到了江心。哨所看上去很简易,一座铅皮小屋,周边用冰块垒起了院墙;不过却很有情调,战士在小院四周插上了一圈粉红色的纸扎梅花。两位战士很认真地手握钢枪,与我这位知青老民兵合了影。

　　我知道,没有记者能如此幸运地站在江中心的边防哨所前。这真是一张难得的照片,而且,就在哨所不远处,还有几个身披白布的俄罗斯哨兵,趴在雪地里看我。

　　两天后,与同行的《解放日报》记者胡劲军、上海电视台记者李虹光、上海《劳动报》记者费凡平一起,坐车越过冰封的黑龙江,随记者团去对岸当了一回"倒爷"。这个俄罗斯远东第三大城市布拉戈维申斯克市,专为中国的"倒爷"建造了民贸市场。比同行们幸运的是,三天后,在上海外贸工作的母亲得知边贸如此活跃,也带队前来考察。我夹杂在他们中间再赴对岸,当了第二回"倒爷"。

　　在我后来发表的满版通讯《红火的黑河边贸》中,除描述了中方大黑河岛边贸大厅的红火交易、黑河市内俄罗斯商品一条街上被人称为"拼缝"的小贩,还记录了我两次到对岸当"倒爷"的经过,摘录如下:

　　外地人必须有黑河市副市长或地区行署秘书长的签条才能得到一日游的名额。这对一般人来说,并不是件容易的事。一日游的费用也不低,连同出境证、卫检证手续费用,共400元出头。内容不过是游览列宁广场、胜利广场,逛两处商店,到民贸市场换货,外加两顿俄式餐。

　　但这毕竟是出国。对想考察俄罗斯市场的经贸界人士来说,"一日游"确实提供了一个最简便、最好的机会。

　　所有的游客都成了"倒爷"。记者团过去时也是如此,从中国海关到俄方海关不过几百米的江路,却上车下车、上车下车、再上车,一个个拎着大包小包,被折腾得汗水淋漓。在俄境内换乘旅游车时,俄方导游给每人375卢布的零用钱,这等于5元人民币,约够买13只俄式冰淇淋。别看钱给得少,派头可不小,旅游团一路全是警车开道,每辆车上还配一名手提警棍、腰佩手枪铁铐的军警"护驾"。

　　来过布市的记者几乎都写到过胜利广场反法西斯纪念碑前常年不灭的圣火,圣火下埋藏50年后将公之于世的先烈遗嘱。如今,离遗嘱面世仅还剩两年的时间,在谜底即将揭开的时候,圣火却已经熄灭了。现在最吸引人的地方,也是一日游安排时间最长的地方,在阿穆尔州贸易市场。

这是一个用铁皮建成的几千平方米的大市场,铁门却小得只容一人进出。我第一次尝试这种原始的以货易货,语言不通,行情不了解,也搞不清海关放行什么不放行什么,简直束手无策。慢慢地,我觉得能同如此多的异国人讨价还价、开玩笑、说"涅都(不)"后扬长而走,是十分紧张而又兴奋的事。那天,我成功了一次,用一套儿童运动衫换了一只8倍的单筒望远镜。没想到,第一次"下海"竟然是在国外。

这天记者团损失惨重:有一位300元人民币被"暗度陈仓";有一位包中的皮夹克被一只毛茸茸的手从摊位下悄悄抽走;还有一位花600多元人民币买的"贵妇人"狗崽被俄方海关没收。

三天后,当我跟着上海轻工业品进出口公司的考察队再次来到这市场时,我变得熟练了。换回的电子表、机械表、披肩、不锈钢炊具、咖啡茶盘……增值都在一倍以上。该公司一位年轻女翻译在我帮助下,用一套运动衫和一副手套换了人家一套镀镍茶具茶盘,竟然紧张地跑出老远才停下。她说:"太合算了,怕他们反悔。"

布拉戈维申斯克的人给我留下的印象不错。社会气氛宁静友好,车窗外常常有人向你微笑、招手。尽管商店里吃的和用的商品单调,但价格便宜,数量充足。看不出布市的人生活拮据,他们普遍穿着讲究,举止文明。

在布市商店门口,一个俄罗斯小女孩向我要"大大耶斯(大大泡泡糖)",我遗憾地说没有。她并没有扭头而去,而是微笑地用中文问候:"你好!"告诉我她叫约里娅。"俞良?"我问了一遍,她扑闪着长睫毛下蓝色的大眼睛笑着点了点头。她使我摆脱了欠孩子东西时的那种尴尬。

三天后,我带着很多"大大耶斯"再游布市,又看见了她,当我叫"俞良"时,她竟然听懂了,惊喜地转身向我迎来。凡有中国游客的地方,就有很多这样可爱的孩子。

在我的新闻生涯中,这次边贸之行,算是首次境外采访。

20. 柳 暗 花 明

听说过一家报纸将编辑部全体人员转为采访记者的吗?没有,只有《上海商报》,这事儿让我摊上了。

说实在话，我很热爱编辑这个专业。尽管这只是一家一周三期的经济专业类报纸，但作为一名编辑，我可以站在版面的全局、站在各报当天新闻的全局，对新闻进行独特的思考，用以小击大的顽强心态，与一线记者全面配合，为报社取得一次又一次报道的成功。有人说做编辑是为人作嫁衣裳，我却从中得到了一种乐趣。在评定初级和中级职称时，我毫不犹豫地选择了"编辑"这个职称，我想在这个职业上干一辈子。

1993年初夏，总编朱明顺调回单位，市财办把《供销信息报》总编孙宏康调来了。孙总编不像前任那样单刀赴会，而是带了自己的一班人马进驻《上海商报》，包括新的总经理、办公室主任。随后不久，他又突然对我宣布：新的编辑部已经建立了，谢谢你的配合，现在，你带原来的编辑部人员去组建采访二部。

"老臣履声，新主厌闻"，官场上有人讲究一朝天子一朝臣，这我能够理解。让我有两点不理解的是：一是所有编辑都转行当记者，这动作也太大了；二是这样的大动作竟然没有通过编委的讨论，使我这个编委完全蒙在鼓里。

整个编辑部儿戏般地变成了采访部，我一辈子从事编辑、一辈子做一个好编辑的梦想也被打破了。其实，早在两年前，《上海商报》在层层压力之下束手无策，我同意接手头版编辑，就有好多人劝我别犯傻。我那时就很清楚，一场自下而上的改革，如果失败了可能会给我带来同情，如果成功了却可能会给我带来猜忌。无论成功或失败，我都做好了再回国内部当编辑的打算。但现在，不是回国内部，而是去组建采访二部。

我没有表示反对，因为知道反对也是多余的。依依不舍地告别了那个已经很热爱的、专为他人作嫁衣裳的编辑岗位，我从编辑部主任变成了采访二部主任，去接受职场上新的挑战。

所谓的"二部"，俨然是一个多余的部门，人员全部是原来做版面的编辑，条线是商业之外的非主流领域。让一帮从未做过记者的编辑，赤手空拳地去与有专业条线的采访部记者拼稿件、争版面，明显处于劣势。

部门里对这种安排一片怨声，蔓延着反感情绪。我心里清楚，如果抱着这种情绪，纠缠在对外部客观条件的抱怨上，那就真的死路一条，用不了多长时间，《上海商报》还会有采访二部吗？众所周知，在当年，"岗位竞争"是一种时尚，如果你败下阵来，随时可能被领导用这个理由将这个部门撤消！

长期以来，我们生活在"斗争"的熏陶下，如今我们又处在崇尚"竞争"的社会环境下，一个"争"字，让多少人面对现实失去了正常的心态？失去了平静理智的思考？

我对职场斗争从来不感兴趣，也不想陷入职场斗争，只想从业务上为这个部门求得生存的机会。我劝慰自己,打不到水,不要埋怨绳太短井太深;进不了门,不能怪罪门太窄杆太长。我们应该不计利害勇往直前,更应该理清思路智解难题。

孤独和耐得孤独,常常会让人更看清出路在哪里。在刚组建采访二部的那几天,为了避开部门里消沉的气氛,我特地一个人去大马路上闲逛,为的是静静地思考。

看着马路上熙熙攘攘的人流,我突然想到:从编辑转向记者可能是一件大好事。假如说,一个编辑的工作通常是默默无声地为他人作嫁衣,对编辑的评价权,主要在总编;那么,一个记者凭借文章在社会上公开传播,对记者的评价权,就在广大读者。从编辑部转到采访二部,实际上是将我们的工作评价平台转到了读者这个相对公开公平的环境下。只要公开和公平,我就有能力来应对这个挑战。

同样,马路上熙熙攘攘的人流,还让我想到:没有主管机构条线的记者,不是更自由吗?记者这个"自由的职业"难道会被人为的条线瓶颈口卡死吗?假如我们解放思想,振作精神,将整个社会改革与经济类报纸的改革结合起来,或许会走出一条新路,立于不败之地。我这个部主任完全可以同记者一起,另辟蹊径,打造在专业条线之外的新采访阵地,并争取出好稿在要闻版面上占据一席之地。

我确定,这个新的采访阵地就在街头。我们必须到街头自己"寻米"吃,开辟一条面向社会的经济报道新路来。

我怎么说服部门里这些一下子从编辑变成记者的年轻人呢?

好在原来的编辑部就有良好的学习氛围,曾围绕过编辑业务开过七个专题讨论,现在,我要组织这些从编辑岗位转行到记者岗位的年轻人,围绕新的采访业务进行必要性、可能性、操作性的三大专题讨论。

经过学习和思考,在必要性上,我提出,小平同志南方讲话后,全党工作中心继续牢牢抓住经济建设,上海将成为90年代改革开放的重点,这对身处上海的经济类媒体是重大的机遇和挑战。上海市政府已经提出今年(1993年)要以商业作为振兴上海经济的突破口,今年的商业工作会议又提出要实现职能四大转变,其中之一便是市财办要统管社会商业。也就是说,社会商业将在振兴上海经济中发挥重大作用。作为市财办下属的《上海商报》必须跨出行业,面向社会,这恰恰是没有专业条线包袱的采访二部最能大显身手的天地。

在可能性上,我提出,改革开放以来,商业地位的提高,商品概念的范围不断扩大,商品经济对各领域的渗透以及各领域的参与经商,都决定了《上海商报》

的社会性区别于其他任何经济类专业报,《上海商报》更强的社会性应该比其他经济类专业报更具有面向全社会的条件和可能。具体来说,体现在四个方面:一是扩大社会商业信息量,为社会商业提供各种服务,成为商业与整个社会联系的桥梁;二是在传播政策、经验的同时,放手对全社会的商业开展工作研究、分析、预测,引导全社会商业行为的健康发展;三是在对社会商业提出批评建议的同时,也接纳全社会对商业系统的呼声、意见;四是反映社会商业的面貌主流,争取全社会对商业的理解、支持。

在操作性上,我提出,采访二部的宗旨是"跨出行业面向社会"。我们要列出在上海财办系统之外(即现有采访一部条线之外)的所有与社会商业有关的部门,寻找全社会对商品经济共同的兴趣点。我们还记得曾在编辑部业务讨论时就提出过报道角度的四个转变吗:变企业内部为用户、市场;变单纯业务为生活、思想、文化;变领导机关为群众百姓;变指令性为活生生的循循善诱。现在,是我们身体力行去实践的时候了。

几次讨论后,大家心情豁然开朗,不仅看到了过去在经济报道上存在的弊病,还为新的采访二部制定了未来采访的思路。这里最关键的就是两个定位:

一是始终从消费者的角度去进行选题和写作,包括从这个角度去删编改写会议报道、企业经验、成绩报道、产品报道、领导讲话指示。我们应该始终牢记:消费者想从中了解什么?什么内容对消费者有用?而不是倒过来,去想会议想让消费者知道什么?企业想让消费者了解什么?商品怎么样?领导怎么样?

二是始终牢记经济报道要与社会和市场相结合,使报道从生产领域向流通领域延伸;从行业企业向用户市场延伸;从经济领域向社会文化领域延伸,从工作业务向生活思想延伸,这样的经济报道才可能令人耳目一新。

正所谓"临事晓畅机宜,发策洞中款要。不以绳墨束缚,使得展布四体",更广阔的社会商业,没有人为制造的种种限制,我们不断用前所未有的报道内容和报道形式,与报社领导和采编人员进行沟通。

我感到十分幸运的是,新闻无界,在众多新闻媒体激烈竞争的状态下,无论哪一家报纸都不会将好稿扼杀在自己的手中。随着采访二部一篇篇被媒体同行称好的文章出笼,我们慢慢如释重负。

当然,我也很感谢这位设立了采访二部的总编,他让我今后不再为他人作嫁衣,而是用采访和写作为自己拿到了许多新闻奖。苛刻的采访环境,逼迫我们到主流条线之外去打游击,促使我们不得不经常突破常规、不拘一格地去采访;我们拿不到现成的统发稿,却锻炼了不满足别人提供表面线索,而用自己敏锐的感觉和犀利的眼光,去揭示更潜在的新闻价值。我自己也没想到,在我成为上海一家都市日报的副主编后,我所有的新闻操作理念,实际上早已经在这短短几个月困难的采访环境下悄悄地萌芽生根了。

塞翁失马,安知非福?果真如此。

21. "扫街"的活力

到大街上去找新闻,对我来说并不陌生。

在国内版做编辑时,我提出走亦编亦采之路;在编辑部主持工作时,我提出补上采访这一课。我曾经跟摄影记者采写现场新闻为图配文,曾经带着头版编辑王杰沿苏州河步行30多里,查访20座桥头,搞社会调查。好像冥冥之中早已经安排好了一切,曾经的过去,都为如今我要带领整个采访二部去做"扫街新闻"打下了基础。

做"扫街新闻",对记者感官和思维的敏锐性都是极好的训练。或许,这要付出几倍于人的努力,但我相信只要具备超脱人事纷争和不计恩怨的思想修养,始终保持追求业务的工作热情,踏踏实实、心甘情愿地去做,是一定能做好的。如同任何专业训练一样,只有心无杂念地投入才会有成效。这说起来容易做起来难,有人一遇不顺,便习惯抱怨领导提供的条件太苛刻,甚至认为领导是在故意刁难人,心里想着"反正干不好也不想好好干"。其实,在职场上,一切要靠自己而不是靠上司,那种抱怨无人眷顾并因此消极颓废的态度,无异于步入自我毁损的陷阱。

我把自己的全部精力从报社内部的纠纷,转移到了五彩缤纷的"大街"上。

做"扫街新闻"的记者,要用耳朵认真地倾听社会的声音。

1993年暑假结尾时,无意中听到一位学生家长埋怨在福州路文化街上竟然买不到拼音练习本。我用五个小时,在长达1200米长的"中华第一文化街"福州路上来回慢慢走了两遍,记录了90年代初期这条文化街的经营状态。在清点了福州路从河南路口到西藏路口这段路上大大小小130多家商店后,我发觉即使把电脑打印、音像、摄影、刻字、乐器、旅行社等与文化关系较近的店家也算上,文化类商店也不到40家,仅占27%左右。一些新装修的文化类商店更像是电器商行,而福州路上唯一的文化剧场竟被出租卖起了花花绿绿的服装。后以《福州路难觅学习练习簿 文化街经营方向不对路》为题撰文,发表在8月30日《上海商报》的头版。文章指出:福州路到底是改造为集上海文化之大成的特色街呢,还是在商潮中随波逐流?

做"扫街新闻"的记者,要每天逼问自己:"明天,我再去哪里找新闻?"就像沙漠里的骆驼,时时伸长鼻子,去嗅闻哪个方向传来了青草味、散发着水的湿气,然后飞奔而去。并不是总有收获的,但只要有收获就一定是肥草甘露。

1993年10月,我发觉一个辐射全国的、自发形成的羊毛衫批发市场,沿着西藏路从曾经拆建改造的南京路口转移到了正在拆建改造的淮海路口。在东北角大众剧场到西南角嵩山电影院之间,原先五花八门的商家,突然全部经营起了羊毛衫,共冒出了大大小小130余家羊毛衫店摊,形成了上海少有的市场奇观。随之而起的,是几大附属行业:打包托运、代购服务、餐饮饭店……有关行家估计,位于淮海路的这一羊毛衫批发大市场,月营业额不下亿元,远远超过了以往这一带商店的经营效益。我以《从南京路跑到淮海路 "羊"再往哪儿跑?》为题,提出:上海需要有各类辐射全国的大型市场,应该研究一下,提供有发展前途的、相对固定的场所,让这只"羊"舒舒服服停下来、定定心心求发展。我们不仅要改善外商的投资环境,我们也要改善国人自己的贸易环境。此文被作为1993年10月20日《上海商报》头版头条发表。

做"扫街新闻"的记者,要用眼睛锁定并扫描这个城市的所有细节,从而敏感地从点滴变化中发觉有价值的新闻。

1993年11月27日下午,我路过西藏路桥头,无意中瞥见四根桥柱的柱杆、柱顶都是家具广告。再左右四顾,发现桥的东南西北高楼上也挂满了家具广告,甚至连高耸的煤气包上也被层层家具广告占据。广告主来自上海各大家具商店,西藏路桥头居然成了上海各家具厂商竭力搏杀的广告大战战场。一问,原来这里的家具广告大战已经激战了半年,我十分欣喜:怎么上海所有媒体都忽略了这场大战,偏偏留给我这样极好的新闻素材?

我先写了《西藏路桥成家具广告天下 有关部门对桥头广告产生不同意见》一文,描述了近半年来这场从北岸打到桥头,再从桥头打到南岸,打得难分难解的家具广告大战经历。文章被作为11月29日《上海商报》的头版头条发表。

第二天,我拿着见报的文章深入商店采访,以《西藏路桥头广告战引发的思索 这里能崛起一条家具街吗?》为题,指出自1991年以来,上海家具商业经历了"朝大型商场发展、朝连锁店方向发展、以龙头企业为中心聚集起家具商业城"的三大趋势。西藏路桥头爆发"广告大战",说明上海家具市场已进入黄金时期。据有关方面统计,上海今后每年将有10万~12万户动迁户和5万~7万对新婚户,而浦东开发进入高潮,开张新企业每日上百家,办公家具需求量极大。

预计上海每年家具销售额将增1亿元,到1995年可达10亿元,名列全国第一。有关部门应抓住这一良机,因势利导,为上海家具商业形成大市创造条件。文章发表在12月1日《上海商报》头版。

第二篇文章见报当天下午,我又在商家帮助下请来家具生产厂家座谈。以《市场进入"黄金时期" 生产却在"步人后尘" 上海家具工业亟待"大跨越"》为题,指出在上海这个全国最大的家具市场上,竟然看不到一家本地生产厂家的产品。它的身后,是一大批在港商投资下虎视眈眈盯着上海市场的广东家具生产企业。无论在款式、生产设备、工艺水平、原材料上,上海同行都已经大大落伍,只能望洋兴叹。文章呼吁上海有关方面抓住外商在上海新一轮的投资热,引进外资,引进设备,实现上海家具工业的大跨越。文章发表在12月3日《上海商报》的头版。

短短五天,穷追不舍,从桥头家具广告大战的街头现象,到聚焦上海这个各地家具商家争夺的市场高地,直至揭示上海家具生产为何从独领风骚到步步败退,在《上海商报》连续三期的头版上发表了报道,文章全部被其他媒体转载。最后一篇《市场进入"黄金时期" 生产却在"步人后尘" 上海家具工业亟待"大跨越"》,后来被评为第七届中国经济新闻奖三等奖。

我感到高兴的是,采访二部这些前不久还在为记者的稿件出谋划策提建议的编辑,如今在自己写的稿件上展示才华,通过"扫街",各有斩获。这些独家、活鲜的"扫街新闻",大多发表在《上海商报》的头版甚至头版头条。

22. 好奇与质疑

采访二部记者写的"扫街新闻"经常上头版,引起了一番议论。

记得前两年我为摄影记者图片写现场新闻时,就曾有人不屑一顾地说:现场通讯是最好写的。现在又有人认为:街头新闻不受局限,捡到篮里都是菜。

对现场新闻是不是好写,我已经作出过评价,这里不再赘述。但对"扫街新闻"是不是像往篮里捡菜那样容易,我还想再说几句。写"扫街新闻"的记者其实是很艰苦的,无论酷暑严寒刮风下雨,都要凭体力的支撑去完成采访,这就不用说了。他们在街上面对的常常是陌生人的回避甚至拒绝配合,不得不靠一种紧盯不放穷追不舍的精神去采访,这也不用说了。最重要的是,"扫街新闻"并不是只要凭体力和"厚脸皮"去捡来的,它必须具备立体思维的技巧和方法,在街头巷尾人云亦云的表面现象中捕捉到活生生的大鱼。他们捡到篮里的,一定是精挑细选,除了渗透着汗水还凝聚着智慧的精品。

首先,上海街头那么多,记者"扫街"不能盲目。当考虑好选择最容易开采新闻价值的那条街时,其实选的并不是简单的采访地点,而是深思熟虑的采访方向。其次,在街头所看到的庞杂现象和事实中,有价值的可能只是其中很小一部分,没有高度的新闻敏感,是难以捕捉到的。最后,即使是捕捉到了有价值的新闻,也必须具备横切纵剖的操作技巧和手段。

非常幸运,当编辑时,我借到并摘抄了对我影响最大的书《美国报纸组版和设计》;而当记者时,我买到了一本1992年5月再版的艾丰写的《新闻采访方法论》。因为拥有,所以我反复阅读,这本书影响了我的整个采访生涯。艾丰在这本书里把唯物辩证法的哲学原理运用于采访学的研究,分析采访活动中所包含的矛盾,并找出解决这些矛盾的基本方法。这是在新闻学应用基础理论范围内探索采访活动规律的尝试。

"具有高度的新闻敏感,那是十分迷人的境界。"我喜欢艾丰的这句话,我追求这个迷人的境界。

艾丰接着用两段散文般的文字揭示了什么是记者的新闻敏感:

"记者的观察力,虽不及政治家高瞻远瞩,但却显得更机敏灵活;虽不及警官机警明察,但却显得更形象全面;虽不像文学家那样细腻有人情味,但却更直接简洁;虽不像哲学家那样概括,但却有生活气息,易为一般人接受。"

"记者要用孩童般的眼睛观察,一切都是新鲜的;也要用聪明长者的眼睛观察,能分出有意义及无意义。记者要有宏观的观察,从杂乱无章中理出头绪;也要有微观的观察,抓得住最吸引人的细节。这之间的对立统一,就构成了记者锐利的目光。"

我不仅佩服艾丰在这本书里睿智的辩证思维,也欣赏他在这本书里有如此美妙的文字。别的不说,就说"记者要用孩童般的眼睛观察"这句话吧,众所周知,孩童最喜欢问"为什么?"就因为这世界对他来说都是新鲜的,他既充满兴趣又敢于质疑。其实这并不止于孩童,对追求真相与真理的任何成人来说,也都是这样的。法国伟大作家巴尔扎克说:"打开一切科学的钥匙毫无疑义地是问号,而生活的智慧,大概就在于逢事都问个为什么。"对记者来说,这更应该是一种必备的先天本能。

你是否会从生物的趋光性出发,去问一问:商店销售业绩的不同与它们灯光亮度的不同有什么关系?

你是否会从一家企业的分配制度改革,联想到唐代诗人刘禹锡的名句:"东边日出西边雨,道是无晴却有晴",而去发掘改革中的那些"道是无情却有情"的故事?

你是否会从蛋糕的烘焙展示中,发现这些食品传言状情的人性化艺术意境?

你是否有兴趣去倾听一个卖布料的小老板去讲述他埋藏在心头的"呢绒大王"梦?

在主持采访二部工作时,我身体力行地去一线,像个孩童般地去跟采访对象交流和写作。

除了用"孩童般"的新鲜感和无拘束的联想,去写以上这些角度新颖的稿件外,我还学习"用聪明长者的眼睛观察"。尽管我没有资格说自己已经具备了长者那样丰富的阅历与经验,但记者的特长不就是通过采集和调查手段达到智者的聪明,去做出正确的判断吗?敢于质疑和善于调查是记者完成立体思维的两大本领,缺一不可。如果采访经常在"领导没说过、法律没定过"面前止步,那只能说明我的先天不足,应当考虑去换一个行当谋生了。

这些就是在做"扫街新闻"不惜体力、穷追不放的两点精神之外,还必须具备的新鲜感和思维技巧。

举一个简单的例子吧。1994年春,我看到沪上多家媒体发布官方消息说:"在上海旅游创汇总收入增长43.7%的情况下,旅游购物创汇竟下滑12.2%,成为十年来最大的一次下滑,有关人士指出,上海旅游购物已陷入滑坡的危机。"

对此,我产生了质疑:在境外游客增加的情况下,购物会如此大幅下滑吗?

带着疑问,我走访有关涉外旅游商店和旅行社,发觉在小平南巡讲话后,中国加大改革开放力度,商业机制正在发生巨变,境外游客的购物也随之发生了三大变化:一是境外游客已不再被局限在传统的"涉外定点商店"购物;二是境外旅游散客去年首次超过团队人数,可以自由购物;三是去年开始实施人民币官方汇率和外汇调剂市场汇率并存双轨制,外汇套购严重,境外游客的外汇相当一部分在未进商场前,已通过种种途径兑换成了人民币。总之,不管境外游客是去统计范围外的商店购物,还是用换来的人民币购物,他都已经把这部分外汇留在了中国。在计划经济体制下形成的购物创汇统计办法,现在就像一只狭小破漏的布袋,人们已经无法从这只布袋里去掂量出旅游购物的大体情况了。

因此,我得出一个结论:并不是上海旅游购物陷入了滑坡的危机,而是官方的统计方法已经过时,跟不上改革开放的步伐了。这种严重"跑冒漏滴"的统计方法,将对旅游市场的进一步开发产生决策上的误导。

这篇《是旅游购物陷入危机 还是统计方法已经过时?》的稿件,在1994年3月15日《上海商报》头版发表,在旅游界引起反响。此后,有关"旅游购物陷入滑坡危机"的悖谬新闻销声匿迹。

严格地说，写"扫街新闻"，绝不像捡到篮里都是菜那样，仅凭感官把所见所闻记录下来就行了。它是对感官与思维的综合调度，让记者具备了对所见所闻进行多角度思考的技能。如果不经过"扫街"的磨炼，像这篇敢于质疑来自官方渠道消息，采用"扫街"方式进行求证，最后得出完全相反结论的新闻，是不会产生的。

23. 带实习生

那时的大学生一般不会到编辑部实习。新组建采访二部，我也有机会带实习生了。

带的第一个实习生来自复旦大学新闻系，安庆人。1993年夏，她大三到《上海商报》小实习，时间只有一个月。

到这个部门实习，每天要跟记者去"扫大街"写新闻，对她来说要比其他实习生辛苦多了。记得那天，她骑自行车从复旦大学跟着我，一直骑到徐家汇，来回整整一天，累得浑身散了架，写了一篇《林中鸟已醒　山里虎尚睡　本市医疗市场谁最活跃？》的新闻稿。报社同仁对此文的角度感到很新鲜，问我们是怎么找到这线索的。我指着《每周广播》的广告说：这上面有许多医疗机构在做广告，我让实习生作了分析，发觉在改革开放中，民营医疗机构已经成为这个领域的一匹黑马，这不是一件很有意思的事吗？

当然，对实习生来说，最有意思的是在这样的实践中知道了该如何选题。而学会自己选题，比学会写一篇新闻稿要重要得多。

一个月的实习快结束时，实习生问我：你为什么长得比同龄人要老？

我开玩笑地告诉她：我脸上的七条深沟代表了不同的年代。童年时爱望着天空遐想，添出额头三横；年轻时冷对世间不平，看出眉间两竖；干新闻后玩世不恭，嘲出鼻颊两撇。

实习结束后，她寄给我一篇文章。这显然是一篇作文，那上面有她老师用铅笔修改的痕迹。至此我才知道，她那个发问其实是为了完成学校布置的这篇作文。

我第一次知道在一位年轻人眼中自己是个什么样子：

……20年前，这是一张生气勃勃的脸，在江南湿润的气候中皮肤是光洁的，笑容是纯真的,然而有了12年"诉与谁人说"的北大荒生活,有了与农民一样白天耕地干活晚上倒炕便睡的不怕日晒雨淋的日子,又有了考上大学后对自己对别人对民族对国家反思的困惑和迷惘,有了这些年当编辑、当记者整日与人周旋却仍挥之不去的孤独感……心灵深处许多瞬间触动都积淀在这张脸上。紫外线的长时间侵蚀使皮肤失去光泽,变得粗糙而黯淡,柔和的江南人脸型也被削得刚硬起来,经常布满血丝的眼睛是敏感而尖锐的,嘴巴时而会在不经意中一撇,显出一点狡黠。这张脸上杂有粗犷与细腻、质朴与世俗、豪放与内向、狡黠与忧郁……它成了跨越的历史见证。

他的脸是多种情感的交织。那双眼睛,不是可以用简单的大而明亮来形容的。说它大,在五官中的确是出众的部位;说它明亮,却不是那么清澈见底。这双眼睛里常常透出一种锐气,带点犀利,说不上严厉,又总觉得不够温情。尤其是当他的整个面部显得平淡乃至有些僵硬时,它是让人心颤的。倘若他直面对你,那敏锐而深刻的洞察力印现在眼睛里,你会担心自己的五脏六腑乃至脑子中的曲曲弯弯都被他尽收眼底了;若是他一个人安静地坐着,眉宇间的起伏则让你感到那里面包含了太多的苦难、辛劳和思考,有一种负担不起的忧郁,有一种沉重的压抑,有如乌云朝太阳聚拢来,太阳很努力地放射出光芒。当然,更多的时候,或者说别人可以接触到他的时候,他是笑容可掬的,无论是眼角细密的皱纹还是颊边深厚的"沟壑"都在为这张笑脸烘托出生动和率真的气息,但那眼睛里仍会飘动一丝异彩,虽是一闪即逝,却让你想到两个字"圆滑"。

这张脸实在不是简单的单面体,不同的人似乎可以从中获得不同的信息。有人从他端正的脸庞、严峻的神情中认定他是有责任感的,拥有一代"老三届"人的普遍情怀;有人又从他锐利的目光和狡黠的微笑中认定他是明察世事又明哲保身的,在吃风喝雨中亦是游刃有余的。这究竟是怎样的一个人呢?

"粗犷与细腻、质朴与世俗、豪放与内向、狡黠与忧郁",甚至还有些"圆滑"。如果说这些不对称的要素集中在我的身上,那么,我只能说谢谢老天爷了!复杂的生存环境,一下又一下地给我镂刻下这些外在的种种印记,只有在别人难以接触到的心底,我还依然保存着"人之初"的那点温柔。比如我带的第二个实习生。

他来自武汉大学新闻系,上海人。1994年寒假,读大四时来《上海商报》毕业实习三个月。

在我的印象中,他是话不多、心事很重的那种人。很快,三个月实习结束,他仍回武汉去了。十天后,突然接到他的一封信。信中叙述了他父亲托人帮他在上海找工作,由于人头不熟,奔波之后总是失望和焦虑不安,他这个做儿子的眼圈也红了。好不容易找到一位与上海某报部主任有点熟的人,说要在饭店见面。欣喜之后却是一片尴尬:酒桌上那位主任竟问他是哪个学校?哪个系?他的心一下子凉了,原来,早早就交给这家报社的个人资料,他连看都未看过。如果不是人多,他真的要潸然泪下了。更要命的是,从来没上过饭店的父亲和他,不领行情,发觉身上所带的钱远远不够那餐费用,只好赶紧回家拿钱过来付账。在含笑应酬中,他不禁为父亲也为自己叹息。

作为我的实习生,他知道我当时在《上海商报》的处境并不理想,已萌发去意。所以三个月来,他根本无法启口向我提及正在找工作的事。回到学校后,他常常无法入睡,想来想去,觉得再也不能让父亲毫无目的地四处奔波托人了,于是写了这封信给我,并附上个人资料,请求我的帮忙。

老实孝顺的年轻人如果不是因父亲奔波求人而伤心,因父亲人前尴尬而叹息,是绝不会向我求助的。我决心帮他,把他推荐给了我自己正打算想去的《新闻报》,那里有一位我大学时的学兄。

在我后来的职业生涯中,带过许多实习生。每当教师节、春节时,总会有曾经带过的实习生寄来祝福信件,而我却很少回应。对此,我常常拿"君子之交淡如水"来自解。其实,这些年轻人在实习时追求新闻的纯洁和热情,给我留下了十分美好的印象。以至于有时杞人忧天,担心这些年轻人将来在复杂的社会大背景和人际关系中会不会丧失最初的纯洁和热情。我在自己的博客上写下一篇没有寄出的信,表达了我对那些还记得我的实习生的希望:

你终究会淡忘我的名字,我只不过是你步入社会前短暂相处的一个普通长者。

如果你想记住什么,那就请你从我的带教中不要忘记:在以商品经济为时髦的年代里,还有许多无法归入等价交换范畴的辛勤劳动;在越趋越烈的残酷竞争中,也并不是人人都变得像野兽一样互相戒备和猜疑。假如你狡黠地怀疑世间还存在这样的真善美,却记住了我的名字,那恰恰是我的不幸。

我要求你记住这一点,并不意味着让你幼稚地去认为到处都不会、永远都不会遇到假恶丑。实际上你们还没跨出校门就已经看到了太多的负面东西。我只是希望,一旦你今后不幸生活在那样的环境里,那么就请你用自己的言行,让别人记住:人世间并不都是污浊!

尽管别人终究会像你淡忘我的名字一样地淡忘你,不必忧郁。我能留给你值得记忆的美好东西,正是我以前碰到的许多长者留给我的。我永远记得他们的言行,他们的名字在我的脑海中慢慢沉淀成的只有两个字:"正直"。

24. 第二次跳槽

原以为去了无关紧要的"采访二部",我就可以脱离旋涡中心,安心搞业务了。我相信业务是立身之本,经过几个月的摸索和努力,采访二部也终于走出了一条新路,部门的记者对这种新的采访思路充满了兴趣和信心。一场儿戏般变动所引起的震动,在慢慢地归于平复。

但事情并非我想的这么简单。在人事和部门布局停当后,报社紧接着转入整肃内部风气。恰巧在这风口上,摄影记者L不知怎么搞的,与书记发生了一次顶嘴。

书记找我谈话,宣布让摄影记者L停职检查,要我去做L的思想工作。我的反应很吃惊:L是摄影部而不是我采访二部的记者,要我出面找他谈话,也太名不正言不顺了吧?

书记见我为难,就问我对这样的处理有什么意见?我委婉地表示:"听说《新闻报》正筹备一周出五期报,同城经济类报刊的相互竞争将越来越激烈,假如我们把报纸的业务发展作为头等大事来抓,将一周三期扩至一周四期,进而变为一周五期,朝日报的方向发展,这样,业务氛围加强了,其他风气也就正常了,否则事情越弄越僵。"

我提出向日报发展的建议,并不是空穴来风。早在一个多月前,《新闻报》的老同学薛耀先就告诉我,《解放日报》副总编俞远明到他们那里任总编后,办报相当有思路,今年要把《新闻报》扩成日报,正是用人之际。他劝我去那里发展,我没有答应,总觉得自己是在《上海商报》成为一名新闻工作者的,应该为《上海商报》出力。而且当时《上海商报》在同城经济类报纸中发行量和影响力名列前茅,我对它充满信心。

另外,这个建议的想法也很简单:在取得报社发展目标的共识下,让内部矛盾纷争自然瓦解。我不愿意卷入报社的人事纠纷,也不希望看到报社的各种力量整天纠缠在鸡毛蒜皮的争斗里。

说实在的,当年的整整一代人,都是在"斗争"和"竞争"中成长的,因此我的建议,或许被误会成了转移斗争大方向,总之,是一种另类之声。

于是,就有了接下来这样的一次编委会,新来的总经理不点名地批评了报社里最近种种"不良风气",最后十分气愤地强调:"最严重问题的是领导班子里有人支持歪风邪气。"编委会气氛一下子紧张起来。

我从来都不喜欢逻辑的错乱和指向的含糊,缓缓问道:"编委或者说班子里的人都在这里,还是开诚布公说话比较好,你说的是不是我?我只不过是同个别领导提了个建议而已呀。怎么就变成支持歪风邪气了?"问完,我将眼神向在座各位扫视了一圈。我不清楚这是不是一个事先有准备的会议,不清楚在座各位是否已经认可了这种指责。我喜欢把复杂的问题简单化,而难以忍受把简单的问题弄得复杂化。透明公开,往往是最简单的做法。

这位新来的总经理对我还不熟悉,在我轻松平静的问话面前,一下子愣住,不再出声。主持会议的孙总编也没料到我会如此直白,王顾左右而言他,没有回答我的问题。

我并不想在编前会上进行多余的争论,心想这话题只要他们不再提起,就算过去了。

几天后,报社召开全体职工大会,动员整肃内部风气,会上强调有人如果要走,一个都不留。

话说到这个程度,就等于是在下逐客令了。"月满则亏,物盛则衰,天地之常也。"我意识到自己在《上海商报》再做下去,已没有任何意义。并不是我不再想为《上海商报》出力,而是我对内斗唯恐避之不及,我终于可以问心无愧地答应老同学的推荐,舍《上海商报》而奔《新闻报》去了。

作为一个致力于新闻事业的人,我看中的是一个单位的业务氛围,哪怕这种氛围要付出艰苦努力才能形成。但一旦一个单位陷入到人与人斗的氛围,你在业务上付出再艰苦的努力,那也是白搭。也许我可以在现在的位置上再耗下去,直到报社意识到市场竞争的残酷,回过头来再抓业务。但想想自己在农村插队耽误了八年,在爱卫办又耽误了四年多,直到34岁才踏入所热爱的新闻行业,现在已经41岁,还能再干多少年呢?有限的生命应掌握在自己手里,而不能被动地陷入毫无意义的内斗上。

职场上,或许你是一个态度坚决、行动果断、敢于创新局面的人,是一个只想在业务上有所建树而且在边缘地带还能异军突起的人,但不要以为这就一定能得到支持和肯定。因为你对整肃内部不感兴趣、对离开编辑岗位心存遗憾、对班子内"不指名批评"竟敢直面反诘,尽管你口虽不语却显得特立独行,这就决定了你的前行必有阻力。实际上,只有在上下级关系正常、任务结构化程序化的情况下,才可以顺利地开展工作,我认为现在不再具备这种环境了。

不要对眼前发生这样的结果感到不公平,人人都知道命运不是靠能力而是由性格决定的,所以我必须坦然地面对由自己性格决定的命运。原则还是那样,不争不斗,不卑不亢。我不想陷入古人所说的"有道之士固骄人主,人主之不肖者亦骄有道之士,日以相骄,奚时相得"的尴尬境遇。道不同不相为谋,不如"吾沉子浮,鱼鸟各适"。

三天后,我递交了一份辞职书,辞去采访二部主任和编委的职务。

孙总编得知我要去《新闻报》,放了一句话给我:"你要去的报社是我们的竞争对手,我不会放的。"

曾表示"要走的一个都不留"的他找了一个"不放"的理由,有什么办法呢?那时候,事业单位之间人员调动都是商调,原单位不放,是无法到新单位报到的。但无论如何我都不能留在这里,趁我还能按捺住脾气之前,及早离开这个是非之地。

两天后,我又递交了一份上海电视台的借调函。上海电视台正在筹办《今日印象》栏目,也缺人。我顺着他的这个理由,找了家不是《上海商报》竞争对手的单位。

孙总编看到上海电视台的借调函后,与我有了如下一番谈话:

孙总编:你这么有魄力?正科级也不要了?

我轻松回答:下过乡的人,黑土地上都爬过来了,不在乎这个。

采访二部主任聘期是从1993年7月至1994年9月,实际上我只做到1994年的5月。后来的经历证明,这次并非出于本意的离开《上海商报》,其实是一种良好的开始,否则我会对不起自己一辈子。

第二次跳槽,给我创造了更大的新闻传播平台、更好的业务发展环境,也让我树立了这样一个概念:在媒体竞争日趋激烈的市场上,我的职业生涯可以属于新闻,但不再会属于哪一家新闻单位了。

25. "奥特曼"的夭折

这是我在《上海商报》写的最后一篇文章,随后就被借调到电视台当编导去了。这篇文章最终没能见报,不知是因为人走茶凉呢,还是因为它属于负面报道?

通常说,新闻只有一天的生命力。这篇没有发表的文章,早已化作腐朽。只不过直到今天,也没有人对这个当时颇为轰动的事件进行过记录。我将此文发在下面,希望对从事经营的朋友能有一二借鉴。

[附文]

"奥特曼"在沪沉浮记

这是一张印刷精美的入场券。蓝色的卡片上点缀着几道宇宙的星光,15名宇宙英雄奥特曼如雁队般排开;粉红色的边沿上打印着主办单位、总后援单位、承办单位的名称以及展演的时间、地点。

然而,印数为35.5万张基本券、20万张机动券、6.5万张赠券的所有入场券,却都有一个重大的失误,漏掉了"'奥特曼与你同乐'大型活动"这个主题。

5月14日,开幕式的前三天,组委会才发现这一失误。

设在展演现场——鲁迅公园对面天鹅信谊宾馆813房间的组委会,人流穿梭不停。更多尚未确定的、意想不到的问题正接踵而来。他们并未意识到自己已创下了入场券上的历史奇观。或许这正是一种不祥的预兆,预示着奥特曼将不会出现在鲁迅公园搭起的舞台上,正像这个主题没有被印在精美的入场券上一样。

主办者预计每天约有1万~2万人次的游客,但在5月18日第一天的上午,即有4万余人涌入,创造了鲁迅公园历史上的纪录。安全受到了威胁,活动被迫暂停。几十万张入场券随之宣布报废。

或许,孩子们在以后的地摊上可以廉价买到这些入场券。因为负责善后处理的人曾建议:只要裁去粉红色的边,仍不失为一张精美的图片,它会成为一张书签,陪伴孩子们回到枯燥单调的书桌旁。

在所有大型活动中,不知是否有过这样无主题的入场券?无孔不入的收藏家如果了解奥特曼在上海沉浮的背景后,是否会对这张入场券产生兴趣?就像孩子们会不会喜欢这张裁去粉红边的书签一样,都只好有待行家和历史去评说了。

一、"进入中国"和"走出复兴岛"的会师

"奥特曼与你同乐"大型活动有两份不同的协议书。一份是上海海洋渔业发展公司、中国唱片公司、上海明星文化演艺公司、兹普拉亚动画制作有限公司这四家主办者的合办协议;另一份是总后援单位兹普拉亚动画制作有限公司同承办单位上海海洋渔业发展公司的下属——渔轮修理公司两方签字的协议。这后一份协议的签字双方,是整个活动资金和人力的投入者。那么,他们是怎么会携起手来操办这样一个活动的?

这就得话分两头了。

先说兹普拉亚公司。这家公司总部设在东京,不同于中国同行的是,其在创

作题材的选择上,从不局限于历史的童话和现实的生活,而是紧紧扣住儿童对未来充满幻想的心理,创作了许多在少年儿童中引起强烈兴趣的影视片。上海就曾放映过他们的《恐龙特急克塞号》。一年多前,这家公司又免费在上海东方电视台播放《宇宙英雄奥特曼》(以下简称《奥》)系列片。这部长达300集的系列片,目前共塑造了19个奥特曼和几十个怪兽的形象。这部片子虚构了未来的宇宙之战,奥特曼作为宇宙英雄,为保护地球和人类,在同来自其他星球的怪兽搏斗中,表现了正义、智慧和力量。

东方电视台现在只播放了其中的一小部分,余下的系列片还可以放映两年之久。

据这家公司的董事长丹谷泉介绍,《奥》系列片还在继续拍,第20个奥特曼将在今年秋天到中国拍摄,它将会同孙悟空、猪八戒、沙和尚一起,与前来破坏长城的怪兽战斗。

当中国文化界苦叹缺乏资金,呼吁企业赞助的时候,兹普拉亚公司却自豪地声称:他们的文艺创作带活了众多的工商企业。仅仅《奥》系列片,就产生了玩具、服饰、文化用品、日用百货等2000多种商品。其影片就像一路春风,刮到哪里,产品就开发到哪里。《奥》的版权费已足够整个兹普拉亚集团的吃用开销。毫无疑问,《奥》的产品利润,也养活了众多产销企业。

这阵风一年多前进入了中国。以播映系列片开道,兹普拉亚公司的产品版权在中国寻到了一个又一个厂商。为更有力地推动这阵风,兹普拉亚公司从去年开始,酝酿了一个更加大胆的策划:组织一个名为"奥特曼与你同乐"的大型活动,将宇宙英雄奥特曼从荧屏上、画册上搬到舞台上,由活生生的人来表演,同时集中展示展销各种奥特曼的产品。兹普拉亚公司一面积极地分别同南京、河北、黑龙江联系播映《奥》系列片,一面紧锣密鼓地筹备这个大型活动,并计划用两年时间走完中国的九大城市。这个称之为"奥特曼中国之行"工程的第一站就是上海。

显然,"奥特曼中国之行"需要有中国的合作者,否则,这位宇宙英雄即使有再大的能耐,在中国也寸步难行。兹普拉亚公司从一开始把合作伙伴选定在中国文化界的实体中,从中国唱片公司到上海明星文化演艺公司,然后再到东方大众传播公司。十分遗憾的是,面对共同投资100多万元的风险,这些文化实体显得力不从心。

今年的3月初,他们习惯地遵循了中国特有的思路:拉一家有资金实力的经济实体来参与主办。

现在再来说说渔轮公司。

同文化界的实体比较,渔轮公司的实力应该说是强得多了。这个几十年来在复兴岛上为解决全市人民吃鱼问题而作出贡献的企业,近几年来却面临危机。随着海洋渔业资源的衰竭,渔轮修理业务日趋减少。公司的设备、劳力相当一部分被闲置,下岗人员逐年增加。今年年初,他们提出了"不能躺在一条鱼身上""走出复兴岛,面向大市场""走渔工商道路"等一系列的新口号。作为实际动作,今年1月8日,渔轮公司的又一个三产——青茂实业公司,第一个走出了复兴岛,在市中心的飞虹中学内挂牌营业。

然而生意并不好做,一个多月过去,这家三产没有做到一笔像样的生意。特别要说明的是,渔轮公司的冷作工是一个强项,公司将三产设在市中心,附带有通过这个窗口,为公司引进冷作工项目的意图。

三产成立后即遇春节,到处可见到各种类型的马路搭棚展销。这启发了他们,是否能同某个街道合作,由三产招商,让公司搭棚施工搞展销呢?

他们首先同欧阳街道洽谈,却遭到了冷遇。搞展销是这个街道的拿手好戏,人家不愿意分羹给他们。市场竞争的现状,不会给这个新生儿主动送上一份温馨的照顾。

机遇终于来了。当东方大众传播公司经人介绍,同渔轮公司这家三产接触后,即提出了"奥特曼与你同乐"大型活动可能需要在室外搭棚、建舞台的工程生意。东方大众传播公司同时还试探这家三产,能否以渔轮公司的名义,用投入资金的方式作为主办单位之一?

这正符合这家三产的想法,因为他们不想仅仅为公司引进一项劳务工程,而是想在整个海洋渔业中,首先"走出复兴岛,面向大市场"。昔日与街道合作搞马路展销的念头,如今在"奥特曼"面前,显得太"小儿科"了。

三产与渔轮公司磋商后,于内部搞了一个四六分成的协定,然后作为一个整体,迅速作出了反馈,以超过东方大众传播公司将近一倍的投资,加盟主办。理所当然,他们也提出了兹普拉亚、渔轮公司、东方大众三方根据投资比例分成的要求。渔轮公司就这样凭借投资实力,超过了东方大众传播公司。

在此,没有必要去评价谁是谁非。总之,随之而来的是东方大众传播公司与渔轮公司之间的一系列不愉快,最终导致东方大众传播公司的退出。至今,每家1万元的策划活动经费还在东方大众传播公司的账上没有结算。

兹普拉亚公司要进入中国市场,渔轮公司要走出复兴岛,这两种目标和力量寻找到了集合点,两家匆匆地踏上了"奥特曼中国之行"的第一站。

二、太大的步子和全面的错觉

东方大众传播的退出,决定了渔轮公司将作为唯一的承办单位,重新与政府的有关机构打交道,并拉起一套新的协办单位。而此时已到了4月初,离预定的活动开幕时间仅仅只有1个半月的时间。

首先是要得到批文,包括市宣传部、市文化局、市公安局,以至税务、物价……有了批文才能启动搭台搭棚工程,才能落实票务海报的印刷,才能去租借展演场地、开展新闻宣传、组织广告招商、招聘演员劳务……

直到4月下旬,他们才得到了主要的批文。剩下的大量会务准备工作,必须在25天内全部完成。

渔轮公司迅速拟定了一份工作班子的名单,从办公室、工程、广告、宣传、招商、财务,这几个主要部门的负责人全部都是公司内部的职工。应该讲,外单位参与的人越少,承办单位分成的利润就越大,这笔账谁都会算。但是对于从未搞过全市大型展演活动的渔轮公司来说,如将一部分自己不熟悉的工作分包出去,或聘请外面社会上有经验的人士及单位负责,既可以缓和这次活动准备时间紧迫的压力,也可以间接地从别人那里获得经验,成为渔轮公司"走出复兴岛"的一个必要过渡。但是他们没有这样做。这一步跨得实在太大了。

渔轮公司的职工是吃苦耐劳的。批文一下来,整个搭棚搭台工程便热火朝天地开工了。现场办公的小黑板开始倒计时。

5月1日,他们真正过上了"劳动节",工人连续加班。中午,"总指挥"吩咐买来熟菜和啤酒,十多位工人围在一张长条桌旁,光着膀子,汗津津地挤在一起,端起大碗酒,立下了5天之内拿下全部工程的誓言。

"劳动节"一过,小黑板上不再倒计时,而是换上了:"工程上去了,招商怎么办?"的大字。

其实,除了工程之外,这套班子从上到下都不知道招商该怎么办。由于心中无底,在招商的邀请书、摊位费、广告策划上出现了一次次的反复,延误了宝贵的时间。而且,由于传来种种不利的反馈信息,导致主办者对这次活动所能引起的社会反响陷入了全面的错觉。

招商邀请书是在4月25日寄出的。当时根据电信公司最新版的电话号码簿,摘抄了300来家的厂商地址。几天后,退回了十分之一,主要是因为厂商搬迁,无法投递。更多邀请书却"泥牛入海无消息"。

招商部有点着急了,开始主动去电或上门联系,按所摘录的地址,奔走在全市各个角落。其中主要是玩具厂,但发现这些玩具厂相当一部分已经转产,甚至倒闭,50%以上亏损,反应相当冷淡。直到5月3日,才有一家企业要租一只摊位,将支票汇到了组委会的委托账号。

招商部想不通,现在大人都说最舍得在孩子身上花钱,照此说法,上海儿童玩具厂商的日子应该很好过,可偏偏怎么都像霜打过的蔫叶一样呢?

5月3日,《新民晚报》刊登了一则比火柴盒大不了多少的招商广告,几天之内便有数十家厂商到招商部询问情况。这些厂商的名字大都没有在电话号码簿上出现过。他们是一些外资、合资、外地企业。这等于给了一个答案:上海玩具市场已经不是上海玩具厂家的天下。一家欲租摊位的外地企业公开声明,他们不愿意经营上海的产品,是因为上海的儿童玩具已经"老态龙钟",没有市场吸引力了。

话还得说回来,这些看了广告上门的厂商大多是来"打打样"的。毋庸讳言,当有些人一见到招商部设在一个初级中学简陋的边厢房内,加上招商部急切得有点过分的"热情",他们便犹豫地退缩了。

直到5月12日,原定招商截止报名的那天,挂在墙上的那张摊位分布图,100个摊位只落实了十几个;20余种广告载体,只落实了2条横幅。大型活动的海报、门票、小册子都因无广告客户而白版付印。

广告招商原来应该起到前期收回投资再投入为流动资金的作用,现在落空了。这迫使组委会缩紧银根,把计划中的十几万元广告宣传费用压缩到2万元之内。

可以说,大部分厂商对儿童心理并不了解,绝没有想到这项活动会引起广大少年儿童非同一般的喜欢。他们的判断大大失误了。而这种失误首先通过招商的失利,反馈并影响了组委会。大家开始担心:开幕以后,每天会有上万人次的游客吗?

正在这时,票务发行的不顺当,又加重了这一错觉。教育部门的一家事业单位,原先有过承包这次活动全部团体票发行工作的意向。5月11日晚,他们因所接触的单位对购买团体票反应冷淡,到组委会提出,放弃团体票总代理权,只能根据实际情况,接多少算多少。

这真是雪上加霜,因为在招商广告陷入困境以后,整个活动近200万元的投资就指望门票收入收回了。如果不去有力地推动团体票,仅仅是零售门票,那样谁都没有必胜的把握。

招商、门票连连受挫,在组委会成员心头蒙上了一层阴影,他们再也不敢作出乐观的估计。渔轮公司的期望值降到最低的限度,此次走出复兴岛,只要不亏本就是成功。

然而有人却细心地算了一笔账:即使按每天1万人流、10元一张门票,20天展演下来,恐怕不仅仅是白忙一阵,大概连本钱都要贴进去。

面对现状,他们只想到了失败的一种可能性,而没有想到失败的第二种可能性，就好像气球有可能因小洞而泄气，也可能因气太多而爆掉一样。

从门票的发行者到被招商邀请的厂商，这些成人们，并不了解这项活动所面向的广大少年儿童的愿望。实际上，由于一年多来《奥》系列片的播映以及东方电视台"奥特曼与你同乐"大型活动将在鲁迅公园举行的广告，已经激起孩子们的浓厚兴趣。他们正等待着这一天的早日到来。我们的成人，只知道让孩子们学习、学习、再学习，对他们的兴趣爱好了解甚少，或者说有所了解，但不愿意去理解。这样一个全社会严重的脱节，既导致了组委会对这项活动的全面错觉，也从这个错觉上被表现了出来。

三、跪地的导演和大哭的孩子

在叙述5月18日正式展演这一天现场情况之前，必须让读者了解如下的事：

在前景不妙这一巨大压力下，作为承办者——渔轮公司的上级，出于关心，于5月14日，领导们集体前来组委会临时办公的地点——天鹅信谊宾馆813房间，然后到到楼下会议室把在现场的本方人员召集过来汇报工作。

此时正是准备工作忙到节骨眼的时候，因为第二天，日方董事长将从东京飞抵上海，亲自参加接下来的新闻发布会和开幕式。兹普拉亚公司的职工全线投入了现场工作。他们对渔轮公司方面此时单独开会很不理解，认为这一是对合作方不信任，二是在浪费时间。

将近下午4点，汇报结束，渔轮公司及其上级公司又把本方主要干部转移到813房间安排新闻发布会的程序。议论至一半，身为组委会总策划、兹普拉亚公司的经理从现场工地回来。他被直呼其名地邀请一起坐下讨论。

他没有坐下，站着很不高兴地说："现在工程还有许多事没完成，新闻发布会怎么开？"然后离开房间，又去了现场。

酝酿准备了两个多月，投资近200万元的活动，眼看即将步入收获阶段，双方却开始产生了不愉快。

5月17日，原定18:00在鲁迅纪念馆南面草坪的舞台前举行一个开幕式，临时推迟到19:00。

当晚不售票，只发出5000张赠券。由于公园门口的游客越聚越多，只得售出了部分机动票。不到19:00，草坪上已聚集了万余观众。前排的坐着，中间的站着，后面的孩子则骑在大人的脖颈上。不少骑在大人脖颈上的孩子，还买了半米多高的吹塑奥特曼，再把它骑在自己的颈上，引来游客一阵欢笑。

19:00过后，参加开幕式的市、区领导来到后台，但兹普拉亚的董事长此时却不肯上台。理由是："作为总后援、总策划、活动的最大投资方，兹普拉亚不是作为客人来参加开幕式的,但我们对开幕式的程序却一无所知。"

草坪上的观众等得不耐烦了,发出阵阵哄叫声。渔轮公司一方急了,有人流下眼泪,用近乎央求的语气说:"这样下去要出事的,请多多考虑孩子们的安全。"日方董事长这才勉强走上舞台。

象征开幕的红绸带,终于被艰难地剪开。

演出开始,主持人一上台,就向观众发问:"你们喜欢奥特曼吗?"

"喜欢!"台下的孩子异口同声地回答。

"说响一点!"

"喜——欢——!"尖脆的童音如雷贯耳。

"喜欢的请举手!"

呼啦一下,无数双小手高高扬起。夜晚,在两盏电视摄像照明灯强光的照射下,就像突然从草坪上冒出了密集的白桦林。

天真的孩子们,只要能看到奥特曼同怪兽搏斗,就会把长时间等候积压的不快一扫而光。

5月18日,星期三,一个极其平常的工作日。这天一早不到1小时,售出门票3714张,门外还排起了长长的队伍。园内园外,估计达4万人之多。

照此计算,从早8点至晚9点,将达到10万人流以上。这个数字,将会远远超过鲁迅公园最自豪的"自贡灯会"一天8万人的纪录。

主办者面对如此巨大的人流惊呆了。

补充说明一下,在展演活动的安排上,事先就存在一个致命弱点:入场券上演展期写明为8:00~21:00,而舞台演出却莫名其妙地定在早上10:00开始。

大屏幕电视墙直到9:30还没打开,组委会此时已失去了调整演出时间的应变力。剩下的玩具展示展销、游戏区等内容,在偌大的人流面前,无疑显得单调而又乏味。

舞台前等候了一个多小时的观众,开始从不满转向愤怒。大人把孩子抱上舞台,舞台上挤满了人,演出已经无法进行。

日方导演一个劲儿地向观众鞠躬,但已经无济于事,他最后跪在了湿漉漉的泥地上。

混乱中,不知是谁下令:"停止售票!关上大门!"

事情终于不可抗拒地发生了:大门被缓缓合上的声音惊动了门外排队买票的人群,人群放弃买票,抱着孩子冲向大门。面对孩子,治安人员无法用力去顶住人流。大门被挤开,人像潮水般涌进公园。

谢天谢地,总算没有发生踩踏伤亡事故。

早已购票入园的观众见状,大呼:"票买得冤枉!"纷纷要求退票。在争执中,他们盯住一个现场指挥的人,拦了四辆轿车,打开双跳灯,一路上闯红灯直朝东方电视台驶去……游客要请新闻界主持公道了。

应该说,组委会是公道的。他们迅速采取应急措施:暂停演出,同意退票,免费开放。

当公园门口贴出"'奥特曼与你同乐'大型活动因故暂停,何时再办另行通知"的通告时,不少孩子当即牵着大人的手号啕大哭。

当天,组委会召开了一个苦涩的会议。市、区两级领导等待他们拿出下一步的意见。

会议室内,烟雾缭绕,气氛严肃。正点演出?加高舞台?只售团体票?……一个个方案都被否决。

会议室外,工作人员屏息以待,情绪紧张。

有人小声嘀咕:"当初选定5月18日正式展演,是有意讨个'我要发'的口彩,后来组委会无意中设在宾馆的房间号码'813',是否暗示着'不要散'呢?"

没有人搭这个话碴。

直到深夜23:00多,对举办大型活动缺乏经验的组委会,只能从另一个角度去设想一个比当天事件更坏的结局:假如今天不是星期三而是星期天;假如今天不光是幼儿园以下的儿童来,而是中小学生一起来;假如不仅仅是大门被挤开,而是挤倒了人,甚至……以此作为参照系,他们终于得到了心理上的平衡,作出了撤离鲁迅公园,待联系到一个室内演出场所后再举办的决定。

会议室大门终于打开,工作人员听到这一宣布,就像一盆冷水从头浇到了脚。这意味着搭台搭棚、海报、门票以及已经投入的广告宣传等资金,都如同石子,被抛进了大海。

第二天,消息传到仍在公园展销的厂商之间。尽管他们被告知可以领到退回的摊位费,但还是一个劲儿地摇头叹息:"生意好得会爆掉,实在想不通!"

就在昨天,这些厂商的生意做得飞了起来。

出售奥特曼怪兽的福建富万公司,在45分钟时间里就出售了3000多只玩具,净利润估计达万元以上。

一家出售奥特曼小旗的摊位被围得水泄不通,货卖完了,顾客就追着、拉着他,好不容易逃离顾客的他惊呼道:"做了这么多年生意,吓得有生意不敢做,这还是第一次!"

几家摊主声称:"备了一星期的货,半天全部卖光,已将全部资金用来进货。不信?城隍庙的奥特曼都被搜罗来了!"

兹普拉亚公司给自己的员工打气:"这是件坏事,也是件好事。我们已经听到了投资这项活动所引起的反响。可以预见,'奥特曼中国之行'将会获得成功。即使不再在上海举办,在中国的其他城市里,我们也可以轻松地将这笔投资收回。"

渔轮公司的上级则如此安慰下属:"从'走出复兴岛,走向大市场'这个战略上看,渔轮公司承办'奥特曼与你同乐'大型活动方向是对头的,并且成功地扩大了公司的知名度。但是由于没有经验,面对已经可获得的巨大经济效益,我们没有能力去拿到手。"

活动暂停后,不断有电话来找熟人,预定以后的摊位。此时的招商部夸下海口,如果恢复活动,100只摊位不在话下。

但一切都已经晚了。5月19日下午,召开第二次组委会。会议决定,由渔轮公司负责这次活动的善后工作;而下一步联系室内展演场所的任务,则由主办单位中的另一家——上海明星文化演艺公司负责。

很明确,渔轮公司不再是新的承办单位。

5月21日中午,组委会从天鹅信谊宾馆813房间撤离。负责善后工作的渔轮公司方,仍回到设在飞虹中学内的三产租借地。

下午,这个简陋的办公室里,紧张工作了将近两个月的人,个个无精打采,空气沉闷凝固。突然,楼下传来叽叽喳喳一群孩子的声音。"咚咚咚"走上来的却是一位老太太。她劈头就说:"这群孩子硬要拽我来问问你们:奥特曼还办吗?"当得到了肯定要办的回答后,老太太不及下楼就朝孩子们喊道:"办的!办的!"孩子们欢叫着离去了。

本文无意去评价这一活动中主办者个人的行为,也无意去追踪这一活动的下一个结局。无论它下一个结局如何,"奥特曼中国之行"第一站已经发生的沉浮,都理所当然地引起了人们一系列的反思:

我们何时才能有自己的、规模宏大的、富于童趣和充满未来气息的儿童系列片?我们的文化事业应该怎样才能摒弃"以商养文"这样一种自卑的呻吟,自豪地走出一条"以文养商"的新路?我们的成人如何才能不"以大人之心度儿童之腹"?我们孩子能否在不远的将来拥有令他们感兴趣的、不断翻新的、可以参与的各种群体活动?

请记住,孩子们保存了这一张没有主题的入场券,它正等待着填空,写上成人们反思的结果。

(1994年5月25日凌晨 完稿)

26. 我与电视之缘

能在短短两天内,呈上上海电视台的借调函,这让孙总编有点惊诧。

其实,早在六年之前的 1988 年,我就"触电",业余时间帮上海电视台专题节目撰写解说词了。

当时上海电视二台《女性世界》专题节目编导李虹光,和我一样也是在黑龙江插队的知青。1978 年恢复高考时,我们曾在一起复习迎考。回上海后她进了电视台,平时相互多有联系。作为电视人,她习惯画面形象思维;作为报人,我擅长文字逻辑思维;大家在新闻业务上正好可以取长补短。1988 年 3 月,李虹光约我为一档三八妇女节报道撰写解说词,这是我第一次"触电"。

我是个做事特别认真的人,为撰写好解说词,不仅参加全程现场采访录像,还挤出时间去电视台的编辑室观看素材带和剪辑过程,甚至参加最后的解说词录音合成。有了这样全程"触电"的经历,我学到了很多电视拍摄和编辑的专业技巧。

李虹光此后经常让我参与电视专题的制作,我每每允诺,戏称"当年的党支部书记(下乡时她是另一个大队的党支部副书记)又发铁锹让我干活了"。

就说 1993 年吧,这年 2 月,我受黑河地区专员赵培星之托,请上海电视台李虹光和《劳动报》费凡平一起去了一趟黑河,回来帮电视台撰写了《留在黑河的上海人》专题片,这是上海电视台第一部反映大返城后仍留守在农村的知青纪录片。

这年 5 月,李虹光请我去看她们一行从宁波大榭岛拍回来的素材带,然后帮她们撰写了《妈妈万岁》的电视纪录片。这部专题片记录了一位被遗弃在海岛上的知青女儿寻找大返城母亲的故事,情节内容催人泪下。

这年 9 月,杨浦大桥通车前夕,上海电视台要拍一部纪录片《大桥交响曲》。他们请某大学搞建筑的专家写了一篇策划稿,洋洋洒洒 1 万多字,编导几经改动也难以成片,李虹光又想到了我。我们撇开专业枯燥的原稿,重起炉灶。

在总体思路上,几经商讨,决定摆脱工程技术介绍,从人文社会的角度来设想这样一个话题:桥,是伸向空中的路,是人类对新天地的追求。如果缩小话题,也可以从桥的角度来认识一下上海的历史。人们会发觉:正是通过桥,上海工商业才有了三次大的开拓,从而将上海中心城的外延扩展了三次,形成了一次比一次更大的"圆"。其中第一次是推倒旧城的护城河,将上海与租界连成了一片;第二次是跨过苏州河,向西向北与工业区连成了一片;第三次就是现在,从越过黄浦江的南浦大桥开始,到今天杨浦大桥的建成,上海形成了"内环"这个更大的圆,这是百年来黄浦江两岸的圆梦。这个定位,一下子把工程介绍变成了历史文化综述,变成了电视观众容易接受的话题。

在片子风格上坚持纪实,将原来片中空洞的赞美之辞和拼凑的概念想象全部用现场的采访来替代。尤其是原片中有一段用的是红军长征十八勇士飞渡泸定桥的电影资料镜头,想以此表达对大桥建设者奉献的敬意,但这实在背离了纪录片的写实精神,让人感到突兀和虚空。我们到大桥建筑工人中去,寻找可以替代电影资料镜头的现实生活。功夫不负有心人,有一个班组的工人,在撤离工地前,准备去大桥上向一名因事故死在那里的工友告别。我认为这是极好的素材,其感染力将远远超过飞渡泸定桥的电影资料镜头。但大桥指挥部却认为这是事故,是负面的东西,是采访的禁区。为此,我们与指挥部反复沟通:事故虽然是负面的,但工友们的感情是正面的,指挥部的领导对不幸逝去的工人应该也是有感情的吧?指挥部考虑再三,最终同意我们采访。于是,后来在纪录片中出现了这样的镜头:当天就要撤离工地的工友们,在曾经发生事故的现场为死者丢下一根根香烟;从一只捏烟欲吸还停的手,移动到眼睛的特写,工人们远望大桥前展开的沼泽地,正在拆除的工棚,以及已经高高矗起的大桥……尽管这只是其中一个小小的片断,但却画龙点睛,为整个纪录片增添了浓厚的情感。

此片后来获得"首届中国纪录片展示赛二等奖"。

而我在此基础上写了《浦江梦圆——来自杨浦大桥之外的报告》一文,被1993年10月1日《上海商报》发表在头版头条。

在20世纪80年代末和90年代初,媒体人跨行操作的相当少。我经常有机会参与电视台节目制作,于是便自嘲为"两栖传媒人",这影响到我后来多媒体新闻理念的形成,推动我后来追求多媒体的合作实践。当然,在为电视台策划和撰写纪录片的过程中,我还体会到报道参与者整体合作的重要性,锻炼了我在现场捕捉画面的敏锐性,以及作为电视台记者在大场合中不怯阵的采访风格。

两栖作战所形成的多元思维技巧,被灵活运用到不同载体的运作中,真可谓如鱼得水,其中奥妙,一言难尽。

[附文]

浦 江 梦 圆
——来自杨浦大桥之外的报告

巨 圆 跨 江

在上海城市规划设计院,徐道舫总工程师打开一张上海市地图,用红笔从南浦大桥向西,沿中山南路、中山北路划到黄兴路、杨浦大桥;然后,再从南浦大桥向东,穿过杨高路,以杨浦大桥为最后连接点,勾勒了一个圆圈。他对记者说:"这个内环线里,就是规划中的上海中心城。"

即使是在地图上,这也算得上是一个巨圆了。它经过两座大桥,两跨黄浦江,把浦东浦西120平方公里的土地罩在自己的圆心里。长期以来,上海城依黄浦江而兴起,却又被黄浦江而阻隔。从南京路西藏路口到浦东的陆家嘴,仅仅两公里,一江之隔,却有天壤之别。一百多年来,有人提过建造一座黄浦江大桥的设想,然而那只是一个梦。黄浦江上从来没有打下过一根桥桩。现在,不过短短5年工夫,两座世界级的大桥就在同一座城市、同一条江上建成。如此快速,足以令国人自豪。在杨浦大桥参观的人群中走一走,可以处处感受到作为一个中国人的骄傲!

浦江造桥的百年之梦,之所以能圆成现实,是与中央决定开发开放浦东和上海中心城外延的扩展相关的。这个引世人瞩目的现实,已远远超越了百年的梦境。

三 次 延 伸

桥,是伸向空中的路,是人类对新天地的追求。假如从桥的角度来认识一下上海,人们会发觉:正是通过桥,上海工商业才有了三次大的开拓,从而将上海中心城的外延扩展了三次。

今年的11月17日,是上海开埠150周年。150年前,人们出入上海城必须走过护城河上的吊桥,穿过城门。鸦片战争后的1843年,根据《南京条约》,上海开埠。洋人在城墙北边开辟租界,办起了工商业。拖辫子的男人,缠小脚的女人,终于迈过了护城河。上海的中心城一下子向北伸展到了苏州河边上。闭关自守的城墙和护城河便成为城市发展的累赘,被推倒填没,成了今日的中华路、人民路。

19世纪下半叶及20世纪初,与殖民经济渗透相对的是中国人兴起了"洋务运动"和"维新运动"。上海的经济迅速发展,工商企业纷纷过河,再度向北向西发展。横跨苏州河的桥梁日增。在上海档案馆,记者见到一张19世纪80年代位于现今长寿路一带苏州河的照片。那时的北岸还是一片滩涂一片芦苇。仅仅二三十年,北岸就出现了繁华的四川北路商业街、东大名路办公楼、杨树浦工厂群、老北站铁路⋯⋯之后,上海一直向北向西发展,以期同背后的内地相连。中心城的外延扩展到中山环路。

本世纪80年代始,在被称作"第二次解放"的改革开放中,人们才调转头来,把生存发展的目标从西北转到了黄浦江对岸的东方。成千上万家工商企业东渡,几十万户居民东迁,延安路隧道的穿越,南浦大桥的跨越⋯⋯黄浦江不再是城市的边缘河,如今轮到它成为城市的中心河了。

上海的中心城正在经历着诱人的第三次延伸。

两 琴 合 奏

当有关杨浦大桥的报道接连不断见诸各种新闻媒介时,记者在杨浦大桥之外了解到许多情况。

市轮渡公司:几十年来,轮渡运量年年增长,而随着浦东的开发,增长得更快。尽管目前南浦大桥和隧道已分流了市中心三分之一的过江客和三分之二的过江车,但每天轮渡的客流量仍达到 100 万人次,上升了 7.7%;机动车流量达到 1.6 万辆次,上升了 18.5%。

两年前搬迁到浦东的一户居民家:浦东对相当一部分居民来说,现在还是个"卧城"。以前每天早上是浦西人到浦东上班的多,现在则倒过来,每天早上是浦东人到浦西上班的多。或许直到退休,许多人才会停止这每日的过江奔波。

大桥管理处:南浦大桥每天的通车量可达 3 万辆次左右,可现在实际上只有 1.5 万辆次。它的能量还没有完全释放出来。这主要是因为两岸交通布局还未达到完善的配套。其中,内环线的未贯通也是个主要因素。

综合上述情况,显而易见,杨浦大桥作为内环线的最后连接点,其地位和作用是十分重要的。我们正处在令人振奋的时代。生活在这个时代的人们,曾经把两年多前竣工的南浦大桥浪漫地比喻成一架"H"形的竖琴。如今,杨浦大桥又恰如一架"A"形的竖琴。"HA"两琴合奏,在黄浦江上奏响了《时代进行曲》。

无论使用何种语言的人,都能从这进行曲里听到中国人民的笑声。

27. 泪湿"妈妈万岁"

这里我还想提一下 1993 年 5 月为上海电视台撰写的《妈妈万岁》这部纪录片的解说词。直到 12 年后它还在引起我的创作欲望,可惜因种种原因没能撰写出它的第二集,给我留下了终生难忘的遗憾。

上海《少儿文艺》1997 年第 7 期发表了我写的散文《映红的野杜鹃》,追述了当年为这部纪录片撰写解说词的背后故事:

映红的野杜鹃

今年春天,听说静静来上海,偷偷地和妈妈见了面。她从一个中专学校刚刚毕业,在宁波一家宾馆当领班。尽管妈妈把童年的她抛弃在下乡的海岛,然而,她现在长大了,她要把参加工作后积攒的第一笔钱,交给妈妈,以此来唤起妈妈那深深包裹着的爱心。但是她妈妈又一次拒绝了与她相认。

我真的不能想象,这一对母女是如何相互面对的?

三年前,我看到一封寻找妈妈的信,信的结尾写着"妈妈万岁",我的眼睛一下子湿润了。

她竟然一点儿也不怨恨那个弃她而去的母亲,她竟然呼唤至今还不肯认她的母亲"妈妈万岁"。这是一封怀着怎样的情结才能写出来的信呀!

信寄自宁波的大榭岛,一个16岁的初中女学生,她叫胡静静。信并不长,每一个字都工工整整:

妈妈 你好!

自从我懂事那天起,就四处托人打听妈妈的消息。去年邻居去上海,她见到了外婆,但外婆说:根本就没有这件事。我的心一下子碎了,我再也没有勇气给你写信。只有妈妈的照片陪伴在我的枕边,空想着妈妈的母爱。我是天天想着你,难道妈妈却在怨恨我吗?今寄上照片一张,请收下。

妈妈万岁!

女儿 静静

和这封信一样,静静写过一封又一封寻找妈妈的信,却从来不敢直接把信寄给妈妈,因为有一个狠心的外婆和妈妈住在一起。她只好把信寄给上海一位好心的老人,请他转交。在这里,我们不得不交代一下,静静是怎么认识这位好心老人的。

在静静6岁那年的春节,爸爸曾一副扁担挑着家乡土产,带她到上海外婆的家里,找到了返城回沪的妈妈,结果被狠心的外婆赶了出来。爸爸茫然不知所措,带着她久久地站在寒冷的街头。后来就是这位好心的老人让他们到自己家暂住了几天,并帮助他们同妈妈见了最后一面。已经顶替到工厂上班的妈妈执意不肯再跟爸爸回那个海岛。那时,静静并不知道到底发生了什么,但却记住了那个好心老人住的地方。

这个老人现在已经过世,而静静的妈妈也早已再次结婚,从外婆家里搬了出去。于是,静静寻找妈妈的信都如泥牛入海,杳无音讯。

静静感到绝望,学习成绩下降,班主任老师通过家访发现了这一情况,就发动全班同学一起写信帮她找妈妈。但这又有什么用呢?最后他们想到了上海电视台,写了一封明信片,请上海电视台为静静的妈妈点一首《世上只有妈妈好》的歌。

上海电视台的编导李虹光就是根据明信片提供的线索,找到了那位好心老人的家。看到了老人亲属保存下来的一厚叠静静写给妈妈的信,还有她的同学帮她寻找妈妈的信。

信里附有一张静静的照片,她站在翠绿的竹林里,红扑扑的脸微笑着,像一朵映红的野杜鹃。我轻轻地把信和照片放在桌上,心里不由得叹息:都说"可怜天下父母心",可是有谁知道这可怜的女儿心呢?

"哎,这里还有刚刚拍来的七盘素材带。"编导李虹光打断了我的思绪,她从大榭岛一回到上海就把我叫到电视台,让我看这些信,现在又让我看拍回来的素材带,作为老搭档,我知道,她是想要我为这部片子撰稿了。

我被关在电视台一个小屋子里,先看摄制组在上海寻找静静妈妈的素材带:

一个女人的背影,她不肯面对镜头接受采访。这里是她原先娘家所在的居委会,摄制组好不容易找到她,费尽了口舌,她才同意到这里开始她那段坎坷经历的叙述。

尽管是背影,缓慢无力的声音却透露出她已经十分苍老,不像是老知青应有的中年人的声音。

她最早下乡插队的地方是在安徽,一天干死干活只能挣几分钱。没有办法养活自己,只得和当地一个农民结了婚。没想到生下一个儿子后,日子过得更加艰难。在老家亲戚的介绍下,她离婚转点插队来到了宁波大榭岛。那里的生活要比安徽好得多,条件是嫁给岛上的本地人。于是在大榭岛她又生下了女儿静静。知青大返城时,她同很多知青一样回到了上海。后来,她又第三次结婚。她向现在的丈夫隐瞒了自己前两次的婚姻。

在经过人生道路激烈的动荡之后,她好不容易安定下来,找到了一个归宿。她实在不敢,也无法想象自己能否再面对生活中任何新的动荡。

当摄制组的编导说可以带她去大榭岛看望静静时,她无论怎么也不肯。在反复劝说下,思忖良久,她只同意对着录音机向女儿静静说几句话:

"今天我看到上海电视台阿姨转来的你的信和照片,我非常激动,我想起过去的一切。由于历史的原因,我对不起你,但是希望你能体谅我。我有我的难处,也许你一时不能理解我,但是希望你能原谅我……"

她的声音有一种抑制不住的颤抖。然后,她用同样颤抖的手,把这些话写在一张纸条上,让编导给远在海岛的女儿捎去。

上海电视台摄制组一行经过整整一天的车船颠簸,来到了大榭岛。出于新闻工作者的责任感,他们想带给静静一点温暖和安慰,同时也想让静静面对现实。但是他们又如何让一心想见到妈妈的静静来面对这样严酷的现实呢?有了这一层担心,所以他们没有马上去静静家,决定等明天一早再去。

太阳刚刚升起,蔚蓝的海水轻轻地拍打着美丽的小岛,就像妈妈哄着还在睡梦中的孩子。金色的阳光照射着田野里一片金黄的油菜花,映得静静一脸灿烂。她一大早,就穿过田野,爬到红红的山坡上,那里到处是野杜鹃。她欢快地在野杜鹃丛中跳来跳去,摘了一枝又一枝。清晨,村民们奔走相告:"帮静静找妈妈的上海电视台来了!"从别人的笑脸上,静静以为妈妈也跟着一起来了。要和妈妈见面了!拿什么来欢迎妈妈呢?乡村姑娘,拥有的就是大自然,她想向妈妈献上一捧花。红红的野杜鹃,是女儿的一颗心。

在家门口,静静见到了摄制组,但是她眼神迅速地扫描了一下,骤然暗淡下来:

妈妈呢?妈妈没有一起来!

她呆滞着,像客人一样,被摄制组"请"进了自己的家。坐在那里,她用委屈的然而又是渴望的眼神看着录音机,她第一次听到妈妈的声音从那里发出来。在她的记忆里,是没有妈妈的声音的。她所能记得的,就是6岁那年和妈妈分别时,妈妈在那位好心人家里给她洗了头,自始至终妈妈没说一句话。

妈妈的手指头在她头上挠来挠去的感觉,后来慢慢地变成一个梦,软软的、痒痒的,舒服极了。随着年代的久远,梦也渐渐淡去,成了日日夜夜强烈的追寻。

她根本没想到上海电视台的编导会为她到大榭岛来,所以她以为妈妈也一定来了。清晨摘花的时候,她曾想到这也许是一种幻觉,但是看到身边微风拂过时,蔚蓝的大海、金黄的菜田、映红的野杜鹃都在随风摇曳,她相信,这一切都是真的,梦和追寻都要变成现实了!

现在,梦被录音机里妈妈的声音打碎了,还有被这张纸条。纸条没有地址,这意味着妈妈不想……

静静的眼睛低垂着,不时看一看桌上玻璃瓶中插着的一大把野杜鹃。窗外的阳光正好斜照在野杜鹃上,半透明的花瓣上,一滴越聚越大的露水被映得红红的……

好长好长时间的沉默。终于,随着那一滴露水的跌落,她的眼泪像断线的珠子一样从脸上淌下。对着镜头,静静使劲抵制着情绪说:"我很高兴看到妈妈的信,我的眼泪不住地流下来。我知道妈妈是爱我的,我也是爱妈妈的……"她说不下去了。等到心中的波澜稍稍平静后,静静用手背擦了一下眼睛,抬起头,向摄制组的人说:"可能妈妈也很痛苦……我想,只要妈妈过得好,我也就满足了。"话没说完,泪水又流了下来。

我看到了那张陪伴着静静的妈妈的照片。照片被镜头放大定格:这是她妈妈妈十多年前下乡时和村里几个姑娘一起的合影,中间的一个是她妈妈。这么多年来,女儿想妈妈时,就用手和着泪水在妈妈照片上抚摸,妈妈的脸被无数次的抚摸,只剩下了白纸,已经无法再分辨出她的容貌。但静静却把它视作性命一样宝贵。现在,她把录音带、纸条和那张已经看不出妈妈容颜的照片小心翼翼地一起收藏在自己的床头。

  我看到摄制组的人一个个都红了眼圈。其实,他们应该对静静说:你已经16岁,在你最需要母亲的童年时,你都走过来了。现在,你是一个年轻人,还有什么好畏惧的呢?你应该独立地在天空中自由地翱翔,去寻找自己了!

  我突然发觉自己的这番话是多余的,因为我对着的是电视屏幕,静静听不到我的声音;而实际上她也用不着我的指点,她已经恢复了正常的情绪。那天,她像一个主人那样,要摄制组留下来吃午饭。编导点头答应了。

  她高兴地拎着菜篮子一蹦一跳,到岛上的一个小杂货店去买菜。一只小狗颠颠地跟着她跑得欢。

  她笑眯眯地拎着菜回来,挑水煮饭。灶炕里燃起的火苗,把她的脸映得红红的。一只小猫轻轻地依着她眯起了眼。

  饭桌临时搭在院子里。院子东,一只母鸡跟在一群小鸡后面咯咯地叫;院子西,两只小羊使劲用嘴拱着母羊的奶。

  摄制组围桌而坐,等着静静的饭菜,也等着她的爷爷奶奶收工归来。

  静静的爸爸自那次从上海回到大榭岛不久,就另外结婚,留下静静和爷爷奶奶一起生活。这是一对慈祥的老人,当他们听着编导读那封妈妈给静静的信时,脸上始终堆满了笑容。他们并不报怨这个一去不返的儿媳,只是觉得太苦了孙女。

  这是静静最高兴的一天。上海电视台的编导用一个下午为她拍了《世上只有妈妈好》的MTV:她坐在黑色的礁石上眺望蔚蓝的大海;她衔着绿色的草叶穿过金黄的田野;她靠在棕色的松树下捧起红红的山花……

  码头告别,当编导李虹光拉着静静的手问有什么需要帮助时,静静用一只手背使劲擦了擦泪水,抬起头哽咽道:"向……我的妈妈问好……"

  我看完素材带,从小屋子里出来,李虹光看到了我浸湿的眼眶,说:"看来,稿子不成问题了。"

  后来的事,我都是听说的:

  这个片子播放前,编导请那个居委会通知了静静的妈妈,但她没有收看。她怕家里人知道这是自己的女儿,也怕自己看到在海岛上呼唤"妈妈万岁"的女儿。

至于静静,半个月后,给电视台编导写了一封信:"你们的到来是我意想不到的,也是我一生中最高兴的事。我依然盼着同妈妈见面的那一天,但是我要在生活中重新寻找自己……"

她不久打了入团报告,后来入了团。

初中毕业,静静成了大榭岛这批应届生中唯一一个考取宁波某中专就读的学生。

再后来,就是文章开头所提到的那件事:第一次拿到工资后来上海寻找母亲的静静,被再次拒绝相认。

这是一个没有结尾的故事。

我总是对李虹光说:什么时候再到大榭岛去一次,喔,不对,应该是到宁波去,看一看静静,任何事情总该有个结尾,不是吗?

2005年时,李虹光再次关注静静,此时离当年的采访过去了12年。28岁的静静已经结婚,有了一个2岁的儿子,并从宁波回到大榭岛,自己办了一家工厂。她依然坚信母亲是爱自己的!

李虹光根据采访,用她的形象思维方式,草拟了一份简单的拍摄方案:

1. 胡静静再次来到上海

胡静静抱着2岁的儿子来到上海,在一片废墟前。居委会主任告诉她:"你母亲3个月前已经被动迁搬家了,我们也不知道她住在哪里。"

胡静静不止一次来上海寻母,她知道母亲住在这儿,但从来没有走进过这个家。站在废墟前,望着上海数不清的高楼,母亲,似乎离她越来越远了……迷茫的眼里,泪水。

2. 返回大榭岛的路上

重现12年前胡静静寻找妈妈的故事。

3. 大榭岛老宅和中学

12年过去,大榭岛变了,胡静静也变了。厂房和现代化的生活;楼房代替了过去简易房;爷爷已经去世,奶奶依旧住在山上的简易房子里——不过马上也要动迁了。

胡静静办厂了,帮奶奶、帮爸爸都买了新房子。

在胡静静的新家。

胡静静丈夫:"5年前,我和静静谈恋爱时,她对我的要求就是帮她完成母女相见的心愿。"

"教孩子的第一支歌就是《世上只有妈妈好》。"

那张已经模糊了的母亲的照片。那张曾经寄给母亲的自己的照片。静静的结婚照。三口之家的照片。

4. 大榭岛新区和海边

静静和儿子在嬉戏。

假如当年的大榭岛像今天这样,假如当年大榭岛人的生活像今天这样,妈妈会离开这里吗?

对妈妈的"难处",现在的静静在理解上已经同 16 岁时不同:"自己做了母亲后,我更想报答妈妈。"

静静幻想母亲晚年养老时能来到美丽的大榭岛,让女儿尽一片孝心。

遗憾的是,原本李虹光打算让我一起踏上大榭岛的这个拍摄计划,被静静的丈夫婉拒了,他不忍心看到妻子再陷入艰难痛苦的寻母之路。

一个女儿寻找母亲的动人故事没有结尾,却被无情地画上了句号。

28. 单挑"就业市场"

如果说,以前与电视的缘分只是一种业余参与,我压根儿也没想到自己会成为专职的电视编导;那么,1994 年 5 月,在《上海商报》辞职却又不能去《新闻报》的特殊情况下,我是阴差阳错地被借调到上海电视台上班的。

当时上海电视台刚刚推出新栏目《今日印象》,需要人手。我在《今日印象》栏目组一直待到年底。这半年多时间里,我一边等待《上海商报》的"放",一边等待《新闻报》的"收"。我的命运,尽管被捏在这两家竞争对手的报纸总编手里,但是我很笃定,因为最后的去向,我是十分清楚的。

这期间最大的变化,就是作为一个写稿谋生的记者,我竟从此丢掉了笔和稿纸。这不是因为我当了电视台的编导,而是这年夏天我花 12000 元买了一台 386 电脑和针式打印机。在拥有"私家电脑"方面,我是捷足先登者之一。用 DOS 系统上网,用 WPS 系统写作,用五笔字型输入,我玩得不亦乐乎。

说起五笔字型输入,当时家里有台儿子玩的小霸王游戏机,在还没有买电脑之前,我就用游戏机的键盘练习五笔字型的盲打。在机械化程度相当高的东北农村当过队长,我一向对新机器新设备感兴趣。随着时代的进步,我想做一个全功能的新闻记者,当然,这必须熟练三项基本功能:电脑、摄影和开车。这种对新技术新平台的兴趣,一直影响到我后来的整个新闻生涯。

半年后,在我离开《今日印象》时,这个栏目的新制片人王伊洪发给我一张纸,记录了我所做过的节目,其中有单独完成的也有合作的:《大都市里的斗兽》《接过新安旅的火炬》《爵士·上海寻梦》《录像业的背水一战》《公园里的电脑角》《逛文化街》《吉尼在上海》《给优秀近代建筑立碑》《电脑软件是否会重蹈录像带之辙》《当代陶瓷的艺术魅力》等十几部电视片。

很惭愧地说,假如我作为电视节目策划人和撰稿人还算内行的话,那么作为现场摄像和后期剪辑的编导,我却是个门外汉。再加上做报纸新闻的人习惯于当天采访隔日见报的紧张节奏,对电视常常花两个星期才做成一个专题的慢节奏,心里很不适应。

但无论做电视还是做报纸,只要一涉及与社会相关的采访内容,我的敏锐和犀利就会充分显示。比如在1994年年底,我为《今日印象》做的最后一部专题片:《就业市场路在何方?》。

1994年年底,在上海展览馆举办了一场几年来规模最大的"高校毕业生就业市场"。现场新闻发布会已经开了两个小时,所有的新闻媒体都把注意力集中在"规模最大"这个热点上。

等主持人宣布发布会结束,所有记者抬屁股要走的时候,我把话筒直接塞到上海市高教局副局长胡启迪和国家教委学生司副司长焦述的面前,简单直接地问:"请问,大学生就业市场只有设摊位这种原始的模式吗?"

站起来准备朝外走的记者都回过头来,重新掏出笔和本子,而电台与电视台的记者更是把话筒都塞到了我的镜头前。

我不得不打招呼:"各位对不起,这是专题电视片,不是新闻节目,我不希望在画面中有这么多的话筒,为此我已经等了两个小时,请大家帮忙。"同行理解地撤下话筒在一边旁听。

1995年1月4日《今日印象》播出了这部《就业市场路在何方?》的专题片。我听到有关方面一个说法,新闻界不要在这个问题上凑热闹了。而此时,我已经结束第二次跳槽的过渡期,从上海电视台到《上海商报》所谓的竞争对手——《新闻报》那里报到了。

[附文]

《就业市场路在何方?》电视解说词

画面	解说词
大门外的人群	三年前,当上海第一次出现"高校毕业生就业市场"这种形式时,人们不由得为之叫好,但是随着毕业生人数越来越多,就业市场里所设摊位也越来越多,拥挤的人群里,满头是汗的大学生问:难道就不能改变一下这种形式吗?

(续表)

画　面	解　说　词
学生排队	今年是高校毕业生最多的一年,也是就业市场规模最大的一年。
学生掏钱买资料	所有的人都是临时得到资料,而且必须当天就作出自己的选择。这对大多数毕业生来说,是一件十分为难的事。
场内的人流	迷宫似的场地、拥挤的人流,使他们更感到茫然。
采访学生1	我觉得好像有点太乱了。就是说那种比较热门的单位面前,人比较多,大家你也挤我也挤,就觉得比较乱。
采访学生2	很难找的,很零散的。你要转一圈,这么多人转一圈,实在是很拥挤的。
采访学生3	我也不知道里面有没有我要的单位,但也要进里面转一圈。你说,人这么多,我也给别人增加好多麻烦吧?这就拥挤多了。
采访学生4	不过对我们大学生来说,还是到学校来招收比较对口一点。我觉得还是到各个大学来招收比较好。可能现在这样对接收单位比较好,把大学生都集中起来,到一个地方来了。
采访学生5	集中在一起的话不是很好,分开来的话我觉得挺好。比如说哪些单位、招收哪些专业人员,列个表或者在哪些报纸上刊登一下,这样就有目的。
采访学生家长	通过广告、电视什么的,挑选好了,把自己材料寄过去,哪个公司假如要了,他就叫你到那边去谈一下。应该是朝这个方向发展。 (记者插问:哪一个方法更方便?) 像国外的这种形式比较自然,时间也比较自由,不像我们现在集中的。费了很大力气,排队也排了很长,也不一定解决问题。
学生在摊位上被打"回票"	就业市场的本意,是想让供需双方见见面,但现在只是简单地传递一下材料,见面是在看过材料之后另外约到各自的单位正式进行的。我们是否可以让双方先交换材料,经过深思熟虑,而不至于这样盲目,到处碰壁呢?
采访用人单位1	人太多,简直没办法谈。就是说,看了一下材料以后,几乎就没有你更多的选择余地。材料看一下以后,该收下的收下,不该收下的就拿出去。回去以后的工作量相当大。
采访用人单位2	今天我谈的到现在为止吧,将近两百人,就是谈了一会儿。但是呢,就是好像流于形式吧。真正能够签协议的,不是很多的。我到现在也就一份。
采访用人单位3	像这样大的场面,实际上效果不是最好,为啥道理呢?我们现在单子收得蛮多的,单子收得蛮多,但这个意向不一定中。
现场发放的广告和报纸	这些资料的集中和发布,难道只有搞市场、设摊位这样原始的方法吗?

(续表)

画　面	解　说　词
采访市高教局副局长胡启迪	这样的市场只是一种形式。但将来主要的还不能在这里面。这是一个很重要的部分，为什么呢？因为我们还要考虑到"效益"。现在弥补这方面的，就是从去年开始我们搞的毕业生就业指导中心。就业中心里面有信息库，完全是计算机网络。我们把这个网络跟全国的各方面的信息联通，而这样一个上海市的就业中心又跟各个学校的信息联通，用信息卡传递。
采访国家教委学生司副司长焦述	不管如何，我们这只是一个雏形，或者，只是还很不完善的这样一个高校毕业生就业市场，还需要很好地去培育、去积累经验，不断地改进，真正成为一个比较完善的、所谓规范化的这样一个毕业生的就业市场。
摊位前学生求职心切，大门外人潮不退	让我们再看一看这些求职心切的学生，我们会发觉，就业市场绝不仅仅是搞个场地，设点摊位，收点费用。作为一种陈旧的市场模式，人们等待它尽快地被现代化的手段所代替。

29．"马蹄"与"澳门"

我与电视结下的缘，既然不是从《今日印象》开始的，那么也不会因为离开《今日印象》而结束。

1994年年底调到《新闻报》后，我兼职做了好几年上海电视台《智力大冲浪》的策划，同时为市委组织部党员电化教育处撰写专题竞赛片，为市检察院撰写反贪内部资料片，并在《新闻晚报》负责采访部门后，与上海电视台《有话大家说》《真情实录》等栏目多次合作，缘分一直持续到我的新闻生涯结束。

我与电视结缘的牵头人李虹光，后来也没有中断与我的合作。其中很有意思的是在1998年5月关于《马蹄风波》的合作。

无人不晓，上海人民广场最早是洋人的跑马场。如今跑马场已旧影难觅，但在广场西侧一幢幢现代化高楼中藏有一处低矮的旧院，是当年的马厩。它已经成为"72家房客"的民居，人们来来往往路过，却几乎无人知道这个小院的历史。1998年5月，借住在其间的一位青年画家听说这处马厩可能被黄浦区列入拆除计划，就告知了电视台。身为编导的李虹光得知后也为马厩可能被拆感到惋惜，想做个电视片。但怎么做呢？讲过去的历史？呼吁保留？怎么样才能让有关方面重新考虑拆除马厩的规划呢？李虹光来找我商量。

我也想不出什么更好的办法。不过,任何想象都不如生活丰富,我建议还是先去马厩实地采访一下吧。

正是在那里,我们发现了一个故事:楼下居住的那位70多岁的孤独老人,竟然就是当年跟着洋人在马厩伺候马的"马童"。他和那位刚搬来借住在二楼的年轻画家发生过一场争吵,对画家十分不满。争吵的起因是画家私自拆下了大门上钉着的一枚马蹄。据老人讲,这是当年跑马场的标志。在这个小院里,到处可以看到当年马厩的"遗迹":墙上的编号、旋转的铁梯、拴马的铁扣、尖顶的钟楼……当然,年轻画家在向电视台报料时,却没有提到他和老"马童"为了一只"马蹄"而争吵的事,在他看来,与此处建筑就要被拆相比,俩人之间的争吵显得微不足道。

但我对他们的争吵却充满了兴趣,对李虹光说:"这是最好的情节!这部电视片标题就可以叫《马蹄风波》。我们无须与黄浦区有关部门交涉,只要拍好这场风波的情节,再请我的好友——上海历史博物馆文物征集组组长老张来鉴定这只'马蹄'有无收藏价值就行。这不仅使电视片具有可看性,而且也能起到呼吁保留'马厩'的作用了。"

果然,就在我们拍片的过程中,黄浦区有关规划部门的领导闻讯来到现场,他说没想到这个从来没上过文物保护名册的旧房,竟然有异乎寻常的历史价值。

《马蹄风波》这部纪录片,自始至终都在描述一位70多岁的老"马童"与一位年轻画家的争吵,他们争吵的起因、各自的担忧以及邻里的劝解、规划部门的惊讶、博物馆的意外收获,最后是年轻画家拆下了这个院子里最后一只马蹄交给历史博物馆工作人员,而老"马童"则向历史博物馆工作人员索要收藏的证明。

纪录片的切口很小,作用却很大。直到现在,将近20年过去,"马厩"依然毫发无损。

与电视台最大的一次合作是在1999年夏天。

那时我已经在解放日报报业集团下属的《新闻晚报》工作。李虹光知道我工作相当忙,但还是叫我去上海电视台,说要商量一个重大题材的电视系列片。

题材确实重大,是制作这年12月20日澳门回归的电视系列片。李虹光带领摄制组已经多次去澳门采访,打算做20集电视专题,拍回的素材带足足有四五十盘。但就在她要开始后期编辑时,中央电视台的澳门回归专题片播放了。此片从历史高度出发,谈古论今,气势恢宏。这让上海电视台澳门回归专题片的后期制作傻了眼,拍摄思路雷同重复不说,上海电视台无法拥有央视的豪华拍摄条件,也无法像央视那样拥有采访上的种种权威和便利。同样的套路、不可比的气势,加上在央视之后播出,这让上海电视台情何以堪?

我喜欢在业务上的各种挑战,答应与上海电视台一同来攻克这道难题。为了不影响《新闻晚报》的工作，我利用工作空余时间和晚上，花了好几天总算看完了那四五十盘素材带。李虹光着急地问我：怎么做？

在看素材带的几天里，我已经思考成熟，认为拍回的素材带大部分可以用，但要改变角度。建议上海电视台的澳门回归系列片另辟蹊径，避开央视宏观大气的历史诉说，展示上海电视台以点带面的个性刻画。就像中国文学史上，北方有北方的纵观历史之气势、雄健豪放之格局；南方有南方的街头巷尾之细腻、婉约清丽之风韵。从收视效果上来说，大陆人了解香港的较多，但了解澳门的并不多，用故事情节去深层次地表现澳门具有代表性的一个个人、一个个家庭，可以让观众从细微之处更贴切地了解回归过程中的澳门社会心态。

宇宙、星空、大海，既然我们没有能力去探索，那就拿起小小的显微镜吧，去观察身边的光、水、沙粒、雪片。一个细胞、一个分子，那里一定会有许多人尚未知晓的东西。

我的建议被上海电视台接受了。于是，李虹光带领摄制组再去澳门补拍相关素材，我则留在上海构思专题系列片的框架。

就这样，尽管我之前从来没有去过澳门，这次也没去澳门，但我却通过真实的电视素材画面，完成了20集专题片的整体构思，并撰写了其中渔民陈明金一家、土生葡人贾振华夫妇、开餐馆的葡萄牙老板法兰度、洋女婿画家贝澧道、走出赌台的陈丽锦、神香厂业主李祥馨、船厂老板黄业成、神像店老板曾德衡、上海劳务输出澳门的技术员、医院里的上海医生共10集专题片。

整整三个多月，白天，忙完报社的事，就去电视台看素材，看剪片；晚上，在灯下的电脑前独自一人撰写解说词，经常干到凌晨三四点钟，睡三四个小时后，又去报社上班。

1999年11月，由澳门首任行政长官何厚铧题写片头字的《看澳门》大型电视纪录片，终于全部完成，并由新华社澳门分社在澳门举办了首映式。

李虹光去澳门参加首映式回来后，不好意思地对我说："活干完了，你连澳门都没去过，由电视台安排你去一次吧。"

我还是没去成澳门。想起这三个多月里连和妻儿说话的时间都没有，心中有种内疚，不如把自己一个人去澳门的费用额度，用作一家三口去附近旅游的开销吧。

至今，我都十分怀念一家三人在鹰潭龙虎山、龟峰休闲逍遥的那些日子。那种完成一项大任务后，与家人在一起其乐融融的感觉，惬意无比。至于澳门，我想：都回归了，还怕以后没机会去吗？

直到15年后，我退休第二年的春天，和妻子一起自驾，带着才9个多月大的孙子，从广州大哥那里接母亲回沪，特地绕道珠海，入境澳门，终于见到了曾在电视画面里看到过的大三巴牌坊、大巴街、大炮台、澳门博物馆、黑沙海滩、葡京酒店赌场……我写下了《澳门,不再神游》的博文。

30. 以人民眼光评判

1994年年底,上海《新闻报》扩为日报已万事俱备,总编俞远明同我见面后,同意调我进《新闻报》社,让我去找管人事的书记谈具体工作。

事后我知道,这是一次让书记不很满意的谈话,我给他留下了"不服从组织安排"的印象。那天谈话其实很简单,他告诉我:安排我担任报社资料室主任。应该说,这是报社考虑到我原来曾任《上海商报》编委,并先后担任过编辑部主任和采访部主任,于是相应的为我安排了一个主任的位置。但面对这番好意我却表示:"我才41岁,还能在新闻一线干,不想去资料室。"书记有点为难:"采编一线的部主任位置都已经安排好了,怎么办?"我回答:"不用安排位置,只要能在新闻一线,当编辑或记者都行。"谈话就这样结束了。

古人云:"人之欲多者,其可得用亦多;人之欲少者,其得用亦少;无欲者,不可得用也。"站在报社的角度来看,我选择当编辑或记者,是个人的喜好,如果都这样,给你个部主任也不干,那报社还怎么用人呢?但我之所以选择放弃资料室部主任的位置,而选择去当编辑记者,是因为觉得自己既然干新闻工作,就应该在新闻一线的岗位上。做新闻的最大好处就是可以不在乎是否被用,而可以相对独立地用自己的方式来记录社会传播信息,达到最大限度的自用。所以,为了曾经是部主任而给你一个脱离新闻一线的部主任位置,这背离了我最初的选择,我是不愿意的。

几天后,《新闻报》通知我去深度报道部当编辑,具体工作是编辑《经济大家谈》的栏目。这是个只有不到四分之一版面的小栏目,而且不是天天出,任务相当轻松。深度报道部主任是沈沪飞,曾在安徽插队,都是知青,相互沟通还很融洽,她请我一起参与深度报道的采访策划。

记得有一次上海各大报纸都报道了"大兴纽扣商店被逐出四川北路商业街"的新闻,所有新闻都提到虹口区商委"谁砸四川北路的牌子,就砸谁家的牌子"的决心,一致赞扬虹口区商委是动真格了,大兴纽扣咎由自取。这是当天的重要新闻,可是《新闻报》当天漏了此稿。部门请来跑商业条线的记者一起讨论如何补救。在策划会上我提出不同看法:虹口区商委采用搞选票的方式,结果因大兴纽扣商店的票数少,就要这家商店从四川北路搬出去,这符合正常程序吗?

报社派记者孙财元调查,发觉虹口区商委在四川北路修路后想要调整商业网点,大兴纽扣商店本来就在调整范围之内,而选票发放是按照所售商品价格100元一张,人们可以想想,卖纽扣的,能拿到多少选票呢?这种做法实际上就是把经营额小的商店挤出四川北路而已。大兴纽扣商店卖的是小商品,并没有违反市场经营的法规,自经营以来,也无任何消费者投诉。区商委给大兴纽扣商店套上"砸四川北路牌子"的坏名声,以显示管理部门动真格决心的做法,是不公平的,也是存在异议的。记者在采访中看到大兴纽扣商店员工谈到媒体一致指责其"咎由自取,逐出四川北路"的舆论时,委屈得都哭了。这篇由《新闻报》记者孙财元写的文章发表后,上海各家新闻单位鸦雀无声。有参与前期报道的报纸同行私底下对我说:上虹口区商委的当了。

　　平时,我除了编好《经济大家谈》栏目外,也经常参与深度报道部的焦点报道,到一线去采访。比如,去长江口采访捕鳗的"水上盲流"、跟80次沪昆线采访铁路南线的民工潮……跳槽后的职业生涯就这样从零开始,平静地起步了。

　　其实,说是从零开始,过去的经历和积累,是不会消失为零的。因为带过一些实习生,在他们向学校的推荐下,1995年年初,上海复旦大学新闻学院和中国纺织大学分别邀请我去给学生讲课。

　　在复旦大学讲的内容还好办,我可以用自己当编辑多年的新闻实践,与大学生来"探索新的采编操作程序"这样的专业主题,让我为难的是去中国纺织大学讲座,同非新闻专业的同学讲些什么好呢?显然,他们对新闻专业并不会有兴趣。我想,就讲一些共性的问题吧,即我们应该从什么角度去看待周围的世界、去评价身边的现实生活?当然,我是从一个记者的角度来讲的,主题是"用人民的眼光来评判"。

　　我用大兴纽扣商店被赶出四川北路前后完全不同报道的例子,指出现实生活常常是扑朔迷离的,同样的现象,往往会引起人们不同的看法,褒和贬、赞扬与抨击几乎同时存在。比如"事业心",有人说是雄心大志,有人说是勃勃野心;"敢说敢当",有人说是直率,有人说是草包;"胆怯",可以说成是谨慎;"谦虚",可以说成是虚伪;"改革",常常被人看作是急躁;"保守",往往被当做是稳重……我们可以在任何一家书店,买到反义词词典,但却看不到一本褒贬义的词典,但生活中对同样的事褒贬不一的现象却无处不在,无时不在。记者在面对大量的这种社会现象时,要以最快的时间作出判断和评价,这有一定的难度,尤其在突发事件面前,更容易让记者的判断发生错误。

　　我用《就业市场路在何方?》的独家专题报道,指出记者如果没有自己的眼光而人云亦云是成不了一名好记者的,但记者自己的眼光又从哪里来呢?个人的智慧、灵感是远远不够的。必须抛弃个人的好恶，跳出个人的圈子，从人民的角度出发，做到对社会现象客观、公正的记录和评价。

我以《大桥交响曲》拍摄工人撤离工地时向死去的工友告别为例，指出新闻报道的思路不能仅仅从电影资料、图书馆藏书中产生，要到人民中去熏陶自己，要去逛大街，要去与群众接触，人民会帮助我们接近真理，会丰富我们的想象。我从来不否认理论的学习，掌握政策、方针是写好报道的重要基础，但是，我们有没有想到这些政策方针的基础又是什么呢？是在人民愿望的基础上产生的。反过来，记者如果缺乏同人民接触，不会用人民的眼光来审视这个世界，来理解党的政策方针，又怎么会写出有血有肉的新闻呢？

最后，我调侃地说，几乎每一个人，从小学、中学，一直到大学，总会听到家长这样的告诫：不要到外面去，当心学坏。而我却没有如此幸运，16岁就来到社会的最底层，在插队生涯中，我确实看到在学校之外的社会相当复杂，但它的主流——人民，或者说，是我从人民这个最广泛的群体中，看到了它的主流品质、主流需求和主流呼声，正是社会的这个主流熏陶了我，并影响到我今天的采访角度和思路。结论是：记者在扑朔迷离的现实社会里要想保持清晰的思路，那就寻找一切机会去接近人民群众吧。

尽管我那天的讲课已经从非新闻专业上尽可能的涉及了共性，但是，在最后让学生自由提问时，有学生还是问了一个完全的题外话。她问我如何看待台湾作家三毛的自杀？我告诉她：我是一个有插队知青经历的人，我看到过中国最底层的农民哪怕是生活在再困难的环境里，也总是满怀希望地去耕耘播种，我只能从农民的角度回答你：活着，比什么都好。她对我的回答很不满意，说自杀是人的自由，任何人都不能否定他人对自己生命选择的自由。我没有同她争辩，但说实在的，你有你的自由，我有对你的自由持不同看法的自由。我之所以说活着比什么都好，是因为怕有些自以为满脑子自由，实际上并不懂自由的年轻人，一旦遇上不顺心的事，就会去选择永远结束生命的极端做法。

在这个世界上，除了脆弱的个体生命会永远结束，生命之外的所有事物在结束之后，都酝酿着新的开始。

31. 铁窗里的对话

在深度报道部待了三个多月后，总编俞远明找我谈话，安排我到专刊部。他是这样给我下达任务的:"《新闻报》原来有个经济法律专版,因办得不好,已经停了半年多,希望你去重新恢复。"

尽管我对法律报道不熟悉,但我十分庆幸自己能在这样一个时期从事经济法律的报道。因为恰恰在这几年内,是中国经济法规出台最多的时期。我因此学习了许多经济法规,经历了一些重大的经济案件采访,这对我后来的新闻生涯有十分重要的意义。

接手任务后,我拟定了新的专版名称:《商与法》;制定了"普及经济法律知识、推动经济法律建设"的办版宗旨。

根据《新闻报》的特点,我在司法系统组稿时,把重点放在对经济转轨变型时期中经济案件动态趋势的分析和新型经济案件的法律探讨上,力争去写一些提出问题和提出警戒性的分析稿。比如我在综合一系列合同案件后写了《我国合同法面临全面挑战》;在了解法院审理的经济犯罪特性后写了《社会三产经济犯罪剧增》;从上海火柴厂状告普陀区公证处引出的一场公证风波写了《到底应该制裁谁?》;等等。这些文章都被其他媒体转载并引起有关方面的重视。

那时,媒体与公检法的关系十分融洽,加上我本来在知青中人脉广泛,其中不乏在公检法负责宣传工作的,我去他们那里采访常常一路绿灯。我甚至可以先翻阅一遍他们最新编的内部《信息交流》,从中寻找到有报道价值的案例后,再与他们沟通哪些可以见报,哪些暂不能见报。这使我从来不缺独家稿件。比如当时由于市场上钻石首饰鉴定的混乱,一位消费者将厂商告上法庭,尽管最后原被告达成协议没有开庭,但我在法院的《信息交流》中得知这个案件后,觉得相当有报道价值,写了《珠宝证书该由谁出?》一文,触到了这个领域的痛点。还有类似"上海工商局没收香港一家珠宝公司500万元金饰品的行政处罚被法院撤消"的案例、"徐汇警方56小时破获一起本市罕见的特大钻石首饰盗窃案"的报道等。也许是因为与公检法有着这样融洽的关系吧,我还被聘为上海铁路公安纠风监督员、上海徐汇区看守所纠风监督员。

但是,因为《新闻报》之前曾有一个被停办半年之久的经济法律版,《商与法》的出现令原负责法律版的编辑心中相当不爽。这让我一度无意地陷入了复杂的人际关系。

1995年年底,某法院要举办一次与法制记者的联谊活动,事先征求我的意见:是不是把《新闻报》原来搞经济法律的两记者也请来? 我说当然可以。法院搞宣传的工作人员听后舒了一口气说:他们一直让我不要给你提供报道新闻线索,我担心你们有矛盾,怕请他们来你会不高兴呢! 我淡淡一笑。调到《新闻报》已经一年,我一直很低调地在做一个编辑。至于总编让我恢复《商与法》专版,会不会引起以前被停版的记者不高兴,这用不着我担忧也并非我能避免的,但职场输赢都会给人带来一些本能的反应,这我完全可以理解。无论他们对我如何妒恨甚至做过什么样的小动作,我仍然愿意尽力去抚平他们受伤的心。回报社后,我对这两位记者说:你们热爱法制报道,也有经验,看看想跑哪些法制条线?这些条线就交给你们了。

每周半版的《商与法》,对我来说本来就很轻松,如果再有人愿意业余帮我跑部分条线,我何不乐得更轻松一些呢?事后有人告诉我:"这两位记者对别人私下议论,说你这个人不错。"其实,人的诉求不同,心态也就不同,我把自己并不在乎的事分给很在乎的人去做,消除矛盾,彼此开心,这不是很好吗?

我一如既往喜欢做的,就是用散文化白描的手法去写新闻。在法制报道中采用这样的采访和写法,对我的吸引力更大。因为关注法理之外的涉案当事人及其亲属的情感,可以揭示更深的罪与人性,让报道具有更强的感染力。

比如我通宵随法院执行庭对拒不履行判决的"老赖"进行强制执行,描写了一位欠债人老婆对丈夫的怨恨:"瘌种卖相的人,好做厂长经理呀!侬有神精病的,脑子搭错了。提早退休,一天到夜想当啥个厂长经理,家里全部被侬败脱。大笔一挥,叫侬签字呀,厂长经理当得适意哦?"

我描写法院判决后罪犯被押上警车的瞬间:罪犯在母亲面前装出潇洒的微笑,而母亲却转过身子,含泪的双眼躲避围观者的目光,在颤颤巍巍离开人群后,原本擦泪的手绢被她硬塞进憋不住哭声的嘴里。

我还多次进入看守所,与案件当事人去聊案件之外的人生意义,比如下面这篇发表在1996年12月7日《新闻报》的文章。

[附文]

铁 窗 对 话
——给老三届在位者的备忘录

一

张维新在看守所狭小的审讯室里面对我,他曾有过令人羡慕的经历:17岁到黑龙江插队,18岁入党,21岁上大学,被逮捕前是上海轻工国际(集团)有限公司的总裁。

因受贿人民币12000元、港币60000元而被立案逮捕的张维新有点慌张,一开口就连连说道:"我一定老实坦白。"而他掠来的眼神却依然有一种历经沧桑的老练成熟。

我并不是来找他谈案情的。在我的手里,有一份黄浦区检察院提供的数字:

今年1月至11月，该院立案的经济罪案52件56人，其中涉及老三届年龄段的有15件15人，分别占到29%和26%。这个比例是很高的，即使按照"他们掌权的人多，犯错误的比例也相对高"的说法，人们也可以得出这样的结论：一向被誉为"社会中坚"的老三届，似乎并没有因为他们曾经吃过苦，而比别的年龄段的人更为清廉。带着这种遗憾，我早就想找其中的一个来反思一下，不是张维新也会是其他人。

二

"我确实是想做一番事业的人，我自己觉得做得也不错。"当张维新了解我的来意并知道我也曾在那块土地插过队后，语气略为轻松了一些，"应该讲，由于自己比较一帆风顺，放松学习，才翻了船。"

任何时候，一帆风顺的人只是少数。任何一代人，他们中总会有少数人被推到大大小小的位子上，成为社会发展进程之间的过渡。从这个意义上来说，老三届作为一个整体只是一个历史概念，今天他们已经分化成不同层次的人。对少数"很顺"的老三届来说，他们是在监督机制、法制建设加快但还不完善，需要强调思想道德，自我完善的环境里掌权的，而面临的却是高速发展的商品社会。于是，个人的道德良知受到考验，意志不坚定者手中的权力极易被利益诱惑和收买。这真可谓是一个大浪淘沙的年代，才华、性格、机遇，都可能是个人顺与不顺的原因，而能否克制私欲却成了这些顺者今天成败的关键。

张维新听后沉思良久，承认自己没有很好从这些方面想过。他说：很珍惜曾经拥有的一切，自己不是一个贪心的人，年薪有六七万元，家里也不缺钱花，只是人家硬要送，不拿怕人家不高兴。现在后悔也没有用了。

三

既然说到"珍惜"两字，我就讲一件所见所闻之事：一天，一家餐厅里有两桌不相识的食客，一桌年轻人边吃边对社会发牢骚；另一桌有个干部模样的中年人听不下去，便回头说："现在社会有什么不好？像以前那样，你们家里能有彩电、冰箱吗？能到这里来下馆子吗？"年轻人见其一口"国语"，吃不准是什么人，便不再言语。中年人遂低声对同桌人说："这种小赤佬没有吃过苦头呀，老早阿拉下乡的辰光，啥人敢想今朝能过上搿种日脚？喏，现在香烟抽国家的、轿车用国家的、吃饭也是国家的，这种日脚蛮好啦，要珍惜呀。"从这种心态为出发点的"珍惜"，难道不是一种令人可叹的悲哀吗？

张维新苦笑着自嘲："自己何尝不是这样，常常对别人讲的是一套，自己心里想的又是一套。就在进检察院的当天下午，我还在下属的浦东分公司开大会，要求职工维护公司利益，尽最大的力量追回欠款。想想真是好笑。"

但他又补充道:"说来也许别人不相信,当总裁后,公司发给我的信用卡,一次都没用过。第一次在香港接受20000元时,港商说没时间招待我,让我自己招待自己。我觉得他如果尽地主之谊招待我,本来也应该花这点钱的,这只不过是一种形式的转换。"

四

我无法说了,因为如果张维新没有受贿的罪行,那张一次没用过的信用卡可以作为他廉政的旁证;但是,他受贿历史长达三年,人们完全有理由怀疑这张空白信用卡只不过是一种遮人耳目的把戏。我也不想说了,因为金钱在诱惑权力时,一定会使出浑身的解数,转换会令人眼花缭乱,形式是迷人舒适的。回顾人生,我突然发觉:为什么在我们年轻时甚至童年时能分辨得很清楚的有些简单道理,现在却反而说不清楚了呢?

我问张维新:我们这一代人是看着《红岩》《红日》《红旗谱》长大的,现在你还会去看类似的书吗?我列举了一些老三届会感兴趣的当代知青作家的文章。他摇摇头说:没看过。那么,你看什么呢?没时间看,太忙了。张维新说,进检察院的那个晚上,本来应该去交大读"MBA"(工商管理硕士班)的。我终于知道,再同他更深地交流下去是很困难的。他是一个除业务和仕途外,对精神已经麻木的人,这也是他在"精彩的世界"里步入误区的原因。

早在100年前,法国最有名的军事学校就开设政治和文学课。他们认为,一个军官如果不懂得政治和社会学,就不可能指挥好战争。那么,在经济建设为主战场的今天,一个企业家如果不懂得政治和社会学,在商战竞争的冲击下,潜在的危险就更大。

张维新离开审讯室回监房时,再一次回过头来对我说:"谢谢你的提醒,我真应该像以前那样去多读一些书了。"

32. 神灵与法律(上)

为了写好现场报道,在司法系统组稿之外,我还经常选择一些涉及敏感社会问题的法律官司,出席旁听公开庭审。

上海滩有一位著名的预测大师,出书演讲,赢得了信徒的一片顶礼膜拜。1995年3月底,他与一家靠烧香辟谷、以佛交友来开拓市场的私人房产公司女老板打起了官司。好奇的我,对这场官司从仲裁庭一直跟到了法庭。

1995年3月28日,我在旁听了徐汇区房屋纠纷仲裁委的开庭后,经过再三斟酌,写了一篇稿件,发稿前请当律师的邻居把了一下关。俞远明总编对此稿相当重视,一个字一个字地抠,连标点也不放过。该文后刊于1995年4月12日《新闻报》。

[附文]

对"占卜大师"亮红灯
一场离奇官司引出的思考

"神灵"也会乞求法律?

这是不是徐汇区乃至全市第一桩公有房买卖纠纷?法律专家们还有不同的看法。但是,审理这场由预测大师在预测活动中产生的经济纠纷,无论对仲裁员还是律师来说,都是破天荒的第一次。

向徐汇区房屋纠纷仲裁委起诉的是上海东兴科技发展公司。这是一家小小的私营企业。说它是科技公司,记者却看见那里辟有一间香火不断的佛堂,放着占卜用的八卦罗盘,但这些没能保佑他们在市场经济的大海里一帆风顺。在被人称为"预测大师"K大师的调房中,从老式客堂及亭子间到高层两室一厅,这家公司白白贴进一套一室户的房子,他们感到上当了。法人代表S经理在诉状中称,K大师以开发业务为名,骗取信任,住房调成后,却一反常态,分文不引进资金开发,故请仲裁委撤消双方换房手续,令被诉人返回原住房。

当S经理陈述的时候,曾经以切磋"预测技巧"相交的双方——这一对能"占卜未来"的"神秘灵感",面对的不再是描金画彩的菩萨,而是会开口说话的仲裁员了。

令人发噱的庭述

3月28日,房屋纠纷仲裁委开庭调解。

仲裁员问:K,你既不是东兴公司的职工,怎么会得到东兴公司分配的房子呢?

K大师:我担任东兴公司的高级顾问。S经理向我预测几笔生意,问了以后赚了100万元。后来她想到福建去做生意,又来问。我讲不要去,上海做做也蛮好。结果,S经理就在上海同中房公司做房产生意,第一笔就做了107万元。

S经理:我们公司从来没有聘请过什么顾问,也不是靠K大师预测才做成功生意的。由于在1994年2月,我们开发"药师塔"需要500万元资金,K大师答应帮我们引进,公司才同意帮他换房的。

K大师:聘书你们写过的,我也拿过。后来我搬房子时找不到了。我根本没有答应帮你们引进500万元资金的事。

仲裁员问K:你是否用经纪人的身份参与了东兴公司的房产中介活动?

K大师:我没有参与中介,我是靠预测。

仲裁员:预测的依据是什么?

K大师:是"灵感"。

(旁听者忍不住低头笑)

仲裁员问S:你与K关于引进500万元资金的事双方有什么书面协议可以作证?

S经理:没有。我们都信佛,大家对菩萨许愿的。他欺骗了菩萨……

仲裁员(皱眉):法庭要的是事实证据,不是灵感、许愿。这些话请你们到自己特定的环境里去讲。

可怜夜半虚前席　不问苍生问鬼神

我们关心的不是这场官司的结果,而恰恰是仲裁员所说的那个环境。

在中国几千年的封建历史里,那些被称之为巫士的人,往往参与国家决策并为帝王寻找长生不老之术。唐朝诗人李商隐的《贾生》里有"可怜夜半虚前席,不问苍生问鬼神"的诗句,一方面是对当权者迷信巫师的昏庸进行嘲讽;一方面也揭示了"鬼神"为什么能盛行的环境。

几年前,气功研究的范围还围绕在能否开发人体本身特异功能,能否治病强身上,它局限在自己特定的环境里。科学是诚实的,既然目前不能解释气功涉及的某些神秘现象,那就暂时保持沉默。人们对气功预测并没有,也不想全盘否定。

但有些人却觉得有空子好钻了,厚着脸皮,捡起老掉牙的易经八卦,自封什么师什么师,揽人占卜看相,以此作为谋生的行当或公关的手段。他们对这个世界的所有一切似乎都想重新进行解释。从个人命运、宇宙运行一直到不明飞行物,反正你科学现在不能解释的一切,他都能解释,并处处挂上了科学的头衔,简直比科学还科学。

而当今社会竞争激烈,炒股、跳槽、做生意……令很多人感到茫然,加上信仰丧失,精神空虚,便求助于所谓的"大师"。不可否认的就是个别掌管着权力的人也沉溺于"气功预测"之中。一旦相信,就把个人的命运、官运、小家庭的福运,全寄托在什么"大师"身上了。大师开口,有求必应,唯恐得罪,大难临头。这种精神状态,实在是令人担忧。因为我们不难发觉,"大师"们最喜欢接近的是哪一些层次的人。而这一层次的人会对社会带来什么样的影响,大家都是明白的。这就是今天气功预测越来越走向迷信的社会基础。

可怜的是,本来就要靠别人的"灵感"来支撑灵魂的"信徒"们,对真假气功大师又怎么会有鉴别能力呢?一些江湖骗子,打着"大师"的招牌,弄得无知者神魂颠倒，财产损失，甚至弄出人性命来。

我们多年来逐步普及的唯物史观在受到严重的挑战。

不能再沉默的岂止是科学？

4月4日，《文汇报》在连续报道了武汉算命连锁店后，又发出了"科学不能再沉默"的呼吁。

其实，不能再沉默的又何止是科学？

参加审理这起房屋纠纷的一位仲裁员认为，不管气功预测是真是假，让它渗透到市场经济中来，左右企业决策，是必定要出问题、出纠纷的。

K大师原来是某区一所中学的语文教师，长病假在家，可是现在他的名片上，有不少于9个头衔的称号。这里面有什么康复、气功的顾问、指导，也有贸易公司的顾问。而到底有多少头衔，还是个谜。因为像东兴公司高级顾问这样的头衔，其作用已足以换来房子了，他就从来没有印到名片上去过。

长期在市场经营中用所谓气功预测、凭灵感来参与企业的决策，出现牵涉自身经济利益的纠纷，是不令人奇怪的。奇怪的是竟然有这样的企业领导要靠此来左右自己的决策。试问：当大师的意见同上级、领导班子、职代会不一样时，你会遵循谁的旨意呢？

另外一位律师则认为，无论是气功还是预测，从事社会活动都必须严格按照规范的程序操作。这样，S经理与K大师之间的换房就难以存在，也就不会有这场难处理的纠纷了。

按正常的换房程序，应该先由住户退租老房，再办理新房调拨，但S经理承揽了K大师的换房手续后，却能够在1994年5月16日先办理调拨，20日再去退租。连上户口、迁户口时身份证都可以不验。这一系列种种混乱的做法，都是令人不可思议的。然而，它却一路绿灯地做下去了。

这一场官司说明，有些打着"气功预测"旗号的人，已经走出自己特定的环境，干扰了社会经济的秩序。

让那些欲望通过"预测"捞好处的"大师"回到特定的环境里去！这一点，不仅仅是法律的呼吁，全社会也都不能再沉默。

33. 神灵与法律（下）

此文发表后，全国30多家媒体转载。广东省人民广播电台新闻台《热点追击》也约我在4月28日13:10 – 13:45进行直播对话。

主持人叫王小丁，让我作了案件回顾和介绍原被告基本情况后，

问：相信"神灵"的人为什么要乞求法律呢？

我：打官司，这对双方来说，可能都是极不情愿的，但既然是市场经济中产生的纠纷，他们大概也知道菩萨是不愿意管的，实际上也没有办法管的吧！打官司来解决问题，我认为这是他们唯一的选择。如果说他们其他的做法都是无知的话，这一点起码的知识，他们还是具备的。我们可以设想一下，如果不打官司，会有什么结果呢？什么也不会有，他们平时一直挂在嘴上所说的灵感和许愿，本来就都是虚幻的东西。

问：仲裁后，原被告有什么新的想法？

我：双方在坚持预测和信佛上，我想他们都不会对别人说有什么改变。仲裁庭当场的方法是调解，要K大师拿出部分赔偿金。这个方案没有被S经理通过，因为她想叫K大师搬出被骗去的房子。这个案子至今还未了断，看来还有新闻在后面。作为S经理来说，这场艰难的官司告诉她：在如何做生意上要按照规范的程序，合同呀、协议呀等，都不能疏忽。至于K大师是什么想法，恐怕他自己心里更清楚。假如还有大量的S经理这样的人轻信他，那么，K大师就会看到法律的弱点、社会的空子。好在这场官司还没有结束，我们希望法律最后能够让K大师失望，让S经理得到教训。

问：你对产生这种官司的背景有什么思考？

我：这是比较复杂的，笼统地说，是反映了人们在社会转型期的不适应。在计划经济下，人为的作用比较明显，个人的发展和社会的发展比较平缓，透明度也高。但现在要按市场规律办事，而不是按人的意志办事。市场规律是什么？很多人讲不清楚。社会变化太快，人的心理失去平衡，无知而又想投机的人会感到特别迷茫，他们期待在成功之前得到支撑，遭到失败之后又想得到解释。包括现代有很多社会和自然现象依然是谜，我们的理论界、哲学界、科学界如何用唯物论来解释现代社会又做得远远不够。这就给预测算命提供了可乘之机。气功预测正是从这些唯物论还不能解释的谜、从市场经济下人们的无知和投机心理入手，打入了社会的意识领域。

问：最喜欢接近预测大师的是些什么人？

我：用一些预测大师的自我介绍来说，往往是地方长官、权威人士，另外就是暴发户大款，老百姓是不会放在预测大师眼中的。这里特别要指出的是在此案的办房过程中，一路绿灯，那里有很多是管理部门，这里不乏党员干部。如果说这些人是丧失了信仰，不算过分吧。

预测大师从对个人命运的拿捏到渗透进经济领域的取财,也许是市场经济太有魅力了,引来了各路鬼神吧!总之,钱,对预测大师的引诱是巨大的。莎士比亚说过:恶念是隐藏不住的。在经济面前,在金钱面前,是可以看出真假的。问题是预测大师参与市场经济,给我们带来了什么?投机、混乱、纠纷,这场官司已经能够说明这一切了。

K大师没有听到广东省人民广播电台对我的直播采访,但他却看到了各种转发我文章的报纸。据说K大师大怒。

有人提醒我:当心大师发功害你。我淡然一笑回答:"如果他能发功害了我,我就服了。否则,只能证明我所揭示的一切都是对的。"

几个月后,我真的在徐汇法庭看到S大师在发功。

庄严的国徽下,K和S分别坐在对面的被告和原告席上。K,双目紧闭,两臂垂直,两手平放,两腿盘坐,运气发功;S,也是双目紧闭,两手不断地捻着一串佛珠,口中念念有词,发出咒语。

法官进来了,朝当中一坐,看着两个闭眼的人大声宣布:"现在开庭。"

可是那两人像是鬼魂附身,暗中正较着劲儿,对法官的宣布毫无反应。

跟我同来的年轻记者见状,忍不住扑哧一声笑出来。

"不准大声喧哗!"法官对我们发怒了。

两人在这声并非指向他们的喝令下,才放腿收珠,睁眼收兵。

我继续将此可笑的场景写入第二篇稿件。文章见报后,领导对我传达了有关部门对气功预测的"三不政策":不宣传、不参与、不评论。我不再言语,因为我已经尽到了一个记者的责任。我没有再追踪下去,对我而言,关注的并不是法庭的最后判决,而是想记录曾经以切磋"预测技巧"相交的双方——这一对能"占卜未来"的"神秘灵感",当面对的不再是描金画彩的菩萨,而是会开口说话的法官时,他们会说些什么。经过对这两场开庭的描写,我已经达到了记录的目的。

一个偶然的机会,我碰到一位好友,他送我一本书,书中有一章记录了他与K大师的一次会面,文字里透露出他对K大师佩服得五体投地。我随后将《对"占卜大师"亮红灯》一文传给他。在任何人面前,我都不隐瞒自己的观点。

若干年后,当政府和舆论聚焦在此类问题上时,我的父亲要看看我曾经写的这篇文章。看完后,他只说了一句:文章中提出的问题,至今还具有十分重要的现实意义。

在这里我再补充一个有意思的后记:

法庭对这个案子终审判决后的一天,K大师的辩护律师打电话请我吃饭。

他叫杨绍刚,执业之前是徐汇区司法局副局长,无论在仲裁庭还是在法庭,他和我都是站在对立面的,怎么会约我吃饭呢？我怀着好奇心欣然应约。在席间才知道他是想和我交朋友,他告诉我:K大师当时看了我的文章后确实非常愤怒,跟他说:把这个记者告上法庭去！杨律师把我的文章看了三遍,没找出任何破绽和可以提出诉讼的理由,心中暗暗对我这个记者产生了好感。他回答K大师说:没办法告这个记者。

后来,杨律师真的和我成了好朋友,他在我主编的《商与法》版上开了"杨律师信箱"。我们一起为市民提供免费的法律咨询,搞了很多公益活动,以至于文艺界人士还将《新闻报》的"杨律师信箱"编成了上海说唱演出。

《新闻报》并入解放日报报业集团后,我和杨律师好多年没有联系。直到十几年后,我作为《新闻晚报》副主编参加一次公益活动与他偶遇,他那时已是上海市政协委员。

34．一次艰难的较量

法律报道中的很多好新闻线索并不来自司法条线,还可能来自貌似不起眼的日常生活,关键要看记者的发现、判断、勇气和技巧。

1995年11月12日是个星期天,中午,我和妻带孩子去逛街。街上有保险公司临时设立的业务推销摊位,妻上前咨询。一位年轻的女业务员让妻简单填了一个表,说等收摊后上门服务。

下午4点半,她来了,见我正在麻利地打电脑,那时有电脑的家庭很少,便好奇地问我是干什么工作的。

当她得知我在新闻单位工作,就说自己有一件事找了上海所有大新闻单位,都不肯采访,问我能不能帮忙？我问她:你先说说什么事吧？

于是,这位毕业于上海立信会计高等专科学校的章怡萍,向我讲述了自己和六名同学在太平洋大饭店的不幸遭遇及投诉无门的境况。

我很清楚,太平洋大饭店是一家外资五星级酒店,要对它进行揭露性报道绝不是件容易的事。之前上海发生过好几起外资企业欺辱中国普通员工的案例,但媒体对员工维权的报道从来没有成功过,于是再碰到此类事件,大都望而却步。

也许性格使然,越有难度的采访,我越有兴趣。不过,在决定采访前,我要先

考虑清楚这样两个问题:

(1) 七位女大学生先后离开太平洋大饭店以及她们奔走投诉共5个月的时间里,她们曾向何人诉说过,诉说的反响是什么?

(2) 所有已经听说过她们遭遇的新闻媒体、管理机构、法律部门到底碰到了什么难点?存在哪些顾虑?

在与章怡萍的交谈中,我发觉这些媒体和机构的顾虑无非是两个方面:

(1) 开放以后,面对以前陌生的外部东西进来,国人处于一种糊涂状态。什么是严格的、先进的、现代化的管理?什么是这些国家本身就已经被淘汰的、有损人格的、不合法律的手段?就像我们曾有过的用高金去购买国外的淘汰货一样,我们在管理上也良莠不分地引进了一些不平等的,对弱小穷国、殖民国的管理方式。这些在国际上已经被逐渐淘汰的管理方式,有时还受到某些国人的吹捧。比如:"应该用武士道精神来训练中国人,要用这种精神来培养出成千上万的中国人才。"这种声音恐怕在50多年前的中国并不陌生。

(2) 怕外国老板不高兴,怕投资环境受影响。可能还有其他的怕,但是,却没有想到一点怕:中国的法规变成一纸空文,中国人的人格被践踏!假如这样下去,中国还会有什么好的投资环境呢?屡屡发生的查包、搜身、殴打、辱骂等事件,算是一种好的投资环境吗?只有让投资者懂得平等、懂得尊重,才能有健康的企业运行环境,否则,在投资项目谈判桌上得到的,一定会在劳资矛盾的爆发中失去。

我告诉章怡萍:我仅仅是一名记者,不会去包打天下,也不可能包打天下,除了为严肃的法规呼吁外,所能做到的就是唤起有关方面的注意。而最有力保护中国法规严肃的手段,应当是法律本身,更应当是制法、执法机构的责任。没有他们认真地履行职责,这种现象就会存在下去,蔓延开来,希望年轻人能寄希望于法律,拿起法律的武器保护自己。

当然,我还是答应章怡萍做这个采访。告诉她:我并没有成功的把握,但有决心去为她们呼吁。我让她先做一件事:请这些学生每人自己手书一份被辞退经过的材料,签名后给我。我必须手握她们亲笔陈述的证据。

所有的采访都必须扎扎实实,这不光是为了保护我自己,因为如果保护不了自己,就无法去保护她们的正当权益。

11月18日,我陆续收到了七位学生各自写来的陈述材料。在这些材料的基础上,我再对七位女大学生进行采访,整理成一份她们各自因什么原因、在什么时间先后离开太平洋大饭店的系统经过资料。

11月24日,我两次打电话给太平洋大饭店通气,要求约定见面沟通的时间。他们答应给我回音,但等了十天音讯全无。

为了有个见证,12月5日上午,我找到三年前跟我实习的程蔚,此时她已到《青年报》任记者,一起去太平洋大饭店登门采访。太平洋大饭店不得不派出人事部副经理钱联群,接待我们这两个不请自来的记者。

我们向这位人事部副经理询问七名女大学生离开酒店的原因,她回答:"各有各的原因。"我拿出七名学生离开饭店的经过资料请她过目,她阅后没有对这份资料提出何异议,但强调"我们酒店是以严格而著称的,员工应好好接受上岗培训,努力工作,让酒店成功。"记者请她针对此事谈得具体点,她说:"有些大学生很傲气。其实工作态度和待人态度都很重要,像章怡萍就是态度不好。"

我们问:"酒店内部有没有明确条文规定,因为什么样的事让员工辞职吗?"

她回答说:"不可能都有条文,条文也没那么细。"

"那么,谁有权提出让员工辞职呢?"

"人事部和行政部门,一般批准辞职需要几天时间,在紧急情况下人事部门批准即可。"

我提出不久前国家劳动部发出"严禁用人单位录用职工非法收费"的通知,通知中所列的非法名目中有培训费,问她:"太平洋大饭店现在还收培训费吗?"

她说:"我听说过这个规定,但文件还没下来,所以酒店里新的规定还没出来。"

与钱联群的沟通陷入僵局,最后来了一位新加坡籍的人力资源部总监王凤蕾,她瞟了一眼我整理的资料,用中文说:"新加坡人只会说中文但不认识汉字。"记者于是请钱经理帮助翻译,却被王总监制止住,她说:"我不想答复这篇文章,但我们酒店是很严格的,对客人的服务是一流的。"

当天下午,该饭店人事部电话通知我:两天之内给予我书面答复。但一个星期过去,仍未见音讯。

本报原定12月14日见报,12月13日,编辑见我还是没拿到对方的意见,着急地给饭店打了两次电话。饭店第一次回答:半天内给回复;第二次回答:一小时后给回复。但直到深夜,也没有看到他们的回复。

一篇批评对象不愿意给回复意见的稿件,要不要发?报社总编俞远明犹豫了,决定缓发。

本来我与程蔚说好,此稿由《新闻报》先发,《青年报》第二天跟进,现在,我只好遗憾地通知程蔚:约定见报的时间要向后拖了。

但《青年报》总编却不管《新闻报》12月14日是否见报,都将按原计划在12月15日见报,问我有什么想法?我提出的唯一条件就是让他们在署名中加上"《新闻报》记者韩自力"。这倒不是为了名,而是一旦有什么问题,我愿意承担责任。

打完电话,我把《青年报》的决定告诉了本报总编俞远明。

俞总编听后左右为难:不发呢,一篇本报记者写的,而且极可能引起社会很大反响的稿件发在了别的报纸上,这是很尴尬的;发呢,就要承担不可预料的风险。权衡轻重,他最终决定与《青年报》同一天见报,风险共担。

12月15日一早,上海两家报纸同时刊登了这篇文章。众所周知,报界在独家新闻上竞争是很激烈的,掌握了采访主动权的报纸一定会争取优先发表的权利。当然,后跟进的报纸也不会愿意在记者署名上将其他报纸名称一起写上的。但《青年报》兑现了对我的承诺,署名中写上了"《新闻报》记者韩自力 本报记者程蔚"。而《新闻报》在权衡之后,在署名上只写了"韩自力 程蔚"。这两个人是不是记者?是哪家报社的记者?《新闻报》都没说。

不管怎么样,这已经是一个奇迹了。通常的做法,除了通讯社,两家不同报社记者写的稿件,共同署名后同一天在两家报纸刊出,这在报界是很少见的。从《青年报》的《七女生败走"太平洋"》和《新闻报》的《七个女大学生的遭遇》两则不同的标题上,也可以看出两家报社在分寸把握上的细微差别。

对我来说,这都不重要了。关键是自从接触采访对象到最后见报,在对受害人采访的仔细上、在对被曝光企业的认真沟通上,我都做到位了。整个采访过程达一个月之久,其中有20天是花在与太平洋大饭店的沟通上。尽管这沟通只是我们单方面的,没有得到对方的配合,但却表示了我们的态度,即这个企业无论是否把媒体放在眼里,我们都充分尊重了他。我向总编保证,文章发表后能做到无懈可击。

无懈可击对我来说,仅仅只是最基本的要求;对被曝光企业来说,却会采取种种的反击手段;这一定是一场艰难的较量,不会以此文见报而结束。作为经济法律记者,我不会停止在对这起事件的报道本身,早已酝酿了下一步的报道计划,要采取与以往媒体报道同类案件时完全不同的做法,目的是要将这篇报道中所涉及的对劳工的侵害,推向法律裁决的层面,竭尽全力推动有关方面拿出一个公平公正的结果来。

35. 七个女大学生的遭遇

以下是发表在1995年12月15日《新闻报》上的全文:

七个女大学生的遭遇

还没来得及褪去新奇,却已品尝了一份苦涩,人生的第一份工作就这样结束了。

从今年7月3日到9月11日,被太平洋大饭店录用的上海立信会计学校的七名女大专毕业生,在短短的70天里,先后含着泪,一个不剩地离开了那里。

按说当前中国外资企业劳资矛盾时有见闻,但如此耍弄这些涉世不深的年轻人,确实是闻所未闻。

章怡萍:当我们接到口头通知,顺利通过太平洋大饭店应聘面试时,并没有在意这家堂堂的五星级酒店怎么竟然会连一张书面通知都不发。我们老老实实按照酒店的要求,报到的第一天,每人缴上800元"培训费"并在一份类似"协议书"的纸上签字时,竟没有想到:这份东西只有属于酒店单方保存的一份。

7月3日进太平洋酒店,7月4日即被解雇,这真像是一场噩梦。

上班第一天,培训部经理宋慧就宣称:"一切教育的最可贵结果是促使自己进行不管你愿意不愿意但得做的事。"没想到第二天就有了"结果":

午后,宋慧和外籍员工希拉要我把已经剪短的头发去剪得更短一些。剪完发,上完课,希拉给我们15分钟时间洗澡。人很挤,洗完澡只剩下2分钟,我匆匆梳了梳头就跑上去。

希拉路过我身边,问我是否洗过澡。我回答是的。她说我肯定没洗过。这时有很多人证明和我一起洗过澡。希拉叫来宋慧,说我头颈里有一些短发,肯定没洗过。我解释中午刚理过发,洗澡梳头时可能会有头发掉下来。她们一时沉默了。随后,宋慧很严厉地斥责我态度不好。我懦弱地向她们鞠躬道歉。可是宋慧说我虽然嘴里在道歉,但肢体语言告诉她是不服气。我不知道我的肢体怎么了,只是一个劲儿地还在向她道歉。这次,她明确地说我眼睛看着地板不尊重她。

希拉问我是不是不高兴,我诚实地回答是的。她追问为什么?我不知道该怎样回答,为了不让她难堪,我说因为我做了让她不高兴的事。她紧逼着问:"既然是你做错了事,不是我,那你为什么不高兴?"我真的无法再言语了。

接着,宋慧和希拉开始轮番教训我,说我自己以为了不起,其实一无是处,没有任何价值……我一生从未被人如此伤害过,这时完全木然,不知所措。

她们骂我后,宋慧说:"你不适合我们,请你交辞呈。"我清醒地意识到,自己被开除了。在宋小姐的命令下,我写了辞职报告,交给希拉时,因漏说了"madam"一词,她又对我大喊大叫地呵斥。

晚上7:15,我再一次也是最后一次让保安查完我的包,离开了太平洋大饭店。

严格的管理是需要权威的,但权威绝不是滥施淫威,更不是体现强权与对他人人格的践踏,不但不给下属留下一点点自我解释的权利,并且对已经委曲求全的人还要从肢体追究到眼睛,一直追究到心底里,这到底是现代化管理发展的趋势呢,还是已经远离现代文明的中世纪野蛮手段?

紧接着7月5日,万菁犯了一连串的"过失":午饭补妆后,没想到值日生要提前汇报,她没赶上,写了一份过失报告;下午上课,因午间的事还在难过,几次要落泪时把眼睛对着墙壁,被视为"不尊重讲课人";下班前,她被再次叫进培训部,当场被责令写辞职报告。

7月12日,噩运轮到曹莹。那天,她的任务是站在走廊里向过往的人鞠躬问候,碰见几个在培训部的同学,向她们打了个招呼,正巧被宋慧看见。曹莹被叫进培训部,她害怕了,当问到有没有同别人讲话时,她回答说没讲。于是,她以"不诚实"之过失被责令写了辞职报告,蒙羞而去。

号称管理严格的五星级大饭店,却不按照我国的法规来录用和辞退人员:录用时不和职工签订一式两份的劳动合同;辞退时不出具不符合录用条件的书面证明。而像这样责令职工自己写辞职报告,不得不令人猜疑:这前前后后是否都是有准备的,以便一旦发生劳动争议时,酒店想以此站在有利的位置上。

陈芳:在那里我们经常遭到嘲笑和侮辱。一次,培训部的一个头在我们排队准备回家时,看到许多女孩穿着短裙短袜,她一手叉腰一手指着我们的脚说:"你们这种穿法简直是 typicle Chinese,是丑陋的中国人的形象。"其实她自己也是个中国人。

我被迫辞职是在7月15日。那是个入夏以来少有的高温日,地下室的走廊里闷热得喘不过气来。那天下午本来是我们的休息日,但培训部的人却说出一大堆我们做的"错事",惩罚开始了。下午的5个多小时,我们一直被罚站在走廊里,向所有往来的员工九十度鞠躬问候,每一次鞠躬汗水都洒在地上。直到6点多,才让我们去洗澡。15分钟后,我们又站在走廊里,请示能否回家。

这时,一位修理工扛着梯子从我面前走过。因为走廊很窄,我不能做到九十度鞠躬,被希拉看见。于是我被"请"进办公室,几个人对我一番讥笑之后就让我写辞职报告。

由于下午5个多小时的站立,我实在累极了,站着写辞职报告的时候,不知不觉倚在了墙边的柜橱上。又是那个希拉,如同火山爆发,对我发作了一通。

我无力理会也不想理会她,只想离开这个地方,再也不想提起它。

像这样剥夺职工按规定应该享受的休息权利,并且去伤害人格的做法,即使在国外也是要受到谴责的。作为劳动者本身,她的劳动力可能是廉价的,但是她的尊严却同任何人一样是平等的。自称"高层次"的管理人员应该懂得。

乐青:也是7月15日这天下午,我胃痛得想呕吐,看完病,培训部主任叫我吃药后马上到原来的位置站立。当天下午,我还被培训部经理叫进办公室,说是有人打电话告我,洗手时把水甩到她的身上,非但不道歉,在她提出后又对她甩了水。

我告诉经理,具体事情记不清了,印象中,我洗完手走到门口时听到有人在背后说:水弄到别人身上了。当时我回头朝那人点点头就急急忙忙地走了。经理让我把经过写下来,要和那人对质。而后她说我有另外的"过失",要我写过失报告。写完后,她说我在写过失报告时未对走过的培训部员工问候,又让我再写一份过失报告,我只得站在那里一直写下去。

后来一直没有人来和我对质。两天后,我同其他人一样,不得不离开了人生的第一份工作。

从甩水引出的一份又一份的"过失报告",令人想起一句古语:欲加之罪,何患无辞?这种让人难以适从而又动辄用辞职威胁员工的企业,已经越来越让人反感。近年来大学生择业热点已从外资企业转向国有就是明证。

徐承乾:我是七个人中第一个自己辞职的,那是8月24日。之所以等了那么长的时间,一是想为母校争气,二是想留下来看个究竟。在酒店健身房时,我听到他们在议论白天是怎样整中国人的,边议论边哈哈大笑。对于这饭店我彻底心冷了。

为了讨还800元的培训费真是几经周折,她们骗我先办完辞职手续,然后不但不还钱,还叫保安撵我出去。连我上厕所都派人盯着。直到10月13日才退还我350元。另外450元被她们扣下了,说是进入部门后发的一双工作鞋值150元,300元则是规定的培训应收款。

而我在那里一个月又二十天所领到的工资和加班费仅有365元,加上退还的350元也不够我第一天所交的培训费。

最近,劳动部专门发出《严禁用人单位录用职工非法收费》的通知,指出近来有些用人单位在录用职工时,非法向劳动者收取费用,其名目有集资、风险基金、培训费、抵押金、保证金等。强调对非法向劳动者收取费用的,应责令其立即退还。可是直到我们在12月5日去太平洋大饭店人事部采访时,见到那里正忙着"日常的"招聘工作,他们非但无意退还已经非法收取的费用,也无意中止目前仍在进行中的非法收费行为。当天下午他们电话通知我们在两天之内提供的书面答复至今也毫无踪影。

"我是受不了人与人之间那种冷漠和饭店里明显雇佣与被雇佣关系才离开的！"最后离开太平洋大饭店的沈培雯如此说。

当第二天接受培训时，培训部 Manager 就告诉我们："你们的自尊在这里是不值钱的！You're nothing！"她们不光这么说也确实这么做了。

走廊卫生间只有两个洗脸盆，培训员却要我们在 20 秒之内从所站位置直往洗手间，洗手后再回位。十几个人同时冲向洗手间，碰撞、奔跑。我曾踤倒过一次，头撞在墙上，眼都花了。

7 月底，我被分到前台做结账。第一天去报到，部门经理要我在 5 分钟内到 B1 楼去盖章，由于进培训部礼节繁琐，耗时颇多，我以最快的速度冲向那里。走廊上一摊水，使我重重地滑倒在地，一步裙也撕裂了一个约 1 公分长的口子。这么 1 公分，后来我赔了 50 元钱。

所以每天上班前我都会怕得要命，不怕别的，就怕一个中国女孩的人格又将要被践踏一天。9 月 11 日，我毅然辞职。我毫无后悔之心，而是庆幸及时离开了太平洋大饭店！

36. 躲猫猫似的采访

《七个女大学生的遭遇》文章见报后，境内外 40 多家媒体转载报道。报社评报栏里有人用红笔写下："本报发难，起到了作用，如果每月有一篇这样的报道，《新闻报》的知名度就更大。"

读者反响也很强烈，几天来，报社的热线电话铃声不断。1995 年 12 月 22 日，《新闻报》以《一石激起千层浪》为题，摘录了读者的部分来电来信：

浦东新区政府办公室的严先生和一位刚出差回来看完报道即打来电话的陈先生，对正向国际城市地位进军的上海居然发生这事大为惊讶。他们认为这是对中国人的侮辱，要引起人们关注。

一家外商独资的营销公司李经理气愤之余表示，他们公司客人原来都住在太平洋大饭店，现在看了这篇文章后，再也不会介绍客人过去了。

不少人指出太平洋大饭店的这种做法是对人权的践踏。思旺实业公司陆老板则希望政府有关部门加强监督力度。

一位外地口音的读者来电告诉，他多次直接打电话给太平洋大饭店，欲表指责。可总机每次敷衍,放给他听令人费解的讲英语的录音电话。

旅游局饭店宾馆管理部的李先生来电询问具体事由,除表气愤外,他指出太平洋大饭店为独资单位,无主管部门,七个大学生可诉之于法律。

读者严国琪来信指出:其实这七个可怜的女孩打从在劳动合同上签上自己名字的时候,就糊里糊涂地处于不平等的被动地位。太平洋大饭店的有关主管的拙劣表现,表明其视劳动法为儿戏。特别是那位"希拉"小姐趾高气扬,在中国的领土上破坏中国人的人格尊严。是否我们的有关劳动部门在管理上对这些外资企业有些放纵?我看现在是到了对这些外资企业来一次劳动法普法教育的时候了!只要你在中国的领土上开厂开店你就得尊重中国的劳动法!

读者马累来信指出:《新闻报》此文是近期难得一见的好新闻,它的价值在于提出了一个在上海改革开放的过程中一直是悬而未决的问题,即:个人尊严与严格管理孰轻孰重。建议不妨就《七个女大学生的遭遇》一文作一次辩论,把"严格管理"和"个人尊严"的地位问题弄个透彻。

上海日航龙柏饭店总经理平石哲郎说:中国有一句古话叫作天时不如地利,地利不如人和。我们的饭店就是一个大家庭,饭店的工会主席像是我的兄弟,翻译像是我的女儿。饭店最大财产是什么?是员工。员工是饭店的软件,是最能创造效益的软件。所以,我很注意调动他们的积极性。要做到这一点,就要理解他们,也让他们了解我。尽管我已经老了,但是每年我们组织到野外搞联欢活动,我都要去,和他们在一起欢乐。我和这里的中国员工相处得很愉快,我想,是他们在帮助我一起工作,一起开创这个饭店的事业。我要感谢他们。

有一位叫陆晓明的来信说:我现在是一名待业人员。今年8月21日至10月6日我也在太平洋大饭店,被安排在日厨房工作。日本厨师可以对我们随意辱骂,一次,我在开会时打了一个哈欠,一个中国领班叫我站起来并上来踢我一脚。我问他怎么可以踢人?他说,想干下去就忍着,否则就去写辞职报告。和我一起进日厨房工作的四个人,做了不到一个月就全部走了。辞职后,他们非但不退还我800元押金,还扣下我的劳动手册,使我在两个多月的时间里无法寻找工作,至今失业在家。我去找劳动仲裁,劳动仲裁的接待人员说,你已经是合算的了,以前从太平洋辞职的要罚2000元呢!现在,我们无法说你对,也无法说太平洋对,你先拿100元来,我们去调查。还说,告太平洋的人多了,没有一个告赢的。我窝了一肚子气,真不知道找谁去诉说。

原以为七位女大学生奔走呼吁好几个月,找遍上海主流媒体无人理睬,其间的艰难令人同情;想到更早离开太平洋大饭店的那些人早就奔走在新闻媒体、管理部门、法律部门,他们的遭遇,竟还要远远难于这七位女大学生。

第一篇文章见报已经半个多月，社会反响的报道也见报 10 天了，太平洋大饭店就是一声不吭。后来我才知道，他们正在等待中宣部对他们发函的回复，在他们那封向中宣部的发函中，把《新闻报》和《青年报》有关太平洋大饭店的报道说成是"七八年一次大乱"的前兆，是激化民族矛盾的挑唆，是反对政府改革和挑动民众动乱的别有用心的报道。哇！这几顶大帽子扣得，简直吓死人了。

　　在此之前，上海媒体也报道类似的事，都会被外企倒打一耙，有关方面虽然不会认同他们对媒体的污蔑，但总是以不要影响投资环境而让媒体偃旗息鼓，吞下这口恶气。太平洋大饭店相信这次也一定会是这样，所以根本没把媒体的报道放在眼里。

　　1996 年的元旦一过，1 月 4 日上午，《新闻报》、《青年报》、上海电视台三家媒体再往太平洋大饭店采访。这次采访，一方面是想督促太平洋大饭店能尽早给七位女大学生一个负责的回答，一方面也因为接到更多早先离开太平洋大饭店的人来信来电，想进行深入的采访。

　　结果，这场采访成了一场闹剧。我在第二天 1 月 5 日的《新闻报》上披露了这次采访经过：

太平洋大饭店究竟怕什么

　　昨天上午，本报与上海电视台、《青年报》记者一起到太平洋大饭店就《七个女大学生的遭遇》一事进行采访。可是等了足足两个小时，这家饭店采取拖、推、挡、躲各种手法，拒不接受采访，再一次暴露他们不敢正视事实的心态。

　　拖：9:05，该饭店安保副经理对刚到的记者说，总经理不在，其他人在开行政会，下午劳动局要来协调报纸上报道的事，让我们下午再来。当我们说明采访目的后，他叫我们稍等。这一等就是 40 分钟，不见他的人影。40 分钟后，我们三番五次催问，回答都是"请稍等"。到底要等多长时间，没人能说得清。

　　推：在得不到明确答复的情况下，记者想进前台见负责人，这时才出来一位前台总监，说十分钟后给回音。10:05，也就是记者等待整整一小时后，这位总监出来说了一句："我现在只能讲他们不在。"然后甩手而去，不再理睬记者。

　　挡：见经理室所在的二楼有几个人始终在注视记者，于是我们便上去打听。没想到两名安保紧紧挡住经理室的门。一会儿，只听见其中一名安保身上的对讲机里清晰地传出两句话："把房间的门从里面反锁上！然后安保走开！"果然，房间里有人"咔嚓"一声，门被反锁了。

　　躲：接着，记者直接来到饭店人事部所在的地下室。巧得很，又是逢双星期四，一群青年正坐在走廊长凳上等待面试。记者推门进去。人事部副经理钱小姐在打电话,这就是前台总监推说不在的人之一。记者上前采访,钱后退想躲避,还说了一句外语。电视台记者朱黔生请她用中文说,但她却不肯再说。

截稿前,饭店终于来电,要给新闻单位一个"说法"。那么,我们拭目以待。

37. 截然不同的声音

在电视台1月5日和6日连续两天报道的压力下,太平洋大饭店终于"说话"了。1月8日,他们发出了一份以饭店公关、信息交流部署名的声明,但这个声明并没有同时发给《新闻报》和《青年报》,只单独给了电视台。在这个声明中,太平洋大饭店一口咬定是学生自愿辞职,认为两家纸媒报道中所揭露的不尊重人格的事全是捏造。

与此同时,太平洋大饭店还发函给市劳动局,表示愿意通过劳动局和仲裁委解决问题。他们对媒体的分化以及与职能部门的周旋,显得十分老到。要知道,之前多起太平洋大饭店的劳资纠纷,在劳动局和仲裁委的处理下,劳工一方非常悲剧,全部败诉无一胜例。

果然,1月10日当晚,我接到一位女大学生来电,告知劳动局让她们七人明天全部到局里去。第二天,女大学生向我讲述当天情况:下午两点,女大学生按时来到市劳动局,被一个一个分别被叫进房间。房间里有5个人坐在桌前提问,2个人记录。学生陈述完后,被要求在笔录上签字。

这看上去并没什么奇怪的。我可以肯定,那些天收集此案材料的不止市劳动局一家,比如市旅游局、市宣传口子……都不会闲着。

不过,有三个细节值得品味:

(1)劳动局在对学生调查时,多次详问:你们如何认识记者的?认识谁?现在还有联系吗?这些讯息似乎是太平洋大饭店最关心的问题:发起这则报道中的重点记者是谁?这个记者起了什么作用、还会有怎样的下一步动作?

(2)自劳动局对学生调查后,有太平洋职工打电话来告之,人事部门这两天在走廊里贴出一份告示,主要说七个女大学生的钱已全部退还(这完全是骗人),并说七个女大学生这样做是有人在背后教唆。

(3)自电视台收到太平洋大饭店那份声明后,饭店方就有人一遍又一遍地打电话问电视台记者,对他们的声明持什么态度?以至于电视台记者不得不告诉此人,不要再打这种电话来。

在这次调查和电视台拒绝对他们的声明表态后,太平洋大饭店似乎知道了发起这次报道的真正记者,或者用他们的话来说,真正的"挑唆者"是谁。1月11日,《新闻报》和《青年报》也收到了来自太平洋大饭店的声明,内容与三天前给电视台的一样,只是同样的内容迟到了三天。

　　这一天(1月11日)中午,我和《青年报》、电视台参与报道的记者碰头,讨论下一步报道计划。有消息传来:正在上海的中宣部常务副部长龚心瀚来电视台时说:关于太平洋大饭店的报道很好,要搞下去。可以说,这是对披露性报道的一次难得的表态,对我们鼓励极大。

　　在这次碰头会上我谈了下一步的设想:报道之后,不断有原太平洋大饭店的职工来陈述自己"辞职"的经历和打官司的遭遇,所涉时间最长的达六年左右。我们应该把他们集中起来开个座谈会,并请上海最好的律师一起来,要做好到法庭上去与太平洋大饭店说理的准备,不要对关起门来调查处理的结果抱有幻想。

　　1月15日下午2:00,《新闻报》、《青年报》、电视台三家媒体在广电大厦12楼会议室召开座谈会。前来出席的有市总工会、市劳动局的相关部门领导及有关律师,主体发言是除七位女大学生外的十几位原太平洋大饭店职工。

　　我们还邀请太平洋大饭店工会主席出席。本来这或许是一次转变企业公关危机的沟通机会,但这家大饭店所谓"代表职工利益、维护职工权益"的工会头儿,也拒绝前来。

　　第二天,《新闻报》全文照登太平洋大饭店的声明,同时摘登了座谈会上这些太平洋大饭店原职工的陈述,他们分别来自这家大饭店的人力资源部、安保部、前台、厨房、客房、面包房、商务中心。

　　[附文]

我们为七个大学生作证
太平洋大饭店原员工座谈同样遭遇

　　原饭店预定部人员:我原来是行李部的领班,那时候我充分领教了前台潘经理的粗暴。他经常无缘无故地用英语骂人,肆意打人。一次,潘经理把我叫到办公室没有理由地惩罚我,让我脸朝着墙,鼻子一定要贴着墙,站了三小时。由于我的出色工作,我被升任预订部的助理经理,天天要从早上6:30工作到晚上10:30,在我任助理经理时,他们把看不惯的前台经理的秘书调来做我的助手,面授机宜地让我在一个月内让她"走路",我没这样做,就比这位小姐还要早地离开了饭店。当时,我还想和他们理论,但他们叫安保把我"押"到门外,抄了我的办公室,还让我赔出去年的红包和一些工钱共2000多元。至于他们的管理方式可用一句话概括,即不管违法不违法,员工都不许有"反抗"。

原饭店安保部门人员:我已经30多岁了,应聘安保工作。至于每个员工出门抄身的事,有探头监视着,只要漏抄一个人就会有上面打电话来质问,连女孩子的化妆包和内衣也不放过。如果搜出外币,就没收归饭店所有,多了一包餐巾纸也说是偷饭店的。包括连国家机关工作人员,如税务局、工商局前来检查工作的人出去都不可放过。

原饭店人力资源部人员:我在原来的单位赔了近一万元才进了饭店人力资源部工作,有一件事给我留下了很深的印象。一次就是有20多个中专毕业、技校抑或是高中毕业的学员在培训部接受培训。副总监让他们去一刻钟内洗完澡回来。我们都知道,这么多人一起洗澡起码半小时。于是副总监恶作剧似的笑着对旁人说:"下去看看。"浴室小,太挤,要几个人才能分到一个水龙头,有些员工实在没办法洗澡只能把头发湿一湿,都被其看到眼里。在检查这些员工是否洗过澡时,副总监盯住一个人道:"你是否洗过澡?"这个男孩子说洗了。这位副总监先生又饶有兴趣地问他:"你老家在哪里?"回答说广东。"那你一定会唱粤语歌,给我们唱一个。"那男孩还很小,很害怕。他又对旁人说:"你看他脚都发抖了。"那男孩只得唱了一首《吻别》,唱了一会儿这个男孩的眼泪一滴滴地滚下来,实在唱不下去了。他又问:"怎么又不唱了!"男孩说:"我胃疼。"副总监就说我们这里不要身体不好的人,罚他到外面站着。我看到这个学员的脸色灰白,流下了眼泪。当场就把这个男孩辞掉了。看了这一切,我知道,这不是正经的招聘,这在作弄人。

原商务中心人员:我从1993年8月13日在太平洋工作,1995年5月13日离开。当时我在商务中心工作。5月11日我到那里上中班被告知经理部门有规定,说一句中文罚10元,后来别人问我一份传真往哪里发,我说一句中文,就被通知罚款,而且第二天还要早一小时来上班。因为我那天身体不好,实在不想加班,就辞职了。在太平洋期间,我们时常会接到过失单被通知罚款,但无任何收据。只是这些措施都针对中国人,外国人想做什么就做什么,而且我不明白为什么辞职要交出上一年的红包?

原饭店客房部人员:"太平洋"是一个国中之国,总经理就是国王,99%的权力来自他,他的这种中央集权统治致使他下面的领导层不用他的方法管理也会被开除。财务总监就是其红人也是很有名的整人专家。一次我在规定时间、地点内抽烟,被他发现后使用很肮脏的英语骂人,收去了我的"名牌"要罚我20元。他们时常用很阴损的方法整人,且建立在他们的随心所欲之上,因为这些外国人认为凡是中国人都很蠢。这无疑在践踏我们的人权。

原饭店面包房人员：我在面包房工作，在这里经常受到主厨的性骚扰。有一次在电梯里，有三个外国厨师对着我指指点点，虽然我听不懂他们的话，但我知道他们笑我矮笑我瘦。有的外国人特意在女孩走过时拍一下，打一下，我们看到他们只好尽量躲着。有一次我们说好下班去烧烤被其听到了，到了下班时间，却被其叫去一个男孩子，说如果他想下班就要打开六听菠萝。男孩照办后，竟然要他把这六听菠萝全部吃完后才能下班。我觉得要解决这种情况，最重要应有一个真正的工会为我们说话。

原前台工作人员：我曾做过前台总监秘书，前台总监曾解释过太平洋大饭店为什么有这么多的人员流动："我们反正不怕，中国有的是人，在这里找10条狗很难，但要找100个人太容易了。"这句话很可以说明一些问题。在"太平洋"开处罚单开除人不是根据人的表现，而是根据人数，人一多就想方设法开除几个。太平洋管理层认为既然上海有这么多的劳动力，那么用新人比用老员工便宜多了。

戴建平（上海市劳动局政策法规处副处长）：作为劳动部门，对此问题相当重视，组成了专门的调研小组，很快会有处理意见。这次座谈会也从不同侧面反映了太平洋管理方法不科学。有一点可以告诉大家，劳动部门将从总体上对太平洋大饭店进行劳动监测。

田辉（上海市总工会法律工作部部长）：今天，总的心情很沉闷，但压抑中也很高兴，高兴的是大家能从弱者逐步到强者，就是从坏事变成了好事。中国人在中国的土地上，不能用中文讲话，是哪一个奇怪的规定？讲中文要罚款在国际上闻所未闻，太看不起中国人了。不要忘记，太平洋大饭店是在中国的国土上。大家都提到了同意科学管理，但不是苛刻的管理、残酷的管理，有错误可以批评，但不允许侮辱人格，甚至国格。搜身、搜包、体罚、辱骂、押金，在劳动法的32条和96条有明文规定不允许的。这不是中国独家的法律，是国际劳动法的规定。劳动者要守法，经营者同样要守法。因此太平洋大饭店的事，讲得大要遵守我国的法律；讲得小，不能侮辱中国人的人格。

王秋月（上海市总工会民主管理部）：职工的保护还要靠工会组织。太平洋虽说有名义上的工会，但职工都感觉不到。通过这次新闻跟踪报道，带给我们的任务要对太平洋大饭店的工会加紧工作指导，要检查他们的工作，要进行调查。

龚谦礼（上海中发律师事务所）：职工对于自己应有的权利应利用法律武器。中国人在中国国土上是以中国法律为依据的。对于大家遭受的不平等对待，我们律师事务所可以作为你们的坚强后盾，无偿为你们提供法律服务。

座谈会上，有一名太平洋大饭店的原职工悄悄对我说：以前在太平洋大饭店

工作时,曾经看到劳动局的人在那里吃喝,我们告不赢的。他表示对打官司没有信心。就此,我在座谈会上劝这些受到侵害的人:在没有拿起法律武器之前,你们先不要说对法律没有信心。今天已经有律师在现场愿意提供无偿法律服务,请你们在打完这场官司之后,再来评说法律有没有用吧。

这时,劳动局的顾坤生把我叫到一边,告诉我:三天内,劳动局对此事就会拿出一个说法。

后来正因为劳动局有了这个说法,事情才进入行政执法解决的层面,而没有走上法庭诉讼程序。现在想起来,这多少有些遗憾。民无常勇,亦无常怯,这些劳工在我们的劝说下,已经决心联手打一场公开的官司,而一场在全社会关注下结束"劳工全败无一胜诉"的官司,是更能让劳工对中国的法律抱有信心的。

不过,退一步来说,无论此案最终通过什么途径解决,只要最后的结果是公平公正的,我都算完成了当初对七位女大学生的承诺,也打破了上海媒体不敢触碰此类案件的禁区。

38. 退款门前排起队

市劳动局的"说法"没等到第三天就出来了。

座谈会第二天,1月16日下午,我接到市劳动局电话,约我1月18日上午9点半去市劳动局,要向我宣布他们的调查和处理结果。我感到他们这次好利落,利落到将18日宣布的结果在16日就向我打招呼了。这一切给我的感觉就是他们想告诉我:战斗即将胜利结束,该熄灭"战火"了。

1月18日上午,劳动局给我看了他们给太平洋大饭店下达的三条整改指令,我问"你们有向整改单位送达指令的规定程序吗?"

劳动局说:"有程序,下午一点半我们要去太平洋大饭店,向他们的负责人当面送达整改指令。"

于是,我打电话给《青年报》和上海电视台,约他们下午一起去采访这个送达程序。我必须紧紧盯住每一个细节,完整地记录整个过程,以防止有人淘浆糊而让案件不了了之。

我的担心不是没有道理的。下午,太平洋大饭店并没有给劳动局这个面子,没有任何人出面来接收这份整改指令。

晚上,我对此写了跟踪报道:

劳动局昨送整改指令
太平洋经理居然不接

昨天(1月18日),上海市劳动局对上海威斯汀太平洋大饭店,作出了整改指令。

这个整改指令是市劳动局根据本报、上海电视台、《青年报》有关《七个女大学生的遭遇》的连续报道和学生的投诉,经过认真调查核实后发出的。指令主要有三条:

(1) 太平洋大饭店现行的使用培训生的做法属招工性质,对这部分人员不办用工登记手续,不签劳动合同,违反了有关规定。责令其在一个月内按照有关规定为现仍在饭店的上述人员办理用工登记手续、签订劳动合同。

(2) 太平洋大饭店应立即停止现行的向员工和培训生收取培训费、人事档案转调费、工作鞋费等费用的做法,并对1994年3月有关规定发布之后已经收取尚未退还的费用,在一个月内全额退还给交费者;对于交费者已经离开饭店的,也应当根据其要求全额退还。

(3) 太平洋大饭店在劳动管理中存在随意处罚员工、诱使员工写辞职报告、体罚员工、污辱员工人格等问题,应立即自查自改,同时对现行的劳动合同、规章制度自行进行清理,两个月内将结果报告市劳动局。

可是,当昨日下午市劳动局委派外资企业管理办公室负责人到太平洋大饭店送达整改令时,原先约好的饭店负责人却不知去向。劳动局外资企业管理办公室主任顾坤生向记者表示:类似这样的情况我还没有碰到过,我认为这不仅是对我个人的不尊重,而且也是对政府劳动管理部门的不尊重。

1月18日是值得庆贺的日子。晚上看完报纸的清样后,有人提议去喝酒。在报社边上有一家不大的小酒吧,大家举杯相庆。这让我不由回想起从1995年11月18日到1996年1月18日,整整两个月来对此案的采访经历。

此案报道的成功有种种因素,但这些因素是建立在以下五点基础之上的:一是慎重调查,掌握一手资料;二是尊重对方,给对方以余地;三是加强媒体配合,共同采访;四是上下沟通,起桥梁作用;五是坚持到底,不放过每一个环节。

1月19日,威斯汀酒店的国际总裁通过中间人想约见我们。我在电话中对中间人说:"到现在为止,我还没见到过上海威斯汀太平洋大饭店的总经理。现在上海市劳动局对他们的整改指令已经下达,如何按照中国的法规来整改才是他们的当务之急。作为记者,我只是如实地报道并将继续跟踪报道这起事件,国际总裁要同我见面就没有必要了。"

四天后,太平洋大饭店总经理向新闻媒体公开致歉并承认了错误。1996年1月24日,我又跟踪进行了报道,《新闻报》同其他媒体一起报道了这个最终的结果:

太平洋大饭店知错了

太平洋大饭店总经理昨天向新闻媒介公开致歉并承认错误。

该饭店总经理乐利安在三天之前已到市劳动局表示认错致歉,并领回了市劳动局的整改指令。现在,他对记者说:有错必纠,通过这件事认识到饭店存在的问题,现正按市劳动局的整改指令去纠正。一旦有了结果,再向政府部门汇报。对以前采访中发生的不愉快表示歉意。

当记者来到饭店人力资源部时,见到培训室里正在退还职工的押金及其他被扣费用。同时,我们还看到该饭店人事部的工作人员,根据列出的名单,已向离开太平洋大饭店的原职工发出领取退款的通知单。

另外,据介绍,该饭店为在职职工补签劳动合同和清理规章制度之事也正在酝酿之中。

我没有写进报道的,是那天下午太平洋大饭店总经理乐利安向媒体表示致歉认错时,连咳了好几声。饭店里有人上来打招呼:压力太大,总经理已经几天没吃饭,一天要抽5盒烟。

是呀,我早就意识到,无论对谁来说,这都是一场艰难的较量,是一场要豁出命来搏一下的较量。对这位总经理来说,失败了,只不过是几天不吃饭、一天5盒烟;而对于我来说,如果输了这个回合,这一生所热爱的新闻职业还能保得住吗?

当然,在答应章怡萍进行这个采访时,我就没想过要保住自己的一只饭碗。

一位读完最后跟踪报道的读者打电话给报社说:"看到事情有了圆满的结局,我才舒了一口气。在如何遵守中国法律上,你们给外资企业上了生动一课。"

这是当时上海外资企业屡次违反劳动法规、侮辱中国员工的事件发生后,第一个公开致歉并承认错误的案例。一百多名太平洋大饭店职工获得了经济上的退赔和权益上的保护。

后来,这篇报道在《青年报》的申报下,于1996年连获三奖:全国"第二届五四新闻奖"一等奖、"第六届全国青年报好新闻竞赛"二等奖、"上海新闻奖"三等奖。

最后,我还要回过头来说一说太平洋大饭店在元旦前呈给中宣部的那封信函。在事件有了结局后,这封信已成了几张废纸,但信中的用语令人回想起来仍可感受到寒气逼人的刀光剑影。信的语气和手法,一看就知道出自在太平洋大饭店里工作的中国人。不必过多地去指责这样的中国人,也许他要养活一家人,不得不为五斗米折腰。

报社总编俞远明要我根据这封信的内容写一个回复。古人云:民情上达,方能国内大治,我没有忌讳地写了一些真实的想法。妻看后笑笑说:如果以后抓右派,就抓你这样的人。我什么也没说,想起了20年前我约她在黑龙江边第一次谈恋爱,只问了一个问题:如果我以后关在牢里,你还会跟我吗?她说会的。在当时的十年动乱中,这种担忧并不多余,现在,我已无此之忧。

[附文]

靠法规来建立良好的投资环境
采访太平洋大饭店后的几点思考

《新闻报》记者　韩自力

关于上海立信会计学校七个女大学生在上海威斯汀太平洋大饭店的遭遇(附《七个女大学生的遭遇》一文),1995年12月15日见诸报端后引起社会强烈反响,目前此事以该企业总经理承认错误告一段落。记者在长达两个月接触采访60多人的基础上,想提出如下值得思考的几个问题:

一、对外资企业儿戏法规另搞名堂要引起重视

太平洋大饭店的管理层对劳动法颇有研究。其一,对大学和职校毕业生以招收"培训生"的名义来代替招工,并以此为由将与他们签订劳动合同的期限拖至一年以后,而相当多被随意解雇的人恰恰都做了一年不到。很多人想投诉却无合同作凭据,饭店就这样回避了法律法规的追究。其二,这家饭店原来收取职工押金的做法在被制止以后,便想出了新招:收取每位职工培训费、工作鞋费、档案转调费计800元,并规定没到一年离开饭店的人将被扣下这笔钱。这家以每周一、三、五辞退,二、四、六招工著称的饭店,几年来到底扣下了多少人的钱?记者无法调查,但劳动局对其下达整改指令的消息见诸报端后两天里,就有90多人前去要求退款(这还不包括该店在职员工),也可见一斑了。其三,一些外资企业动手查包被屡屡曝光后,这家饭店让把住职工进出口的安保人员采取不动手查包的方法,下班的中国员工必须把包自动打开让安保检查,男员工要翻个四袋朝天。进出口处还用摄像探头监视安保的查包是否到位。记者采访时,饭店强调:我们又没有动手,是职工自觉的。其四,用逼人辞职的办法解雇职工。逼的方法多种多样,如体罚、扣钱、施加心理压力、进行人格侮辱等,等到你受不了的时候,明确告诉你自己写辞职报告。这样饭店就可以不出具任何书面的东西把职工除名,除了扣下被除名者的押金和一个月的工资奖金外,还让被除名者无法投诉。

记者在采访中,饭店人力资源部负责人多次提到其他外资企业也是这么干的。这是一种无奈的解释还是一种真实地反映?应该引起有关部门的高度重视。

二、不能用强调投资环境来淡化国家法规

七个女大学生的遭遇是在去年7月份至9月份的事,直至11月份,记者才偶然了解到。期间,学生多次走访劳动仲裁部门,均被"要影响投资环境"为由而挡回。在以后的采访中,一些和七个女大学生有同样遭遇的原太平洋大饭店职工,也谈到在投诉时碰到类似的说法。一个并不难处理的问题,多人次反复的投诉,却被一个简单的理由拒之仲裁大门外,所带来的后果是十分不利的。一方面太平洋大饭店看到无人支持职工投诉,更加随意欺侮中国员工,并扬言让他们去告好了,没有一个会赢的。有些人从心眼里不把中国的法规当一回事。另一方面,也使相当一部分原太平洋职工不相信劳动仲裁,说现在是"官怕洋人"。有一个想出头组织"自己的工会"的原太平洋职工,抄录了很多员工在厕所里涂写的口号:外国猪猡滚出去、打倒外国佬……。甚至有的年轻人报着以后出去报复他们的念头。说明,不守法规的企业很容易酿成事端;而我们对此麻痹大意,则有导致社会不稳定的危险。

不少有识人士向记者指出,每个国家都有自己的国法,不管你投资了多少钱,你不能因此蔑视这个国家的法规。这一点上我们应该向新加坡学习,新加坡抽了那个犯了新加坡法律的美国青年的鞭子,并未影响外商对新加坡的投资。

三、行政管理人员要少参加外资企业的联谊活动

在披露太平洋大饭店的同时,我还采访过一些贯彻劳动法很好的外资企业,其中银星假日酒店人力资源部的经理向我透露:上海一些四星级以上宾馆的人力资源部经常组织联谊活动,而政府部门对口跑这些宾馆的行政管理人员则是联谊活动的座上客。他还透露:向招收的职工收取押金一事被明令禁止后,变化成收取培训费、服装费,就是一次联谊活动上,由一位政府有关部门的工作人员提出的。还有人反映,有关部门工作人员常去太平洋大饭店吃喝,她当时就曾接待过。许多同志指出,我们政府部门的工作人员尤其是执法人员,最好还是同企业保持一段距离为好,没有必要搞得太近乎。因为这种近乎使他们难以处理企业管理层存在的问题,还使受到不公正待遇的职工见了心冷。这对于树立政府工作人员廉洁勤政形象是不利的。

四、要加大劳动法规的宣传力度

不管怎么说,市劳动局对饭店发出的三条整改指令使原太平洋职工感到意外的高兴,长期来多少人的投诉总算有了一个结果。但是,这件事所暴露的无论是企业还是职工对劳动法规的无视和无知是令人反思的。加大劳动法规的宣传

力度看来十分必要,这不仅仅是规范企业行为和普及劳动法规的需要,也是提高政府威信保持社会稳定的需要,是一个良好的投资环境所必备的基本条件。

记者在采访中曾向市劳动仲裁委主任提出建议:对一些已经结案的劳动仲裁案件是否可以适度报道?此类报道实在太少。可能有关方面考虑到劳资矛盾涉及社会稳定,太敏感。但没有这些矛盾的解决,或职工不了解这些矛盾是如何解决的,就很难依法维护自己的合法权益,这也就阻塞了一个疏解社会矛盾的通道。太平洋大饭店一事中不少人对劳动仲裁部门的不信任心态,在某种意义上说,也是对劳动仲裁缺乏了解。要消除他们的不信任,在宣传上就应该打破劳动仲裁目前近似封闭的做法。在市有关主管部门的指导下,在各大媒介内组织专门对口的记者,互相沟通,共同研究,有计划有组织地进行报道,这对引导劳资矛盾缓解,维护社会稳定,都将起到较好的作用。

1996年2月5日

39. 碧 纯 水 战

1996年7月,上海延中饮用水有限公司的合资双方为一枚公章起冲突,在总经理办公室发生了激烈的肢体接触,最终闹到向静安区延安中路派出所报案的地步。我在向总经理周银宝(港方)了解初步情况后,7月9日早上,打电话给这家公司,要求采访冲突的另一方——公司的董事长王建(沪方)。

接电话的是办公室主任,口气有点傲慢,反问我:"如果我们董事长不接受你的采访呢?"

我纠正他的错位:"董事长接不接受我的采访,不是由你来假设的,作为办公室主任,正确的做法是将记者要求采访的信息呈报给你的董事长,然后再将董事长的意见反馈给记者。半小时后我会再打电话来。"

半小时后,这位办公室主任电话通知我:"董事长同意接受你的采访,但是你来时要带上单位的介绍信。"

当天下午,我前往王建的办公室,递上报社的介绍信,说道:"这么多年来,我到哪里采访凭记者证就行了,开介绍信还是第一次。"

听了这话,王建的脸上有些尴尬。

采访中,无论王建如何为自己辩解,我都证实了这家合资公司的沪方在王建的指令下,注册侵权公司、仿冒侵权商标、发布侵权广告、挤压碧纯水市场、围堵港方总经理等事实。由于王建曾在黑龙江兵团下乡,年龄还大我三岁,在采访结束时,我以老知青个人身份对王建提了两点忠告:一是既然合资经营就要心胸宽阔,二是处理矛盾莫操之过急。

三天后(1996年7月12日),《新闻报·商与法》专版发表了我的《谁把水搅浑了?》一文。沪上舆论纷起,各媒体都对"碧纯水战"进行了报道。《华东信息日报》头版头条对我的文章作了全文转载。

侵权方根本没想到舆论会有如此强烈的反响,仓促应战,找了沪上一个自称是记者,却又不敢在文章上署名的人,写了一篇见不得报纸只好私下向社会各界散发的文章。标题是直接冲我的那篇文章来的:《究竟谁在把水搅浑?》。显然,我的这一篇文章戳到了侵权方的痛处。

[附文]

延中"碧纯"还是碧纯"延中"
谁把水搅浑了?

一、引 子

看标题可能会令人觉得蹊跷,就像一句绕口令,让口齿伶俐的上海人也觉得舌头一下子绕不过弯来。不过,眼前的这些材料,概括地说就是这么一回事:生产经营"碧纯"水的上海延中饮用水有限公司,要状告经营生产"延中"水的上海碧纯贸易发展有限公司和上海新延中饮料有限公司侵权;被侵权企业的董事长又正是侵权企业的董事长……

不管它如何绕口,我们从中总可以找到某些值得反思的东西。

二、蜜 月

这似乎是一个成功的结合。

1992年10月,香港中添国际有限公司与上海延中实业股份有限公司、上海嘉定戬浜乡第二工业公司合资,办起了沪上首家生产饮用蒸馏水的企业——上海延中饮用水有限公司(以下简称合资公司)。

大家情投意合,初创阶段可以说是如同"蜜月"。他们向市场推出的"碧纯"牌蒸馏水,在短短3年里,从年销售1000多万元,猛增至5000多万元。到1995年时,"碧纯"水已经达到43%的市场占有率,成为上海滩知名商品。这种实绩,令同行羡慕不已。

有必要交代一下的,是几个涉及三方权和利的数字:合资公司的股份港方占60%,派出董事3人,其中1人担任副董事长、1人担任总经理;另外占股份40%(其中延中实业占30%、嘉定戬浜占10%)的沪方也派出3名董事,其中1人担任董事长、1人担任副总经理。股份和董事并没有完全按照比例设置,这或许可以说明合资方的诚意和无意于权利,但却为以后难以解决决策争议埋下了隐患。

三、外　遇

"蜜月"的时间并不长,沪港双方开始了种种摩擦。假如当时还可以说是内部事务上的矛盾,那么,到了1995年下半年,延中实业方面委派了新的董事长王建,港方稍后也委派了新的总经理周银宝(王建认为周尚未最后任命),这之后的矛盾发生了变化。

当年9月,延中实业决定另外注册一家不属于合资公司,但却用合资公司商品品牌为企业名称的——上海碧纯贸易发展有限公司(以下简称碧纯公司)。王建在新注册的碧纯公司兼任董事长,合资公司里另一名延中实业的董事在那里持有个人股份。对此,王建解释说,这名董事的个人股份并不真实存在,只因为注册时有关方面要求有自然人股份而已。至于成立新公司没有什么不可以的,港方不是在北京也另外办了一家公司吗?

港方周银宝则认为:在北京成立的中鹏食用饮料水有限公司,既不是合资公司里的香港中添公司去办的,也没有采用合资公司已经使用的任何品牌名称,合资公司里的港方董事也没有在那里担任法人。

延中实业向黄浦区工商局申请注册新公司的理由中说:"碧纯牌蒸馏水是上海延中饮用水有限公司生产,而我延中实业股份公司是上海延中饮用水的上级公司,品牌实乃我公司创立。现为成立一家以碧纯命名的贸易性公司,实为发挥其品牌效应,拓展业务经营范围之需要。"

应该讲,延中实业一方在生产经营"碧纯"水上是出了大力的,但港方对他们把功劳归于自己一方的说法却难以接受。后来,当王建告知港方:其他与延中实业合资的外方都同意将财务报表合并到延中实业名下,要求港方也同意这样做时,被港方婉拒。

今年3月,成立不久的碧纯公司又在闵行区注册了"上海新延中饮料有限公司"(以下简称新延中),董事长自然还是王建。4月,即推出"延中"牌饮用水——外包装也是绿黄相间,上面除了"延中"品牌外,还突出了"碧纯"这两个字。在港方看来这是极其相近的装潢,是一种侵权。

矛盾开始向外部转化。

四、冲　突

今年5月1日、5月2日,在《解放日报》和《新民晚报》,刊登了合资公司、碧纯公司和新延中三家企业具名的整版广告。主题内容如下:"昨天创造碧纯蒸馏水,引导饮水潮流;今日推出延中饮用水,流进千家万户。"这立刻引起合资公司内港方董事的异议,认为广告里有一种把"碧纯"水比作"昨日黄花"的味道,误导消费者以为"延中"水是"碧纯"水的升级产品,是在利用"碧纯水"为"延中水"铺开市场。

然而,在港方董事的异议下,王建认为广告一向是由沪方的副总经理负责的,没有必要经过港方董事决定,没有针对矛盾进行很好的协调。6月10日,《新民晚报》又分别刊登了"碧纯"水和"延中"水的广告,其中"延中"水的广告语如下:"十年前,我们发行延中股票;三年前,我们创造碧纯蒸馏水;今年,我们又推出新一代饮用水。"还是把两种水混为一谈。一些消费者看了这些广告也有点纳闷:"碧纯"的水是清的,但它的广告却怎么"浑"了起来?

王建对记者说,这是一种营销战略,而且实际效果是成功的。可惜的是,这并没有在董事中达成共识,反而却使合资的另一方感到不仅失去了管理资格,而且连参与资格也被排斥了。

冲突无法避免。

合资公司总经理周银宝决定掌管公司的公章。

董事长王建则限令他三天之内交出公章。

在周银宝所在的办公室里发生一场激烈的交锋,剑拔弩张,直到派出所派出警察才制止。人们可以想象当时已经闹到了何种地步。

在此之前,3名港方董事曾提出召开董事会,以解决碧纯公司和新延中对合资公司侵权的问题,但沪方的3名董事坚决不同意开会。双方有关董事会开还是不开的函件多次来往,其内容极其戏剧化。

那个在王建等3名董事看来是无效的董事会最后还是开了。开会的一方认为:没有出席的3名董事中有1人在侵权公司任职,1人在侵权公司中持有个人股份,本来就应该对讨论如此内容的会议避嫌,无资格出席董事会;有资格的4名董事中只有1人缺席,算弃权。3对1,超过董事会规定的有效人数。

决议产生了:董事会认定上海碧纯贸易发展有限公司和上海新延中饮料有限公司有侵权行为。

有一位名人这样说:没有法律,就没有文明。但是,我们真的不知道:是应该庆幸他们去面对法律呢?还是应该为他们今天走到这一步而表示遗憾?

40. 与律师对话

《延中"碧纯"还是碧纯"延中" 谁把水搅浑了?》一文发表后,接到了很多读者来电来信。这些读者原来以为"延中"水是生产厂家继"碧纯"水后推出的新产品，了解真相后十分惊讶，有一种上当受骗的感觉，认为这种误导消费者的侵权行为实在是没良心，要求政府来管一管。

"碧纯"水的装潢设计者沈明华——上海方圆广告公司的总经理，见到有关"碧纯水纠纷"的报道后，十分气愤地对本报记者说："'延中'水的商标、包装箱在黄白绿黑四种色彩及其图案的排列组合上，模仿抄袭了我的'碧纯'水的设计。他们不仅侵犯了合资公司的权益，也侵犯了设计者的名誉。我保留对他们的诉讼权。"而在此之前，沈明华并不知道"碧纯"和"延中"是两家公司的产品。

1993年10月，沈明华为"碧纯"水设计了中英文商标、瓶贴、桶贴和包装箱等，均被采纳。当时在双方的协议书中，饮用水公司还要求方圆广告公司设计一套以视觉性为中心的企业识别系统，说好初期设计费共12000元人民币，并承诺"将广告招贴、吊旗、公司简介、样本、广告礼品、销售点广告、展览陈列、媒体广告以及大小包装、瓶贴等，尽量委托方圆广告公司印刷、制作"。在得到沈明华已经设计好的商标和瓶贴、桶贴包装箱后，却只付给方圆广告公司6000元了事，其他承诺均无一兑现。

直到1995年，因一家药材公司也在使用"碧纯"商标，延中饮用水公司才找了沈明华，要求他写一份设计"碧纯"的证明，同时再次口头承诺会给方圆广告公司一点广告业务。事后，却又一去不复返。

对此，沈明华并没有什么不满。但当他了解到自己的设计被另一家"水"公司抄袭模仿进行侵权后，他气愤地说："这哪里还有什么商业道德！"

作为记者，我原以为这场企业合资双方的"水战"所涉及的是比较专业的法律问题，没想到竟会引起社会消费群体如此强烈的反响。由此可见，广大消费者维护自己权益的要求尽管简单，却合情合理，这正是立法的基本点。

除了读者来信来电，我还被两位追到报社的律师要求约见。

来访者之一是王杰，一家律师事务所的律师。自我介绍后，他指着另一位来访者说："这位是杨浦区司法局副局长万恩标，对此案件十分关心。"

我接过万恩标的名片，只见上面除了杨浦区司法局副局长的头衔外，还有某律师事务所律师的头衔，于是问万恩标："你今天是以什么身份来约我谈？"

万恩标迟疑了一下，回答说："是以律师的身份。"

我说："那我就理解了，因为此案在静安区，与杨浦区司法局毫无关系。既然你们是律师，那我就明言，作为王建的辩护律师，你们是收了钱替他说话的；作为记者，我只为事实说话。有关此案法律争议你们到法庭上去辩论；有关报道事实上有什么出入你们可以找报社领导反映。"

我不清楚他们对这场"水战"的事实到底已经有多少了解,但我非常清楚,我的报道采访了矛盾对立的双方,全部来之事实,律师对我的报道极难挑到什么毛病。

与王建律师的对话就这样很简单地结束了。

我并不是不愿意与律师打交道,作为《商与法》专版的编辑和记者,我一向有很多律师朋友,但在具体的案子面前,我更愿意听取与当事人无关的律师意见。1996年7月16日,我就此案采访了华东政法学院经济系教授、市人大常委会立法咨询员、市法学会港澳台法律研究会秘书长唐荣智先生。19日在《新闻报·商与法》专版上发文如下:

"碧纯水纠纷"的法律反思
法律专家唐荣智答记者问

"碧纯水纠纷"一事见诸本报后,引起了很大反响,其中不仅有消费者而且有合资企业的管理层。针对一些共性的、也是合资企业管理层应该注意的法律问题,记者(以下简称记)在7月16日走访了华东政法学院经济系教授、市人大常委会立法咨询员、市法学会港澳台法律研究会秘书长唐荣智先生(以下简称唐)。

记:合资企业管理人员因工作需要,在外兼职有什么规定?

唐:应该严格按照《公司法》执行,不能强调什么"因工作需要"。《中华人民共和国公司法》第215条明确规定:"董事、经理违反本法规定自营或为他人经营与其所任职公司同类的营业的,除了将其所得收入归公司所有外,并可由公司给予处分。"

记:如果是董事长、法人代表违反规定,又怎么让公司作出处分的决定呢?

唐:可以通过董事会作出处分决定。

记:假如这家合资企业的双方董事各占一半,作不出多数决议呢?

唐:这是董事会的先天不足。按国际惯例,董事会成员应该按投资股份的比例设置,董事长由控股方担任也有法可依。我国在1990年修改后的《合资法》中已经明确了这一点。当然,这种先天不足也不是不可事后弥补的,有关企业可以根据修改后的《合资法》,召开董事会进行董事变更。

记:如果因一半董事拒绝参加而开不成董事会怎么办?

唐:在这种情况下,控股一方可以形成董事变更意见,并将有关情况材料一起附上,报送外资管理部门,要求依法变更董事会。

记:假如是三方合资,其中一方要向另一方转让股份或股份经营管理权,应遵循什么原则?

唐:应由董事会讨论决定,不能私下达成协议,否则便是非法无效的。

记:合资双方中如有一方要退出,有无权力把商品品牌带走?

唐:提出退出合资的一方是无权把合资企业的商品品牌带走的。而且在他退出时,必须优先考虑把股权转让给合资的另一方。

记:投资中的一方是否可以把自己说成是合资企业的"上级公司"?

唐:"上级公司"的说法很幼稚。所谓上级公司是指行政公司,在合资企业中,不存在上级公司,要么是母公司,要么是子公司。对于没有控股权的投资一方来说,连"母公司"的提法也是不能成立的。

记:把其他企业的知名商品名称作为自己企业的名称是否侵权?

唐:如果不经营生产同类产品,就不会产生市场误导;如果经营同类产品,无论是生产还是销售,都会产生市场误导,这是侵权行为。

记:企业的重名或近似,只要分布在上海的两个区,就可以允许吗?

唐:企业的名称登记有专门的管理条例,明确指出不得重名或近似,是指在全市范围内,而不是一个区的范围内。否则,全市十多个区县每个企业名称都有十多家重名或近似,这是很混乱的。

记:今年5月,延中饮用水有限公司中的沪方管理人员,将自己另外成立的公司广告与合资公司的并在一起,并在广告中谈到合资公司产品时用"昨日"的字眼,谈到自己另外成立的公司产品用"今天",这种做法对头吗?

唐:我不想涉及具体的广告,但需要说明的是:企业与企业之间的广告不能采用比较法,这种比较尽管没有说对方不好,但含有今天的比昨天的更好的意思,这也是一种贬低,是对消费的误导。即使法人代表兼了几家公司,但他也没有权力在这几家公司之间作这样的比较广告,因为这几家公司都是独立法人,都有自己独立的产品和企业形象,互相是不能侵犯的。

41. 跌宕起伏的官司

"碧纯水战"这场官司一直打了一年零两个月,其间一波三折,跌宕起伏。

第一回合,1996年7月,港方总经理代表合资公司向上海第二中级人民法院起诉"新延中"和"碧纯公司"侵权;董事长则代表合资公司向上海第二中级人民法院申请撤诉。

第二回合,1996年9月,港方投资者中添公司以单独身份向上海第二中级人民法院起诉投资另一方延中实业公司侵权;延中实业又以港方不享有诉讼主体资格的理由,对第二中级人民法院的管辖权提出异议,被驳回后,向市高级法院上诉。

第三回合,1996年12月,董事长王建以法定代表人名义向上海第一中级人民法院起诉他自己另外担任法定代表人的两家公司"新延中"和"碧纯公司"侵权。

王建在第三回合主动起诉,看上去挺花哨,其实下的是一着"臭棋"。《新闻报》在1997年1月25日发表了我对"碧纯水战"中这第三份诉状的分析:

商战的尾声?
"碧纯"水纠纷发生戏剧性变化

"我已经感到厌烦了。"本月21日下午,上海延中饮用水有限公司董事长王建得知记者要采访他时,在电话里作了如此的回答。他表示不愿意再谈此事。

然而,就在一个多月前,他在一份状告"延中饮用水"侵权的民事诉状上刚签了字,从而使一起曾轰动一时的"碧纯水纠纷"发生了戏剧性的变化。

有必要作一个简单的介绍:上海延中饮用水有限公司是1992年由香港中添国际有限公司与上海延中实业股份公司等单位合资成立的(以下简称"合资公司"),其生产的"碧纯"牌蒸馏水在上海有着良好的声誉。但是,自从延中实业股份公司另外成立了由王建兼任法定代表人的上海碧纯贸易发展有限公司(以下简称"碧纯公司")和上海新延中饮料有限公司(以下简称"新延中"),并推出了在装潢、标识及宣传品上极易与"碧纯水"相混淆的"延中饮用水"后,一场商战由此而起,并引出了是否侵权的争论。

令人蹊跷的是,迄今为止,同一件侵权纠纷,却有三份诉状,分别告进了上海的两家中级法院。

第一份在去年7月,盖着"合资公司"印章,由总经理周银宝(港方董事)签字的诉状,状告"新延中"和"碧纯公司"生产经营的"延中饮用水"侵权。诉状一出,立即引起社会关注。这确是沪上一个奇案,因为两家被告公司的法定代表人,也正是原告公司的法定代表人。这位身兼三家公司的董事长对前去采访的记者解释:所说的侵权根本不存在,而是我们三家公司联合营销的战略,实际效果是成功的。三家公司的法人代表都是自己身兼的,难道会自己侵犯自己吗?本公司从未有过对上述两公司的起诉意图。这次起诉纯系本公司港方董事骗夺公司印鉴,非法召开董事会的行为。随后,他便以原告公司法定代表人的名义向法院申请撤诉。

去年9月,第二份诉状盖着合资公司中投资一方——"香港中添国际有限公司"的印鉴,合资公司中的港方以"碧纯"品牌受益人身份单独向法院起诉。与第一份诉状不同的是,这次把延中实业股份公司也作为了被告。延中实业股份公司对此表示异议,认为合资公司是独立的企业法人,投资方只是间接利害关系人,只能按投资额享有资产及利润的受益权,而不享有产品品牌的任何权利。由于此案涉及品牌纠纷,故香港中添公司没有诉讼主体资格。

这本身就有点"奇"的纠纷,到了去年12月,竟然又出现了戏剧性的变化。即本文开头提到的,合资公司法定代表人向上海另一家中级法院递交了一份状告"新延中""碧纯公司"侵权的诉状,而他所告的,正是他兼任那两家被告公司法定代表人期间自己的行为。半年之前,曾有人预言:这是一件自己告自己的怪事。如今,成了现实。这次,轮到港方发表异议了。他们认为这份诉状的索赔要求仅150万元,与原先两份诉状提出1050万元的索赔要求相去甚远。这是侵权方意识到一旦官司打起来必输无疑,故想用权利人已经起诉,使受益人不能再行起诉的做法,来达到低额赔偿大事化小的目的。

有关律师指出:三份诉状中,有两份都是以合资公司的名义起诉的。尽管一份盖有公司的印鉴,一份署有法定代表人的大名,但都有缺陷,即都没有通过合资公司大多数董事的同意。那么,在合资公司内部不统一的状况下,如何才能不让侵权者长期逍遥法外呢?有人建议:可以让投资双方各自单独出面主张属于自己那一份的索赔请求,从而使侵权者及时受到法律的制裁。

其实,无论官司怎么打,我们都相信这起"水纠纷"最终会得到公正的裁决。现在人们关注的,是在这场戏剧性的变化中,合资公司中的双方都已经向两被告公司起诉。无论这两个不同的原告,在主观上的出发点和诉讼请求还存在多大的差异,客观上却在一个起码的事实上统一了看法:即双方都认定"新延中"和"碧纯公司"是侵了权。

另外,第三份诉状还向人们透露了这样的信息:延中实业股份公司正在改变他们原先不当的做法。首先,诉状的被告栏里"新延中"和"碧纯公司"的法定代表人已由其他两人取代,法定代表人由一人兼任的情况不复存在。其次,两被告已于1996年10月起改变了"延中饮用水"的瓶贴装潢,不再使用侵犯合资公司"碧纯蒸馏水"的瓶贴装潢,"延中饮用水"现有的绿基色瓶贴装潢已不同于"碧纯蒸馏水"瓶贴的色彩组合,去掉了容易引起消费者误解的有关文字组合。

当然,这并不能抵销两被告此前的侵权行为,但它毕竟告诉人们:这场不正当的商战可能已经接近尾声了!

几个月前,曾有一篇没有见报,却私下散发,没有署名,却自称"记者"的文章,在罗列了两家被告种种没有侵权的理由后,用近乎写诗的笔调提醒说:"善良的人们啊,你们可知道'奇案'背后的文章吗?请看看吧。"但是写这篇"背后的文章"的人可能根本想不到:今天会有这样戏剧性的变化。事实告诉人们,在玄机四伏的商战中,光看文章是没有用的,更何况是背后的文章。

1997年3月,市高级人民法院在终审裁定中驳回上海延中实业股份有限公司的上诉,维持了原审法院所作出的对本案行使管辖权的民事裁定。而市第一中级人民法院也没有接受王建起诉他自己另外两家公司的案件。

1997年4月9日上午9点,上海市第二中级人民法院就此案开庭。结果是可想而知的,但过程却相当罕见:审理中两次休庭,最后被告方全体退庭。

一开庭,被告王建一方就再次提出港方中添公司是非权利主体,要求法庭中止审理。

第一次休庭5分钟,合议庭没有采纳被告方意见,继续开庭。

王建此时请求退庭。之后,被告方6名律师表示,如果法庭不考虑他们的意见,也将申请退庭。

第二次休庭10分钟,合议庭宣布无需中止审理。

随后法庭上出现了罕见的一幕,被告方6名律师集体退出法庭。这场轰动沪上的经济奇案最后竟然在没有被告出席的情况下审理。

其实,被告自己也十分清楚,他们的出席或不出席,结果都是一样。就像我早在1月份就指出的那样,这场"水战"已经到了结束的尾声。

1997年9月24日,原告(香港中添国际有限公司)和被告(上海碧纯贸易发展有限公司、上海新延中饮料有限公司、上海延中实业股份有限公司)四方在上海市第二中级人民法院的主持下,本着分清是非、分清责任、分清过错的精神,达成调解协议。

达成的协议主要内容是:被告上海碧纯贸易发展有限公司和上海新延中饮料有限公司擅自使用"碧纯"蒸馏水知名商品特有名称及装潢的侵权行为,损害了原告香港中添国际有限公司的利益,两被告愿意向原告赔礼道歉;被告上海延中实业股份有限公司对两被告的上述行为负有管理等责任,向原告表示歉意。上海碧纯贸易发展有限公司和上海新延中饮料有限公司在调解书生效之日起三个月内,清除侵权的广告及产品装潢,并负责及时收回在市场上的侵权产品。由被告赔偿原告经济损失170万元。此案诉讼费、评估费、审计费共20.251万元由被告承担。

同日,香港中添国际有限公司和上海延中实业股份有限公司双方在上海嘉定区戬浜镇政府和戬浜第二工业公司的主持下,对在上海市第二中级人民法院达成调解协议中的未尽事宜补充签订了同样具有法律效力的和解协议书:原本由中添公司、延中公司、嘉定戬浜三方合资的上海延中饮用水有限公司改制为合作性质;并自10月1日起由中添公司承包经营16年;该协议还确定向工商管理部门申请办理企业更名手续,将"上海延中饮用水有限公司"更名为"上海碧纯饮用水有限公司";将涉足此侵权案件的"上海碧纯贸易发展有限公司"更名为"上海延中贸易发展有限公司"或其他名称。至此,这桩费时一年多,分别在上海两家中级法院和一家仲裁机构多次起诉反诉的案件有了一个最终的了结。

我在《新闻报》以《浑水终于被法澄清》为标题报道了这个结果。

42. 决斗与计谋

"碧纯"水纠纷是市场经济大潮下产生的一种新类型案件,它涉及反不正当竞争、保护知识产权、遵守广告法、规范合资企业运行规则、正确理解法律程序等各个方面,具有相当典型的意义。它的终于被调解成功多少有点出乎人们的意料,但这种调解并不是一般人所理解的"和稀泥",而是在把握事实、依据法律、分清是非、判定责任的基础上进行的。"沧浪之水清兮,可以濯我缨。沧浪之水浊兮,可以濯我足。""碧纯水战"一案后来被编入最高法院所编的《知识产权法案例》一书中。

我在此案结束后,采访了分管审理此案的上海市第二中级人民法院副院长丁寿兴,发表在1997年10月5日的《新闻报》:

法官的天职
——上海市第二中级人民法院副院长丁寿兴
就"碧纯水纠纷"一案答记者问

被人们称为"申城一大经济奇案"的碧纯水纠纷,在经历了一年多的曲曲折折以后,终于有了个说法。纵观整个案件的审理,上海市第二中级人民法院在最初的异议纷起中敢于大胆受理,在接踵而至的重重障碍中精心审理,使最后的调解取得了出人意料的成功,他们在重新澄清这缸被搅浑的水中起了决定性的作用。市场经济大潮中,我们正面临各种各样的新类型法律问题,一些不法分子暗中窥伺想寻找空当趁机钻营,而受到侵害后的经营者有时感到难以投诉,那么,二中院的法官们是如何面对"碧纯水纠纷"这起新类型案件的呢？这是当前社会公众所关心的一个问题。为此，记者就公众所关心的该案审理情况，专门采访了市第二中级人民法院分管知识产权审判工作的副院长丁寿兴。

一、人民法院应当让当事人"投诉有门"

记："碧纯水纠纷"发生后，合资公司中的港方（中添国际有限公司）曾使用合资公司印章以合资公司的名义向法院起诉，沪方（上海延中实业股份有限公司）却以合资公司董事长的名义向法院撤诉，成为轰动一时的沪上奇案。而后，中添公司以自己名义起诉，但沪方认为中添公司不具有原告主体资格，各种媒体一时议论纷纷，当时法学界部分人士认为这是合资企业内部的纠纷，应该由仲裁机构而不是由法院来受理。对此，二中院是怎么看的？

丁：人民法院的审判工作必须为改革开放、规范市场经济服务。在市场经济的发展和改革开放的深入过程中，必然会出现一些过去未遇的新类型纠纷。这些纠纷有的影响到市场竞争秩序，有的影响到投资环境，还有的影响到企业正常的发展，甚至最终演变为诉讼案件。"碧纯水纠纷"就是这样一起有综合影响的典型案件。

首先从受理案件的法律依据来看，现行法律中并没有法院无权受理此类案件的禁止性规定，只是没有具体规定法院如何受理此类案件。而《民法通则》及《民事诉讼法》的基本原则、最高法院对受理此类案件的有关批复和司法解释、一些省市法院审理此类案件的有效判决，已经成为人民法院受理"碧纯水纠纷"一类案件的依据。

其次从人民法院的审判职能来看，审判工作为改革开放、规范市场经济服务必须落到实处。就本案而言，当时有关的仲裁机构已经明确表示"仲裁机构无权处理，法院受理并无不当"。如果人民法院对已经存在而且愈演愈烈的侵权纠纷仍持视而不见、拒不受理的态度，那么人民法院审判职能又如何体现呢？说到底，人民法院要让当事人投诉有门。对改革开放、发展市场经济中出现的新类型案件，只要不违反法律规定，人民法院就应当大胆受理，决不能将当事人拒之门外。

事实证明，我院大胆受理此案是正确的。上海市高级人民法院依法驳回了被告就管辖权提出的上诉，维持了我院对本案行使管辖权的裁定。

二、诉讼程序不应成为侵权者的"避风港"

记："碧纯水纠纷"案历时一年多，其中大部分时间是在解决诉讼程序问题，有些问题还经历了二审裁决。原告认为，被告企图利用程序阻挠实体审理；被告则提出，程序违法就不能保证实体审理的公正。开庭审理时，出现了被告以"程序违法"为由而集体退庭的场面。许多人担心,案件很可能由于程序问题难以解决而不了了之。而今天,市二中院不仅成功地了结了纠纷,而且认定的全部事实为当事人各方所接受。请问,市二中院是如何解决这一关键问题的?

丁:由于合资公司的沪方董事长同时兼任两家侵权公司的董事长,所以,港方董事要求召开董事会讨论起诉事宜的提议遭到拒绝;当港方以合资公司的名义起诉并要求被告赔偿1000万元后,沪方董事长则要求撤诉;当中添公司以自己的名义起诉要求被告赔偿1000万元后,沪方董事长又以合资公司的名义起诉要求被告赔偿150万元,由此引起了一系列程序问题。我们的指导思想是:抓住实质,依法审理。"碧纯水纠纷"案的实质是侵权事实清楚,程序问题复杂,而程序问题的复杂性是因侵权而产生的并且与侵权一方的人为因素直接有关。针对这一案件实质,我院在有关法院依法驳回港方、沪方各自以合资公司名义的起诉后,果断地开庭审理中添公司提起的诉讼案件,使案件正常地进入实体审理阶段。需要指出的是,被告所谓"市二中院开庭审理违法"的说法是毫无事实依据,也无法律依据的。

三、审理案件要注重社会效果

记:"碧纯水纠纷"案是一起社会影响比较大的典型案件,案件的处理结果对今后处理类似案件必将产生一定的作用。在当事人的"和解协议"中有这样一条:生产"碧纯水"的"上海延中饮用水有限公司"更名为"上海碧纯饮用水有限公司",销售"延中水"的"上海碧纯贸易发展有限公司"更名为"上海延中贸易发展有限公司"或其他名称。许多人认为由此而解决了产生纠纷的根源。对此,市二中院是如何看待的?

丁:的确,"碧纯水纠纷"案是一起比较典型的侵权纠纷案件。对这样一起案件,我院非常注重审理的社会效果,而不是就事论事地简单处理。具体表现在:

第一,要通过对这一典型案件的审理,达到规范市场竞争的社会效果。也就是说,案件的审理结果必须分清是非、过错和责任。本案被告承认侵权、赔礼道歉,无疑是案件审理成功的一个方面,但如果结案后还是由"延中公司"生产"碧纯水"、"碧纯公司"经营"延中水",消费者依然会对两种水或两家公司产生混淆,那就很难说案件审理取得了良好的社会效果。

第二,要通过对这一典型案件的审理,达到维护投资环境的社会效果。虽然本案的主题是"碧纯"品牌是否受到侵害,但产生纠纷的因素之一,是合资公司的一方在单方利益的背景下参与侵权,并在客观上阻挠了合资公司另一方维护自己的合法权益。这个问题法院是否管得了,是否管得好,正是许多投资者所最关心的。本案的审理结果已经充分证明,对于此类纠纷,人民法院不仅管得了,而且管得好。

第三,要通过对这一典型案件的审理,达到保障企业合法权益、促进企业发展的社会效果。今天,作为合资公司最大股东的中添公司的合法权益得到了维护,其经济损失得到了赔偿;合资公司改为合作公司后消除了内部产生纠纷的隐患,仿冒"碧纯"品牌的侵权行为受到制止,企业对未来更加充满信心。我想:"碧纯水纠纷"案能够取得这样的社会效果,不仅是我们法院所期望的,也是关心这一案件的人们所共同期望的。

"碧纯水战"的官司了结之后,上海法律界开了一个座谈会,请我参加并发言。在诸多法律专家面前,我实在讲不出什么法律道道,只能从社会文化背景上对为什么会在中国出现如此多的侵权行为谈一些感受。12年后,当年的港方总经理周银宝要写《碧纯水战》一书,他说我那个发言让他印象极深,要我整理成文,作为他这本书的"跋",全文如下:

决斗与计谋

历时一年多的"碧纯水战"结束时,上海法律界开过一个讨论会,讨论在这场水战的法律启示下,应该如何完善经济法规。

作为与会一个记者,我却在想这样一个问题:为什么一搞市场经济,就会冒出那么多的侵权、假冒和诈骗?

诸多因素之外,是否也让我们来反思一下国人的传统思维和价值观呢?

古代,无论是利益纠纷还是尊严受损,小到个人之间,大到两国之间,中国人都喜欢讲"三十六计",什么"暗度陈仓""调虎离山",最后实在不行了,"走为上"。像勾践卧薪尝胆,韩信胯下受辱,计谋用尽,而后东山再起或大事有成,这在中国古书中都是作为楷模来称道的。

西方人则不同,往往采取决斗来终结,先是用剑后是用枪。无论用什么武器,总之是要舍得用命来搏;无论是输是赢,参与者的人格和权利在决斗中都得到了认可。就连普希金这样的文人,也会参与决斗,并在决斗中倒下。这在很多中国人看来是很傻并且很野蛮的。

不是有很多人刚开始有机会接触到境外企业时,最大的感受就是:境外老板很傻,很好骗的吗?

其实,人的智商是差不多的,只不过是崇尚计谋与崇尚决斗的不同历史背景,给我们留下了不同的思维方式和价值观。

计谋,让人重视结果,所以在手段上不讲规矩往往出人意料之外;

决斗,让人重视过程,所以在程序上讲究的是公平公开。

计谋,让人重视实惠,讲的是一套,做的又是另一套;

决斗,让人重视名誉,不会朝三暮四苟且偷生。

计谋是凉飕飕的心;决斗是热腾腾的血。

计谋是猥亵的密语;决斗是悲壮的诗篇。

计谋是曲折的绕道;决斗是直接的前行。

计谋的氛围是黑暗的;决斗的氛围是透明的。

"碧纯水战"就是这样一个计谋与决斗的过程:

从一开始在包装上把两种水搞浑,在经营上另起炉灶,是计谋;到后来的公司高层争吵动手,双双站到法庭上辩论,是决斗。

今天,周银宝先生写下这本《碧纯水战》,让我写一篇短文,我只能说:我至今仍然很佩服计谋者的精明与雄心,更佩服决斗者维权的勇敢与韧劲,对双方原本的合作到最后的不欢而散感到遗憾。因为这导致第一个打进上海市场的碧纯水,错失了发展的大好良机。

当然,我从来都不欣赏在利益之争时采用这样的计谋,因为如果这计谋得逞,碧纯水的下场会更惨,法庭决斗,是唯一公平的做法。

顺便提醒一句:十多年过去,来中国办企业的境外老板越来越多,中国的"三十六计"早就"中为洋用",国人也应小心才是。

另外,大家还记得曾到报社来找我的两位律师吗?好多年后,我们成了朋友。

王杰作为江西峡江知青联谊会会长,我作为黑龙江爱辉知青联谊会会长,在后来的知青活动中有一次相遇,两人都十分惊诧。谈起那次在报社的见面,他笑着说:"你这个记者,太厉害了。"

万恩标后来担任上海市律师协会秘书长,一次单独约我在海鸥饭店吃饭,望着夜色中闪着灯影的黄浦江水,两人对当年的"碧纯水战"都感慨万分。我问万恩标:王建现在在哪?如果有可能很想与他见个面,毕竟都是在黑龙江下过乡的知青。

43.《智力大冲浪》兼职

职场中经常碰到这样的事:你在边缘,所以你很空闲。

不要因为在边缘而心怀芥蒂牢骚满腹,不要因为很空闲而心生惰意颓唐慵懒。太阳是从边缘升起来的,月亮也是从边缘升起来的。东边不亮西边亮,转到背面还是亮。

快乐,还是快乐,这是你发出的光亮,可以令任何阴暗的东西都变得无足轻重。

从深度报道部调到专副刊部,对我这个只想在新闻一线的人来说,心里是不愿意的。如果不是让我去恢复经济法规的专版报道,我不会答应这个安排。但说实在的,每周编半个版的《商与法》专栏也太轻松了。公检法系统有很多我的老朋友,组稿相当轻松。这点活儿,每周半天就能搞定。像《给占卜大师亮红灯》《七个女大学生的遭遇》《碧纯水战》这样的系列报道,毕竟可遇而不可求。我喜欢做事,但当报社没要我做更多的事时,最好的对策是不要待在报社显得无所事事,更不要无事找事参与报社的是是非非。那么,平时剩下大把时间,怎么度过呢?

在专副刊部,除了由我负责的《商与法》专版,其他一些栏目大都为都市闲话或很软性的文艺性文章。专副刊大多是文艺青年,酷爱小资情调。不过,在他们看来是超脱世俗的时尚潮流,在我的眼里却觉得空泛无聊。

一次,专刊部主任让我帮忙编一个小栏目《都市写真》,用完稿件和照片,留下了几行空白。怎么办呢?我想起早上路过一家超市,开门前弄一帮礼仪小姐喊口令走正步,引来老百姓围观。于是我点燃一支烟,坐下来写了140个字,加了个小标题《看不懂的开门仪式》:

越看不懂的事体,越有人轧闹猛。比如,上海一些商店近来兴起搞开门仪式,让身着统一制服的小姐在店门口嗲声嗲气喊口令,扭呀扭地走正步,甚至还有打腰鼓的。开业典礼闹猛一次还可以让人理解,开门仪式天天这点花头,就让务实的都市人看不懂了。商店小姐讲:这是弘扬企业精神。上年纪的人讲:这是做广告。年轻人看了笑出声:这是有毛病!

这个拍拍脑袋临时凑合的,没有时间没有人物没有事件的报屁股补白,在1996年5月13日见报,没想到一周后,5月21日被《新民晚报》12版转载了,而且注明来自于江苏《服务导报》。拿来《服务导报》一看,文前还印了乌黑的"本报讯"三个字,却没有作者。再过一个月,6月13日,上海《劳动报》又从安徽的《新安晚报》再次转载此文。补白的涂鸦,竟然七拐八弯从上海到了外地,又从外地回到上海,搞不清到底上了多少报纸的版面!

我并没有为此感到喜悦,而是感到一种无奈:各地的专副刊难道都这么无聊?

见我空闲无聊,曾借调我的电视台《今日印象》栏目,会叫我一起去外地采访拍摄,我也借此散散心。一次去苏州拍片,认识了时任《今日印象》的主持人和晶。她将我介绍给刚创办《智力大冲浪》的小辰老师。于是,从1996年年初到1999年年初,我兼职在上海电视台《智力大冲浪》当了整整三年的撰稿和策划。

这是个综艺节目,与我操作的《商与法》完全是两个天地。我至今都不明白,小辰老师怎么会让我这个活泼不够、严肃有余的人参与到《智力大冲浪》节目中去?而且一干就是三年。

必须承认,小辰老师不仅电视专业相当精湛,将这台节目做到了上海电视综艺节目的最高收视率,而且非常会用人和培养人。这个栏目的编导和主持人后来成为上海电视台各个综艺节目的台柱子。此外,我也十分欣赏小辰老师的为人,甚至对她有时说的"出格"话都觉得非常有趣。比如有一次她对布景不满意,布景技师辩解说:"这个布景不是蛮有味道吗?"正在气头上的小辰老师立马回道:"什么味道?放屁也有味道的!"说完她自己觉得不妥,大笑起来。

电视台鼓励我兼职的朋友有时与我开玩笑:"在报社闲着没事,一肚子气;出来忙忙,一口袋钱。你要气?还是要钱?"其实,我真不是为了钱。这个栏目组都是有趣的人,和晶、林栋甫、程雷、豆豆、黄浩等主持人就不用说了,还有戎君超、顾吉明、潘丽珍、曲清、徐向东……跟他们在一起整天嘻嘻哈哈的,其间的故事三天三夜也说不完。正是在这种氛围中,我有了许多变化。按林栋甫的说法:老韩变化很大,穿起牛仔裤了,脸上有笑容了……我不知道我以前到底有多OUT。举个例吧:一次去北京出差,小辰老师见我拎了只塑料马甲袋来到机场,惊讶地问:"你就这么上飞机?"我说:"不就两天吗?不用带很多东西的。"她当场对戎君超说:"给老韩买一只包来。"这件事后来改变了我不修边幅的作风。

我还十分有幸,在《智力大冲浪》的三年里,跟着摄制组去过黑龙江、海南、陕西、西藏、甘肃、安徽、北京、重庆、成都、江西瑞金、河北保定、宜昌三峡……江浙两地就不用说了,有时人在外地,飞回来编完报社的《商与法》,再马上飞回摄制现场。这是我一生中最"浪迹天涯"的几年。

不过,对我来说,最大的收益是在《智力大冲浪》和《商与法》这两个截然不同的平台上,学会了两种思维、两种风格、两种节奏、左右脑同时工作的特性。从《司机与警察》《红军长征》《奥运》《上海六千年》《中华第一笔》《阿拉宁波》《幸运十三》……我参与了20多场节目的前期策划,在撰写那些"姜胡同话""七品芝麻官""街头福星""拷贝不走样""横冲直撞""真真假假""碰碰响"等寓智于乐的栏目稿件时,我充满了快乐和激情。

1999年春节前,《新闻报》并入解放日报报业集团,分为晨、午、晚三刊。时任《新闻晚刊》主编的裘新将他很看重的社会新闻部交由我负责。我知道,这意味着在边缘偷着乐的日子结束,我必须与《智力大冲浪》告别了。

我会想念那些快乐的日子,那是一段东边不亮西边亮的日子。

很多年过去,一次在翻阅曾为《智力大冲浪》撰写的主持稿时,我很惊讶当年怎么会写出那样有意思的东西。我把其中一个有关《圆》专场的主持词改成博客,发现竟然还是一篇相当不错的散文。

[附文]

美,来自圆

我一直认为:美的概念最早来自圆。

一个婴孩,从他吮吸第一口乳汁时,接触到的是乳房——圆就是生命;

一对情侣,当他(她)表达情意时,首先想看的是对方的眼瞳——圆就是爱情;

每一个人,清晨一睁开眼,看到的是太阳——圆就是生活。

圆,自然而然地,成为人们眼里最美、最和谐的造型。

以至于人人都想拥有圆,把圆戴在头上、手上、脚上,套在脖子上、耳朵上……

即使你没有佩戴金银珠玉的爱好,你身上的扣子、手表……也都是圆的。

圆还在你的心里,比如,团圆、圆满、圆梦。难道你没有去回忆过、寻觅过、希望过?

一个没有圆的人,是找不到的。

古人还给我们留下许多带圆的成语,比如"自圆其说、破镜重圆……"。

有一句很有意思的成语是"戴圆履方",表示"顶天立地"的意思。

古人以为地是方的,没想到他们错了。连大地也是圆的,所以,人在空间上离不开圆。

即使你有本事离开地球,那么你从太空上可以看到,宇宙里的星体都是圆的;

星体地表上的物质构造大部分呈圆形分布;

甚至所有人,无论民间还是官方,在谈论不明飞行物UFO时,不约而同地都把它想象成圆的。

圆,实在是一个谜。

走在荒无人烟的野地里,你看到最多的形状还是圆:树干、草茎、花朵……
走在繁华都市的大街上,你看到最多的形状还是圆:电灯、轮胎、脑袋……
还有你用肉眼看不出的圆形的自然现象:电磁波、磁场引力、震荡辐射、声音传播、热量散发……
世界上任何事物都起源于一样东西:0。不是说"一切从零开始"嘛。
有了圆,才有了日升月落的物体运转;有了圆,才有了火车轮船飞机汽车的万里驰骋。
圆,推动了科学技术进步。
圆,作为最原始的美,确实无处不在,无时不有。

有人说:一个圆从这里开始,又到这里结束,绕来绕去的,是一种重复循环,是一种旧的圈套,是一种束缚。
但实际上圆里面蕴含着无穷的变化。
拿圆周率来说吧,"π"就是一个无限不循环小数,至今我们只能精确到小数点后面的 100 多位,它给人们留下了无限的遐想。
有人说:圆有时候也太活了,活得让人不可捉摸,圆的东西就是不像方的东西那么四平八稳,令人放心。
但是一个善于动脑筋的人,会改变圆的一切。比如,用任何直线去穿过圆心,都可以把圆分成对称的半球,而半球,比方块更能给人以绝对的平稳感。
爱动脑筋的人总是在利用圆、改造圆,让圆来为人类服务。
在创造发明的历史长河中,圆同人类结下了深深的缘分。
从最早的车轮、指南针、螺旋桨一直到卫星接收器、电脑光盘……
圆,直到今天还在为人类实现美好的愿望。

除了自然科技活动,在社会活动中,圆,也发挥了不少作用。
小到化解邻里纠纷的"打圆场",大到国际政治谈判的"圆桌会议"……
就连鲁迅笔下的阿 Q,在生命最后一刻,还画了一个圆,他嫌自己画得不圆,把更圆的梦,托到了 20 年后又能成为一条好汉时。

有人不服:圆都是美的吗? 比如:"圆滑",谁又会说圆滑是一种美德呢?
唐代文学家元结就写过一篇《恶圆论歌》:"宁方为皂,不圆为卿;宁方为污辱,不圆为显荣。"意思是:情愿方方正正做一个平头老百姓,也不能圆头滑脑地去做高官贵臣;情愿方方正正地活着被人看不起,也不能圆头滑脑地去追求显赫荣华。

在他喜欢方的眼里,圆和方是两个对立的东西。

其实,问题并没有这么严重。在喜欢圆的人眼里,总是可以看到和谐统一的东西。

古人还说过:"方如行义,圆如用智。"一个人身上,方和圆还是可以结合得很好的。

古人用的"孔方兄"也是外圆内方,不仅成为交易的货币,还被后人用来比喻交际的原则。

圆还可以和其他非方块的形状组合成最佳搭配伴侣。

有了圆,图案就会更加变化莫测,更加让人联想翩翩。

没有圆的图案,就会让人感觉不到美。

圆,是希望,圆是机智;圆还是吉祥。

圆,是未来,圆是创造;圆还是祝福。

44. 中组部下达的任务

《智力大冲浪》是上海电视台综艺节目收视率最高的,作为兼职撰稿策划人之一,我也借光小有名气。不得不承认电视台的影响力很大,直到好多年后,有时碰到从未谋面的人,接过我的名片会说:"这个名字很熟悉呀。"想呀想的,就是想不起来在哪里见到过我。

我知道,那名字大都不是从《新闻报》上看到,而是在这个收视率最高的电视节目上看到的。三年多来,每到周末,《智力大冲浪》播出时,常常有我的名字打在策划或撰稿的名单里。

那段时间,经常有人请我去帮忙策划做电视片并为之撰稿。从企业、文化到法制、党建,我几乎成了自由撰稿人。

记得第一个党建片采访是在1996年6月,采访对象是卢湾区环卫局局长张学聪。

采访的第二天,从卢湾区组织部工作人员徐国愚那里传来消息说,张学聪对我在整个采访过程中不记一字感到不解：这个记者是不是大兴的？等到第三天我把剧本传给卢湾区组织部后，他们刮目相看：整个故事叙述得如此得体生动。

我在做报纸新闻时，就喜欢通讯的写法，这练就了现场观察的能力。一个在采访中拿着本子从头记到尾的记者，无法应付现场随时可能发生的变化，也无法通过捕捉对象的神态来准确掌握采访的重点。更重要的是，缺少了与采访对象的互动，就难以挖掘和发现深层次的新线索。因此，除了必记的数字，我轻易是不会埋头在本子里记什么的。

帮卢湾区委组织部撰写的这第一个党建片《带出一支认人民满意的队伍》，拿到了市委组织部颁发的三等奖。后来又有了1997年《炼石》、1998年《好大一个家》，先后帮这个区拿到了市委组织部颁发的二等奖、一等奖。

我还受市检察院法宣处委托，撰写了一部有关金山区反腐的电视资料片。我先后去金山区看守所四次，采访了15名在押人员。看到这些曾经神气活现的大小官员，如今在铁窗下一副蔫样，不禁令人想起《小兵张嘎》电影里的一句台词："别看你今天闹得欢，就怕将来拉清单。"我为这部反腐资料片起名为《金山不蚀——金山区检察院反腐斗争纪实》。

在各种策划和撰写的电视片中，值得一提的是为中组部撰写的《从困境中崛起的正广和》。

我从头到尾也没见到过当时正广和的老总吕永杰本人。1996年9月10日，市委组织部党员电化教育中心主任刘春萍找到我，说中央组织部要上海搞一部反映正广和汽水厂党建工作的电视专题片，请一位作家写了五稿，还没通过。刘春萍说，已经耽误了好多时间，如果再弄不出来，自己压力太大了，希望我一定要帮个忙把剧本写出来。我看了一下原稿，它以一架钢琴弹奏《国际歌》的画面开场，下面的风格可想而知。我不想受到原稿的影响，只把其他材料和6盘录音带拿了回来。

我被材料中的一段叙述深深吸引：

吕永杰临危受命，从英雄金笔厂调任已经停产的正广和。老工人一见他就问："你来干什么？这儿天天像过年，找不到上班的人。"年轻工人更不客气地问："你来干什么？这儿像殡仪馆，连鬼都找不到。"

在吕永杰的办公桌上，堆满了各种各样的催款单和请调报告。他在班子的第一次会上说："今天的市场就如同昨日的战场，今天的共产党人也应该像那时的共产党人，市场经济也还是要依靠工人阶级。走相信群众、依靠群众、组织群众的道路，把工人请回来，把市场夺回来！"

我想这才应该是电视专题片的开头。可是，把下岗工人请回来，这与当时动员大批工人下岗的口径很不一致。

那几天我十分忙,除了报社的工作,9月12日至16日,我飞哈尔滨参加校庆55周年;9月20日至10月2日,我先后三次参加《智力大冲浪》在郊区过夜的节目策划。我只得挤出所有空余时间认真思考剧本的框架并写完了剧本。

10月7日,刘春萍收到我《从困境中崛起的正广和》完稿传真后,打电话让我去他的办公室。可是见到我,他却一言不发点上烟,在办公室踱步半小时之久,才突然发问:"你为什么要这样开头?"

我回答:"无论是国际上的敌对势力还是中国的老百姓,他们从不同的角度,都在看共产党能不能搞好经济建设。而共产党搞好经济的宗旨不是让工人下岗,恰恰相反,是要让工人群众不但有工作,而且能生活得更好。我想,正广和的下岗工人在一批共产党人的召唤下,回到工厂从困境中崛起这件事,回答了所有人的疑问。"

刘春萍听了对我说:"好,我这儿通过了,但还要等市委组织部、中组部最后的意见。"

记者永远是关注下一个报道的,我没有再去打听最后的结果是什么。直到一年后,我去哈尔滨出差,碰到在黑龙江《党员电化教育》杂志任主编的老同学管大鹏。他告诉我:我们杂志刊登了你为中组部写的电视片解说词。我这才看到了最后署名为两个人的剧本解说词内容。

[附文]

解说词选登:《从困境中崛起的"正广和"》

编者按:拍摄《从困境中崛起的"正广和"》一片系中央组织部副部长虞云耀到沪调研、为全国国有企业党建工作会议亲自下达的任务。在创作和制作过程中,中央组织部组织局党员电教中心主任李环筹同志亲自来沪指导。上海市委组织部党员电教中心全体同志努力使该片生动、准确地再现了上海正广和总公司在党委书记、总经理吕永杰同志带领下,依靠党委一班人,全心全意依靠工人阶级,从"凝聚力工程"入手,以精神解困带动企业解困,使百年老厂正广和重新焕发青春,走上发展壮大的成功之路。此片给人留下深刻的思考,值得一看。

党的十一届三中全会之后,经济建设成为我们党的中心任务。能不能把国有企业搞好,是放在新时期中国共产党人面前的一大课题。国有企业的成败,关系到社会主义事业的前途,关系到工人群众的命运。它已经成为世人关注的中国改革的焦点。

1993年底,一份简报送到了上海市领导的办公室:曾经享有盛誉的正广和汽水厂正陷入濒临破产的困境。

正广和汽水厂是有着130年历史的老企业。它所创立的"正广和"品牌曾经是上海这座中国最大都市里的汽水的代名词。其产品还曾畅销全国并远销英国、澳大利亚……然而,近年来,在外来饮料的冲击下,正广和不堪一击:市场萎缩、生产滑坡、企业休克。两千三百多人的工厂,只剩下几十个人上班。正广和的惨败引发出一场讨论:国有企业在新形势下到底还能不能振兴?

在困境中,吕永杰受命来到正广和。对此,很多人不理解,有的工人甚至不客气地问:你来干什么? 正广和是没有希望了。

(采访。吕永杰:我是1993年的12月份到正广和的。当时我到这个厂的时候,企业职工的人心比较散。我记得进厂的时候,有段时间我在车间里转的时候,这么个两千三百多人的厂,每天上班只有几十个人,中午食堂里面吃饭几乎看不到人。厂里一些骨干流失了不少。1992年以后近两年中,企业的一些关键人物走了不少。)

工厂的党政领导经过认真思考和讨论,重新统一了认识:企业要解困,道德是精神要解困,要唤醒已经麻木的人心。

(采访。吕永杰:在最困难的时候,我们号召大家起来唱《国际歌》。我想至少有一个含义:就是不靠神仙皇帝,靠自己。第二个想法就是"快把那炉火烧得通红,趁热打铁才能成功",就是一个机遇。抓住机遇的这样一种意识、一种观念、一种干劲、一种姿态、一种精神。)

今天的市场就如同昨天的战场。今天的共产党人也应该像那时的共产党人那样。市场经济也还是要靠工人阶级。走相信群众、依靠群众、组织群众的道路,把工人请回来,把市场夺回来。

(采访。吕永杰:我们党政班子都意识到,工作如何开展,首先第一步得了解群众。群众在想些什么,他们在干些什么,是我们工作的一个依据和出发点。我们认为,不了解群众,就谈不上关心群众,不了解群众不关心群众,就谈不上凝聚群众。)

新领导班子的第一次亮相,是在厂里挂出了两只信箱。

(采访。陈光荣:当时,工人有疑问,作出决策是领导的事,工人有什么决策权,再好的建议,是否能采用呢?)

(采访。吴基民:我们那么辉煌的金字招牌正广和,应该说走入低谷了。吕永杰来了以后,我们职工和干部都寄希望于他。)

(采访。陈光荣:工人抱着试一试的心理,写了各种建议,他们提出的建议不可能很全面,提了某一点。想不到吕总收集了这些建议后都仔细看了,白天没空晚上看,看了后,有好的建议就采纳了,采纳后还发奖。)

(采访。倪定远:我们老工人总希望与新厂长谈谈心,我写了一封信试一试。第二天厂长就找我了,谈了两个小时。这件事也是挺新鲜的,因为我从来没想能那么快就接待我。)

事情一传十、十传百。工人们认定了新班子是理解工人、尊重工人的。小小的两只信箱,开始把党组织和工人联系在一起了。

要联系群众,就必须主动地关心群众。仅 1994 年一年,正广和的领导就走访了一千三百多人次。他们说:发动群众,不能等群众找上门来。

张金棣工程师是 60 年代的大学生,已经在正广和任劳任怨地工作了二十多年。正广和的境遇曾经使她失望。

(采访。张金棣:八点多钟听到外面的敲门声,我们全家都很惊奇,谁这么晚还来我们家?当时我爱人以为我哥哥到上海来开会,可能到我们家看一下。后来听到"张工、张工"的声音,我一开门是我们的吕总来了,当时我又激动又惊奇。开门后一看,吕总冒着风雪进来了。吕总一进来就讲:张工,我来晚了,我应该早点关心你。就这样谈啊谈,谈了许多。谈了厂里的科技情况、生产情况、人员的思想情况以及发展前景,共谈了两个多小时。我的心很热,当时很感动。当然,吕总没有封官许愿,让我留下来给我房子、提干等都没讲。我从他的身上看到了共产党员的光辉形象。老八路回来了,这么年轻的共产党员在这样一个大雪纷飞的夜晚,来关心一个普通的工程师,一个普通的知识分子。当时我的心情很激动,包括我的家人。我女儿说:你们这么好的厂长,我从来没看到过。她说:妈妈,你跟吕厂长一起干吧,家务活我们全包了。当时想,跟这样的厂长,干死了也情愿。)

不久,全厂召开了一次科技工作大会。但与其说是科技工作,不如说是做人的工作。会议宣布提高科技人员的待遇并且破格聘任只有初中学历、工人编制的电器管理员李志云为工人技师。

(采访。李志云:四楼会场开会,我事先不知道,因为没有聘我时,我不参加科技会议的。当时人事科的同志通知我,我感到吃惊,怎么会通知我去开会?后来他说,今天要提升你,我这才知道。上楼后,大会宣布聘用我为工人技师,提升一级工资。当时我很感动,因为我没有想到。企业如此困难,吕永杰刚来,我想他可能不会对我太了解。而他在这种场合做这样的决定,我很感动。)

科技人员的去意消失了,他们把心留在了正广和。

1994 年的春节,对正广和的人说是个苦年。企业除了 2800 万元的到期债务,一贫如洗。

(采访。曹红:下面工人反响也很多。有些人讲今年厂里不行了,肯定没奖金发了,没指望了,包括中层干部也有这样的思想。吕总知道后,他也很着急。)

有人建议勒紧裤带过穷年,增强危机感。面对这样深明大义、通情达理的职工,厂党委认为企业再困难,也不能苦了群众。班子成员都走出正广和,分头借钱发工资。

(采访。张蔚兰:有一个退休工人,他们母女都是厂里的工人。她去世了,她女儿来厂里报销,这是丧葬费。那时,财务科没有钱,我很急,我想党委书记吕永杰刚来没几天,我就简要地把这个情况跟他讲了。他很急,马上打电话到财务科。他说:人家人死了,这种钱怎么可以不给人家!)

为了不让那些在正广和干了一辈子的退休工人受委屈,厂里又不惜借钱,恢复每周三次报销退休职工的医疗费,还取消了报销总额的限制。

(采访。朱国文:我们57名合同工在正广和做了10年,合同到1993年12月31日到期了,到期了叫我们回去,正广和厂不和我们签合同了。当时叫我们回去,我们很气愤。我们工人很不甘心。后来听说新厂长来了,我们这批人就去找他了,把自己的难处,把自己对正广和的贡献对吕总说了。吕总说,你们这批人确实挺好。通过讨论后,吕总把我们这批人留下来了。当时我们也很感激。)

这看上去是加重了企业的负担,但正是这三件事,在党组织和普通工人之间架起了一座心心相印的桥梁,他们纷纷表达出了自己的心声。

(采访。薛林福:那时候人气一下子焕发出来了,就从这小小的信箱开始恢复了人气,然后再恢复了生产。)

(采访。吴基民:我很欣赏吕永杰搞"凝聚力工程"。)

(采访。陈光荣:吕永杰来了以后,搞了个"凝聚力工程",首先要让每个人上岗。)

(采访。张蔚兰:为了厂里经济发达,我们退休工人应该也有责任的。)

一个已经陷入绝境的企业,竟然在短短的时间里就营造出了新的氛围,培育起了新的精神,这不正说明国有企业蕴藏着内在活力吗?正广和的领导班子用共产党人特有的方式,把这种活力调动了起来。

(采访。吕永杰:我们不尊重工人群众,我们就没有领导权;我们不关心人民群众,我们就没有作为我们工作的一个出发点和一个重要的标准。)

企业的命运掌握在工人自己的手里。要让工人了解自己,为自己的命运去拼搏。党组织不是恩赐者,而是他们前进路上的带头人。

在进行了深入的调查研究后,厂领导将企业的真实情况向全厂职工亮了底。

(采访。杨志英:那天会一直开到五点半。我们四点半下班,他讲到五点半,下面都很爱听。而且会后中层干部都到自己分管的部门传达。)

进厂以来,大家都是第一次听到厂情家底的"秘密",也感受到了领导对职工的尊重和信任。

(采访。常凤玲:职工对企业的家底一点都不清楚,对企业的目标也是一点也不了解。但通过亮家底以后,大家就有这样的感想:这个厂长能够把家底亮出来,他是对我们的尊重,也是对我们的信任。再说,他也是依靠我们的。他是真心真情地对待我们,那我们就要这样真正地把工作做好。当时就在几个会议开了以后,大家就喊出了:好好干,好好干……)

交家底,不仅仅是为了理解为了沟通,更是为了鼓劲、打气、提神。会后,领导班子提出目标:全年销售1.5亿元产品。正广和的销售额,历史最高纪录也不过1.3亿元,那是在最旺时期创造的,眼下厂里满目疮痍,生产降到了最低谷,1.2亿元都是奢望。1.5亿元的销售目标,震动了正广和人自己。

(采访。吕永杰:1994年初提出全年目标的时候,开始时我们根据企业的情况,想第一年维持不亏损。所以,我当时想1.2亿元,职工了解后说没兴趣。为什么?他们说我们近两年半没有加工资了,现在的目标没有加工资的一块,只是维持。这就是说,当工人们认为自己的奋斗中没有自己的利益时,我想他们也不会好好干。但反过来,只想自己利益这一块,为个人利益忧心忡忡的话,也不会很好地干。当时提出了1.5亿元,然后告诉大家,这1.5亿元是我们整个创业的一个基石,发展的基础。这样的话,我们的企业就会一步步前进。因此,职工们就鼓起了劲儿。)

曾经悲观消沉的正广和人,如今终于被激发起了昂扬奋进的人心。

资金缺乏,生产难以启动。在党组织的发动下,职工们积极加入了"爱厂储蓄"活动。

(采访。金丽娣:我们饮水车间有一位女职工叫吉财关,她的房子正面临动迁。她把动迁的费用也拿到厂里来参加"爱厂储蓄"。)

(采访。张蔚兰:我们厂里因为经济原因要集资,很多退休工人说,你们为什么不告诉退休工人?我们也有责任。)

这些只拿最低工资的人们竟集起128万元资金。

生产启动了,空瓶跟不上,车间里连连告急。

(采访。王劲风:当时我们很多职工看在眼里急在心里,积极向厂长提建议,是否我们职工用自己家里剩余的瓶子或将亲戚朋友家里剩余的瓶子募集到厂里来开展生产自救。)

不仅在职职工们来了,连生病的、退休的都来了。一网兜、一麻袋……堆积成一座瓶山。

营销是争夺市场的关键,销售员们因此付出了艰辛的劳动。

(采访。韩莺:那时天很热,38度,嘴上起泡,脚底滚烫。条件相当艰苦,没有饭贴,没有车贴,全靠两只脚走。自己自备水,装点开水就走。那时只有一个想法:一定要把这个市场打下来。)

正是这样的职工又使消费者重新认识到正广和,而正广和人也从中懂得了什么是真正的品牌。

奇迹出现了,这一年,提前了7天,完成了1.5亿元的销售额。工资增加了,住房也得到了改善。

此时,恰逢正广和建厂周年大庆。出人意料的是,厂里没有发钱,而是贴出一封公开信。

省下来的钱被用来进行"重返南京路"的活动。过去是借债发钱,现在是有钱不发,两个截然相反的举动却包含着正广和党组织对职工的关怀和共产党人的辩证法。

(采访。吕永杰:明年是个转折之年。我们的目标就是明年年底,企业历史上的全部亏损,包括暗亏,全部应该画上句号。那么,到1998年的时候应该是正广和的起步之年,真正地在基点上起步,没有负数,1999年是正广和的拓展之年,2000年是正广和的腾飞之年。)

正广和党政领导班子的出色工作得到了工人群众的普遍拥护。吕永杰也因此被评为1996年全国十大杰出青年。

如今,正广和总公司的固定资产从1994年的1.2亿元猛增到4.3亿元,到2000年将实现20亿元的销售收入。

在正广和的前面,路,还很长很长,人们将关注着它,关注着国有企业的辉煌明天。

黑龙江《党员电化教育》1997年第8期

45. 商海试水

1997年初,《新闻报》领导通知我回深度报道部担任副主任,并要我把《商与法》专版从专副刊部带回深度报道部。

有朋友开我玩笑："是不是报社领导看你在外面玩得太野，弄个副主任的绳索来套你了？"我并不这么认为，能够为就职单位出力是我的责任。只不过以前报社给我的工作实在太轻松，我又不想高调做人或参与纷争，精力有余不愿意浪费时间，才在外面找一些事干。假如有一份能套牢我的工作，我定会全心全意。

深度报道部已经有一正一副两位主任，不清楚这个部门会让我分管什么工作？好在一进《新闻报》时，我就在这个部门当编辑，与部主任沈沪飞彼此熟悉，谈话也开门见山。

我问沈：部门里已经有副主任，我来做什么工作？

沈：我也不清楚。

这个回答让我颇觉奇怪，表示：那部门里现在缺什么我就干什么吧，省得打乱原来的分工。

沈笑了：缺什么？缺奖金。

我也干脆：好，我就来开专版为部门创收吧。

那时媒体还没有搞采编经营两分开的制度，《新闻报》更是将记者编辑的奖金与部门搞专版和拉小题花广告挂钩，各部门按创收比例提取奖金额度。深度报道部做的是焦点新闻，没有对口条线好搞创收，整个部门的奖金在报社最低，对部主任来说，这当然是最挠头的事。

其实我也从来没搞过报纸创收，在广告经营方面是个门外汉，我既无这方面的才能也没有这方面的兴趣。看到深度报道部并不清楚如何安排我这个新来的副主任，我心里清楚该如何处理。我没有放弃在电视台的兼职，主动为部门开专版创收只是对所谓的"副主任"有个交代罢了。

我有很多做传媒广告公司的朋友，我只要选择做什么样的专版和策划好怎么去做专版，至于向报社交纳多少版面费用则包给这些公司，让传媒公司在完成报社规定的费用之外还能有利可图，我就算完成任务了。如此，我依然有大把的时间游走在边缘之间。

我决定先做《调剂市场》专版。这是我看了国务院副总理李岚清的一篇讲话，了解到国有企业面临市场转型的深化改革，全国有5500亿元计划经济时期生产的产品库存积压，其中上海就有350亿元。国有企业只有进入流通领域，促使库存兑现，才能甩掉包袱轻装上阵。媒体完全可以为此搭建一个中介传播平台。

1997年4月，我在国内报界首创《调剂市场》，每周半版，由上海创日商务有限公司参与。

专版刚推出那阵，大部分国企对如何通过市场来化解库存还意识模糊。正好这时上海春申江贸易公司在黄浦区凤阳路搭建了几十家摊位,招商一个多月还是门可罗雀,十分冷落。我对这家公司说:假如你们肯让我免费使用这些摊位十天,我可以解决这一问题。这家公司同意了。于是我在报纸上做了一个广告:凤阳路市场将为本市国企去库存提供十天免费摊位。可是几天过去,没有一家国企有反应。于是,我在《新闻报》推出文章:《为什么国企对免费市场不感兴趣?》。此文一出引起社会反响,沪上好多报纸包括电视台对此进行追踪。然后我们在报上再刊登消息:凤阳路为期十天的免费摊位向所有经营者开放。结果一天就登记爆棚,其中既有民营也有国企。

十天后,上海春申江贸易公司告诉我:免费期间凤阳路市场已经形成人气,好多场外商贩等着进来,可场内商贩情愿出资也不愿退出。

这个案例让我尝到了参与市场的甜头。顺应市场经济的潮流,进一步发挥报纸优势,我策划举办了"盘活企业存量理论研讨会""各省市驻沪办关于调剂商品跨地区流通恳谈会"等活动,引起社会广泛关注。两个月后,《中国商报》和中国《市场报》也开辟了此类专版。在此基础上,应企业要求,由《新闻报》牵头,成立了"上海调剂沙龙"。

以《新闻报·调剂市场》专版信息交流为基础的"上海调剂沙龙"成立后,举办了一系列活动,如:发动上海五大调剂市场的联合展销;协办上交会首届电子电器调剂馆;组织上海企业到安徽南陵、江苏太仓销售库存产品;与浙江丽水、江苏大丰、镇江以及其他地区酝酿建立跨省区的调剂经营网点;推荐企业参与黑龙江与新疆的边贸活动;等等。

短短半年,这个专版不仅成为一个无形市场,为上海及外地率先进入调剂行业的企业传递大量的商品信息,促成了一笔笔成功的生意,还成了上海调剂市场的策划者。通过为新建立的调剂市场招商造市、举办各类调剂营销活动、推动调剂企业探索有特色的经营模式,"上海调剂沙龙"被沪上众多业内人士称为"调剂信息的权威和龙头""企业经营的红娘和朋友"。网络、声讯电话等其他传播媒体也前来寻求同《新闻报·调剂市场》专版的合作。

同样,凭借《新闻报·调剂市场》专版,"上海调剂沙龙"的发展也得到政府部门的重视和许多全国性媒体的兴趣。中国商业联合会明确表示要帮助上海调剂沙龙与其各地分会的联系;市国资委派员来调研整个上海二手设备调剂市场情况;市商委和市经委也把每月一次的上海调剂沙龙例会作为与企业沟通的渠道。在时任市商委副主任、上海拍卖行业协会会长蔡鸿生的委托下,由"上海调剂沙龙"协助,在老介福举办了首场商业库存现场拍卖,在东方国贸举办了大型的国企库存拍卖。

尽管《调剂市场》专版的广告来源还不稳定,但其社会影响力却越做越大,1997年10月起报社决定将半版扩大为整版。此时上海的《解放日报》《新民晚报》《文汇报》《消费报》《劳动报》的调剂专版也纷纷推出,但这个市场的龙头通过定期的"上海调剂沙龙"例会,已经牢牢握在《新闻报》的手里。

1997年10月,"上海调剂沙龙"在安徽南陵县举办"上海库存商品展示会",同当地政府达成了长期合作的意向。展示会上,上海南汇拍卖行带去十条宾馆置换下的毛毯,不到半小时即告售罄;春申江贸易公司的搪瓷烧锅卖得剩下来几只掉瓷的也被购走;其他像价值在十元至二十元的针织内衣、二三十元的儿童皮鞋、百元以下的家用电动工具……这些在上海市场很难卖得动的商品,成了当地消费者喜爱的热门货。展示的第三天起,该县一些乡镇小贩闻风从远道赶来批量购买。对此估计不足的参展单位纷纷从上海补充货源。据南陵商场人士说,南陵最大商场一天的营业额也不如这小小的展示会多。

在南陵展示会的同时,"上海调剂沙龙"举办了第一次外地现场会。前来参加沙龙会议的金山石化、中百一店特价商场、化工进出口公司等代表在考察展示现场后,纷纷表示"盘活库存的出路就在不同地区的消费级差上"。一些沙龙成员单位甚至提出:随着在外省市经营活动的开展,目前松散合作的"上海调剂沙龙"应该向紧密型合作发展,组建股份公司,捏成一个拳头,开拓布局合理的外地批发市场网络,为随着有关政策出台而大批上市的上海库存积压产品开辟通畅的渠道。

跨入1998年,"上海调剂沙龙"在《新闻报·调剂市场》专版之外,创办内部发行的信息资料,并与位于襄阳路的现代大厦合作,拿到了国家8个部委的红头文件,酝酿在1000多平方米的四楼开辟一个全国库存商品的批发中心。这预示"上海调剂沙龙"从松散的企业合作向紧密的股份制经营模式迈进了一步。可就在此时,《解放日报》启动了筹建报业集团的程序,《新闻报》将被合并,我的"商海之行"最终搁浅了。

有意思的是:合并到解放日报报业集团后,《新闻报·调剂市场》专版不复存在,而随后不久,上海各报的调剂市场专版竟然也全部销声匿迹了,这是不是有点奇怪?

像这种创收版面,内容和经营有专门的操作团队,我只用动动脑子和嘴,操作起来如鱼得水很轻松。在创办《调剂市场》专版不久,为了给部门创收更多的奖金,我想再创办一个专版。就像做新闻一样,我喜欢去发现别人没有涉及的新领域。如果说,调剂库存是给经济领域擦屁股的活儿,那么大型展览却是给经济领域引领方向的活儿。当时我发现全国报界都没有展览业的专版,于是便开始筹划办一个《展览天地》专版。

我去找上海贸促分会合作，人家架子很大，对此并不感兴趣。天无绝人之路，上海有一个很特殊的现象：其他省市在中国贸促总会之下只设一个贸促分会，但上海由于浦东开发的需要，另设置了浦东贸促分会，与上海贸促分会不是上下属关系。浦东贸促分会对我《展览天地》专版的设想非常感兴趣，专门成立一家公司与我对接。这给了我一个经验：以后凡是有什么新的创意，一定不要找这个行业的"老大"，而要去找"老二"。往往老二会给予你更真诚更灵活的合作，而媒介与行业的结合，将会动摇"老大"的位置，打破原有的市场格局，建立起新的局面。

《展览天地》专版推出之前，我和浦东贸促分会的朋友一起到北京出差，走访中国贸促总会和中国国际展览公司。当时全国重大的国际展览除了广州之外，主要集中在北京。但中国国际展览公司的老总对我们预测：用不了几年，中国展览业的中心将南移到上海，上海的展览业大有可为。

与《调剂市场》专版的套路一样。回到上海，我们在《展览天地》专版推出三周后，召开了展览领域的企业座谈会，听取他们对版面的意见，并在会上宣布成立"上海展览俱乐部"。

很快，北京一家中外会展杂志与我们联系，提出"北有杂志，南有报纸，联手合作，推动展业"的想法。

这里我不想对《展览天地》专版的工作进行更细的叙述，只说一个结果：1998年春，我们举办了中国首届国际展览业的展览。参展方除了中方外，还有德国、韩国、新加坡、日本等展览业的同行。此时的《新闻报》总编已由《解放日报》副总编余建华担任，作为主办一方的领导，他参加了当天的开幕式。在仪式结束回报社的路上，余总编对我感慨地说："没想到有这么隆重。"

应该说，无论是《调剂市场》还是《展览天地》，我都没有停留在版面信息上，而是策划并参与了各自领域的重大经营活动。只是我并没打算在这些商海里远游，而是站在媒体策划人的角度，于浅水处划了几个浪花。所有这些，几乎与我负责的报社《商与法》专版以及兼职的上海电视台《智力大冲浪》策划，还有其他电视专题片的撰稿同时并行，连我自己也觉得奇怪：哪里来的这么旺盛的精力！

原以为我在边缘，生活会很悠闲，现在却变得紧张而富有变化，我问自己：怎么会这样的？难道"边缘"不是一个地理概念而是一个时间概念？就像星球的运转，是无所谓边缘与中心的，只要不急不躁地顺势而为，总有一天会来到阳光之下。到那时，反而会觉得曾经的边缘或许是最充实、最快乐、最值得留恋的经历。

46. 不吃回头草

1997年,我离开《上海商报》已经整整三年。突然有一天,《上海商报》的老总通过他人约我见面吃饭。

我是个忘性很大的人,既然与K大师的律师、碧纯水战对立方的辩护人都能成为朋友,那么,与老单位的老总更不会有什么记在心里的芥蒂,于是欣然赴约。

饭桌上就我们两人,先聊了一下老单位的情况:仍是一周三期四版,已经远远不能与日出16版的《新闻报》相比了。然后老总说了约我见面的主要意思:"报社里的人都说你是纯搞业务的,大家欢迎你回来。我想,在合适的时候可以考虑做业务副总,就当这三年是报社送你出去培训了。"

我一时心动,倒不是在乎做什么副总,而是这位老总一改过去的态度,表现出对搞业务的重视,这让我产生了好感,再说我毕竟对老单位的发展还相当关心。尽管《上海商报》三年来止步不前,丧失了发展的大好时机,但在激烈的报业竞争中,只要思路对头,任何时候都有重新崛起的机会。

没想到,紧接着他话题一转,隐隐露出他对现在副总的埋怨。这让我有些警惕:不会是想让我去顶替掉现在副总吧?想到此,我的记性上来了,三年前离开《上海商报》的前因后果,一幕幕涌上心头,我的热心由此一下变凉。

世上人与人的合作,因出发点不同,结果也截然不同。各怀私利的,其始相助,后必相恶;志同道合的,始而相与,久而相信,卒而相亲。我无法确认《上海商报》至今是否还陷在"内斗"中,但他对现在副总的怨责,令我对将来的相处顾虑重重,接下去的话题我再也提不起兴趣了。

人云好马不吃回头草,即使我不是好马,也不会回头吃这团乱草。为避免尴尬,我想找个世俗的理由,问:"你现在月薪多少?"他答:"两千八百多元。"我说:"我现在月收入是一万多元(当然包括我的兼职和专版广告提成)。"

1997年时房价不贵,我买了一套将近90平方米的房,总价不过22万多元。贷款10万元,每月还贷才1000来元,那只不过是我月收入的零头,而回到《上海商报》,每月还贷将是我月收入的一半。我不得不用这个理由,婉谢了他的好意。

其实我心里真正的想法是:远离"内斗",就是远离职场苦恼。正像诗经《硕鼠》所云:"逝将去汝,适彼乐土。乐土乐土,爰得我所!"我理想中的这片乐土,是能让我尽心尽力钻研业务、放手做事的地方。

现在想起来，我十分庆幸没有再回到那里。对一个纯搞业务的人来说，不想被人事之间的计谋和手段笼罩，在那样的笼罩下，生命将被毫无意义地折腾而难有建树。

1997年，是我取得新闻中级专业技术职称的第5个年头，按规定我申报了新闻副高级专业技术职称——主任编辑的任职资格，通过了全国职称英语B级统考。在申报材料中，我拿出6个新闻奖项：

电视纪录片《大桥交响》1994年获得"首届中国纪录片展示赛"二等奖。

同上海《青年报》记者程蔚合作的《七女生败走"太平洋"》，由上海《青年报》申报，在1996年先后获得了全国"第二届五四新闻奖"一等奖、"第六届全国青年报好新闻竞赛"二等奖、"上海新闻奖"三等奖。

《浙江人出尽风头　上海人囊涩气短》1993年获得"全国商业好新闻"三等奖。

《市场进入"黄金时期"　生产却在"步人后尘"　上海家具工业亟待"大跨越"》1994年获"第七届中国经济新闻奖"三等奖。

在报社初评阶段，评委会一名工作人员私下里对我说："大家感到很吃惊，你的得奖作品怎么没有一篇是在《新闻报》产生的？"

我笑笑，因为说起来真不好意思，进《新闻报》三年多，我经常一个星期只去一次报社，大部分时间都忙在外面，只认识这家报社不到一半的人。古人云：达则兼治天下，穷则独善其身。无论在什么样的环境下，我都不会放弃对新闻业务的追求，甚至投入了加倍的努力。6个新闻奖都没有在《新闻报》产生，这并不是我有意为之，而是客观环境如此。我很高兴生存在和同事没有竞争，没有冲突，没有利害关系的环境下，并不想因这些新闻奖而获得"破格"的回报，继续保持低调做人，这是一种很舒适很愉快的状态。

1998年6月，如愿通过副高职称的评定，对此我十分满足，因为《新闻报》当时有资格申报副高的人达30来名，最后只通过3名。

记得深度报道部主任沈沪飞后来与我私下里聊天："到《新闻报》这几年，真没耽误你，票子、房子、职称，都有了。"听了这话我觉得很愧疚：她在报社的运转中心，整天为大家忙，个人得到的太少；我在报社的边缘，整天为自己忙，得到的太多了点。

怀着这种愧疚，我还想为部门奖金多作点贡献。1998年6月，我向报社领导提交了一份创办《知识经济》专版的方案。这是我浏览了大量有关知识经济的资料后提出的方案。方案的核心是：为高等院校及科研机构的智力资源、为大型工业企业和中小型企业向知识型企业的发展、为各类专家和发明者与生产一线的结合，打造一个公开的信息交流平台。

我依然想套用前两个专版的路子，首先建立"上海市知识经济沙龙"，牵线搭桥，让各方专家定期聚会，为企业解决疑难杂症。同时也详细列出了专版的各个小栏目。

这天，余建华总编把我叫到他的办公室。

余总编："你今年多大岁数了？"

我："45岁。"

余总编："你手头现在有多少事？"

我："《商与法》《调剂市场》《展览天地》三个专版。"

余总编："听说你还在帮电视台策划节目？"

我："是的，为电视台《智力大冲浪》节目策划撰稿。"我坦率地承认。我的名字每周都公开打在这档节目的片尾，想必余总编也都看到。

余总编："那你还有精力再开新的专版？"

我："两个创收的专版都有专业团队在具体操作，再说我精力还好，增开一个专版问题不大。"

余总编笑了，他说："市里对《新闻报》的去向或许有新的安排，你的方案留在这里以后再说。"

时隔不久，上海成立了高新技术成果转化服务中心，上任的副总中有一位是原卢湾区组织部副部长，在我为卢湾区策划党建片时相互熟识。他把我在报纸开《知识经济》专版的方案拿去看后对我说："如果《新闻报》开辟专版，可以用单位会员的身份加入服务中心，中介费是2‰。"

我遗憾地告诉他："由于报社即将有变动，这个方案已经搁置。"

他沉思一会儿说："你离开新闻单位，到服务中心来吧，我们需要你把这个方案通过与其他媒体的合作进行下去。"

我婉拒了他的邀请。

在《新闻报》搞创收专版的三年中，曾有好几家企业想聘我为顾问或副总，我都婉拒了。同样，无论余总透露的《新闻报》接下来会有什么样的变化，无论在这个变化中我会有什么样的结果，我都不会离开新闻这个行当，我认定自己一辈子只适合干新闻。

47. 合得来与合不来

1998年的秋天，《新闻报》开始启动并入《解放日报》的实质性程序，同时被并入的还有《消费报》,共同组建成每天出版《新闻晨刊》《新闻午刊》《新闻晚刊》的《新闻报》社。一日"三刊"的概念来自一位领导的创意,意欲将纸媒新闻变得如电视新闻那样,每天分早中晚三个时段滚动出版上摊。新的新闻报总编是余建华和吴谷平,"三刊"主编分别为毛用雄、寿光武和裘新。

这年的9月,老《新闻报》抽调一部分采编力量提前到解放日报大楼,筹备新的"三刊",准备在1999年1月1日正式出报。

与此同时,《解放日报》分管组织人事的党委副书记来到《新闻报》,找各部门副主任以上的中层干部一个个考察谈话。《新闻报》共有37名中层干部,据说谈了36名,我是唯一被"漏网"的。"漏网"原因肯定不是"来不及",而是"没必要"了。可以想象:并入《解放日报》后,《新闻报》中层干部能安排相应岗位的不足一半,只有17人。像我这样将近四年来每周只去一次报社,与同事认识还不到一半的所谓"中层干部",谈了也是白谈,指定不会在17人范围之内。

我属于《新闻报》的留守人员,将近年底,才得知自己被分配在《新闻晚刊》。报到那天,接待我的是《新闻晚刊》主编裘新和编辑部主任顾伟。顾伟先开口,表示欢迎我到他所负责的编辑部工作。这时裘新突然客气地问我:"韩老师,你自己看看能干什么工作?"我回答:"记者、编辑,什么工作都可以。"

裘新再问:"你合不来的人有吗?"

我笑了:"没有。合得来么,8小时之后喝酒去;合不来么,8小时之内把活干好。"

心里想:对我这个年龄的人来说,这已经不是个问题了。就像在老《新闻报》,我与同事没有竞争、没有冲突、没有利害关系,有什么合不来呢?就算碰到合不来的人,我也会抱着"尺之木必有节目,寸之玉必有瑕疵"的宽容态度。凡事退一步海阔天空,能否与别人相处得好的可能性,百分之九十八在于自己。

裘新也笑了:"这样,你明天来报到吧。"

第二天,再去报到。裘新对我说:"我想把最重要的社会新闻部交给你负责,你觉得有困难吗?"

我:"没有。"这样回答并不是骄傲,7年之前我就有主持一个部门工作的经历,我有自信。

裘新:"那好,我已经向其他媒体打听过了,你在新闻界口碑不错,我把你作为第18个中层干部向报社党委申报。"

事后我才知道,《新闻晚刊》社会新闻部主任原先已经确定为上海《青年报》的一位部主任,后来此人临时变卦,岗位一时空缺。而我在报到时对"合得来合不来"的回答,引起裘新的关注,即对我多方了解。也许是我在《新闻报》没有圈子与人无争吧,第二天裘新临阵点将,指定我为《新闻晚刊》社会新闻部负责人。所谓"负责人"只是一个临时的应急说法,因为"部主任"是需要党委开会正式确认的,我并没有经过这个程序。

那是一个什么都讲"竞争"的年代,当时上海广电系统在自上而下的统筹下,早已经出现"上海电视台""东方电视台","上海人民广播电台""东方广播电台",形成捉对厮杀的局面。在报业中,《文汇报》与《新民晚报》先行组建了"文新报业集团",《解放日报》兼并几家经济类日报成立报业集团,不仅完成了上海纸媒一分为二的竞争大布局,也意味着上海不同形态的所有媒体都进入到两两竞争的大格局时代。

但是解放日报报业集团的构成与文新报业集团大不一样。通俗点讲,《文汇报》与《新民晚报》自称强强联手,是"兄弟关系"。《新闻报》《消费报》被兼并后出版的"新闻三刊",与《解放日报》是"父子关系"。

在上海报业这两个集团的竞争中,《新闻晨刊》偏重老《新闻报》的经济,这是文新集团的弱项;《新闻午刊》在中午出报,这是文新集团的时段空缺;只有《新闻晚刊》,与文新集团的上海老牌报纸《新民晚报》属同一品种在同一时段贴近搏杀。这引起《新民晚报》的极大关注,一上来,《新民晚报》就以"一个城市两张晚报"为话题,发表了一篇酸不溜秋的文章,并配了一幅漫画,画中一个小孩跟在大人屁股后面跨栏,其意是不喻而明的。

但对《解放日报》来说,好多年前就曾打报告要办一张晚报,始终未批,现在终于借集团兼并之机实现,集团对《新闻晚刊》寄予的厚望是可想而知的。再说《新民晚报》,长期来深受读者欢迎的是它的社会新闻和副刊。那么,《新闻晚刊》的起步就不能不重视社会新闻和副刊这两块内容。

我非常清楚自己将会卷入到一场白热化的报业竞争之中,再不可能身兼多职了。报到之后,我到上海电视台《智力大冲浪》小辰老师那里,辞去策划撰稿的兼职。

小辰老师听了我辞退的理由,奇怪地问我:"你怎么不等到春节后再说?"我一下愣住:"为什么?"她扑哧一笑:"你戆呀,春节前我们要发很多东西的!"玩笑归玩笑,作为一个女性,她有看人待人的细腻,多给了我几个月的报酬。有朋友知道我辞去了电视台收视率最高的《智力大冲浪》策划一职,颇带惋惜地对我说:"你倒是拿得起放得下呀,说辞就辞了?"因为这毕竟是一份有报酬的兼职。

我从来没有把钱看得很重,人要将心比心,辞去兼职不仅是对电视台小辰老师的负责,也是对报社的负责。更何况我本来就热爱新闻工作,只可惜没有名正言顺全力投入的机会。既然现在报社领导将如此重要的部门交给我,意味着我在业务边缘的状态结束了,我必须迅速全身心地投入两张晚报在社会新闻这块阵地上的业务竞争。

《新闻报》"三刊"的起步十分艰难。首先是人员生疏,《解放日报》《新闻报》《消费报》三方人员刚刚组合在一起,各有各的套路,在指挥上未能达到默契。其次是条线生疏,大部分采编原来都是搞经济报道的,现在成为综合性每天三次滚动出版的日报,记者跑的条线以前大都未涉足过,对条线很不熟悉。最后是"三刊"的定位不准、体系没理清,晨午晚"三刊"总体定位是什么？要不要各有特色？每日"三刊"的滚动是否需要衔接和配合？滚动出版是一个庞杂的体系,但却没有一个成熟的操作方案。对一家新的报纸来说,面临这些问题很正常,只要鼓励创新和探索,是能够慢慢解决的。然而,当时有人却把太多的顾虑放在了如何管束这支队伍上。

"三刊"在起步时并没有意识到要去大胆探索都市报的特点,而是按报纸传统的套路来操作的。别的不说,就拿我碰的一件事来说吧。作为晚刊社会新闻部,每天需要大量读者报料,我找到时任读者接待室主任的沈沪飞,希望能在读者报料线索上进行合作,结果这个想法被否定了。

没有来自读者的报料,社会新闻部只能从公检法条线先做起来再说。好在原《解放日报》党政部的资深记者朱中民也调到晚刊社会新闻部,他在上海公检法路路通,所有记者接手新的条线后,只要他开一张纸条,就能顺利地与对方接上头。

大家憋足了气,想一上来就在社会上打出影响力,经常忙得通宵达旦。记得晚刊第一天出版的重点报道,就是由社会新闻部派出记者采访"太湖零点行动"。1998年的最后一天,我彻夜守候在报社,一直到第二天清晨,整理修改好前线记者陈江发来的稿件《来自太湖治污前线的报告 "零点行动"仅仅是起点》后,才在桌前打了个盹,然后继续安排部门记者白天的采访。

没日没夜地干了一个多月,快过年了。为让大家喘口气,报社决定春节缩版。2月15日是除夕,这是一个多月来我第一次在晚饭前回到家。没想到刚过19点,家人团聚的年夜饭刚刚开吃,报社来电话催我马上回去。这个夜里,所有中层干部都来了,只有一个原因:《新民晚报》今年奇怪地没有按惯例缩版,刚刚面世的《新闻报》三刊怎么能缩版呢？报社被有关领导批评了。于是全报社紧急动员,为了恢复版面而策划春节的报道,各部门连夜调动记者安排采访写稿,又忙了一个通宵。由此可见,两家报业集团的竞争是多么激烈。

有了春节缩版这第一回合的教训,报社对接下来的"上海两会"报道进行了周密的安排,不惜版面,全方位出击,报社领导和采编人员竭尽全力坚守岗位。

我也为此在报社蹲守三天三夜。但事与愿违,这并没有为《新闻报》"三刊"带来社会影响力。如果说这是当年百姓的参政意识还不够,对"两会"报道关注不够,不如说报社在选题和报道方式上还没有贴近百姓。"上海两会"过后,报纸的零售量骤然下降。我们很努力,为什么效果不佳?这引起报社对"三刊"操作流程的反思。

不得不说,在这种情况下,原来兼并时就存在的人员矛盾也凸显了出来。我不想对这些矛盾进行分析,说出个是非对错来,但它是客观的存在。比如刚并入解放日报报业集团时,集团自行车车库爆棚,看门的阿姨急了,见到陌生的脸就叫道:"《新闻报》的自行车不准放进来!"《新闻报》有人也急了:"你最好在电梯门上贴一张纸条:《新闻报》的人不准乘电梯!"比如刚并入没几天到了发工资的日子,传出"刚来不到一个月,不发工资"的说法,也引起众人不满:"并报时难道没把财产并入吗?"当然,这些问题后来都妥善解决了,但有一件事却在新成立的支部会上引起原《新闻报》一些与会党员的当面责问。事情是这样的,解放日报大楼26楼有一个咖啡室,平时大家三三两两会去那里或休闲或议事。也许相互不熟悉吧,来自《解放日报》担任晨刊副职的 JP 并没意识到可能会有原《新闻报》的人在那里,说话没把着门,于是被这些人听到了"要杀鸡给猴子看,谁冒头就揪下去"这句话。支部开会,有人偏偏要"冒头",当面要 JP 解释清楚:"杀鸡给猴子看是什么意思?"这是很尴尬的场面。支部会上有人"冒头"没被揪下去,结果,造成了日常工作中更多的"冒头",以至于那些日子常常听到争吵甚至叫骂的声音。

我很庆幸自己在晚刊工作。裘新在第一次晚刊中层干部会上的开场白就说:"无论你来自《解放日报》还是《新闻报》《消费报》,现在我们都在一条船上,要同舟共济。如果发生矛盾,我就先批评《解放日报》的人。"此言一出,一片掌声。几个月下来,晚刊的氛围还算不错,尽管晚刊的起步也很艰难,但我对它的前景充满信心。

48. 首 战 成 功

《新闻报》"三刊"起步的僵持状态和内部矛盾的凸显,引起高层的注意。这天夜深,我编发完部门第二天所有稿件后,正打算收拾一下回家,"三刊"总编吴谷平路过,顺便与我谈谈心。

吴总叮嘱我："你是《新闻报》老同志了,要起好的影响和作用,有什么想法说一说。"

我："先问一个私人问题,我的月薪大概能拿多少？能不能还了房贷后还不影响家庭的基本生活？"

吴总很奇怪我上来就问了这样一个意外的问题,但他表示理解,认真地帮我算了一下,回答："你月薪能在 3500 元以上。"

我："那就可以,还贷 1000 元,剩下这些钱过日子没问题,我没有后顾之忧了。"

吴总笑了,问我还有什么问题？

我："我想替沈沪飞说说话,她在《新闻报》时是我的部主任,很有工作能力,现在让她带着两个 50 多岁的人做读者接待工作,大材小用了。"

吴总："现在工作已经安排妥当,没有调整的机会了。"

我："让她到晚刊社会新闻部来当主任吧,我仍旧做她的副手。"

吴总很惊诧："你真的这么想吗？"

我点点头。

1999 年 4 月初,就在吴总找我谈心不久,《新闻报》所有中层干部到苏州西山开会,宣布《新闻报》"三刊"改制,对外"三刊"不变,内部人员却组成三个中心：毛用雄负责新闻中心、裘新负责编辑中心、寿光武负责专副刊中心,实行统一筹划、统一发稿、统一编版。

在这次变动中,原来"三刊"采编各部门同类合并,改称为"室"。沈沪飞从读者接待室调任社会新闻室主任,我任副主任。

这些从上海各家报纸刚刚搬到汉口路解放日报大楼的记者、编辑,还没坐热自己的位子,就在大楼的 17、18 层楼上,又挪了一次窝。

一边同刚熟悉的邻桌说着再见,一边同新来的邻桌打着招呼,不管每个人心里对"三刊"变为"三中心"有着如何不同的感受,《新闻报》这架已经超负荷运转的机器又一次被重新启动。

我与沈沪飞的配合十分默契：每天她一早来报社,参加采访中心一早一午两会。我喜欢熬夜,每天下午 2 点多来报社,沈沪飞向我交代采访中心"两会"的要求后,下午五六点左右回家。我开始与采访归来的记者讨论稿件,一直到夜里 11 点左右把部门所有稿件编发完回家。

但有人对这次工作变动引起了误会,以为我不被重用了。一位正准备辞职搞房地产公司的老《新闻报》人私下问我："想不想去房地产公司担任副总？年薪 50 万元。"我觉得没必要解释,直接摇头婉谢了他的好意。

我从大学毕业起苦苦四年多追求专业对口的工作，踏进新闻界后就认准一辈子干这个职业。现在好不容易有了一个能够大展身手的平台，我就像一头全神贯注伺机捕猎的狼，对50万元年薪这样的身外之物统统视而不见。

　　机会终于来了。就在4月14日下午，吴总召集新闻中心社会新闻室的全体记者开会，强调了新的运作规则对《新闻报》这份新型报纸的意义，要求社会新闻室放开手脚，解放思想，抓独家新闻，上头版头条。

　　谁也没有想到，第二天，4月15日下午，一架韩国货机在莘庄坠落。突发事件，是各媒体比拼报道的擂台。这是《新闻报》"三中心"体制运行后打的第一个硬仗。

　　在后来《新闻报》编辑的《一年间》和解放日报报业集团编辑的《真情告白》这两本书里，都有我对此战的追忆一文。

　　[附文]

首 战 成 功
——对韩国货机"4.15"坠毁报道的追记

　　1999年4月16日，早晨一起来，我就打开《新闻报·晨刊》，尽管已经看到过它的清样，但映入眼帘的《16点04分韩国货机坠毁　16点30分本报记者迅速赶到现场》的头版头条大标题，仍让我沉浸在昨夜的情景，想起了老总、编辑以及所有参与这一报道的记者。

　　下午出版的《新闻报·晚刊》有如下的文字记述："……最快到达的记者仅仅距爆炸25分钟，强有力的调度中心在接到前方记者的报道后，已于当晚5时将第一条消息发到《解放日报》网络版，今日《新闻报·晨刊》已推出近3个整版进行报道。据内地和香港数家媒体称，《新闻报》的第一手采访图片和文字，已登上今天各地报纸的版面。"

　　毫无疑问，对昨天突发事件的报道，《新闻报》在全国媒体中独占鳌头。《新闻报》晨午晚三刊，共发表25篇文字报道，34张图片报道，将近7个整版。

　　下午，去报社上班，正好是《新闻报·晚刊》上市的时间，书报亭前人头攒动，只听小贩吆喝着：韩国飞机爆炸，《新闻报》全面报道！而在一卖而光的书报亭前，仍不时见到有人前来打听："《新闻报》还有吗？"

　　这是《新闻报》采编体制从"三刊"转为"三中心"后碰到的第一仗，首战成功！

最早到达失事现场

　　4月15日,星期四,虽然已过清明,仍旧透着春寒,阴沉的天不时下着淅沥细雨。

16:09，记者陈岚电话急告社会新闻室："5分钟前，一架韩国货机在莘庄坠毁。"

陈岚，原是晨刊的社会新闻记者，有自己独特的通讯员网络，采编体制转变后跑教卫条线。敏锐的新闻感觉和良好的职业素质，促使她分秒不误地将这一从特殊关系中获得的重大线索，直接供给另一个部门——社会新闻室，为《新闻报》记者率先到达现场，争得了宝贵的时间。

社会新闻室主任沈沪飞接到电话后，立即同新闻中心副主任胡廷楣和我通气。当下分工，由沈沪飞向吴谷平总编汇报，我来安排记者立即赶往失事现场。

我找来文字记者余锷和摄影记者白华阶，告诉他们："一刻也不能耽误，到达现场后马上回电，我会在电话旁同你们保持联系的。"

这样，接到报料电话1分钟都不到，我们的第一批记者已经出发。

16:20，吴总来到社会新闻室，还有10分钟是每天下午例行的编前会。他再一次向我们了解线索来源，头脑里则迅速分析着可否做大这则新闻的种种条件。

就在编前会议召开的同时，我得到消息：在闵行采访一项体育赛事的文字记者陈江和摄影记者顾力华，在当地听到轰然爆炸声后，中断采访，立即掉头，也在第一时间赶往现场。

16:49，白华阶回电：16点30分时，赶在所有新闻媒体的前头到达失事现场，但同余锷失散。警方设立了指挥室，现场已经封锁，但被他巧妙地突破，在泥泞的田野里长奔几百米后，他几乎是在消防水龙头的水柱下完成了拍摄。

"好样的！"在场等候消息的同事们不由得发出赞叹。

16:50，根据前方记者电话整理出来的最新消息，发到了《解放日报》网站。

现场最晚发回的消息

16:52，开到一半的编前会传来吴总的指示，要我立即派老资格的社会新闻记者朱中民前往现场。

朱中民此时正陪同《解放日报》党委副书记张止静，在建国路为报社一名职工家中发生的不幸奔走。由于朱中民同警方相当熟悉，于是我打电话请他坐镇警方指挥室，并告诉他已经在前方的记者名单，他可直接随时进行现场调度。

张书记在一旁听到后，当下让自己的小车直接送朱中民前往莘庄的警方指挥室。

坐镇警方指挥室的朱中民最终获得了绝对独家的内容。他拿到了那天的"警方出警表"。表上完整地记录了上海警方从16:09接到通知后，人员出动、开通医院通道、进入现场、设立指挥室、封锁现场、机动支援、外环线疏通、打通高架线路,直到17:35撤销交通管制的全部时间表,使上海市民能在第二天的《新闻报》上一睹警方风采。

17:00刚过,摄影记者王杰一身泥水地赶回报社,裤子上有个很大的破洞。"你也去现场了?"我惊奇地问。他回答:"没有。我在四平路采访,听到消息,骑摩托赶回来要求派任务,急匆匆地,在报社门口摔了一跤。"

我让王杰静候待命。

最让人担心的余锷终于回电了。他不谈正事先聊体会:"第一次有这样的经历,真爽!我坐在出租车里,高举记者证,让司机打着双向灯,通行无阻。哈哈!""你现在哪里?"我急切地问。"同白华阶失散后,我查看了被货机毁坏的房屋和受伤的地面人员,并到了受伤人员所在的医院,现在要求增派摄影记者。"余锷发出请求。

王杰出发的机会终于来了。

这是个主动进取和有激情的记者,他不满足于在医院拍照,在完成报社指派的任务后,打来电话,要求再到失事现场去。

此时已经天黑,失事现场的记者全部撤回了。王杰成了本报的"回马枪",拍到了外国专家在现场勘察和寻找黑匣子的场面。这是当天所有媒体派往前方的记者中发回的最晚的消息,为整个事件的报道画上了一个圆满的句号。这也是其他媒体所没想到的。

二线记者抓"活鱼"

韩国货机在沪坠毁的报道,除了前方记者立下大功外,还有一个重头戏,就是二线记者抓住了"活鱼"。

17:30,编前会一结束,编辑中心主任裘新就下达指令:"吴总决定明天出两个整版。"两个整版!这意味着要"做大"。裘新作了具体安排:必须配上相关的背景资料。鉴于前方记者已经到位,要求我们把采访重点由一线转到二线。

有着丰富报道经验的新闻中心副主任胡廷楣,早在我们忙着一线采访的时候,就在电话里开始采访上海航空学会理事、学术委员会主任、著名的飞机设计师程不时,请专家谈"MD-11"飞机。

接到指令后,我找到已经处理完当天社会新闻稿的罗剑华和张卉,这两位年轻的记者十分熟悉上网查询和资料分析。由罗剑华负责上网查找"MD-11"的主要性能参数和近期来大韩航空公司的空难大事记;由张卉负责电话了解此次上海消防出动的都是什么样的先进设备,并同韩国驻沪领事馆取得联系,掌握失事机组人员名单。

对熟悉网络、头脑也活络的罗剑华来说,这是极为轻松的一件事,他不仅弄来了文字,而且还弄来了"MD-11"的多角度剖析图,一个劲儿地问我:"还有什么事要做?"

而性格内向的张卉却接二连三地碰到困难。由于消防车来自好几个区队,连打好多电话,不是人不在,就是讲不清。突然,他拍着脑袋笑着对我说:"不要紧,我想起中学有一个同学在消防队,再问问他。"张卉的老同学果然不错,详细地介绍了配备多功能水枪和直流水枪的两种特种新型消防车,这些消防车一般人根本不了解。我们终于松了一口气。

接着,张卉又拨打韩国驻沪领事馆的电话,被告知领事正在开会,请到22:00后再打电话来。好在张卉是个有耐心的人,只要没有被拒绝,他就等下去。乘空隙,他帮着已经赶回报社的朱中民整理了一篇消息稿。

22:00一到,张卉又同韩国领事馆通话。对方可能被他的执着所感动,通报了韩国驻沪领事赶到失事现场、赶到医院看望伤员、对上海市政府迅速处理此事表示感谢,以及韩国电视台已经在当天19:00播出消息的情况,还通报了坠毁的韩国货机上三名机组人员的姓名、年龄和家庭情况。这消息一传到编辑中心,编辑们兴奋起来:"好!又是一条活鱼,这是我们的独家新闻。"

第二天,当"遇难机组人员一览表"见报后,一些新闻同行说:仅从这一点,也可以看出《新闻报》记者"钻新闻"的功底了。

强有力的调度中心

19:00刚过,吴总就早早等在17楼的编辑中心。当从失事现场赶回来的摄影记者拿着已经冲印出来的图片回到报社后,吴总当即将几十张图片摊放在一张小圆台上。吴总看着挑着,最后说:"连文字带图片,晨刊两个版不够,做三个版,除头版外,将第8版第9版打开,做一个通版。"

做三个整版,已属非常之举,打开版面做通版,在小开面报纸中更是一种极富想象力的创意。在座的所有编辑都为之精神一振。

果断而又大胆。我们常常听到编辑把自己比作难为无米之炊的"巧媳妇",这个晚上,我们看到的却是大刀阔斧不吝啬版面的"总调度"。

"富有"的吴总开始调配图片,有的送《解放日报》,有的送《解放日报》网站。

"图片没问题了,文字呢?"负责签发稿件的编辑中心副主任黄琼问我。第二天的晨刊在21:00之前一定要拼出大样,而现在已过19:30,有的记者刚刚从失事现场赶回来。黄琼问:"能不能先把文章内容和每篇的字数告诉编辑,先把版样拼起来?"我说:"完全可以,但给我们10分钟时间。"

我马上召集已经返回的一线和二线记者,经过简短的商量,当即确定了要发晨刊的9篇稿件内容和字数,并进行了分工。

就在我整理发稿目录时，报社的电话铃声不断，许多外地和境外的报纸纷纷打电话进来，要我们提供韩国货机坠毁的详细报道。

　　原来，《解放日报》网站在17:00将本报记者从现场发回的消息登录上网。从网上获得消息的英国、美国和台湾、香港、广州、北京、郑州的媒体，经过一番周折，打听到《新闻报》有着最全面的报道，于是纷纷打来电话询问。来不及与这些同行周旋，我只是告诉他们：所有稿件和照片都会即时上网，请到网上下载。

　　10分钟后，我准时将发稿目录交到编辑中心，而记者也是每写完一篇，就连奔带跑地下楼，以最快速度送到已在电脑房拼版的编辑手里。

　　21:00，当记者们开始写午刊和晚刊的内容时，我们看到了韩国货机坠毁的三个整版的大样。毫无疑问，明天，我们将是最精彩的。

49. "初级阶段"

　　《新闻报》进入"三中心"体制，采编人员重新编排，社会新闻室来了很多新面孔。我是副主任，除了下午编发记者每天的交稿，还要向记者派发第二天的采访任务，处在与记者打交道的第一线，其间的磨合并不是一帆风顺的。

　　一天，我派记者T去采访一个因家庭经济拮据而无力做器官移植手术的病孩。他一口回绝我："我对这种采访不感兴趣。"

　　我对他说："你大概忘了，现在是社会主义初级阶段。"

　　他一愣："你什么意思？"

　　我："这还不明白，我们还没有到按需取酬，凭兴趣干活的阶段。"

　　他总算听懂，原先绷紧的脸笑了起来："有意思，当了好多年记者，我还是第一次听到部门领导这样做思想工作的。"

　　他接受了眼前"初级阶段"的现实，同意去进行这份本来没有兴趣的采访。

　　第二天下午，我看完他交来的稿件，毫不客气地找他谈话："你这是电话采访稿件吧？整篇文章的字眼里透露出你只用了耳朵，没用眼睛，没到现场。要想写好这篇稿件，就必须深入到这个家庭重新采访。"

　　直到第三天，记者T交来了重新采访的稿件，增添了许多亲眼目睹的细节，我才将稿件签发到编辑部。

　　此稿刊登在午刊上。中午12:00一出报，报社立马接到好多想要捐款的电话，从一两百元到一两万元都有。其中有一位中年男子通过电话向报社详细了解情况后,当天16:00刚过,亲自将移植手术所需的全部款项7万元现金送到报社。新闻中心毛用雄主编带我和记者T一起代表报社接受了这位中年男子的捐款。之后,记者T感慨颇深:"没想到一篇文章救了一个孩子的命!"

除了分派记者采访外,有一些采访我是不会派记者的。比如,有一位报社女记者的闺蜜在单位与部门上司发生矛盾,被男上司打了一个耳光。她想请社会新闻记者去采访曝光,我告诉她不行。这位女记者问我那该怎么办?我反问她:这家公司的领导难道不管打耳光的事吗?如果这样,你的朋友还想在那家公司干下去吗?不想干了,可以写一份辞职书,叫几个朋友一起去,把那个耳光和辞职书一并交给那个男上司就行了。这位女记者惊诧:这样也可以?在她的眼里,我的回答简直太"匪气"了。

在我的眼里,对动手打女下属的上司进行对等的还击,这是公平。而媒体如果不坚持公信力,参与私人朋友的矛盾,那才叫"匪气"。

不派记者采访有时也是一种技巧。曾有一位居住在徐汇区的读者,中午打电话到报社,投诉小区物业管理问题,我问他:"你向政府主管部门反映过吗?"他说打了三个部门的电话,都推来推去。我略作思忖,对这位读者说:"那好,你继续打下去,并记录好每个电话打的时间、打给了哪个部门、什么人接的、他怎么回答你的,然后把这份记录交给我就行。"17:00,读者传来了他当天打16个电话毫无结果的记录。这是一份有时间、单位、对话的真实记录,我不加任何观点,只改了其中的错字和标点,便作为读者来信签发给编辑部了。毛用雄主编看中此稿,作为晨刊的头版头条刊登。这惊动了徐汇区领导,见报第二天中午,徐汇区党政四套班子派出领导来到报社,通报他们对这件事情的处理,表示诚恳接受读者批评。

其实,《新闻报》短短时间内从"三刊"到"三中心",本身也是"初级阶段",报道中难免有失误的地方,这里不妨将一起闹出官司和另一起差点闹出官司的报道列举如下,作为采访的借鉴。

2000年1月28日,记者Z在《新闻晚报》刊登了《爱究竟是什么》一文,报道了一起杀死情人并煮骨抛尸的恶性案件。文中叙述了这名犯罪嫌疑人身边的三个女人:妻子、情人及母亲对他情感生活的影响,线索来自该犯罪嫌疑人在羁押时撰写的《自白书》。《自白书》中言及其父母经常争吵,"而母亲为了宣泄,同她那个女学生的关系好得超出了社会道德所能容忍的范围,终于有一天,我亲眼目睹了真相……"这名犯罪嫌疑人最终被判处死刑。执行之前,经罪犯同意,检察机关将这份作为法庭证据材料之一的《自白书》提供给了记者。尽管记者在发表文章时隐去了死刑犯的名字,但这名死刑犯的母亲还是以文章侵害了自己的隐私和名誉权,将报社告上了法庭。

报社领导要记者Z出庭应诉,这引起记者Z的强烈不满。按一般规矩,记者稿件一旦经报纸发表后引起官司,被告不应是记者,而是报社,应对案件的应该是报社法定代表人。记者Z因此拒绝出庭并递上辞职书拂袖而去。

于是,我被报社法定代表人委托代理,坐上了被告的位置。

法庭审理认为,该文所涉内容虽系原告之子所写,但报社在摘录刊登时应进行审核,不应涉及与其子案件无关人的隐私。尽管文章隐去了死刑犯的名字,但由于该案影响很大,且报社在刊登文章时用了其子的照片,法庭认定报社构成了对原告名誉权的侵害,判决报社赔礼道歉消除影响,一次性赔偿原告精神损害费2000元。

另一起差点引起官司的报道后来虽经化解,但教训也很深刻。两年后,《新闻报》专门编印了《宣传纪律手册》(俗称"黄皮书")、《各类新闻操作规范》(俗称"蓝皮书"),加强对年轻记者的培训。在培训案例资料里,让我对这起报道进行详细的总结。内容附下:

不要只相信五官
要懂专业要会思考

事 情 经 过

那还是在两年多之前,房产市场正处于低迷之时,位于上海火车站一处知名度较高的房产商突然推出低价广告,购房者通宵排队,一下子成了热点,与整个房产市场的低迷大势形成强烈反差,其中有没有"猫腻"?

本报社会新闻部记者H接到同仁报料后赶到现场,耳闻目睹两个问题:①听到排在队伍中的一些人揭露,排在第一名的中年男子与销售商是认识的;②广告中所说的"4700元/平方米"在所出售的商品房中只有房型和朝向最差的一套。于是回来后写了《是炒作还是热销?》一文,发表在第二天《新闻晚刊》的头版。

当天下午,这家房产公司四五个人来到报社,情绪激动,言辞激烈,严正指出:记者说那个排在第一名的中年男子是内部人,证据在哪里?4700元/平方米的商品房,即便只有一套,也是房产商为启动市场作出的让步,为什么文章要指责为骗人的"炒作"?纠缠长达四五个小时,离去时扬言要"上法庭打官司"。

看来,我们是错了,因为拿不出证据,也说不清理由。

处 理 结 果

我晚上进报社时,正为此胸闷的报社总编吴谷平责令我来处理这件棘手的事件,底线是:最起码要和平解决,不上法庭。

我让记者拿来这家房产商的销售合同和他们所做的报纸广告,想对事件有一个全面的了解。

凭长期做经济记者和编《商与法》专版积累的法律知识,我从合同和广告上发现这家房产商的三个致命问题:

(1) 房产商将外销房变为内销房,却没有经过市里主管部门的批准说明,这是违反当时房屋销售政策的。

(2) 合同的抬头是这家房产商上海公司的名称,而落款盖章却是香港总公司的名称,在法律上,这是一张无效合同。

(3) 广告上有"现在4700元/平方米＝原来7800元/平方米"字样,其中4700元/平方米是这次销售的最低价,而7800元/平方米是原来的平均销售价。把最低价和平均价用"＝"号相连,涉嫌虚假广告。

我让记者H根据我的分析再写一篇文章,并打出小样。同时,我让一位实习生给这家房产商打电话,通知他们明早9:00来报社沟通,别的什么也不要说。房产商以为我们怕打官司要作出让步,爽快地答应明早前来。

第二天早上,等我抽完烟,那个房产商副总也看完了记者H的文章小样。因出乎意料他的脸色由来时的不屑变得谦卑,问我现在该怎么办?我对他说:作为商家,你们会炒作并不是坏事,文章说你炒作是中性报道,但你们的策划水平太低,破绽太多。

据路过吸烟区(我们在那里谈判)的沈沪飞后来描述:那个副总与我交谈时脸色刷白。他再也没了纠缠的劲头,提出要马上赶回公司,在中午11:00之前给我一个答复(因为那时《新闻晚刊》是中午11:30截稿)。

中午11:00准时,电话来了,这家房产商希望我们在文章中补充说明:①外销房转内销的手续正在办理之中;②将会同消费者补签一份正式有效的合同;③广告表述上有疏忽之处,请报社予以谅解,最好不在文中提起。

我答应了房产商的要求,第二篇批评跟踪稿当天见报。

这家房产商此后再也没来过报社。

经验教训

事情虽然过去了,但并不值得庆幸。的确,第二篇跟踪报道出笼了,对方也老老实实地不再作声了,由此便认为我们的第一篇文章是正确的,那就大错特错了。

对有关中年男子是"内部人"的"揭露",记者没有公检法机关的侦查手段,一般情况下极难拿到证据。"揭露"的人都是流动人员,你再到哪里去找他们?即便找到,他能拿出证据来为你作证吗?退一万步,就算是内部人,难道不能去排队买房吗？假如你找到的证人倒打一耙，说是听记者这么说的，你又能怎么办？

只相信耳朵，常常会使我们犯下错误，这种道听途说的东西根本就不能用到文章中去。否则，排队的人可能是"三人成虎"，而报纸轻信"三人成虎"就成了传播谣言。

对4700元/平方米的商品房只有一套的事实，记者在现场是看到了，但是要将只有一套归纳到骗人的"炒作"，那么有几套才不是骗人的"炒作"？一套与几套在性质上的区别理由是什么呢？真的是很难在法庭上讲清楚的。关键是广告上的那个"="号，涉嫌了虚假成分。

很遗憾的是，在现场听到和看到的表面现象，在证据和理由上常常难以立脚。而这起排队买房事件中有那么多的问题，如违反售房政策、无效合同、虚假广告，这些通过对方在合同和广告上留下的铁证，却一个也没有在第一篇文章中涉及。文章不仅没有捅到房产商的要害处，反而把自己捅到了陷阱里。

以错对错，一场混战。在这种混战中，报纸留下的是白纸黑字，打起官司来，必输无疑。

具体建议

（1）批评报道中，证据是第一位的，记者在现场听到的东西不能作为证据，哪怕现场有100个人都这么在说，如果记者拿不到一手的材料，也不能轻易就作为批评报道的内容。

（2）在提倡记者到现场采访的同时，也要提醒记者，不要只相信自己的五官，五官往往只涉及事件的表面现象；只有用大脑思考，调动起五官，才能深入到事件的实质内涵，把道理讲清楚。

（3）搞批评报道要懂专业，学习法律法规知识是基础，并能掌握法律法规的空白点和不完善之处。如果能了解一些热点行业的操作程序和存在的问题更好。这样，批评报道才能击中要害，以理服人。

（4）即使抓到了被批评方面的问题，在报道中，也要让对方充分表达改正的意愿，保留那些会将对方置于死地的材料，做到"得饶人处且饶人"，使报道始终处于我们能驾驭的主动地位。

50. 大哥，你好吗？

2000年3月份，接到《唐山晚报》打来的一个电话，说1960年前后，从上海送去唐山一批孤儿,问我们能否帮他们在上海找到自己的生身父母?

随后,他们传来了两份材料。

1.《儿女的呼唤》

材料里讲述了当年自然灾害后,上海育儿院的孤儿猛增,人满为患,且开始流传疾病,国家决定将"共和国的孩子"北迁。他们这一批200多个孤儿是一列火车到达唐山的,全部被经济条件相对较好的人家收养。几十年来,他们对抚养自己长大成人的养父母充满了感恩之情。如今,不少孤儿的养父母已经过世,引发了孤儿们对亲生父母的思念,希望血脉能够再相连。

材料的最后是这样一段话:"看一眼有着血缘相承的亲生父亲,抱一抱把我们带到这个世界上来的亲生母亲,让我们用颤泣的声音呼唤一声:爸爸、妈妈!"

2. 55名孤儿的介绍

除了姓名、性别、身高、血型、体形、住址、电话外,有的还提供了当年上海育儿院的证明,有出生日期、领养表格、体检情况等。其中有的是养父母过世后箱底里的遗物,有的是养父母临终前的述说,还有的甚至能记住小时生父母方来看望她们的情况。

据《唐山晚报》说,他们是先与《新民晚报》联系合作的,但被拒绝了。拒绝的原因是担心孤儿寻亲后会引起对上海户口待遇等一系列的诉求,给上海有关部门带来麻烦。我认为在没有与这些孤儿接触之前,这种担心实在是多余的,出于对他们的同情,我答应与《唐山晚报》合作。

正好此时一位做传媒公司的朋友,让我为"金龙鱼"策划"母亲节"活动,"金龙鱼"的销售对象主要是身为家庭主妇的女性。于是我提出了一个把双方需求糅合在一起的方案:由"金龙鱼"出资,在母亲节那天,请唐山孤儿来到他们心中的出生地,来到他们心中一直期盼的生身父母所在的城市,在上海的母亲河畔作一次寻亲游。

"金龙鱼"总部很快批准了这个方案,我和记者黄海岭及"金龙鱼"的两名代表,登上了去唐山的飞机。

在《唐山晚报》帮助下,我们召开了孤儿座谈会。会上,并没有公布想组织他们来上海寻亲游的计划,只是见见面,了解他们除了寻亲外,还会有什么要求。

参加座谈会30来人,大部分是女的,可以想见,在特殊困难的环境下,传统的中国人还是尽可能保存儿子,先被遗弃的大多是女孩。

他们大都是在1958、1959年被送往唐山的。当初200多人,如今能联系上的近60人。有部分据说在唐山大地震时没了,能联系上这60来人,已经实属不易。

听了他们的自我介绍,发觉他们大部分过得都挺好,有公务员、医生、教师,有当领导的,当然也有做普通工人的。那年,这些孤儿年龄最大的46岁,最小的41岁,儿女也都到了上中学大学的年龄。

他们大多以为自己的生身父母是上海人,或因自然灾害,或因政治运动而将亲生儿女送进育儿院或抛弃街头(但在后来几年成功的寻亲中证明,她们的生身父母大多为上海周边的农村人,当时以为上海大城市一定能养活他们的儿女,所以特地来上海,把子女遗弃在街头)。

座谈会上,他们一边感慨唐山人民的无私奉献,一边倾诉对亲情不圆满的缺憾。他们一再申明寻亲不是图什么补偿,表示已经在唐山安家落户40年,不图上海的繁华富庶,更不愿离开对他们有养育之恩的唐山父老,只为见见自己的亲生父母,了却一个心愿。更有人表示,如果生身父母有困难,他们愿意接他们到唐山,尽一份儿女的孝心。

会议开到这个份上,人人都眼眶红润,饱含了泪水。

我从一位小学老师王艳君那儿,得知了他们寻亲的缘由。正是她,在1999年给《唐山晚报》寄去一封信,表明想联合唐山的孤儿一起寻找自己的亲生父母,而且她找到了20多位和自己一样的孤儿。但此后半年多,他们的事情没有什么进展。2000年初,放寒假的王艳君又给唐山市长、分管民政的副市长和主管新闻的副书记等领导写信,请求帮助。这样,才发生了《唐山晚报》与上海媒体联系,欲合作为他们寻亲的事。

座谈会后,他们迟迟不愿离去,一口一声地称呼我为"大哥"。地道的唐山话,挺好听的。

我第一次来唐山,没去其他地方转,只去了唐山抗震纪念馆。在那里,我再一次为唐山孤儿祈福,他们震前是孤儿,现在是经历了地震后幸存的孤儿。在经历了二次大灾大难后,这群人依然如此善良,寻找他们记忆中根本就不存在的生身父母,只是为了血脉再连尽一份孝心。《新民晚报》担心报道后会引起麻烦的因素根本不存在,我们可以大胆实施"母亲节"的活动了。

三个多星期后,我再一次飞抵唐山。

上次从唐山回到上海后,细化了活动方案,并接连找了上海多家媒体,介绍了即将组织"唐山孤儿母亲河寻亲游"活动的计划,得到了热烈的反响。这次,作为策划中的一环,我带来了一个上海新闻团,其中不仅有报纸,还有杂志和电台、电视台,进行活动的前期采访。

一回生,两回熟,唐山孤儿早就从《唐山晚报》那里得知我们要来,等候在我们下榻的宾馆,我们被视为"娘家来的人"。这次他们一见面就叫我"大哥",告诉我在唐山联络到的上海孤儿已超过60名。

采访是从一阵阵哽咽、抽泣声中开始的，短短几分钟的简单介绍，竟然催落了到场29名孤儿的眼泪。那名教师王艳君红着眼睛说："我们是喝唐山水长大的，但流的却是上海的血，我们一直盼望着，能在亲人的帮助下达成寻亲的夙愿。"

为便于采访，行前我们为每家新闻单位发放了唐山方面提供的上海孤儿资料，以随时向本人核对、补充寻亲线索。为了看看自己的资料，孤儿们把记者团团围住，争先恐后地补充着40年前他们被人领养的细节。

"我的小腿上种着花（牛痘）"；

"我的照片上有双大手抱着"；

"我知道当初写在手臂上的领养编号"；

"我知道自己的原名"；

……

也有几个孤儿一言不发地关注着我们的举动，可眼睛却始终湿润着。她们中的一位告诉记者，因为种种原因，当年的领养资料从来就没见过，看到其他人能够提供寻亲线索，除了焦急，不知道该怎么办才好。这部分孤儿的寻亲希望就寄托在有线索的姐妹身上，只要她们能在上海先找着亲人，没准能唤起上海亲人来唐山寻找子女的心思，要是这样，自己也有希望找到上海的家人了。

"母亲节那天，我一定要回到上海，到黄浦江边站着大声说'我想给母亲过个节'，然后再大哭一场……"孤儿齐慧兰一开口，就震落了所有人的眼泪。原名沈慧兰的她，40年前被保姆护送到唐山，是因为"上海的家庭出了事"，才被迫离开父母的。她从养母处得知，自己是生母的第4个子女，所以20年前就曾回上海找过家人。如今，上海记者的到访重新唤回了她对家乡寻亲的希望。

短短一天的接触中，孤儿的寻亲渴望深深打动了记者，上海电视台摄制组准备留下5天，深入孤儿家庭，做进一步的采访，包括采访他们的养父母。

唐山市领导和宣传部领导也出席了我们的活动通气会。在这次会上，我们公布了将由"金龙鱼"赞助的"黄浦江千里寻亲游"活动方案。

新千年的第一个母亲节，我们在上海等他们。

2000年5月12日下午，沿着40年前的离别路，185次列车载着唐山孤儿停靠在上海站——一行33名唐山孤儿代表在《新闻晚刊》记者的陪同下安然抵沪，开始为期两天的"黄浦江千里寻亲游"活动。

从当年的婴儿，到现在的不惑之年，他们中绝大多数人再也没有回来过。现在，穿着统一T恤站在了上海站的月台上，33名孤儿再也忍不住——任凭等候已久的上海各新闻媒体不停地揿着闪光灯,任凭来来往往旅客的惊讶目光——热泪哗哗地从眼中流出。

其中吴秀芹是腿脚不便的残疾人,一到上海,随行记者就自掏腰包送了她一辆残疾车。

《新闻报》在上海大厦18楼,举办了一个欢迎仪式,并在那里宴请他们。那里,可以一览母亲河的繁华地段。当天,上海所有媒体都做了现场报道。《新民周刊》更是用33名唐山孤儿照片做了封面和封底。

至于这次活动引起的影响力,在百度上现在还可以搜到:"2000年5月,河北唐山33名当年由上海育儿院送去的孤儿,在唐山市委宣传部和《唐山晚报》人员的陪同下前往上海寻亲,《新闻报》、上海电视台进行了报道。同年8月18日,80名唐山孤儿集体前往北京,在中央电视台国际频道《真情》栏目现场录制了节目,当场揭晓了一名唐山孤儿与父亲的DNA鉴定结果。节目向全国播出后,引起很大反响。以后陆续有近十人在江苏常州、宜兴等地找到亲人。"

我在这里还要补记后来的几件事:

2000年10月,曾在本报登出寻亲资料的尹凤兰,接到来自常州武进漳湟村一位叫钱素珍的电话,说她可能就是40年前被自己丢弃的女儿。认错人的事当时很多,将信将疑的尹凤兰只身南下去见钱老太。

钱老太说,女儿的后脑发丛里有一片胎记,这是尹凤兰42年来自己也不知道的。"侄女"当场掀起了她的发根,那片淡淡的胎记果然还在。

老人哭了:是我不好,不应该抱你到上海丢掉啊!她还告诉尹凤兰,她的真名应该叫周晓芳,是周家5个子女中最小的。但尹凤兰还想做个科学的亲子鉴定。钱素珍在大女儿和孙女的陪同下,和尹凤兰登上了开往北京的列车。

这辈子,77岁的钱老太只坐过两次火车:第一次是40年前,她把女儿抱到上海的一个派出所门前忍泪丢弃;第二次就是这回,她要陪这个曾被自己丢下的女儿北上,挽回这段曾经破裂的母女情。

做完亲子鉴定,尹凤兰把钱素珍接回唐山等候结果。一周后,北京打来电话:经检测,送检者可认定为母女关系。挂断电话后是一段沉寂,母女俩都没有表示什么。侄女急了,忙把姑的手放到老人的身边,"快认啊,还不叫!"母女俩泪眼执手相看,良久,尹凤兰轻轻叫了一声"妈"。老母亲立时热泪纵横,不停地用常州话说:"我对不起你呀!我对不起你啊!"

第二天,在尹凤兰的要求下,相认后的母女一同来到唐山陵园,拜祭将尹凤兰抚养长大的养父养母。跪倒在石碑前,尹凤兰大声哭诉:"妈,我的亲生母亲找我来了,我们来看您来了,感谢您,把我养育了这么大!"

2001年春节，听说一位唐山孤儿赴江苏宜兴生母家过年，我和记者特地在大年夜这天赶往宜兴。令人失望的是这对母女并没有那种几十年不见的感情。她们彼此有点陌生，人的感情真的有点复杂。

很久以后的一个大年初一，唐山的王艳君打电话向我问好。她在电话中怯生生地问我："你好吗？一直不敢打扰你，听说你因为我们的事被撤了？"

我哈哈大笑："哪来的谣言？我好好的。"

不过，在那次"黄浦江千里寻亲游"活动后不久，确实有两位来自上面的人找我了解为什么要组织这次活动的动机和如何组织上海这么多新闻单位参与的情况。在听了我的陈述后，他们说我是做了一件好事。

随着现代网络的发展，这些唐山孤儿生命不息，寻亲不止，还建了一个QQ群。我至今仍"潜"在群中，关注他们的寻亲结果。我想有一天，还能再听到那句地道的唐山称呼"大哥"！

51. 七名记者的日报

2000年5月，上海从几大媒体集资并抽调人员组建"东方网"，吴谷平总编调任"东方网"总编，《新闻报》由裘新担任总编。于是，《新闻报》经历了"三刊"、"三中心"之后，再次面临新的变化：由"三中心"变为"三报"。

我参加了裘新召集的座谈会，会一开场，裘新就提出："我们不能再把精力分散在《新闻报》三份报纸上了。"然后他问在座的各位："如果集中拳头做一张报纸，做晨报还是晚报？"

会上，好像只有晚报副主编胡廷楣与我两人表示应把精力集中在做晚报上。裘新笑着对我们俩人说："那你们就留在晚报吧。"

其实，裘新已经胸有成竹，他拿出了主攻晨报的方案：《新闻午报》划归广电系统；《新闻晨报》调集所有精兵强将，由毛用雄担任主编；《新闻晚报》只安排23名采编人员留守，其中除了编辑，只有一个7名记者的采访部，由寿光武担任主编。

一张日报只有7名记者？这恐怕是已经跨入"厚报时代"后绝无仅有的！我还沉浸在与《新民晚报》搏一记的思绪中，面对《新闻晚报》突然要被"冷落"的决定，一下子脑子没转过来。在宣布我担任《新闻晚报》唯一的采访部主任后，我一脸茫然，不知道该如何承担起《新闻晚报》每天所需的大量新闻。

座谈会一结束，寿光武主编早就看出我顾虑重重，他对胡廷楣和我说："服从大局,从摘抄新闻着手。只要晚报框架存在,将来什么都会改变的。"

摘抄?尽管对留守的晚报来说是无奈之举,但在我的观念中,采访部记者绝不能满足于摘抄其他媒体的新闻,我必须考虑如何使7名记者能做出独家新闻。

没想到座谈会结束才几个小时,《新闻晨报》副主编顾伟找我:"到晨报来吧,担任特稿部主任,裘总开会时是跟你开玩笑的。"

无论裘总是否开玩笑,我都很佩服他独特的思路和办事的果断。到解放报业集团报到那天就是他选中了我,临时决定把晚报重要的社会新闻部交由我负责。这次大调整,又让我从社会新闻部副主任变成单挑一个部门的主任,我十分感谢他。我对顾伟说:"任命已经公布了,而且我已经答应寿总,这事个人不好办。要不,你去跟寿总说说?"

大概是他对手中只剩下23名采编的寿总不好意思开口,接着,《新闻晨报》的另一位副主编黄琼又来找我。一来一去的,还是那句话:到晨报去。我知道顾伟和黄琼都是晨报的主将,让我担任晨报特刊部主任一定是裘总及毛主编点了头的。只是我这个人很书生气,为人只认"忠信"两字。寿总手下如今"老弱病残",肯定十分需要人,几个小时前我刚答应他留在晚报,现在却转身去了晨报,这不是很愧对他吗?军中无戏言,除非组织上重新任命。对我来说,无论晨报晚报,做业务的人是靠文章立身的,只要领导肯让我放开手脚做新闻业务,去哪里都一样。

三个月后,新任"东方网"总编的吴谷平又从新闻单位挖了一些采编骨干,其中包括在晨报担任社会新闻部主任的沈沪飞。此时,晨报又来找我,想让我去补这个缺。

其实,吴谷平总编同时也找了我,说"东方网"想投资700万元建一个有关"人才"的子网,希望我去负责,并约我一起吃个晚餐。我不知道如何婉谢吴总,便请寿总共同赴约,吴总因此对我的意思十分清楚了。

好了,现在来说7名记者在晚报留守时是如何做新闻的吧。

大调整后的《新闻晨报》与《新闻晚报》从2000年6月1日正式启动。在此之前,晚报经过思考,依据采访部的实际力量,安排了两个自采整版:一是《昨夜今晨》,每天清晨捕捉当天最新的消息,在中午11:00晚报付印前交稿。二是《新闻追击》,每天半夜搜索整理国内国际重大新闻事件,并对新的发现进行跟踪采访。

说到底,这两个自采版都是要抓住晚报的时段,即从晨报半夜24:00付印后到晚报中午11:00付印前这个时段。这是晚报的生命线。

另外,当时晨报、晚报共用一个电话新闻热线,一开始报料线索主要都给晨报。我对新闻热线尤其重视,经过多次协调,后来才争取到"晚报时段的线索分配给晚报"这么个说法。之所以称之为"说法",是因为后来并没有执行到位。

这里我必须要提一下浙大新闻系研究生东悦杭。在他之前,曾有两位研究生来实习过,最后都不辞而别,我因此对他是否会留在晚报也很怀疑。一天早晨,突然天黑如夜,眼看一场暴雨就要来临。我对他说:"你去南京东路转十分钟,写一个简讯。"位于汉口路300号的报社离南京东路仅隔一条马路,十分钟,应该可以感受到这条"中华第一街"在早晨暴雨黑暗中点亮灯光的奇特场景了。十分钟后,东悦杭浑身湿透回来,写完稿件,毫无怨言。这改变了我对他的看法,因此就把每天半夜整理与跟踪《新闻追击》的任务交给了他。夸大点说,这等于是一个国内特稿部的工作量。

至于其他记者,也都明白只有靠实力来证明自己。只要一有采访任务,大家随叫随到,工作个个努力。也许是一种回报,5月31日早晨,电话新闻热线接到读者报料,说有一个假冒《新闻晚报》的记者行骗。6月1日早上,我们利用读者提供的此人电话,巧妙设计,在人民广场当场活擒此人。开版第一天的晚报版面,就抓了一条独家的"活鱼"。

6月7日深夜,我带记者前往杭州采访一场"水战"。因"农夫山泉"一则纯水里养不出好植物的广告,恼怒了"娃哈哈"。"娃哈哈"邀请全国60多家纯水厂100多名代表聚集杭州,围剿"农夫山泉"所谓的"广告侵权和不正当竞争"。我们用5个故事报道了这场白热化的商战,成为全国多家网站当天的主打新闻。

虹桥机场部分航班东移浦东机场那一天,所有媒体都被邀请去浦东机场采访,而独独遗漏了《新闻晚报》。这也情有可原,晚报才7个记者,条线分工是粗线条的,无法与每个机构一一对口。但这是当天重要新闻,怎么办?我对大家说:"没关系,浦东机场的概貌报道早两天已经铺天盖地,而浦西的虹桥机场才是今天的关键,因为最令乘客揪心的是跑错了方向怎么办?我们完全可以声东击西,抓媒体的冷门,报乘客的热门。"晚报将所有记者布置到虹桥机场,报道了当天比浦东机场还繁忙的虹桥机场。

6月17日,英国肯特郡多佛警方在一辆来自比利时的货车中发现了58名窒息死亡人员和两名昏迷人员。经中国专家组核查,这批人员均系中国公民,绝大部分来自福州地区。网上出现这条震惊世界的"多佛惨案"是在晚报时段,我们迅速安排记者,准备赴福州地区采访。报告打到裘总那里,他最先的表态是晚报不要派记者了,让晨报记者去。后来见我们脸色不对,才允许晚报派摄影记者白华阶与晨报的文字记者一起去。晨报、晚报一起派记者,就意味着一起发稿,大家打个平手。

短短半个多月,《新闻晚报》记者连续推出好新闻,在重大新闻面前,晚报记者也没有缺席。

事后,裘总对晚报寿总说:"以后让老韩往后退一退,别冲得太前了。"我相信他说这话一定有全局的考虑,但作为职业采访记者来说,我不知道这个比喻是不是对:在有价值的新闻线索面前,记者就像一头狼,不可能不往前冲。

寿总确实做了我的思想工作,他这样调侃:"有时摘抄的报纸,比正常的报纸还要好看,因为摘抄的都是各报精华内容。"

我偏偏只想带这7名记者去写出自己精华的内容,这不仅仅是为了晚报也是为了记者的名誉。接下来的几个月里,我们又连续打了几个漂亮仗:

本报记者在暴雨中机智跟踪名气颇大专骗银发老人钱财的黄硕著,并为警方提供线索,此人后来被判徒刑7年。

报道了上海首例"本科保姆",报社的热线电话几乎被打爆。

发现锦江乐园里土埋半截的飞机是从抗美援朝战场上退役的。

根据读者报料,请工商执法人员与记者一起半夜伏击装卸假冒猪肉的不法摊贩。

和交警一起去高架道路体验酷暑烈日的艰辛,在交警被撞伤后召开警嫂座谈会……

"冷落"的晚报,弄得热火朝天。7名记者坚守十个月,与编辑人员共同努力,晚报没有停步在"留守",而是大大前进了一步,发行量超过了"保持原有数量"的要求,增长50%以上。

52. "娃哈哈"密谋"老农夫"

我还是略微叙述一下《农夫山泉搅起水市狂澜》这篇新闻焦点的采访背景和经历。

"'娃哈哈'密谋'老农夫'"这话,是2000年6月8日早上7:30,我对"娃哈哈"老总宗庆后说的。

"娃哈哈"邀请全国60多家纯水厂100多名代表聚集杭州,准备当天早上通过对"农夫山泉"广告侵权和不正当竞争的8个针对性文件,但却不让媒体进会议现场采访。

我得知"娃哈哈"老总宗庆后早上7:30要来宾馆的餐厅用早餐,于是带着摄影记者白华阶和实习记者东悦杭早早守候在那里。宗总刚坐到餐桌前,我就挤上去对他说:"宗总好,我是《新闻晚报》记者,请你跟守门的打个招呼,8:30开会时,他们不让我们记者进场不要紧,但我们会就此拍张照片,标题我已经想好了:'娃哈哈'密谋'老农夫'。"其实我并不是真的想拍照,而是想争取进入会场。

宗总听了果然十分尴尬,当即叫来办公室主任,对她说:"开会时放这几位记者进场。"

自从担任部主任后,我自己冲到第一线采访的机会并不多。难得一次到杭州采访,并不是想与晨报争个高下,而是为了保住晚报记者去外地的采访权。

事情起因是这样的:晨报、晚报分家才刚刚一周,晚报有记者接受企业邀请到北京,回来发了个"豆腐干"简讯。寿总为此十分不高兴,冲着我说:"如果记者以后出去就发这种稿件,今后就再也不要到外地采访了。"

正好这天得知全国60多家纯水厂聚焦在杭州讨伐"农夫山泉"的线索,我便向寿总提出要带摄影记者白华阶和实习生东悦杭一起去杭州采访。这样做,一方面是想让记者知道今后应该如何做外地的报道,另一方面也想通过做好这次采访,让寿总不要关上我们去外地采访的大门。

当晚11:30,由白华阶开着他那辆"昌河"小破车,我们三人赶到杭州此次会议所在的浙江宾馆。负责接待的会务组正在收摊,大厅里只有一位来自北京的记者。我们向他打听情况,他神秘兮兮地说:"我已经知道明天会议要通过8个文件的内容,但媒体之间是竞争的,细节就不能告诉你们了。"

我沉思了一会儿,对白华阶和东悦杭说:"没办法,只好厚着脸皮去敲与会代表的门了。"

没想到敲开的是上海碧纯水厂老总毛伟平的门。这里我要交代一下:四年前我曾写过"碧纯水战"的系列报道,那场官司结束后,碧纯水交由港方管理,后来港方又将公司出让给现在的毛伟平这一方。在出让过程中,港方与毛伟平一方打过一场经济纠纷的官司。毛伟平对本报记者相关的报道十分不满,把矛头对准了我,为此有过不愉快的过往。

半夜被敲开门,睡眼惺忪的毛伟平接过我的名片。这是他第一次见到我本人,略显尴尬后,倒也大方,他说这里不方便,邀我们去青滕茶楼说话。

到那里一坐下我就直言:"没想到今天半夜我们会在这里一起喝茶。"毛笑着接话:"都过去了,今夜有缘就是朋友,我把那8份文件都带来了,你们拿去看吧。"然后他向我们通报了明天会议的议程和自己对这次"水战"的看法。

我们轻松地拿到了会议的8份"绝密文件",还掌握了接下去的会议议程。于是,就有了第二天一早在餐厅守候"娃哈哈"宗总,送上"'娃哈哈'密谋'老农夫'"这句话的情景。

这天早上,所有记者,包括那位不愿向我们透露会议内容的北京记者,都借我们的光,跟在后面进了会场。白华阶为了在晚报截稿前发回现场图片,还与主持会议的宗总商量:能不能把原来读完8个文件一次性举手表决,改为每读一个文件就举手表决一次?宗总竟然也答应了。

在会议为第一个文件举手表决后,我们三人即离开会场。因为除了要向报社发消息和图片外,我们还约好上午去采访"农夫山泉"老总钟睒睒。

路上碰到晨报记者Q,她得知我们要去"农夫山泉"采访,想搭车一起去。既然是兄弟报纸,当然得带上她。就这样,晨报、晚报记者一起采访了"农夫山泉"老总、一起参加了下午在浙江宾馆(此宾馆内据传有林彪建立的地下"704"工程)由"娃哈哈"老总宗庆后主持的新闻发布会。

而当晚8:30,"农夫山泉"要在毛主席曾经27次入住的西子宾馆1号楼举行"记者恳谈会"。趁"农夫山泉"的"记者恳谈会"还没开始,我们一行三人加上晨报记者Q一起去宾馆用晚餐。

点菜时,Q去宾馆商务中心发稿。我对白华阶和东悦杭说:"我估计她要发今早会议、采访农夫山泉老总、下午新闻发布会这样三篇消息稿。虽然我们今早会议的稿件已经抢在晨报之前,但另两篇稿件,包括今晚农夫山泉恳谈会的稿件,见报都要比晨报晚。这样吧,她写消息,我们写现场特稿,用5个故事写一篇焦点,避免与晨报的消息重复。"

晚上,"农夫山泉"的记者恳谈会一结束,回到住处,我向东悦杭口述了纯水密谋屠"夫"、"农夫"登报请客、利箭射向"农夫"、娃哈哈生气了、农夫山泉有点"辣"5段故事内容,然后睡下。东悦杭年轻,精力充沛,通宵熬夜写稿。

第二天一早,我简单修改了一下稿件,传真到报社后,三人便一起去湖畔居茶楼,享受打完一仗后的短暂悠闲。

下午回到报社,电梯里碰到晨报记者Q,她说:"韩老师,这次你把我害苦了。"这话让我有点吃惊:在杭州我们一路上都带着她,给她提供了很多方便,怎么害了她呢?直到坐在办公桌前,才听部门里记者告诉我:晨报主编毛用雄将我们写的新闻焦点稿《农夫山泉搅起水市狂澜》贴在墙上,并用红笔写了评语:如何用故事写经济报道,请看晚报老韩带记者写的文章。对记者Q来说,这无疑是一种批评。但这能怪我吗?

[附文]

农夫山泉搅起水市狂澜

本报记者/韩自力　实习记者/东悦杭　摄影/白华阶

天还未热,水市却沸腾了。由于"农夫山泉"隆重宣布"长期饮用纯净水有害健康"的实验报告及全面停产纯净水,从而引发又一场纯净水与天然水的全面争执。

短短的一则广告引发了一场名副其实的商战,这也许是农夫山泉宣布停止生产纯净水时所没料到的。这场商战在过去的3天里全面爆发,地点就在两大主角娃哈哈、农夫山泉的家门口杭州。

一、纯水密谋屠"夫"

6月的杭州雨天多,7日夜里的雨下得特别大。操着南腔北调不同口音的69家纯水企业代表就在这个雨夜住进了浙江宾馆。记者的车子绕了好几圈才找到这家地段较偏的宾馆。据说,这里曾是林彪钟爱的地方。

在浙江宾馆的深处,大堂右侧竖着一块牌:"2000'纯净水发展研讨会",但门口横幅却是"维护纯净水健康发展研讨会",不知是组织者"娃哈哈"的一时疏忽,还是有意为之。

会务组的一位杨小姐告诉记者"来早了",新闻发布会前的两次会议谢绝记者采访。记者正想向她了解一下当晚会议的情况,她却自顾自走开了,另一位工作人员也匆匆折起桌上的代表名单和房间号随之离去。

记者见到的第一位厂家代表是上海碧纯的老总毛伟平,他的身边还跟着一位主任和一位厂方律师,他说许多厂家都带了自己的律师,因为要签"起诉状和一些文件"。

毛总显得很轻松,他说上海的厂家对此事的反应没那么强烈,毕竟农夫山泉并没对上海厂家构成太大的威胁,所以能比较冷静地对待这次会议。记者与他夜谈到凌晨2点多,都是上海的市场状况,大都与"农夫山泉"事件没有直接关系。

记者在吃早饭时找到了娃哈哈的总裁宗庆后。在记者的再三要求下,他终于答应让记者入场。但会议开始时,记者还是被会务组拦在门外,正当记者与其论理时,宗庆后到了会场,连声对工作人员说"算了,算了,让他们入场"。会务组这才放行。其他媒体记者见此情景也都一拥而入。

有些厂家代表并未参加讨论文件草案的会议,他们前一天晚上拿到草案后,便开车出去游玩了。记者因此从一位代表那里提前拿到了这些文件,并在第一时间组织成文,传回了报社。

二、"农夫"登报请客

8日上午,农夫山泉几位高层领导的电话比订水热线还要"热",记者们不等浙江宾馆的会议结束便开始打来电话了解情况。本报记者由于早早预定,因此直接赶到了农夫山泉的公司总部。

农夫山泉早已决定8日晚举行"记者恳谈会",并在当地《都市快报》头版刊登了通栏广告。奇怪的是,这份杭州地区销量数一数二的报纸在当天的浙江宾馆5号楼竟无人见到,大多数记者都是通过"口头传播"才获知这一消息。

农夫山泉的钟睒睒总裁说,我们不开"秘密会议",欢迎任何媒介的采访,也欢迎纯水厂家来参加。

钟睒睒看到纯水厂家的诉状和联合声明的草案后,并未像记者想象的那样表现出激动或者愤怒,而是边看边笑边摇头。当看到中国食品工业协会关于纯净水是"安全、卫生"的文件时,钟总脱口而出:"无知!"

总裁助理郑波平均每三四分钟就要接一个电话,几乎无法与本报记者交谈。他在电话中对记者们表示"农夫山泉不怕打官司""我们很坦然""欢迎晚上来参加会议",这几句话他一个下午重复了不知多少遍。

"农夫"副总江民繁正埋头整理会议的材料,不停地奔走在几个办公室之间,脸上同样没有一丝紧张或忧愁的神情。他还抽空对本报记者说:"我们希望有企业站出来跟我们在法庭上辩论一番,说实话我还真盼望着那一天。"

三、利箭射向"农夫"

纯水厂家很快结束对几份文件草案的讨论,8日13:45便开始举行签字仪式。这些文件包括1份起诉状、1份联合声明和6份递交有关部门的"紧急报告"。成都地区一代表边签字边说:"这是我们的8支'利箭'。"

无锡的一家纯水老总手捧1只塑料袋走入会议室,袋里装着8只图章,他说,这都是没来的同行授权让他来签字盖章的。记者给他算了一笔账:6份"紧急报告"送交6个部门,每个部门5份,1家企业就得盖30次章,8个图章意味着他得盖240次章,还不算诉状和联合声明。真是"盖章专业户"了。

记者在随后的新闻发布会上见到了上海正广和的老总陈向民。他很平静地对记者说,正广和并不想卷入无谓的纷争中去,正广和有纯净水,也有矿化水、矿泉水,市场需要什么,他们就去做什么。谁是谁非是管理部门的事,企业没必要陷进去。此时,台上的一位专家已愤怒指责农夫山泉是"伪科学"。

四、娃哈哈生气了

由于下午的新闻发布会没有安排记者提问时间,台上代表和专家的发言一结束,记者们一下子拥了上去,把主席台中间的娃哈哈总裁宗庆后层层围住,一位记者甚至把话筒塞到了宗庆后的鼻子底下,宗庆后一脸不悦,说:"退后点,否则我不接受采访。"

有记者问为什么不请"农夫山泉",宗总严厉地说:"这种企业我们不愿与他为伍!"

北京的一位代表说:"农夫山泉这一招的确厉害,北京的纯净水销量比去年同期下降了50%!消费者打电话来都要订天然水和矿泉水。不过我们对农夫山泉谈不上'恨',更没必要置之于死地。"

此时,台上的宗庆后正大声说道:"我们开会就是针对农夫山泉的,这一点我们毫不回避!"

五、农夫山泉有点"辣"

当晚8:30,农夫山泉的"记者恳谈会"在西子宾馆1号楼举行。门口的礼仪小姐指着门廊里毛泽东的一副题字说:"毛主席曾经27次入住这里。"

钟睒睒开口第一句就是:"很抱歉这么晚叫大家来,主要是怕影响你们参加'那边'的会议。"满屋子的人都被他逗乐了。

记者在现场看到大约有近20家纯水厂家代表也到了会场,但只有6家代表在签到处留下了自己的名字。

钟总的开场白不到10分钟,他最后说:"我会等你们提完全部问题再走,尽管提,越尖锐越好!"这句话赢得了全场的掌声。

记者提问十分踊跃,几次出现抢话筒的局面。但杭州本地媒体有些怪,显得出奇的平静,同下午一样,没来几个人,来的也不提问。

一言不发的还有在场的纯水厂家,尽管钟总一再表示欢迎其他厂家发言,但这些白天还滔滔不绝的厂家自始至终没在这次会议上发言。也许他们觉得话已说尽,要说就法庭上见。

"农夫山泉"在会场上放映了一段娃哈哈用金鱼做实验的广告录像,并说:"比对广告不是我们先做的,我们只不过是继承和发扬。"全场再次爆笑。

整个会议在轻松的气氛中度过,成都的一位代表指着"农夫山泉"准备的厚厚一堆材料感叹道:"听了这个会,我感觉那些想打官司的企业很难打败农夫山泉。"

有位专家分析说,这场"水战"的实质在于"农夫山泉"把多年来对纯净水的疑问,由专家范围内的讨论推到了整个市场和行业面前。无论结局如何,消费者都将最终摆脱疑问,这也许才是这场纷争的真正意义所在。

"娃哈哈"和"农夫山泉"至少有一点是共同的,他们都相信上法庭赢的肯定是自己,谁都相信这件事一定会有一个是非分明的结果。但昆明某报昨天刊登的一则民意调查显示,大多数读者认为这件事的结果就是:没有结果。

53. 千年曙光轮回

晚报采访部在2000年暑期后陆续进了五位新的记者,其中一位从编辑岗位上转来,两位从外单位调来(有一位因档案迟迟不能从原单位调出,被长期借用),另外还有两位应届毕业。浙大研究生东悦杭不用说,顺利进编;而上海外语大学的陈莹却碰到了一些麻烦。

那天我正在26楼咖啡厅与人商量采访的事,晚报主编助理王沈利找到我,说班子经过讨论,认为陈莹个头矮,没通过招聘。"个头矮怎么了?这是挑选记者,讲的是业务,能不能找个说得过去的理由?"我当场来火,话说得很冲。王沈利笑着对我说:"老韩不要发火,我再去说说。"半小时后,他又来找我,告诉我陈莹通过招聘了。

陈莹虽然进编了,但我却给人留下"非常强势"的印象。如果说我在业务上强势,那倒也罢了,但在人事问题上,我向来就抱着"事先不争,事后不议"的态度,只是这次给我的理由实在不上台面,让我没压住脾气,说了本来不该说的话。

不管怎么说吧,现在晚报采访部已经有了12名记者。这年11月,我向报社申请召开一次采访业务研讨会,地点是浙江莫干山。我希望在开展业务头脑风暴的同时,也能让精神紧绷了好几个月的记者放松一下,增加点凝聚力。

自此以后,晚报的采编部门大都每年会利用双休日组织去外地进行一次休整,此风形成,我算是始作俑者吧。其实要追溯起来,是我受了电视台的影响。在为电视台专题和综艺节目进行策划时,凡遇重大题材,他们常常会把我关在某个风景秀丽的度假村,直到我拿出完整的方案来。我喜欢这种离开日常工作打扰的放松状态,它往往能激发出奇思妙想,取得意想不到的效果。

这次作为晚报采访部的首个业务研讨会,报社主要领导也很重视,随我们一起前往。

众人周知,莫干山的得名来自一个古代传说:春秋时期铸剑神手干将、莫邪夫妇两人在此铸剑三月,铸出雌雄两把稀世宝剑。寿总因此幽默地说:我们这次上莫干山是"磨剑"。

从莫干山下来,到下渚河乘船,然后去青山湖度假村住宿。在那里我们对晚报的发展和采访业务进行了头脑风暴。会上裘新总编说这是一个"拉开晚报改版序幕"的会议。

晚餐时,跟晚报记者活动了一天的裘总深有感慨,敬了寿光武一杯酒,说:"谢谢你,带出了一支朝气、团结、富有活力的记者队伍!"他对大家说:"等晚报改版启动之时,我们再来莫干山还愿!"

这年年底,晨报的发展势头良好,晚报也正式开始筹划改版方案。我们就好像看到了即将到来的千年曙光。

2001年元旦,人们称之为新千年的第一天。我们真的为新千年第一缕曙光的到来做了精心的策划,晚报记者兵分三路,在上海本地、浙江临海、新疆沙漠分别采访这个新千年的早晨。

2000年的12月30日,我出发去浙江临海采访前,正好朋友有个聚会,请来了静安寺的慧明法师。用餐时我就坐在慧明法师的左手边。

慧明法师听说我明天要到临海的括苍山去采访新世纪第一缕阳光,微笑着对我说:

"太阳与地球都在运转活动中,哪里有什么第一缕阳光?如果真有所谓第一缕阳光的话,那么,这世界的任何地方、任何人都能在不同时间里看到,又何必忙忙碌碌地去追逐呢?"

我承认慧明法师这番话说得超脱有哲理,但我作为记者,从职业出发,就是要去记录这个时代里社会世俗的印迹,有时不得不像个凡夫俗子那样去追逐阳光。

中国大陆到底是哪个地方迎来第一缕阳光呢?各大媒体各有各的说法,我们只能根据大多数人的说法,选择了位于浙江临海市括苍山的米筛浪峰。

余脉入海的括苍山共有千米以上峰峦150多座,其中米筛浪峰是括苍山脉主峰,为浙东第一高峰,被称为"泰山之佐",海拔1382.4米,被大多数人认为是21世纪中国大陆第一缕曙光的首照地。

聪明的当地人喜欢办节办活动,如中国网络音乐节、中国石文化旅游节、中国文旦节、中国江南长城节、中国柑橘节、中国青蟹节、中国杨梅节、中国云锦杜鹃节等。这次又大造声势,推出了"21世纪中国大陆第一缕阳光"活动。

2001年1月1日凌晨3点,从全国赶来的几百名记者先后登上米筛浪峰,两万多名游客也同时向山顶进发,追逐着所谓新千年中国大陆第一缕阳光的到来。

应该说,这里的确是观日出的好地方,国家气象自动观测站也设在山顶。米筛浪峰东坡直降,视线开阔,向东直至大海一望无际。而老天那天十分赏脸,天空纯净,万里无云,满天星星。

夜色中能隐约看到边上的九台沟风景。那里有悬崖峭壁,飞瀑涧流,怪石奇岩,松树吟风。传说中的雾海宝光,是此山景色之绝,但那天凌晨,我们无法赏景,只在淡淡月色之下,看到山顶有高低错落的30多台风力发电机,在寒风中呼呼旋转。这是全国四大风力发电场之一,也是世界上海拔最高的风电站之一。

等待日出的人在山顶点燃了堆堆篝火。

5:45,东方呈现一抹橙色的霞光。一个地方每天的所谓第一道阳光,其实就是指我们所看到的太阳上缘与地平线相切的那一瞬间光芒。

6:20,群山在霞光的映照下如同国画。

6:43,一个金子般的亮点冒出地平线!

人们挥臂欢呼雀跃,放飞气球,轰响了象征21世纪的21声礼炮。

由于谁都说不清当天的第一缕阳光究竟是落在大陆的什么地方,早在几个月前,大陆沿海好几个地方政府机构都在打造"第一缕阳光"的概念。于是,在同样的这一天早晨,舟山的东极岛、温岭的石塘镇、黑龙江的乌苏镇、吉林珲春市内的森林山,都聚集着成千上万的阳光追逐者。我想,那场面恐怕都是一样的疯狂。

此时,我想起了慧明法师,他是否正在梦乡中?他梦里的阳光是没有开始也没有结束的。在他看来,这阳光在地球上从东到西地转圈,实际上是一种时间的轮回,无所谓升也无所谓落,无所谓始也无所谓终的。

早晨8点多,我和同去的摄影记者白华阶下山。帮他把照片发回报社后,我在旅馆里写新闻稿,写到最后,又一次想起慧明法师的话,于是以这句话结尾:"新千年的第一缕阳光将从东到西,慢慢地打在全世界每个人的脸上。"

事实上也是如此,这天,晚报记者兵分三路,在上海本地的记者站上了最高楼层,他们见到的阳光要比我们晚了几十分钟;在新疆沙漠的记者用卫星电话发回了报道,他所见到阳光要比我们晚了几个小时,但能说大家见到的不是新千年第一缕阳光吗?

发完稿件,我打电话给另外两路记者,互致新千年第一天的问候,那种相隔千万里却心心相连的情谊至今难忘。

当天下午,晚报上摊,"新千年第一缕阳光"的专版获得了同行的好评。

可惜,没有和慧明法师打过交道的编辑或许看不懂我在文章结尾的这句话,把它删掉了。

只是这句话从此印在我的心里:阳光不断地轮回,无论你身处何地,都永远有抓住第一缕阳光的机会。

报纸的发展亦如此。"留守"的晚报,在新的一年里终于迎来了她的第一次突破。

54. 野路子招聘

"千年曙光"采访回来,晚报的改版进入冲刺阶段。

从莫干山会议之后开始的改版策划,是一个复杂的过程。从提出思路到形成方案,我们一直忙到春节后。与此同时,晚报还制定了去江浙两省招聘记者的计划。之所以考虑去外地招聘,一是因为在上海要一下子挖到一批来了就能干活的采访熟手不容易;二是上海刚刚推出引进外地人才的"人才工作证"制度,正好为晚报去外地招聘提供了政策便利。像晚报这样去外地成批招聘记者,在上海新闻界还是首次。

本来,去外地招聘的工作由主编助理王沈利负责。他已经答应南京的接头人郭文才,第二天(正巧元宵节)赴宁,偏偏解放日报报业集团的领导临时通知,第二天要听取晚报班子对改版的汇报。反正招的都是记者,我又是晚报唯一采访部的主任,寿总临阵换将,让我负责第二天去南京招聘。他派了一辆车,还让我带上记者黄银龙一起去,调侃地说:"晚报出去招聘,派头总要有点的。"

这是一次速去速回的任务,必须在最短的时间内做好最复杂的人员筛选工作。出发前我打了个电话给在南京的郭文才:"明天晚上是元宵节,我想请南京各报有意来上海发展的记者吃饭。你帮我找符合如下条件的记者来:一、家不在南京而在地县甚至农村的;二、在南京报业已经干了两年以上的;三、年龄不超过27岁的。"

这三个看似很简单的条件,其实有独特的内涵:家在地县甚至农村的年轻人,能够在南京这个报业竞争白热化的省城立足两年,应该是有实力的记者;而年龄27岁以下的大都没有家庭牵绊,有着"四海为家,闯荡天下"的抱负。

2001年2月7日晚上,在酒桌上,我对赴宴的年轻人介绍了晚报改版、上海推出"人才居住证"政策等情况,强调在座的若有意可在10天内将自荐材料寄到上海。介绍完后,我与他们一一碰杯共庆元宵节快乐。

10天后,我在收到的材料中选了9份推荐给领导。因为早在元宵节那晚与这些年轻人的一一碰杯中,我已经通过他们的神态语言和动作有了自己的判断和选择。

2001年2月14日是情人节,我如法炮制再赴杭州招聘。在杭州招聘时我有一个体会,浙江山水秀丽地方富庶,年轻人性情飘逸休闲,对到上海来闯荡的欲望不像江苏年轻人那样强烈。尽管如此,我还是招来了两位很有才华的年轻记者,其中包括东悦杭读研时的同学赵毅。

之所以要特别提到赵毅,是因为裘总一听晚报又招了一名浙大新闻系的应届研究生,觉得人才结构重复,不想要。赵毅得知后,当天就想回杭州。我对他说:"既然来了,跟我们一起去莫干山,与裘总见个面再说吧。"

晚报改版启动时,再来莫干山还愿,这是裘总去年11月晚报采访部去莫干山开业务研讨会时定下的。2001年2月底,晚报的改版方案通过,人马也已到位,裘总兑现了再跟我们一起上莫干山的承诺。那次在莫干山,一是宣布晚报改版方案,二是裘总对晚报新进采编人员进行新闻纪律的培训。果然不出所料,当裘总看到赵毅后,立马就对这个精干的帅小伙有了好感。

晚报采访部一下子多了11名年轻人,在报社大楼进进出出,充满了活力。晨报副主编顾伟露出一脸的羡慕,一个劲儿地问我:"哪里招来的这些帅哥靓妹?"连《新闻报》管人事的干部也问我:"你怎么选的?"我乐得合不拢嘴,回答她:"我用的是野路子,非正规的,不值得推广。"

晚报采访部一下子扩大到23名记者,成为一个大部。我非常清楚这是一个过渡,按一般规律,任何单位如果有某个部门突然"独大",必然会酝酿新的变动。

尽管明知这是一次过渡,作为部主任,我还是必须根据自己理想中的新闻理念,安排好23名记者的工作。我设置了热线组、经济组、党政组三大块。热线组是无条线记者,主要任务是应对突发事件和采访市民投诉;经济组打破传统的条线,按商品、资金、劳动力、房地产、技术、信息、服务等市场要素划分条线;党政组以政府机构与执法机构为主,在报道上以"城市管理、生存环境、社会治安"为重点,以"法、情、理"为思路。虽然这样的尝试还很不成熟,而且也不过就是一个多月时间的过渡,但这些对业务的追求影响了新来的记者。在他们后来成为《新闻晚报》的部主任及中坚力量后,只要遇到重大新闻题材的策划和操作,与我彼此会有一种心灵上的默契和共鸣。

我曾经说过自己要做一名懂网络、会摄影、能开车的全功能记者。进入21世纪的记者,必须会驾驭最先进的科技传播手段,否则就会被时代淘汰,所以我对新颖的采访器材一向非常重视。现在作为一个部主任,我想将整个采访部都装备起来。在报社没有资金投入的情况下,我发动记者寻找赞助并拿出部门基金,添置了两台"联想"笔记本电脑和四架"海鸥"牌数码相机,还有一架索尼Digital Mavica 数码相机。不知道大家看到过这样的相机吗?它可以拍摄1280×960尺寸的照片,大小约200KB。有意思的是它的储存介质为电脑三寸盘,这种容量只有1.44MB 的软盘最多只能储存六七张图片。2001年9月底,寿总派我去马来西亚采访一个亚太地区的高尔夫球赛,我就带着这架相机,包里为它准备了两大盒三寸盘。当然,我还必须带上笨重的联想笔记本电脑,每天将三寸盘里的图片移存到电脑上,以便第二天还能有足够的储存盘好用。至于采访用车,我们也积极想办法。曾有一家企业愿意拿车来换广告,但涉及车的产权问题,这不是部门能做的事,报告打到报社,最后因种种原因没有批下来。没有一辆热线采访车,当时是我心中的一大遗憾。

并不是所有人都看好这支采访队伍的,因为部门里原来的"留守"记者年龄偏老,而新进记者以外地为主,不熟悉上海。有人担心这些"老的、少的、上海的、外地的"杂牌军承担不起艰巨的采访任务,也很难磨合在一起。我却对此充满信心,心情十分愉悦。一次部门里有一位"老刺头"又为一件小事亮起大嗓门"骂山门",我过去拍拍他的肩膀说:"当心身体健康。"他朝我眼珠一瞪:"你什么意思?"我笑着说:"不管谁和我吵架,一转脸我就忘了,但我要是和你吵起来,恐怕你得生气两个月,这对身体不好。"部门里年轻人听到都笑起来,"老刺头"不再言语。

其实,无论"老的、少的、上海的、外地的",都各有长短。有些人喜欢吹毛求疵,甚至在正式会议上也把不同人群的短处作为一个话题来谈。而我则只对事不对人,从来不喜欢分什么"老的、少的、上海的、外地的"。如果说作为部主任一定要面对人这个问题的话,那么,我喜欢去发现不同人群带来的不同文化、不同年龄层次所具有的不同特色,从而扬长避短,促使不同文化和特色慢慢在部门里交融,渐渐形成温暖、明朗、诚朴、Fresh、独特的部门小环境。

从 2000 年 6 月到 2001 年 4 月,我在晚报唯一的采访部担任了 10 个月的主任,经历了晚报被称之为"留守"的这一艰难时期,欣喜地看到晚报从 7 名记者扩充为 23 名记者。我想起了寿总的那句预言:"只要框架还在,什么都会改变的。"

55. 这是个"垃圾筒"?

果然,经过短短一个多月的过渡,2001 年 4 月,晚报采访部拆分为四个新闻部:社会、经济、科教、特稿。

在分部门之前,裘总找我谈话,要我担任经济部主任。我知道他的好意,经济新闻部在各媒体都是最重要的,在很多人眼里,经济部主任是个"肥缺"。

不过我还是小心翼翼地问:能不能还让我操作老行当,当社会新闻部主任?

他有点惊异。我没有多做解释,只说自己喜欢做社会新闻。说真心话,无论我在《上海商报》做经济新闻还是后来在电视台《今日印象》做文化专题、在《智力大冲浪》做综艺节目、在《新闻报·商与法》做经济法律报道,甚至在为不同的大型电视节目做策划时,我在操作中都习惯地把社会大众和现场情节作为基本的出发点和落脚点。毫无疑问,社会新闻是最合我心意的部门。裘总同意了我的要求。

晚报部门划分后,我带过的大部分年轻记者被分到其他部门。在这次《新闻晚报》的改版中,除了这23名记者,还有部分《解放日报》及其他媒体"精英"的加入,并陆续新进了一些本地大学生,《新闻晚报》的采编部门不断增加,框架搭配逐步齐备,具备了一张都市日报所需的常规采编队伍。

有一次晚报召开年轻记者座谈会,我也在场。会上裘总突然问大家:你们谁是韩老师带过的?请举手。呼啦一下举起了一大半。他点数后说:70%;但没作任何评价。

直到那年夏天,我才知道这次点数的深意。这年有一位来自上海大学相当能干的实习生沈凤丽,我反复争取让她留下。有熟知内情的人劝我别再白忙乎了,因为报社有新的不成文规定:新进人员必须是重点大学的毕业生。另外,领导私下里或多或少还有这样的意思:以后老韩带的实习生不要进报社了。换位思考,这也是可以理解的。

这才让我想起年轻记者座谈会上的调查。从领导学的角度来说,我在晚报带过70%的年轻记者,这确实给人一种不平衡的担心。没办法,我能理解领导的平衡理念,只好对沈凤丽说:无论去哪一家小报都可以,只要不离开新闻口子,凭你的实力,以后肯定能回到主流媒体。

她在后来两年里辗转了几家报纸,写了不少出色报道,最后不出所料,《新闻晨报》接受了她。在晨报的短短时间内,她又从记者干到部门助理、副主任直到担任一个部门的主任。

必须要说明的是:我带过很多年轻记者,但我从来不拉个人圈子。这不仅因为搞业务的人没这种需求和必要,也是为了不给年轻人出职场难题。像我这样性格脾气的人,在职场上免不了得罪一些人。设想一下,这些比我小20多岁的年轻人如果成为我圈子里的人,在我退休后,他们今后成长的路上或许会受到圈子的负面影响。我一向认为:拉圈子,是对年轻人不负责任的行为;对年轻人最好的支持,就是让他们走出个人圈子,融入整个团队。

当然,这并不妨碍我喜欢同年轻记者交流业务交流人生,因为我能从他们身上学到新的东西,感受到生命的活力。尽管分部门时这些年轻记者大都调到了其他部门,但这不正好让我们能交流更多的话题吗?假如说交流也是一种影响力,那么,反过来他们不是也影响了我吗?业务与精神上的影响力,同私人间交际上的圈子,根本就是两回事,它是超越任何人际交往形式的。

在年轻人被抽调出去的同时,有领导明确对我说:老韩,你这个部门就是个"垃圾筒",各部门不要的人都到你这里来。我对此毫不在意,当年插队让我带的知青队伍就是"杂牌军",后来却成了生产队挑大梁的"主力军"。我喜欢"善将不择兵,善书不择笔"这句话,讨厌那些打了败仗却用埋怨下属来掩饰自己无能的人。

陆陆续续地,一些其他部门不要的人来到我所在的社会新闻部。

杨志洪编辑,在一次版面策划会上话讲了一半,被年轻的部主任呛了回去,然后被分配到社会新闻部;丁昌华,从《解放日报》北京办事处回来的编辑,因年龄偏大,没有部门接受,被分配到社会新闻部;史清禄美编,没部门要,他情愿选择到社会新闻部当热线电话的接线员;徐勋国编辑,经常听到他所在的部主任对他有看法;刘昕,从来没干过新闻的,部主任说带她很吃力……好吧,不是说我这个部门是报社的"垃圾筒"吗?那就让他们都来吧。

其实,每个人都有自己的优缺点。部主任应该善于发现别人的亮点,尤其应该明白,一般看上去不好摆弄的人常常有自己的拿手好活。真诚地去尊重他们、坦率地去与他们沟通,总有一天你会发觉他们身上有出人意料的能量。

接手这个"垃圾筒"后,我去了一次泰山。在浪迹北方的十几年里,每当火车缓缓驶过泰安站,我都会抬头望远,在一片青山之中寻找最高峰——泰山,默念杜甫的"会当凌绝顶,一览众山小"的名句。终于在48岁,我聊发少年志,登上了"绝顶"。说实在的,此时的我,已游历祖国许多山河,泰山在我所登临的山中并不算高,只是泰山这种特有的气场在中国群山中确实少见。满山松柏,庄严巍峨,我却轻松活泼地在台阶上跳跃升腾;泰山夜归途,黑沉寂静,我却像伴着青春的星,一路上哼唱着所有能记得的歌。

泰山之行只是忙里偷闲的一次放松、一次无意的心情调整,却为后来的前行垫足了底气。

回沪后的第一次部门会议,社会新闻部全体采编人员,表示了要"证明自己"的强烈愿望。徐勋国代表大家,提出了"重铸辉煌"的口号。

我把九年前在《上海商部》制定的《部门人员须知》原封不动地贴在社会新闻部中间的那根大柱子上:"思想作风:诚朴简明;业务要求:一丝不苟,不停追求,主动配合;三不三看:不猜动机看效果,不听蜚言看事实,不唯资历看才干;反对两种风气:斤斤计较,人人戒备;提倡两种精神:责任感,冒尖欲。"

我激励每个记者低调做人霸道做事,经常如此激励大家:上海总共才8家日报,跑同一条线的记者也就8个人,和100个人竞争很难,和8个人竞争不算难吧,只要人人做到第一,那么晚报社会新闻部就能做到第一。

我鼓励已经取得成绩的记者不要在乎别人嫉妒。嫉妒是因为你还不够出色,假如你能超出别人一大截,令人望尘莫及,那么别人的嫉妒就会变成羡慕。

我将自己比喻成坦克,沉稳地但不顾一切地要带领这个部门向前。比起过去只有一个采访部,现在社会新闻部工作比以前单纯多了也轻松多了,但我依然每天在报社投入12至15个小时的工作量。一位新来的年轻"精英"部主任有一次当着我的面说:"没能力的才没完没了地泡在报社里,有能力的话这些活儿早就利索了。"我承认我很拙,所以不得不比别人花更多的时间,以勤补拙嘛。但我心里十分明白,我的大部分时间,是花在这支团队的平台建设上,花在对部门新手的培养上,并不是有能力的部主任都愿意这样付出的。

实际上,作为一个好的部主任,他的能力不是体现在有多少花里胡哨的嘴头"新概念",而是体现在能不能为争第一的记者搭建有效作战的平台。我们看到大多喜欢玩弄嘴头"新概念"的所谓"精英",被委以重任后常常铩羽而归,成事不足败事有余,刻上了"败军之将"的记号,这些教训促使我踏踏实实地去做部门的基础建设。

我把部门记者划分为热线、法制、活动三个小组,努力搭建网络信源的制高点、打造法制报道的服务性和互动性、完善和固化部门每年的几大社会活动。

在占领信源制高点上,我们同上海热线"投诉直通车"、上海广播电台"990"合作,在合作的基础上,一步步深入,做到网络共享和报网联动、报台联动。其中对每一种合作都制定详细的操作流程。比如对《上海热线》传来的热线线索进行分类、及时分配、登记造册、完稿时间要求、反馈给合作媒体……。这种多媒体合作不仅解决了晚报信息源不足的问题,还创造了网络调查、聊天互动、建读者数据库等新的运作方式,使热线报道成了社会新闻版的亮点。

在法制报道上,我们提出"抓大案名案、抓现场花絮、抓趋势分析、抓社会热点反思"的目标,并在版面上贯彻服务为主的意图,比如为老百姓打官司开设的"讨个说法"、为公开开庭进行预告的"明日开庭"、为法庭执行难开设的"悬赏举报"等新颖的法律服务栏目。其中"悬赏举报"先后被上海市第二中级人民法院和上海市高级人民法院指定为合作栏目。

"社会活动组"则打破条线,用社会调查和街头扫描的手段,来专门研究和出击容易被条线记者忽视的交叉新闻、边缘新闻。后来衍变成每年固定的"夏令热线""打假行动""追薪大行动""周末特别行动"等几大社会活动。这些活动突出了"民有所呼,我有所应"的特征,为晚报增强与读者的黏合度起了很好的作用。

在人员和主攻方向基本明确后,我在部门里建立了业务周会、版面民主评议、好稿奖励等三个制度。这些制度的目的主要是帮助一般记者打开业务上的瓶颈口,提高他们的业务积极性,从而反过来推动业务强手的持续发展。

事实说明,三个小组相对独立的活动和相互的合作,对部门走上良性运作机制,对版面稿件数量和质量的逐步提高,发挥了重要作用。这是一个不断完善和提高的过程,就像顺势而下的水,遇山则绕之,遇沟则填之,也许它会因某些阻力而有暂或的停滞,飞鸟走兽可以曝其而苟活,尘土草渣可以乘其而浮动,但谁也无法影响它的纯洁和大气,无法阻挡它的前进之势。看到并理解这个过程,我们对社会新闻部的未来充满信心,尽管未来也还是个过程,但那一定不再是什么"垃圾筒",而是一支能攻善战的新闻尖兵。

在后来不到三年的时间里,社会新闻部不仅为整个《新闻报》获得了首个上海好新闻一等奖,还连续获得三个上海好新闻三等奖,成为获奖最高最多的采访部门。2003年,上海报界著名的两个评论栏目《文汇时评》和《解放论坛》,接连四次评论了《新闻晚报》社会新闻部的工作和稿件。2004年,在中层干部竞聘时,《新闻晚报》社会新闻部仅有的10名采编中,一下子为集团输出了三名主编助理,其中两名后来成为副主编。

我真的很幸运,当初竟然有这样一群很有个性和能力的"宝贝",被扔到了我的"垃圾筒"里。

56. 慈不掌兵

或许老天应该在我这张脸上添一根软软的线条?

或许怪不得老天,只怪我自己难得一笑的性格?

这天,寿总提醒我:"你部门里已经有三个人说见到你很紧张,今天有一个害怕得到我这里来哭了,你开口说话就不能笑一笑?"

我笑了,有点尴尬。我与记者在交谈时除了业务绝少谈其他的话题。业务话题是很直截了当的,没有什么可以拐弯的话儿,说完了就完了,至于别人的感受我很少去注意过。有时记者围在一起谈"八卦",见我上前就知道又要谈新闻,所有人的脸色会一下严肃起来。我自以为这是喜不露色,怒要有度。现在才知道,在别人眼里,其实我是个缺少温度的部主任。三位见到我感到紧张的,都是新来的实习记者。这里,不妨从其中两位的实习体会中看看我是如何"苛刻"要求的:

"一卡通"的背后

"你们的'一卡通'上了头版头条!"韩老师一番通告,真让我怀疑自己的耳朵出了问题。

下午两点临危受命,花了几个小时搞出的东西便成了我和"师姐"实习"生涯"的里程碑。不过话说回来,这其中的变故也只好用"一波三折"来形容。

开头一切顺利:我们询问了读者,弄清了事件的大概,接着又由冯越向"一卡通"公司咨询了一堆问题,搞定,报道出来了。

"这样的文章,你们觉得说清楚了吗?"韩老师的问题让我们愣了一记,"本来是一个起步费,那到底是多少钱呢?不是每个人都知道啊。"接受教训,不能自以为是,你认为清楚了,读者不见得这样想。

问题还没完,初稿只说乘出租车时一卡通不能透支,乘坐地铁、公交、轮渡则可以享受这样的待遇。为啥会这样?两种刷卡的机器有何不同?问了才知道,一个是POS机,一个是闸机。把其中的原理讲明了,文章的内容丰富多了。

类似的教训还不止这一个,起先没有把出租车计价器出现负数的原因说明白,读起来就像嘴巴里嚼着一只橄榄核,不够尽兴。韩老师一经提醒,我们又一次恍然大悟,这才出现了最后的定稿里"计价器出现负数只是为了告诉乘客所欠的余额数,并不能在卡内进行透支扣除"的字样。

正当我们觉得一切搞定的时候,韩老师冷不丁地问了句:"如果把那张卡在出租车里再刷一次,余额应该是多少?"

"总归是零喽。"我俩理所当然地觉得。

"你们怎么能肯定,问过出租车公司吗?"韩老师的问题让我们又出了一身冷汗,这种问题我们幼稚的脑袋显然是较难想到的。只好再次返工,打电话到"蓝色联盟",一位先生说:"待会儿再给你回答。"于是又陷入了漫长的等待。约20分钟后,回电来了——余额一定为零。

通算起来,我们这篇头条前后反复了四五遍,其中的教训差不多可以抵以往三四次。

写报道应该从市民的角度考虑问题,要把读者当做"半文盲",这当然不是说读者很容易欺骗。不同读者有不同的疑问,为尽量多的读者解难释疑,让他们恍然大悟,这种刨根问底的精神是需要的。(实习生 孙昱)

"八易其稿"出来的好稿

上个星期写《行人优先,减速慢行》的时候,我真切体会到了这句古话"战战兢兢,如履薄冰"的无比正确性,尤其在作新闻报道的时候,心态上稍有一点马虎懈怠,手里写出来的稿子肯定不出彩,不会有人要看。

当初我们手里拿到的投诉是读者反映南京路茂名北路的T型路口车辆乱穿"红灯"的现象非常严重。中午我和孙昱赶到现场的时候,发现T型路口东向西的车辆基本上不看红灯和南北向的人行绿灯,造成了行人过马路难。

回到报社后,筋疲力尽的我们就把当时的场面渲染了一下,也没有问有关职能部门,就把稿子草草发了。部门老师对其中T型无横道一边的车遇到红灯时仍然直行算不算闯红灯这一节,表示疑问,要求补充采访交警部门的意见。接待采访的刘警官先是说"可以直行"。后来他特地开车到现场看了一看,发现划有横道线,于是又打电话来说:"还得算闯红灯。"两秒钟后,认真的刘警官又致电告诉我:"刚才与科里同志讨论了一下,还是第一次说法为准。"稿件改来改去已经六七遍,这时我们已经头昏脑涨了,好多概念变成了一团糨糊,结果文章中间说"可以直行,但要以行人为先",但结尾犯了一个致命错误,没有将"闯红灯"的说法纠正过来。

交稿后,刚松口气,韩主任就把我们叫过去,狠狠训了一顿:"这篇文章我看不懂,逻辑混乱嘛,前后矛盾,乱哄哄的一大篇老百姓怎么看得懂?到底直行算不算闯红灯?路上行人的细节描写怎么没有?闯红灯的司机他们的说法呢?"

结果我和孙昱只得灰溜溜地返工,重读一遍后,自己也感到很懊恼——怎么会写得如此狗屁不通呢?老百姓怎么能看得懂(我自己也看不懂了)?简直不堪卒读。我和孙昱分了分工,他马上骑车到现场,补充采访司机和行人;我再次向刘警官核实,他耐心地把有关规则读了一遍给我听,并向我确证:"T形路口无横道一边的直行车辆遇有红灯亮时,在不妨碍被放行的车辆和行人通行的情况下可以通行,但前提是行人优先。但目前这个路口自东向西的部分车辆行驶时根本不看行人,造成行人过马路难。"这时采访回来的孙昱告诉我路口的司机大多都表示会以行人优先。

最后刘警官表示支队将于近日在南京西路和茂名北路口,增设一个红色的箭头灯,给驾驶员一个明示,同时也为行人过马路更安全提供条件。这也是我们最想得到的结果。

把八易其稿的稿子交掉后,我们实在觉得很侥幸。如果没有韩老师一遍又一遍地提出尖锐的问题,我们也许错过发现稿子中存在的种种漏洞。面对复杂的情况,一定要冷静,脑子不能乱,千万避免犯低级错误。

晚报的定位是一张市民报,写任何报道都要想一想:这样的报道老百姓看得懂吗?这样的语言是不是离他们太远了?多想一想,多改一改,慎重一点,这是我在这篇报道得到的深刻体验。(实习生 冯越)

我决定自己不再带实习记者。这一方面是为了避免我的不苟言笑让他们感到实习的紧张和压力,另一方面也因为领导暗示过"老韩带的实习生不要再进报社",担心这些年轻人将来被归入"不要再进报社"的名单。

后来我听徐勋国说,不光是实习生,还有其他记者对我严格的业务要求也感到不适应,以至于部门里的老杨和老史,常常从口袋里摸出点糖呀点心什么的去安慰她们。

我最后带的记者刘昕,应该是吃过老杨、老史不少糖的人了。她不是应届毕业生,以前也从来没有搞过采访,刚来时她甚至不会写新闻稿,记得有一篇稿件被我改得只剩下阿拉伯数字是她自己写的。酷暑之下,她采访徐家汇深夜乘车难的一篇小稿,直到来回采访三次才通过。她写了一篇公交车站乘客不文明上车的稿件,我指出泛泛批评老百姓不文明的文章是没有意义的,一定要采访出更深层次的原因。后来她调查出这是公交车单车承包引起司机抢站停靠,从而造成乘客不文明上车的结果,对比了某公交线路取消单车承包实行线路承包后,车站秩序大为改善的现象。当发觉她几次以"领导没这么说,法律没有这种规定"而陷入采访困境时,我提醒她:正因为领导没意识到,或法律有空白,记者才有展开调研、提出警示的用武之地。在大众出租车公司给她提供了悬挂司标灯的信源后,我追问:司标灯与空车灯放在一起,打车人夜里还能看得清是不是空车吗?于是她采访乘客,写了《夜里打的有点晕》。在这篇调查报道后,大众出租车公司投资200万元重新设计改装,将司标灯与空车灯实行了联动。

好学肯干文字功底也不错的刘昕后来进步很快。再说,从北邮毕业的她当了好多年邮递员,善于与人打交道,交了很多百姓朋友,甚至朋友的朋友,尤其在出租车行业中,她人缘极好,好多出租车司机成为她忠实的信源提供者。

2002年6月,她从锦江出租车公司得知,司机周国元帮一户人家找回失踪4个月的"戆大"弟弟。家人问"阿戆"这4个月怎么过来的?"阿戆"只会一个劲儿地念叨"阿姨"。看了刘昕写的《好心阿姨我想你》一文,我提示她:"我相信,帮助阿戆的不会是一个阿姨,应该有很多人,你再去现场采访一下,一定会有更多收获的。"果然,两天后刘昕带着"阿戆"来到宝山杨行镇的一条街上,这里的饺子馆伙计、报摊摊主、修锁摊师傅、杂货店老板娘、服装摊阿姨、水果摊夫妻、供销社职工、包子店、面馆、小卖部……好多好多人都帮助过"阿戆"。"阿戆"见到他们,无论男女老少都叫"阿姨"。于是就有了刘昕的第二篇文章《好心"阿姨"数不清》。此文引起上海各大媒体的关注,上海电视台跟踪后做了新闻透视节目。事后,刘昕在《我帮戆大找"阿姨"》的业务体会一文中写道:"我在采访中结交了许多百姓朋友,是他们的故事感动了我,激发了我的新闻灵感,使我想用尽浑身解数恰当地表现普通百姓善良的美。在我的笔下,这样的故事永远不能结束。"这标志着她已经进入独立采访的佳境。

刘昕后来得到好几个上海市好新闻奖,包括上海市好新闻一等奖,其中大多是出租车行业的正面报道。当时,人们有过"上海出租车是这个城市一道美丽的风景线"的美誉,这里应该有她的一份付出。

时间长了,人们发现我再"凶"也不过如此而已,所谓"先严而后可以言宽也",并没有什么可怕的。相反,倒是裘总有一次批评我:"记者稿件中发生了问题,你不吱声地就处理了?要记住,慈不掌兵呀。"

两位老总,一位要我温柔带兵,一位提醒我"慈不掌兵",这部主任是不是很难当?其实,裘总的提醒是从另一个不同角度对我的批评,说的也对。

在处理记者出差错的稿件时,我的心慈手软,并不是与我平时的严厉有性格上的矛盾,而是我历来有一个时间变更线,那就是见报前与见报后。在见报前我要求十分严厉,而见报后如有问题我多是自责。因为部门里见报的这些稿件,除了休息日,全部经过我的审阅和签发才能刊登在版面上。如果出了问题,责任也已经转移到了我自己头上,除了自责,我还有什么理由去怪罪记者呢?所以,说穿了,对这些问题不吱声地处理,除了怕影响到对记者的处罚外,也是为了保护自己。与其说这是一种"慈",还不如说这是一种私心,只是裘总没有揭穿我罢了。

57. 可惜了 22 万元

2001年7月5日,《新闻晚报》社会新闻部派记者贺天宝、余锷采访了当天一起地铁事故,文字不长,抄录如下:

上海地铁一号线今晨发生触网故障　上行线全线停驶

今天上午,上海地铁一号线因运行设备发生故障,造成莘庄—上海火车站方向全线停驶,大量乘客滞留站台。

上午8:07,地铁一号线上海火车站站由于吊垂原因造成触网故障,造成一号线上行线莘庄—上海火车站方向全线停驶。记者于8:35赶到地铁人民广场站,只见站台上聚集了上千名乘客,站台广播中一遍遍地向乘客说明情况,并建议乘客选择地面交通工具。

为了尽快疏散滞留在站台上的乘客,地铁公司一方面在积极抢修设备的同时,另一方面采取了临时应急措施,将原上行线运行的列车"借调"至下行线运行,并且在人民广场站调头,运行时间也从原先的8分钟一班改为12分钟一班。

截止到上午9:45,本报发稿时为止,整个抢修工作已基本结束。"

没想到几天后,在一份专业的新闻业务资料上,有资深专业人士将这一报道与当天《新民晚报》进行了对比:

事故发生时间:《新民晚报》"上午8:20左右";《新闻晚报》上午"8:07"。对比其他信息后,发现《新闻晚报》报道的时间正确。

事故的影响:《新民晚报》"造成地铁一号线上海火车站至人民广场站之间半个多小时运行中断,但人民广场站—莘庄之间的运行没有受到影响";《新闻晚报》"造成莘庄—上海火车站方向全线停驶,大量乘客滞留站台"。《新闻晚报》报道的事实准确。

地铁公司处理态度与方法:《新民晚报》记者10:45赶到人民广场站,看到的是"沿线各站秩序井然"、"地铁运营公司有关人士表示,这样的事故难得一见";《新闻晚报》记者8:35赶到人民广场站,"只见站台上聚集了上千名乘客"。两报记者在不同时间赶到现场,看到的现象当然不一样。

标题处理:《新民晚报》"地铁一号线上午紧急停运 及时处置后恢复运行 沿线车站秩序井然";《新闻晚报》"上海地铁一号线今晨发生事故 上行线全线停驶"。

分析文章最后写道:"一叶知秋,两报的报道折射出两种截然不同的新闻理念、办报宗旨和敬业精神。至于优劣高下,已无须笔者赘言。"

裘新总编在这份资料上批示:"《新闻晚报》最近发行量不断上升,向大家祝贺。希望晚报同仁认真研究兄弟报纸的分析,坚持我们的激情和理念,把报纸办得更流畅,内容更丰富。"

《新闻晚报》从2001年增强采访力量后,陆续新增了好几个部门。版面从8个版扩成16个版,从普通小报变成了大陆第一张瘦长形的大报。报纸的发行量在原来增长的基础上,又增长了100%以上。

不过,林子大了,什么鸟儿也都有了,难免会嘈杂不已。最早留守在晚报的大都是老新闻人,尤其是社会新闻部这个"垃圾筒"内的老新闻人,在一些"年轻精英"的眼中,几乎就是被淘汰者。好几次会上都有人在教育"老人"不应该如何如何。

这一天,社会新闻部的老记者白华阶被副主编JP叫到他的办公室谈话。10分钟不到,只听到办公室门"砰"的一声被撞开,白华阶一脸怒气地冲了出来,嘴里大喊大叫。我至今都不知道他们在里面谈什么?怎么谈?甚至连白华阶破门而出时喊叫了些什么,我也不知道,因为我正在一门心思地修改记者发来的稿件。

只见 JP 紧跟着从他的办公室出来,点了一支烟,往躺椅上一倚,也大叫起来:"部主任呢?怎么管的!"

我只得上前,莫名其妙地问:"你们不是在里面谈话吗?发生了什么事?"

JP 没理我的问话,只是气吼吼地斥责我:"你作为部主任,怎么管理记者的!"

看着这位比我年轻十来岁的领导躺着跟我说话,我回答他:"你要我管理记者可以,但你总得把跟他谈崩了的原因告诉我吧?"

站在一旁的孙财元看不下去了,这位平时儒雅文静的老记者对 JP 说话的腔调和姿势很恼火。白华阶折回来,对在躺椅里抽烟的 JP 说:"报社规定办公区域禁止抽烟,你怎么带头破坏规定?把烟掐了!" JP 很尴尬,不理会白华阶的指责,继续抽烟。

我把孙财元和白华阶都劝了回去,此事不了了之。最终也没有人告诉我白华阶为什么破门而出?我也没兴趣浪费时间和精力进一步去打听来龙去脉。只是过了好长时间后,有人说我曾带头与领导吵架,真是莫名其妙。当然,我也懒得去解释这种事。

寿总是一位很能平衡各种关系的领导。平衡,确实是一门艺术,但我当初并不理解这一点。可能是为了让某些人好受点吧,在一次业务会上,究竟为了什么事我已经记不清了,寿总开始"平衡",说的话都是批评我的。我如果再听下去可能就憋不住要顶两句了,于是站起来想离开会场。寿总厉声问道:"老韩,你想干什么?"我转念一想,觉得这样离开会场是不太妥当,就回应说:"撒泡尿去呀。"大伙听了笑成一片。笑声让我心境豁然开朗,我们在职场不就是追求人生的快乐吗?何必顶真计较呢?于是我真的出去撒了一泡尿,再坐回会场。

其实,我从来不会在业务以外的事上让别人难堪。比如在那次与 JP 莫名其妙的"吵架"后不久,集团考察中层干部。工作人员在个别听取我对 JP 的意见时,我只讲他优点不谈缺点。倒不是觉得说了没用,而是平时我抱着只对事不对人的态度,对事也只对业务上的事。我会在具体的选题和稿件上对某个人的观点与做法毫不含糊地表达不同看法,但绝不会由此而涉及对这个人的否定。至于工作方法的不同和性格脾气的差异,在我的眼里都是鸡毛蒜皮的小事,尤其是对年轻的领导干部,更应该宽容。

事实上,我也做到了宽容。职场上,免不了会碰到个别与你持有敌意的人,我会保持距离,但不会倒过来也与之持有敌意。

2002 年年初,《新闻晚报》委托上海新生代市场研究有限公司搞了一份社会调查报告,报告在 2002 年 4 月 6 日形成。调查历时 3 个月,样本达 70000 份,报社为此花费了22万元。这份社调报告的结果,我并没有在当初看到。听说有个别"年轻精英"部主任对这份调查报告的结果持有不同看法,建议领导不要公布。建议归建议,这份调查报告还是在小范围内进行了传阅,我在很久以后才轮到看这份报告。

社调报告标题是《〈新闻晚报〉市场定位及相关策划报告》,这里我想摘录其中涉及社会新闻版面的内容:

"数据显示,比较经常/经常或每期必看《新闻晚报》的读者(315人)中,阅读率最高的版面是社会新闻,其经常阅读比例高达92.4%。"

"附:《新民晚报》的社会新闻阅读率排在国际[最高86.6%]、国内、综合、头版之后,位列第五,为68.8%。"

《新闻晨报》的社会新闻阅读率排在国际[最高88.2%]、要闻、头版、实用等之后,位列第21位,为23.1%。"

"统计结果显示:目标群体对社会新闻的阅读率和喜爱度都最高,这说明该版是《新闻晚报》的优势版面,应该保持和发扬。"

"实际上同《新闻晨报》和《新民晚报》相比,《新闻晚报》除了社会新闻版以外,其他新闻版面的阅读率和喜爱度都相对较低,作为综合性日报的基本版面,《新闻晚报》还要不断改进,提高阅读率和喜爱度。"

社调报告还建议:"目前人们越来越重视法律常识,尤其是跟自己日常工作和学习相关的东西,而各综合性日报涉及法律方面的内容比较少,建议《新闻晚报》优先考虑办一个社会法律方面的周刊,并且做出特色。"

直到此时我才明白,有人建议不公开这份调查报告,是因为一个"垃圾筒"部门所负责的版面获得了"阅读率和喜爱度最高"的好评,公布这份社调报告,会影响到报社同仁颠覆过去对社会新闻部这个"垃圾筒"的评价。

不过,我对公布不公布都没当回事,一份调查报告的结论还只是纸上的,我当回事的,是市场的结论,这才是涉及晚报生存的命根子。

花钱搞这个调查报告的目的是为了改版,但事后,可惜了报社所花的22万元!这份调查报告的提醒并没有得到足够的重视。在改版中不仅没有"保持和发扬"社会新闻这个"优势版面",而是反其道而行之,把社会新闻版从原来的位置向后面移了好几版,好像无论谁只要占据了"优势位置",谁就能成为"优势版面"一样。与此相应,还撤消了原有的"法制版",调走了我的得力助手东悦杭。

对此,我一句话都不说。在《上海商报》时,因一个建议而被排斥不得不离去的经历,让我相信了"信而后谏,不信不谏"的道理。既然我无法阻止这些做法,还能说什么呢?而且如果去阻止的话,极可能会将单纯的业务问题扯皮到其他说不清道不明的权威问题。尽管权威问题是决定业务问题的关键，但陷入权威之争与我想享受职场快乐的原则是违背的，又有什么意思呢？当然，我不说并不等于我没看法，只是我在等待最后说了算的权威，那就是读者和市场。

果然，违背市场规律做法的后果，使晚报的发行量从以前的逐步上升开始慢慢下降。直到一年多后，"精英"的种种高端招数都使尽，而报纸的影响力仍在逐步下降。

2004年春节后，解放日报报业集团党委书记陆炳炎在晚报的改版动员会上指出："为什么这一年来晚报会从原来好好的势头转向下坡？应该认真地反省与总结。"话是这么说了，事实上却不会真正有人来反省和总结这个令一些人难堪的过程。

58. 整合、再造与激活

《新闻晚报》在这次改版后，原来好好的势头转向下坡，发行量从以前逐步上升开始慢慢下降。这不仅对《新闻晚报》是个艰难的过程，对提出"重铸辉煌"的社会新闻部来说，更是令人难以煎熬的考验。因为从2002年5月起，即那份社调报告形成后，晚报改版并没有在社会新闻版上用力，而是将社会新闻版向后靠并缩小了，人员也进一步被削弱，社会新闻部应该怎样在这样的困境中崛起？这是放在我面前的一道难题。

我是个若喜闹实爱独静的人，每逢人生或事业转折关头，都会去附近的山水或古镇清静几天。这年春天，即将半百，事业坎坷，怀着忐忑不安的心情，我去了西塘。

穿行在空间不大民宅密集的古镇里，不由产生许多感慨：尽管密布的河流把古镇断成8块，但西塘人在1平方公里内，建了27座桥，造了120多条深而窄的弄堂，古镇的繁荣因此没有被阻断。我勉励自己，要靠胆量与智慧，在螺蛳壳里做出道场来，并给社会新闻部今后的路定下十六个字：内建机制，外建合作，活动取胜，市场定论。

实际上在改版前，我就安排东悦杭先行探索了与网络和电台等多媒体的合作，主要涉及信源平台与联合活动，这是部门里很重要的一项工作。东悦杭对我想通过网络平台占领信源制高点并形成多媒体联动的理念心领神会。

但现在东悦杭被调到科教部当主任助理去了。由于原先那个部门的领导在合作上不是很顺,东悦杭上任前问我:去那里以后应该怎么做？我对他说:"很简单,全力协助部主任工作,只要部主任对部门的工作能主持到位,你也就工作到位了。"

其实,社会新闻部的骨干力量究竟还剩多少？版面安排在前还是在后？对我来说都不是什么大不了的事。在十六个字的既定原则下,如何具体安排操作,这才是最重要的。一个新的设想逐步产生,那就是必须走出晚报,搞同城跨媒体合作,在跨媒体合作中为晚报社会新闻部抢占信源制高点、打造与读者互动的平台,从而摆脱困境。要实现这个目标,只有先踏踏实实对部门内资源进行重新整合。

这些新的设想来自陆小华先生的一本新书《整合传媒》。古人云"学而不思则罔,思而不学则殆",到了我这个年龄的人,还要加一句:学而信,学而用,学而行。要么不读书,读完就必定要应用,要在工作实践中做出新的动作。在这年年初读这本书时,我已经在脑海中酝酿对社会新闻部的改造,无论发生什么情况,都不会停下我对社会新闻部作出一轮新的调整安排。

还是先来说说对我影响很大的陆小华先生与他的这本书吧。

陆小华,1960年生,曾做过插队知青,毕业于中国社会科学院研究生院新闻系,当时为新华社新闻研究院院长、《中国记者》杂志总编辑。

他在2002年1月出版的《整合传媒》这本书中,对进入21世纪后传媒竞争趋势与对策进行了十分有益的探讨。在书的"序篇"里就谈到了传媒竞争的十大趋势:政策规则创新加速传媒结构调整；媒介形态趋向融合与互相进入；传媒集团特别是多媒体集团将成为市场格局主导者；经济科技娱乐类新闻(这里说明一下,陆小华先生是把社会新闻归入娱乐类的)信息产品将成为竞争焦点；新闻媒介管理模式由资产管理向资本管理转变；新闻媒介的运作基础由信息管理向知识管理转变；出售服务与经营媒体成为新的赢利模式；网络媒体、传统媒体、内容供应商与宽带网将以新方式融合；人才鼓励、控制模式将加快变化；发展战略研究成为核心竞争力的关键因素。然后书中以独特的视角、最新的例证、睿智的分析,对如何适应新的发展趋势与竞争态势在整合传媒、做强传媒上提出了四大对策方案。

这本书对我的启发是多方面的,其中尤其让我兴奋的是,我想通过网络平台占领信源制高点,并打造多媒体联动的想法,从这本书里得到了理论上的支撑。

十分幸运的是,陆小华先生在2002年9月、2004年5月又先后出了《再造传媒》《激活传媒》两本书,形成了"传媒竞争对策"的三部曲。他在最后《激活传媒》这本书的后记中写道:

"《整合传媒——传媒竞争趋势与对策》,主线是对中国传媒发展大趋势与竞争对策的分析和判断,着重探讨传媒业的整合策略及传媒人选择竞争对策的基本思路。与《整合传媒》探讨传媒业整合策略相对应,《再造传媒——传统媒体系统整合方略》更侧重于探讨传媒内部资源如何整合,探讨如何通过程序化整合操作使传统媒体重获竞争力与影响力。《激活传媒——传媒竞争力发掘与执行策略》是在梳理传媒代际更替轨迹与机会判断的基础上,在建立数字媒体观基础上,基于对信息消费方式变化规律与受众需求偏好变化的跟踪,系统地探讨不同形态传媒如何实施跨媒体整合与聚合,如何实施市场适应性调整,如何激活传媒的内在潜力、增强竞争力,从而系统地探讨如何更高效地运作传媒、运用传媒,既与人们共同探讨机会何在,更与人们一起体悟发现与把握机会的方法。"

我不仅在今天,而且在当时就向传媒同行及年轻的采编竭力推荐陆小华的这三本书。

可以说,在我的新闻生涯中,对我影响最大的有三套书:一是陆炳麟和江和平翻译、美国达里尔·莫恩所著的《美国报纸组版和设计》;二是艾丰的《采访方法论》;第三就是一直影响到我新闻生涯最后的陆小华的《整合传媒》《再造传媒》《激活传媒》。

当然,推荐学习一些新的新闻理念是不是有作用?我不知道,只是我喜欢与共事者一同分享好的东西。这里不妨再分享一句话:"'学着',是人的基本生存方式,而思想着,是人的生命还在存续的标志,更是人生魅力所在。"这是陆小华在《激活传媒》这本书后记里我十分欣赏的一句话。

2002年6月1日,《新闻晚报》召开改版会议,各部门通过PPT演示改版的打算。我将社会新闻部的思考结果重点演示如下:

首先是社会新闻版定位。到底什么是社会新闻?一直很模糊,假如我们自己将它紧缩到公检法和社区,那就不是社会新闻,而是政法新闻。因此我们对社会新闻不画线,而是开放式的,即所有经济、科教、文娱、体育不感兴趣的,我们都感兴趣,别人不要的,我们拾遗补缺。所有发生在社会上的、区别于约定俗成的政治、经济、文教等新闻的新闻,包括社会动向、社会风貌、社会现象、社会事件、社会问题、社会活动、社会奇闻以及自然界某些特异现象,尽管可能是在边缘和交叉的空余地带,我们都会争取去做出丰富多彩的独家的社会新闻来。对此,本部门已有徐勋国发表的论文《浅论社会新闻的边缘》、刘昕关于《老百姓是永不枯竭的新闻源》等业务探讨论文。

然后我介绍社会新闻版的栏目安排。社会新闻版的上半部将以本报热线电话、语音信箱为依托,与网站、电台相关热线进行多媒体合作,推出《读者热线》

《社会调查》《百姓话题》等主打栏目；下半部鉴于原有的法制版被取消，会将原法制版的独创法律服务栏目《讨个说法》《明日开庭》《执行举报》等在新的版面上保存下来。

最后，我介绍了社会新闻部近一个阶段来围绕"网络时代我们怎么做好社会新闻记者""多媒体合作共享新闻资源"等方面的一系列思考和一系列实践。这些思考和实践在内外观念的碰撞中、在记者的汗水甚至泪水中、在误会和争论中，从没有动摇过，并在版面上得到了初步体现。东悦杭在离开社会新闻部前，已经在着手"多媒体的资源共享与合作"的课题研究。研究的素材主要如下：

自2001年10月以来，我们同上海广播电台"990听众热线"的合作，提供了近百篇稿件，成为《新闻晚报》头版、社会新闻版头条、主打的重要来源。目前我们正在同"上海热线"开展投诉、调查两个项目方面的合作，并签订了报纸、网络、电台三方合作的意向书，将保证足够的信息量，为社会新闻的信源打下扎实的基础。

除了信源的合作外，我们在与"上海热线"网站的合作中，对社会热点进行民调，迅速拿到网上调查数据；我们在与上海电视台《有话大家说》栏目的合作中，从本报新闻里选择话题，凭借电视栏目扩大影响力，从而再从话题中引出新的新闻；我们在与上海广播电台"990"的合作中，发挥纸媒长处，对电台的百姓投诉进行后续调查报道，从而也让记者走进了播音室，做到了报纸与电台的互相进入。

我们之所以挑选电台、电视台、网络等与报纸冲突不大甚至优势互补的栏目合作，是为将来多媒体整合积累一些体会。同时也想首先在社会新闻这一领域内，探索平面媒体在新的媒体竞争格局下，通过多媒体整合，在新闻报道上究竟还有多少潜力？

我在PPT演示的最后，呼吁报社对社会新闻部关于多媒体合作这个在全市媒体中超前的探索项目，给予足够的重视。因为21世纪是一个合作的时代，是一个媒体重新整合的时代，谁能从当前激烈的媒体竞争中跳出来，走合作的道路，谁就能享有更多的资源，谁就有更广阔的天地，谁也就更具有竞争力。

59. 多媒体合作实战

2002年7月，经过缜密策划，社会新闻部打响了"夏令热线"一仗，这是上海首次多媒体合作的一场实战。在这场"夏令热线"结束后，我以《一场对攻战》为题，作了如下的总结：

一场对攻战

一、立下"军令状"

这是一场多媒体合作的单项实战。时间：一个月，在全年新闻淡季7月；参与实战媒体：《新闻晚报》社会新闻部、上海广播电台990新闻热线、上海热线网《投诉直通车》栏目、上海电视台《有话大家说》栏目；实战项目：夏令热线。

对上海媒体来说，这是围绕一个主题的首次多媒体合作；对《新闻晚报》来说，是6月份改版后的首次大型社会活动。

裘新总编在改版中几次提出：《新闻晚报》现在要摒弃"留守"观念，改变"游击"习气，应该要有一点"霸气"了。

晚报主编寿光武针对社会新闻部在改版会议上提出的多媒体合作思路，直接要求：把多媒体整合、共享资源的影响通过社会活动打出去。

所有这些，都对社会新闻部正在酝酿中的"夏令热线"产生了影响。虽然是小小的一次实战，但却决定了社会新闻部将来整体改革的方向。

自1999年有了《新闻晚报》以来，由于我们的弱小，从来只是为自己争取应有的生存空间而已，还没有提出过同《新民晚报》展开直接的竞争。尤其是"夏令热线"，这是《新民晚报》经营了十年的项目，《新闻晚报》如今要向它发起挑战了。承担"夏令热线"这个艰巨任务的社会新闻部"霸气"地立下军令状，要做今年上海滩上最好的"夏令热线"。

现实情况是：《新闻晚报》社会新闻部，连部主任在内只有9个记者（其中1名摄影记者），大部分从事社会新闻只有一年多的时间，其中45岁以上的4名、女记者4名；电话接线员只有1名，而且是已经退休临时留下的。他们要在完成每周6期整版社会新闻（每期本地新闻发稿量在16篇以上）、每天向头版供稿2篇的同时，再在"夏令热线"报道上，与实力雄厚的《新民晚报》进行一个夏令季节的长时间较量，这不仅要拼组织协调能力、拼业务策划水平、拼团队合作精神，还要拼体力、拼毅力、拼敬业。

毫无疑问，这是相当具有挑战性的任务，它激发了社会新闻部记者的斗志，整个策划也是扎扎实实地按"最好的"基调来进行的。

二、精心布局策划

社会新闻部之所以敢立这个"军令状"，依据两个因素：

一是《新民晚报》承担"夏令热线"任务的是经济部，尽管他们条线的资源比我们丰富,但《新闻晚报》社会新闻部在过去的实践中,已经形成了到边缘和交叉地带去找好新闻,到事件和百姓中去挖大新闻的业务风气。由于"夏令热线"中百姓投诉的内容五花八门,记者的采访可以大幅度地跨部门、跨条线,这正是出好新闻的"边缘和交叉"地带;而百姓投诉的个别案例,累积起来,也为我们提供了背后更深层次的大线索,使我们能从面上、从全局来进行判断和思考。晚报社会新闻部长期来专门设立"读者热线组""社会调查组",我们善于从百姓的角度去发现问题和提出问题,善于在矛盾冲突中跟踪问题的解决,这是一般以条线为采访基础的新闻部所不具备的。

二是《新闻晚报》社会新闻部从去年10月份起,顺应媒体格局变化的大趋势,已经先后同网络、电台、电视台三家媒体分别进行了合作实践,在共享新闻资源上,搭起了很有效的操作平台。

今年6月初,四家媒体有关部门的负责人又开会讨论,由《新闻晚报》起草了"2002年夏令热线多媒体系列活动"策划书,对策划书中的"目的宗旨、四项活动、时间进度、职责分工、资金预算"进行认可,并报各自老总审批通过。可以说,我们的媒体合作是体现在活动中和报道中,而不是停留在口头上的。报纸、电台、网站、电视围绕一个主题,在新闻整合、共享资源上的更深入探索,无疑是一种超前尝试。四家不同媒体互相之间没有竞争利害冲突,只有取长补短、平等互利。合作各方对此都充满了新鲜感和兴奋感,欲望十分强烈。

正是因为多媒体合作开展"夏令热线"是首创,我们才有勇气立下军令状,去做上海滩最好的"夏令热线"。我们确信报纸、电台、电视、网站四种媒体的合作,将形成交叉立体的规模效应;而不同媒体的优势有机组成系列,头尾衔接,会将一个月内我们预定的四个社会活动形成高潮。

可以说,今年"夏令热线"所有的活动策划都是在以上理论和实践的基础上进行的,我们是水到渠成,有备而来。

三、不同风格不同效果

《新闻晚报》在7月10日开出了"夏令热线",比《新民晚报》早了12天。

7月14日,《新闻晚报》与电台、网站在徐家汇东方商厦前举办了第一个现场咨询活动。天时地利人和,竟然是上海今夏第一个大热天,37.2℃!

高温,引起市民对"夏令热线"的普遍关注,提早一小时从浦东北蔡赶来的、听到电台直播临时匆匆赶来的……整个活动不得不延迟40分钟。

此次活动不但见报见网,上海电台《新闻背后的故事》栏目还专门开通了现场直播,将这个多媒体合作活动作为新闻行业本身的一个新事件进行了报道:"让老百姓的投诉能够通过不同的媒体,多层次、多渠道地得到反映,并在规模效应的影响下,促使问题有效地解决,让群众实际生活中的正当要求和呼声能够成为社会以及各职能部门真正关注的重点,同时,也能通过不同的媒体形式,迅速地全面地反馈有关方面处理的结果,体现出上海这个大都市在完善自己的过程中,表现出来的'以民为本'的精神。"

事后,听电台和电视台有关部门负责人透露,我们多媒体合作的行动让《新民晚报》担纲"夏令热线"的负责人"有些想法",并为此到电台与电视台"打招呼"。打什么招呼我不知道,但我十分清楚,《新民晚报》担纲"夏令热线"的经济部主任顾龙,是我在黑龙江大学时的校友,他77级,我78级,平时私交很好,但现在没办法,只能各为其主,展开对攻了。

一周后,《新民晚报》也以多媒体合作形式推出"夏令热线"。但他们一上来就征集哪些是市民夏令最关注的问题,将之归纳为6大专题,然后宣布在接下来的12天"夏令热线"中每两天推出一个专题。这种以计划安排为主,而不是以百姓动态投诉为主的"专题"式策划,局限了对投诉中可能变化的突发的事件报道,这令我松了一口气。

进入7月下旬以后,上海两家晚报在夏令热线中打了几个回合,看上去各顾各的,其实都有针对性。

比如《新民晚报》约请有关领导接听热线电话;《新闻晚报》则根据百姓投诉推出了当年夏天影响力最大的报道:《72台空调对着居民楼》,吸引了市民极大的关注。

《新民晚报》按传统请职能部门到报社接听读者电话;《新闻晚报》则同三家媒体合作,7月27日在上海热线聊天室请职能部门和热线记者一起同网民进行开放式的网上聊天。

《新民晚报》请市民巡访团上街暗访,这也是他们的传统;《新闻晚报》则和三家媒体共同请投诉人和被投诉人到上视"有话大家说"演播厅,进行心与心的交换。

这年"夏令热线"的结尾也很有意思。《新民晚报》在8月2日在头版下方发表短文《夏令热线圆满结束》一文,并推出庆祝自身"十周年"的专版;《新闻晚报》则在8月10日发表了头版头条《"夏令热线"结束"读者热线"接班 你的心声我们继续倾听》一文,精心编排了今年"夏令热线"报道中"六个最":

最快解决的事件:受台风影响,黄浦区周大妈的家门被大树根困住11天,记者现场采访10分钟后,有关方面就彻底铲除。

最"顽固"的问题:两年来未解决的浦东某小区粪水倒灌问题,见报两日后彻底解决。

最远的赔偿:残疾人姜女士服用药酒出现不良反应,记者联络该酒厂后,远在成都的厂方派专人上门退还600元货款。

最昂贵的纠纷:宝山一超市在外墙上装了72台空调外机,噪音扰民,经记者报道,该超市毅然移去全部空调,此项工程耗资47万余元。

最惊奇的现象:石门一路老式商住楼内,一贫困老太用不上空调,面对窗外三台大功能(其中一台十四)空调外机的阵阵热浪,只能用一台老式台扇抗衡。

最温馨的承诺:静安区环卫今夏作出承诺:悄悄地干活。记者夜间跟随环卫工人记录下减少人为噪音的劳动过程。

二版还报道了四家媒体"夏令热线"的收尾活动:《昨日上海电视台录制现场　有话大家说　干戈化玉帛》,主旋律是投诉有回音,沟通加理解。

8月17日,作为系列活动的最后一个节目,四家媒体共同组织50名热线读者、热线听众、热线观众、热线网民进行"上海一日游"。其意义是让这些投诉人看上海新变化,看社会进步,化解个人怨气。"夏令热线"首个来现场咨询活动哭诉的胡老太,也参加了"夏令热线"结尾的旅游活动。她笑眯眯地,见到记者的第一句话就是:"问题解决了,谢谢你们!"这一活动连接了开头和结尾,使"夏令热线"的多媒体合作形成完整的系列,可以称之为"虎头豹尾"。

四、最大收获是同百姓结缘

必须承认我们很弱,这不光指采访力量,还有采访经验,但在"夏令热线"的报道管理和目标追求上我们并不弱。这是一支经验很少人数很少的队伍,但不是没有管理没有精神的队伍。

在管理上,我们严格要求电话接线员每天中午和晚上两次填表公布读者投诉;小组长和部主任每天两遍筛选四家媒体网上共建平台的信源线索;全部门采编每晚6:30碰头,追问采访进度、判断投诉线索、策划采访内容、当场分配到人。

除了严格的管理,更重要的是在精神上,我们追求三点:

(1) 创新精神,《新闻晚报》今年"夏令热线"以弱制强的"法宝"就是创造了多媒体合作。有一组数字很能说明问题:《新闻晚报》热线电话在"夏令热线"中约有200多条线索,但四家媒体在网上共建的平台却为我们提供了2100多条线索,成为我们重要的"弹粮库"。

(2) 合作精神,尽管四家媒体合作由《新闻晚报》牵头,策划书也由《新闻晚报》起草,但在系列活动中,咨询以电台为主,直通以网站为主,对话以电视为主,排列名单分清主次,让合作方得到该有的尊重。当合作方出现失误,第三方有所猜疑时,我们不作敏感反应。做新闻要讲敏感,处关系要愿吃亏。无论合作方可能出现什么情况,我们讲诚信,讲大局,即"傻"一点,尽一切可能继续为所有合作方做好信息反馈,提供可共同参与采访的好线索。事实证明,这次合作是大家共赢,分享到了"整合"的快乐。

这种合作在上海媒体中产生了影响力。电视台新创办的《纪实频道·看见》专栏以及《新闻透视》栏目对这种合作模式十分感兴趣,认为这是"比业务合作更重要的精神合作"。他们后来也先后主动找《新闻晚报》洽谈其他合作项目。

(3) 同百姓结缘的精神,在"夏令热线"开展之前,《新闻晚报》刚刚进行了全面改版,大部分版口都以"百姓"命名,组成了"百姓"系列。今年《新闻晚报》"夏令热线"的报道主线也贯穿了这样一种精神。《新闻晚报》见报稿 129 篇;《新民晚报》见报稿 72 篇;其中百姓投诉的内容在《新闻晚报》报道中占了 88%,而《新民晚报》只占了 43%。同时,由于《新民晚报》"夏令热线"有十年历史,为宣传十周年"王者"地位,他们不惜版面自我宣传,而这也恰恰淡化了报纸对百姓投诉的关注度。而《新闻晚报》除了在报道内容上,还在与多媒体合作中穿插与百姓的现场咨询直播、网上聊天、电视对话等社会活动,增加了与读者的亲和力。在同百姓结缘这一点上,"娃娃兵"同"王者"相比,具有天然的优势。

60. "厕所地图"起风波

一篇正面新闻报道引起了一场风波,是出乎我意料的。

众所周知,由于当时传媒市场竞争极其激烈,有一些都市类报纸为了吸引大众眼球,热衷于低级庸俗和耸人听闻的东西,往往把暴力、凶杀、抢劫、强奸、淫乱之类的事件作为报道重点,而对社会新生活、新事物、新人物、新创举缺乏报道热情,甚至有一种排斥心理。当然,并不是所有传媒从业人员都如此趋于庸俗媚俗,报纸内部常常会围绕如何处理正面报道而产生一些不同的观点和争论。毕竟都是搞文字的书生,即使是争论,也不会面对面发生激烈的冲突。

但是,这场冲突却在《新闻晚报》发生了。我并不喜欢职场上发生这样的事,直到今天我仍不清楚如何做才能两全其美,从而避免这样的风波。

2002 年 9 月 4 日,我编稿时发觉一篇比较稀有的好稿。晚上 9:00,采访平台例会。寿总、JP、经济部、科教部、机动部、社会部负责人参加。我报给头版两个稿件,着重介绍了其中的通讯稿《16 位的哥编出"厕所地图"》。

之所以最后拿出此稿在会议上推荐,是因为它近 3000 字,这是一个很尴尬的数字:报头版,篇幅太大;做焦点,篇幅小了点。

其实,本地各新闻部常常担心自己送到头版的"大新闻"被"弄小",以至于不少记者并不希望自己的稿件上头版。如果我不往头版报稿,破例在本部门负责编辑的社会新闻版上做个半版,这场风波大概就不会发生了,但想到寿总一直强调各采访部门要把好稿送头版,要有头版意识,我还是忍痛割爱,将这篇好稿报给了头版。

当场有人听到这个稿,叫好。寿总明确表态:可以在头版发一则消息,然后链接二版上半部发通讯。

主持采访平台的 JP 不以为然,提出:在头版发个几百字的消息就可以了。

改成几百字的消息稿?此稿好就好在用一定的篇幅记录了 16 个出租车司机自发编"厕所地图"的过程,如果简单用几百字报道测绘院同意出版的结果,实在太可惜了。

两位领导两个意见,与会人员把目光转向了我这个报稿人。我建议:此稿还是以发通讯为好。

JP 用一句"等会后我看了稿子再说"推过,没有继续讨论下去。

散会后,我马上把这篇稿件传给了 JP。一是觉得寿总的表态会得到 JP 的尊重,二是相信 JP 看了原稿能改变看法。

但是我错了。JP 看完稿后直接把刘昕记者叫去谈话,记者回来时眼里含着泪水。我知道:JP 仍坚持要记者把 3000 字的通讯改成几百字的消息。

我问刘昕:"他对这篇稿件的具体意见在哪里?"

刘昕的汇报让我无言。

JP 问刘昕:"这三个司机编厕所地图的动机是什么?"刘昕说:"正因为他们没什么动机,我才感动。"

JP 认为:"这是拍马屁的稿子,不适合晚报的写法。"

JP 谈看稿后的感觉:"用你们北京人的说法(刘昕是北京来的女记者),就是一个 SB 带着两个 SB,然后单位组织 16 个 SB 干了一件 SB 的事情。"

我为 JP 的这种感觉感到脸红,什么也没说,只是让刘昕去把通讯稿改写成消息稿。

我知道,JP 直接跟记者把话说到这种份上,已经无须再沟通了,按分管领导的意思办吧。

夜已深,新闻晚报所在 18 楼里,只剩下几个还在忙着编发稿件的部主任。处理完第二天一早就要拼版的社会新闻所有稿件后,我没有着急回家,还想为挽救此稿做最后的努力。

我不想看到一个讲"的哥"编"厕所地图"的生动故事,变成一则测绘院要出

"厕所地图"的简单消息;不想看到一个难得遇见的好稿被我们自己放弃,而成为别家媒体追逐第二落点的猛料;不想看到一个记者花一年时间追踪的好稿,被如此轻率地毁于一旦。

至于能不能上版面?上消息还是通讯?或者是统统先撤下,待有了定论再上?所有的方案都不是我这个部主任能决定的。其实,也不是今晚采访平台的报稿会能决定的,报纸出版内容的最后判断和定夺是在早上的编前会。按当时的制度,社会新闻部早上出席编前会的是执行编辑徐勋国,于是我在把《本市第一张"厕所地图"将面世》的消息稿传到编辑部稿库后,将《16位的哥编出"厕所地图"》的通讯稿作为附件同时传出,并给徐勋国留下纸条,请他能有机会让早上当班的老总看到消息稿的原稿附件。我想自己能做到的,就只能这样了。

把修改稿的原稿作为附件传给当班老总作参考,这是不是流程的禁止之例?我不知道,因为从来没有人说过,也没有明文规定过不允许。

第二天中午我进报社时,惊讶地看到通讯稿件见报了,在社会新闻部的评报栏里,贴着社会新闻版的清样,徐勋国在上面画了两个"☆",写道:"这篇稿子太好了。"

我第一句话就是问他:同当班老总说了没有?他说因为胡廷楣副主编不当班,而当班的忻副主编来得晚,早上出报来不及等的。我问的第二句话是:头版做了没有?他说做了一个链接。

我松了一口气:头版既然做了链接,那就说明当班老总已经看到了通讯。

下午4点多,分管领导JP回到报社,看到当天晚报头版是《本市第一张"厕所地图"将面世》的简短消息,链接到社会新闻版的是3000字的通讯原文,两稿竟然全部上了版面,顿时火冒三丈。他把记者刘昕叫到办公室,责问她:通讯稿是怎么见报的?刘昕说不知道。她确实不知道。于是JP叫我到他的办公室。

我告诉他:"昨天夜里,我先签发了你要求记者改的几百字短消息,后来又将那篇长通讯传到稿库,注明是供早晨当班老总参考之用的。至于长稿如何上了版面,要问早晨当班的老总。"

JP铁青着脸说:"你犯了程序上的错误,要写检查!"

俗话说:无事不生非,临事要果断。既然事情已经这样了,我也干脆来个痛快得了,告诉他说:"写检查可以,我会将这份检查贴在社会新闻部的评报栏上。"其实,在敞开式的办公室里,贴在哪里都一样。

晚上6点多,寿总回报社后听说此事,让我不要写检查了。我一笑了之,以为事情就这样过去了。

没想到晚上10点多,寿总再来找我:"检查虽然不要写了,但要写一个经过。"我正在签发第二天要用的记者稿件,被这点事来回折腾弄得心里有点烦,就说:"一会儿要我写检查,一会儿要我写经过,到底要我写什么呢?这样吧,作为一名党员,我给党委写一封信,组织上让我写什么我就写什么好不好?"

第三天,我呈交了"厕所地图是怎么出笼的"一封信,也可以说是写了一个经过。我在信中表示:《16位的哥编出"厕所地图"》一稿出笼前后如果存在问题,我愿意承担全部责任,恳请领导不要给记者施加压力。同时谈了一点看法:同样在这一天(9月5日)刊登《16位的哥编出"厕所地图"》的《新闻晚报》上,头版《上海与时尚零距离》出现一个几近半裸的女人,12版上《达利究竟画了什么?》出现了只有身躯没有头的伟人插图,社会舆论对此反响是迥然不同的。它证明:普通百姓的阅读取向是健康向上的,我们不要以自己的无聊和庸俗去亵渎百姓。

说到社会舆论,不得不提一提《16位的哥编出"厕所地图"》发表后引起的反响。

9月5日当天,报社电话铃声不断,约稿采访不停。

下午1点半开始,上海《青年报》、上海《交通信息报》、上海电视台新闻频道纷纷找记者约稿或索要相关资料;

晚上5点半以后,《华商报》、浙江《都市快报》、《青年时报》、四川一家报纸也纷纷来电索要资料;

晚上9点以后,上述媒体及两家南京的报纸直接找到大众五分公司经理和志愿者王伟雄;

9月6日上午,中央电视台经济频道找到大众集团,约定9月10日派人来采访;

9月6日下午,上海电视台采访,当晚播出;

9月7日,《北京晨报》节选。

据不完全统计,截止到9月7日,至少有超过8个大型网站、跨越5省2市的10家媒体转载该文或重新采访。很多网民发表评论盛赞上海的哥的壮举,还有读者打来电话、发来消息,希望能够买到这张报纸。志愿者王伟雄说:"前天晚上到昨天,我连续接到读者电话鼓励我们,有南京的,有杭州的,也有本地的。"

我不想让别人以为我在用社会反响为自己作什么责任上的解脱,我只是一个搞业务的人,注重人才和产品,对其他都不感兴趣。况且,决定这篇通讯发表的并不是我,而是早上当班的编辑和老总,我并没有预料到这篇通讯的发表会有如此好的反响。

当然,我也没有想到会在报社内部产生这样一场风波。事后想想:如果我预料到会有风波,或许会因回避而将这篇通讯烂在我的电脑稿库之中。

61. 醉拍香港之夜

早在四个多月前,我给社会新闻部定下的十六个字里,就有"市场定论"这几个字。并不是我有什么预见,而是以往的实践告诉我,对新闻价值的判断如果背离社会和读者这个市场,媒体就会进入误区。我并不担心自己写这封信会有什么后果,我担心的是报社决策层对"市场定论"的态度。

在社会对《16位的哥编出"厕所地图"》一文好评如潮的背景下,我却在等待报社领导对我的处理:我要不要为这篇通讯的出笼写检查?

我踏上社会工作32年,曾经年轻的我如今已年近半百。记得年轻时对长者不敢有半点不尊,哪怕插队时对身边的老农也是如此。现在老了,似乎应该倒过来,去尊重年轻时尚了。曾经听说个别自鸣"精英"的年轻人当面叫我"老师",背后叫"那个老男人",我从不计较。因为我心里是这么想的:"那个老男人"的叫法没有违背事实,同他们比起来,我是老了,但我应该让他们不要忘记"老"字后面那个"男人"的称呼。复杂的人际冲突到了严重影响业务进行的境况时,作为一个真正的男人,最潇洒的做法就是通过公开透明的简单方式,来摆脱纠缠不清的胶着状态。我想看看,权威与业务两者在碰撞后到底是个什么结果,就像我在《决斗与计谋》一文中曾表达过的:我欣赏规矩严格的决斗而蔑视不择手段的权术。

信交上后的第十天夜里,裘总打电话叫我到他的办公室。

裘:"你写这封信是什么意思?"

我:"一会儿叫我写检查,一会儿叫我写经过,到底想让我写什么?我想听组织上的决定。"

裘沉思了一会儿:"晚报班子我不想动了,你这封信就放在我这里,此事到此结束怎么样?"

我有点愕然,晚报班子动不动与现在这件事风马牛不相及。倒是听报社年轻人说起过,前些日子一些"精英"们在酝酿要调整晚报领导的事,但这同我这个"老男人"有什么关系呢?

我:"我已经在组织部考察的视力范围之外,班子的事同我无关,此事也与班子的事无关。"当年我已经过了49岁,按集团的规定,部主任一级45岁以上不会再作新的提拔。

裘:"那你希望的是什么?"

我:"我是一个搞业务的人,我希望报社给我一个宽松的业务氛围。"

裘:"好,我答应你,如果以后再有人提起这件事,你怎么处理这封信都可以。"

他说着拉开抽屉,从里面拿出一份去香港采访的邀请函,说:"去香港消消气吧。"

香港,早在1997年我就去过,我并不感兴趣。但这就像下围棋,子只有在棋盘上才能下,离开棋盘,手里攥再多的子也是没用的,我接受了这份邀请函。

一场可能引发更大矛盾的事件就这样无声无息地结束了,这出乎一些人的意料。部门里有记者打听这件事处理的结果,我说:"别问了,我对职场斗争既不感兴趣,也没这种能力。"他回了我一句:"我看你呀,不是没有这种能力,而是用业务在搞职场斗争。"

我很奇怪:用业务能搞职场斗争吗?我从来没想过,业务只不过是我的立身之本而已。就像水,在平缓的草原上,它可以柔软地弯曲前行;在险峻的峡谷中,它必定要呼啸着激荡奔流。它的目标不在草原、不在峡谷,身边一晃而过的景物都只不过是一个过程。只有更远的纯净大海,才是它最终的归宿。在我的心中,这个大海,就是担负起社会和历史所需要的新闻职责,是不停追求的新闻业务。

有一位年轻的"精英"事后"亲热"地拍着我的肩,笑嘻嘻地对我说:"你这棵大树扳不倒呀。"我不知道他是指晚报班子不动了,还是指我这次没倒下。我也不想知道他话中的寓意,谈这些有意思吗?只是轻描淡写地笑着回答他:"扳倒我还不容易,我又没有什么背景的。"

我很庆幸自己这种性格的人选择的是新闻工作,我很确定自己没倒下是因为"市场定论"。因为新闻作品不是由封闭的内部势力来作出评价,而是由读者来公开评价的;不是在漫漫无期的时间里可以被无声无息地左右的,而是在每次见报后立马就能得到社会反馈的;尤其在报业如此激烈的竞争中,自残一线业务骨干,就是自寻败局。

2002年10月,我再次来到香港。同5年前来香港比较,我不再对香港的地铁感兴趣,因为上海已经开出地铁二号线,直达报社。我不再对香港的博彩业感到羡慕,因为上海的福彩体彩也连连制造了千万富翁。我们参观了市区的几幢新楼,60多平方米的两室一厅,要400多万元港币,那厅只有八九平方米;而我在上海购买的商品房小三室一厅,厅就有20多平方米。

那天采访完后,和同去的几位媒体人一起去太平山顶吃自助餐。自助餐很丰富,包罗了欧式、中式、日式、印度、马来西亚等各种特色菜肴,还有来自异国厨师的现场操作表演。我喝了一点酒,既然是来"消气",就少不了酒这个东西。迷迷糊糊地,我走到自助餐厅的室外阳台上吹风,望着高楼林立霓虹闪烁的香港夜景,拿出相机拍了几张。没想到晃晃悠悠的醉拍,竟然得到了意外的摄影效果:夜幕中的香港,高楼的各种色彩灯光,在镜头的摇曳中,拖着灿烂的光影,就如同举起的无数把火炬。

为了故事的完整,关于《厕所地图》一文的后续,补充在下:

2002年12月18日,上海市出租汽车管理处、上海市出租汽车协会、上海市测绘院及大众交通(集团)为这张特殊的地图起名《上海出行方便地图》。当天上午,上海科学普及出版社首批印刷出5.2万份地图,其中500份发放到文庙图书批发市场,当场被抢购一空。

2003年4月28日,上海市总工会组织的2002年度本市职工精神文明"十佳"好事评选揭晓,大众出租汽车公司王伟雄的"义务描绘方便图"被评为十佳之一。

2003年4月29日,王伟雄获得全国"五一劳动奖章"。

2003年5月,通讯《16位的哥编出"厕所地图"》获第十二届上海新闻奖三等奖。

2003年5月29日,由市委宣传部、市总工会联合举办的2002年度"上海市五一新闻奖"评选揭晓,刘昕撰写的通讯《16位的哥编出"厕所地图"》获二等奖。

2003年8月14日,16位"的哥"绘制中国第一张"厕所地图"时留下的上千张原始资料,被上海市档案馆征集进馆。上海市档案馆接收征集部副主任陈德平说:"上海市档案馆收集的地图中,这是唯一一份记录了从构思到产生过程的地图档案。我们打算把这些资料归类到地图类,和租界地图、上海最早的地图等放在一起。而且这张地图的资料中,有底稿有文字记录,真实记录了地图从构思到产生的全过程,具有其他地图档案无法比拟的价值。如有可能,这些资料将在今年年底'百姓档案话发展'的展览中展出。"档案馆认为,这张地图不仅能够反映上海公用事业的发展,反映上海出租驾驶员超前的意识,还反映了上海的城市变化,体现了上海城市现代化建设中更加人性化,体现了上海文明的发展。

2004年6月,"的哥"们增加收集整理到市区内57家医保药房、27家特色医院、23个特色消费休闲娱乐场所、12处上海历史风貌保护区、330个出租车扬招点、270个昼夜自助银行资料,"厕所地图"再版。

2008年,中国传媒大学电视系将有关"厕所地图"的写作纳入《新闻写作——消息》教案。

62. 从漏稿到独家

2003年5月,解放日报报业集团出版《记者的真情告白》一书,收录了我的两篇文章,都有关跨部门的大型采访,但类型不同。其中《韩国货机在莘庄坠毁后……》记录了1999年4月15日《新闻晚报》多路人马全面布局,无论时间还是内容在全城都独占鳌头的报道;而《彻夜守候卢浦大桥18℃》则记录了2002年10月11日《新闻晚报》先"漏稿"后"独家",打了一个翻身仗的采访过程。

"卢浦大桥"的采访,可不可以看作是一次"亡羊补牢""后来居上"的成功案例?我在那篇文章里作了详细的介绍。

彻夜守候卢浦大桥18℃

2002年10月11日和12日发表在《新闻晚报》头版和二版《彻夜守候:18℃》等4篇新闻稿,在上海新闻界获得好评,但如果没有在这之前寿光武主编在编前会上的几次批评,恐怕就不会有这样一次采访。

10月7日上午10:00,上海"十五"期间重大工程之———卢浦大桥取得重要进展,主桥拱肋合龙段吊装到位。

不知怎么,当天早晨出版的《解放日报》《青年报》等在显著位置抢发了卢浦大桥合龙的报道。

中午编前会,寿光武主编严厉地责问:为什么本报记者会漏掉如此重要的新闻?

回答是受客观因素的影响和制约,有关方面没有通知《新闻晚报》采访。

下午,《新民晚报》送到了,只见该报以通版方式,强势报道了此事,文章不仅有通稿,有现场速写,而且配发了图表、资料、言论和多幅新闻图片,显然是经过精心策划的。比较之下,必须承认,我们输了这一仗。

第二天(10月8日),作为补发消息,《新闻晚报》头版刊发了同题报道,并配发言论《大桥博物馆》。四版显著位置刊发卢浦大桥施工技术等情况,并配发了3幅新闻图片。但中午编前会上,寿光武主编在评点这些晚了一天的报道时,再次对昨天的"漏消息"提出了批评意见。

连续两天编前会上的批评,让跑市政建设条线的年轻记者承受了巨大的压力。

私下里的建议

《彻夜守候》等4篇新闻稿,最终是记者集体采访完成的,但最初的采访思路,是我在10月8日听到编前会第二次批评后,私下里对条线记者的一个建议。

尽管我是社会新闻部主任,市政建设并不是我部门的条线,但在编前会后仔细阅读了上海媒体对卢浦大桥"合龙"的报道后,觉得这些媒体都犯了一个极大的错误:他们把主桥拱肋合龙段吊装到位当成大桥合龙了。这完全是两码事呀!因此,我认为《新闻晚报》还有亡羊补牢、出奇制胜的机会。

当天晚饭后,在吸烟区我碰到了条线记者。作为"老记",我对他说:其他报纸报道卢浦大桥已经合龙消息并不准确,只不过是主桥拱肋合龙段吊装到位,正式合龙还要等待合适的温度,这才是真正的新闻"大鱼"。这两天,温度的等待仍在进行中,还是个悬念,所以,好戏在后头。

我认为,守候中会有情感、有故事,建议他到大桥工地现场,同建设者一起守候温度,抓好现场报道,打一个出人意料的"翻身仗"。

这只是一种私下里闲聊时随便提出的建议,我从心底里希望他能用自己的方式提出采访计划,并实施成功,从而走出这两天挨批评的"阴影"。

"老夫聊发少年狂"

两天过去了,有关条线部门对我私下里建议的反馈是:兴趣不大。

10月10日中午编前会,寿光武主编再一次提到卢浦大桥的采访。我想起已经被"退回"的建议,于是提出自己想上卢浦大桥采访。

"采访的主题是什么?"主持报稿的副主编JP问。

"守候温度。"我这样回答。我谈到多少年前的一个清晨,红红的旭日下,一群工人的剪影,在哨音和劳动号子声中,吴淞路闸桥合龙时带给我的感受。我喜欢感受这样的劳动场面,我有一种创作的欲望。

也许我这个年龄(49岁,年近半百)还用这样的语气来说明选题的意义,显得不成熟?编前会上所有人听了我的话都笑了,寿光武主编说我是"老夫聊发少年狂"。

我想我的建议要遭到再一次"退回"了。出乎我的意料,寿总在编前会当场拍板:经济新闻部和社会新闻部合作,抽调记者白华阶、刘昕、赵毅、实习记者郭峰,组成"守候温度"采访小组,由我带队上卢浦大桥工地。

卢浦大桥的采访,就这样被"搞大了"。

像猎人般耐心守候

18:00多,我们分头来到卢浦大桥工地。没想到,15:00,这里刚召开过紧急新闻发布会,内容是今晚大桥拱肋要合龙!在人已散尽的会议室里,有一份被人遗忘的出席名单,近20家新闻单位中,仍然没有《新闻晚报》。

假如再晚一天,我们将输掉第二仗。真是侥幸!我惊出了一身冷汗。

大部分媒体的记者拿着工地指挥部的统发稿回家了,只剩下几家还算敬业的记者想等着看到大桥拱肋最后的合龙。

我们避开同行,在夜色朦胧的大桥下进行了简单的分工:赵毅,盯着大桥总指挥;郭峰,采访大桥附近的居民;刘昕,上大桥的拱肋顶上;白华阶,负责摄影;我,留在会议室"察言观色"进行调度。我强调最后见报的稿子要"见人",要写出所有"守候温度"的人的感情变化。

我们像猎人一般悄悄地散布开来,每一个记者心里都十分清楚也十分兴奋:今夜,尽管我们没有统发稿,但我们是最有创意的,无论大桥合龙还是不合龙,我们都将守候到采访的成功。

性格外向的刘昕穿着高跟鞋和裙子爬上100米高的拱肋后,她抑制不住内心的兴奋,不顾安全员要撵她下桥,掏出手机就给远在北京的女儿打电话:"我在世界第一拱桥的顶上呢!"

彻夜守候并不寂寞

制约合龙的主要因素是气温。经过科学计算,当气温达到18℃时,两岸伸来的连接板和连接端口上的两个圆将完全重合,30毫米粗的1600根螺钉将穿过圆孔,将拱肋固定在大桥之顶。

接近半夜了,温度仍然在20℃以上。几位敬业的同行也撤离现场,只剩下一家电视台的记者和我们。

没想到就在此时,寿光武主编会来到卢浦大桥工地,看望在一线采访的记者。经济部主任肖坤,也带着记者顾万全和时晔跑到工地了解采访情况。此夜,《新闻晚报》众多人马在卢浦大桥工地指挥部相聚,热闹非凡。上海建工集团副总裁、卢浦大桥项目部总经理丁浩见状十分感动,当场与寿总相约:合龙成功后,一定要到《新闻晚报》做客。

24:00过后,工地上的记者只剩下我们。前方不断传来温度报告:20.5℃;20.4℃;20.3℃……

0:30,工地上守候温度的人开始怀疑能否成功合龙,几家大报的夜班编辑部再三打来电话,询问到底能不能合龙?当听到不能确定的回答后,他们只好无奈地从版面上撤下了紧急新闻发布会上的统发稿。

也有没将统发稿撤下的报纸,再次闹出了"拱肋已经合龙"的笑话。

只有我们,耐心十足地继续守候。

凌晨2:00许,指挥部传来上海中心气象台的电话,由于受暖流云团影响,气温很可能维持现状。仅仅就差2.3℃,在卢浦大桥的顶端,上下两个圆孔因差了10毫米而不能合龙。

此时,我们一边开始在手提电脑里挑选拍好的数码照片并撰写稿件,一边等候着指挥部最后的指令。

凌晨4:00,70多名工人带着遗憾从拱肋顶端分别向浦东、浦西撤离。

直到4:20,见丁浩和其他工程师们聚到办公室商讨下一步方案时,我们才从工地撤回报社发稿。

工人向我们要报纸

10月11日,《新闻晚报》头版刊登了消息《卢浦大桥合龙依然只欠温度　彻夜守候18℃》,二版刊登了长篇通讯《等候温度　等候辉煌——来自卢浦大桥建造现场的报告》。

至今,我还能清晰地记得,赵毅在看了我写的开头后,十分肯定地说:"我比你写得还要好!"他把电脑中自己写的那一段(整篇通讯是大家分着写的)传给我,还跑到我的面前,得意地读给我听:"等待婴儿的第一声啼哭,等待黎明的第一道曙光,等待丰收后的喜悦,等待成功后的泪水……无数人在等待,而他们,等待的只是温度,只是18℃。"

我坐在那里听着,就好像在听他倾诉这一夜守候时内心里聚集起来的激情。

而早班编辑一看到白华阶那张工人坐在拱肋上抽烟等待的图片,便拍案叫绝。图片里,工人们就好像大战来临前守候在战壕里,他们的动作、表情恰到好处地烘托了"守候18℃"的主题。

报纸上摊后,一位媒体朋友打来电话笑嗔道:"像你们这样干,让别人怎么办?"

当天下午,卢浦大桥工地也打来电话,向我们要报纸。他们说,在卢浦大桥的这么多报道中,真正写出我们工人的,就是你们《新闻晚报》。

这正是我们采访"守候温度"的初衷:在报道中要"见人",要见到人的感情、人的命运、人的变化。

后来,晚报的业务内刊《纸上谈兵》评论这次采访报道说:"亡羊补牢,犹为未晚。我们的第一仗虽输了,但我们还有亮点。我们的第一个亮点是把通宵守候时的情景写得淋漓尽致了,不仅有大桥的建设者,有他们的家人,还有大桥边上邻居们,正可谓大桥连着上海人的心。一点放大,不及其余,也不失为一种对应之招。而且《彻夜守候18℃》标题做得好。"

一个悄悄的电话

我们在文章的结尾许诺:"本报记者将与大桥建设者一起再次守候,等待下一轮明月升起,直到桥拱画上优雅的弧线。"

但不知为什么原因,卢浦大桥指挥部第二天决定当晚强制合龙,却没有通知任何新闻单位。

好就好在我们的彻夜守候、我们的写稿角度与工人结下了友谊。晚上,有一位建设者,从卢浦大桥的拱肋顶上私下悄悄地用手机给刘昕打了一个电话:你们快来!我们正准备强制合龙。

"放下手头的工作,立即上工地!"我通知采访小组的所有记者。

熬了一个通宵,此时又在外面采访的白华阶听到消息后,竟在高架道路上用110码的速度,驾驶那辆还在磨合期的桑车往工地赶。一到工地,他背着沉重的摄影包,忘记了自己的腰肌损伤,从桥面一口气爬上垂直高度达50米的拱肋。

那里,除了施工工人外,只有和我们差不多同时到达的电视台记者。

据说,这是那天我们凌晨4:20撤离工地后,丁浩和工程师们商讨到天亮最终定下的方案:不再等候18℃。

施工方案是用8只每只50吨顶力的千斤顶,分别安装在上、下游的"关节点"上,对拱肋进行顶推,温度收缩所欠下的钢板圆孔距离,将由千斤顶来实现。即使天公不作美,一切也尽在建设者的掌控之中。

21:00,月牙映在了江心,1600套螺栓安稳地将连接板牢牢固定——强制合龙成功了!

曾经遗憾撤离拱肋的工人,在"彩虹之巅"打开了喷射而出的香槟,粗犷有力的欢呼声响彻在黄浦江上。作为唯一在现场的报纸记者,我们真正体会到了什么才是天时、地利、人和。

就像听春天麦地里小苗的拔节声,我们聆听到了上海这根脊梁骨的合成之声。

从此之后,大桥拱肋在热胀冷缩中不再前后错位。卢浦大桥不再守候温度,它将穿越城市,一往无前。

10月12日,《新闻晚报》头版和二版再次刊登了我们两篇翔实而充满激情的报道。

那心情正如那天我们文章开头所说的:"昨夜无云,明月升起的时候,我们终于守候到了辉煌。"

在记者和建设者之间架起彩虹

10月17日,来自上海建工集团卢浦大桥项目部的负责人丁浩、周杜鑫、秦宝华、蔡忠明应约做客本报,在宽敞明亮的6楼大礼堂给全体《新闻晚报》同仁作了精彩的报告。

报告会在轻松的气氛中进行,建设者还向本报独家披露了卢浦大桥连创的10项世界纪录。

解放日报报业集团副总编、《新闻报》总编裘新用"天人合一"来描述造桥的最高境界,他说:这座桥、造桥英雄、晚报报道者、实事求是的精神让我们感动。他代表报社向建设者们赠送了一本记录《新闻晚报》记者和造桥英雄奋战两天的现场照片集,还有那两天经过编辑们精心打造的版面清样。

47天后的12月3日,在策划"申博"成功之夜的采访时,我们回访了卢浦大桥的建设者,因为到2010年,从南浦大桥到卢浦大桥止,那里将是宏伟壮观的世博会馆中心。在《新闻晚报》的策划下,曾经采访过卢浦大桥拱肋合龙的记者,再次登上卢浦大桥,同建设者们又一次共同打开香槟酒。

从"漏稿"挨批评到"申博"成功之夜的独家策划采访,我们在卢浦大桥上,真正跨过了另一座"大桥"。

最后我还想说的是,卢浦大桥的采访有很多技巧值得总结,比如精细的比较、准确的判断、"以人为本"的角度等,但最重要的就是"激情"两个字,没有激情,就谈不上技巧。我们需要激情,有激情才会有创意、有活力,才会有好作品产生。

63. "新闻热线"变"读者热线"

有一次,寿总看到编前会有个空座,随意说了一句:"如果每天都有读者坐在那里就好了。"当然,报社很难做到每天请读者参与编前会,但每个坐在会议桌前的人,是不是有可能从读者的角度来讨论稿件和版面呢?

为弥补"读者缺位"的遗憾,晚报各部门当时都搞了读者日活动。

2002年12月3日,社会新闻部全体同仁在地铁人民广场站与读者面对面交流。我们事先在报纸上发布了活动海报,提出了活动主题:"我们把新闻告诉你,请你把困难告诉我们。"

这天中午12:00,当记者出现在地铁人民广场站时,立刻吸引了好多读者的眼球。短短的4个小时相互的交流,让记者感受到读者对报纸"关注读者生活,倾听读者心声"的迫切期待。

中午12:30,全国公安战线一级英模肖玉泉同志的家属张美丽带着女儿来了,抓黄贩英勇受伤的联防队员倪学云的家属曹海娣也带着女儿来了,上海华东通用设备成套公司洪耀顺总经理,听说《新闻晚报》今天要举行"读者日"活动,尽管有事不能来现场,却专门委托记者向战斗在公安治安第一线的两位家属表示他的敬意。

令记者没有想到的是,活动刚开始,马德华和几个扛摄像机的电视台记者出现在了活动现场。原来,11月1日本部门记者孟录燕报道过马德华,他在12年前向一位朋友借了50元钱,后来想到上海来还债,却发现恩人已踪影全无。12年后,在记者的帮助下终于找到恩人归还了钱。此事被马德华家乡的江阴电视台得知后,特地和马德华一起专程赶赴上海采访孟录燕记者,晚报读者日活动成了记者采访记者的现场。站在一旁的马德华告诉记者,和《新闻晚报》接触下来,留给他的印象是一张充满活力的报纸,他一定要到今天的现场来亲身感受一下。

13:05,晚报热心读者徐荣顺尽管有病行动不便,仍风尘仆仆地来到活动现场。他说:"昨天,我看到你们又搞活动的消息,就从浦东银山路赶来,想和一直通话、通信的记者见个面。"

住在城隍庙的黄阿姨一家和邻居特地赶到活动现场。她指着一张报纸的复印件说:"如果不是记者呼吁,这个阿婆还不知道什么时候能回到自己家。"原来,去年8月,88岁的王炳炎老两口的家被前养子砸毁了,老两口被逼住到医院。周围群众敢怒不敢言,义务照顾老人20多年的黄阿姨四处奔走。本报记者得知后,努力协调,终于在今年五一前让老两口搬回整修一新的家。黄阿姨拉着记者的手说:"谢谢你,谢谢《新闻晚报》。"

一位白发苍苍的老太也来到了活动现场。她曾在今年本报"夏令热线"现场咨询活动第一个赶到现场。当时,本报帮助她圆满解决了房屋装潢中的纠纷。她说,自己晕车,但为了再看一看帮助她的记者,特地吃了晕车药,从田林新村赶来。

读者日活动,拉近了记者与百姓的距离,凸显了媒体与百姓互动的价值。这让我们对"读者"有了全新的认识。一家媒体的新闻发什么？怎么发？看似记者编辑的事，实际上很大程度取决于读者，因为新闻的自身价值最终要看如何在读者中发生效用转化。从这个意义上来说，在记者编辑的信息观念、版面观念、读者观念之中，读者观念才是核心。反思社会新闻部，虽然有2002年"夏令热线"的成功经验，但主要是从新闻热线的角度出发，想占领信源制高点。从读者热线的角度来看，我们还没有制度化和理念化，还处于一个低水平的状态，这种错位必须重新摆正。

如何对原来的"新闻热线"进行结构体系、操作程序、对外合作、目标定位的全方位改造，从而将"新闻热线"转变为具有《新闻晚报》特色的"读者热线"，这是摆在社会新闻部全体同仁面前亟待解决的一个问题。

2003年2月，我带领部门六位同事赴杭州，考察当地《都市快报》的"读者热线"。在杭州当即开展"热线改造"的头脑风暴，并起草了达成五项共识的《备忘录》：

（1）热线改造重点在调整关注热点，以前只关注做新闻的线索，今后要关注为读者服务的线索，在为读者服务中扩大晚报的影响力。

（2）一家媒体热线的强弱，是这家媒体对这个城市渗透与控制力强弱的体现，我们要为建立高效的读者热线创造必要的条件。如硬件方面：增加一名接线员、装备必要的录音电话、争取热线采访用车、设计晚报热线LOGO、打出晚报热线品牌，其中包括将63510902这个难记的热线电话号码，申请改号为63510000，等等。

（3）与市府信访办合作，合作的内容为：本报在信访办提供信息源的支持下，开设栏目《百姓建言》，此栏目是沟通百姓与政府的桥梁，特别关注百姓对市政方面的意见和建议。

（4）在3月初完成"读者热线"的全方位改造，并围绕"消费者权益保护日"的到来，组织一场打假活动，来验证新的"读者热线"是否改造成功，使之成为晚报社会新闻部工作重点转移的一个标志。

（5）在以上基础上，对2003年"夏令热线"进行一次重大的突破，除了继续进行跨媒体合作外，增加一项"百姓投诉、记者采访、政府执法"三方互动的"周末特别行动"，并探索报纸与移动短信的合作，向第五媒体渗透。

任何改造都不能停留在形式的变化上，只有理论创新、组织创新、结构创新三管齐下，才能形成内部运作模式的改造。而模式，是成功的基础。新的运作模式必须要融入新趋势、敏感点等新的认知，必须要运用网站的互动、信源的整合跟踪和关联等更具现代意义的传播手法。回到上海，按此思路，我在《备忘录》

的基础上,完成了《"读者热线"改造计划》的文案,主要部分摘录如下:

(1)目标定位。"读者热线"是媒体直接从社会获取第一手新闻线索的"雷达",是媒体行使舆论监督和表达亲和力的一把双刃剑,是媒体显示"传递速度"魅力的重要展台,是媒体成功开辟市场的先头兵。

全面改造"读者热线",使之在上海媒体中成为对社会最具有渗透力的机构,从而成为《新闻晚报》在跨越性大发展中的重要突破口。

(2)热线口号。我们关注百姓的喜怒哀乐。

说白了,"读者热线"的重点是:对政治、经济、管理与读者之间的矛盾进行有力的引导,要敢于触动利益点、敏感点。

(3)结构框架。"读者热线"要紧紧围绕"信息网络、快速采访、服务反馈、对外合作、社会活动"五大任务开展工作,并使这五大任务构成一个完整的连环,互相推进,良性循环。

其中,人员是保证正常运转的基本条件:接线员是扫描社会的"雷达";热线记者是特别行动的"110";信息员是沟通反馈的"网络"。而合作与活动则是开掘新闻资源潜力、对外拓展影响、造就知名记者、完善信息网络,使本报热线立于不败之地的最有力的手段。

随着"读者热线"的发展,应考虑配备足够的力量,形成24小时值班;可能的话,还应考虑让"读者热线"独立成部,并同社会力量合作,合建"热线活动策划室"。

在这份改造计划中,还对"读者热线"的操作程序作了详尽的规定。比如,接线员在信息整理上的分类、登记、公布、奖励发放、归档保管等;记者对线索的认领、采访期限及无人认领线索的筛选与策划等;对热线信息在反馈环节上的转发、催问、回访等。从而形成了一个完整的运作体系。

64. 夜赴康平路

2003年春节前,市委宣传部召开会议,向各大媒体统发了节日期间对市委市府工作的六篇报道稿件,其中就有《新闻晚报》社会新闻部记者刘昕写的两篇稿子。一家都市类晚报的两篇稿件被宣传部统发到全市各大媒体,在上海是极其少见的。这里不妨谈谈这两篇稿件产生的经过。

两篇报道的线索都来自市委市府信访办。在2002年12月晚报社会新闻部的"读者日"活动之后,部门即酝酿将原来的"新闻热线"转变为"读者热线",对采访条线的布局进行重新分配,刘昕接受了市委市府信访办的条线。她是一个非常有心的记者,2003年1月,她在参加市信访办一次通气会后,单独留下,与有关处室领导"闲聊",偶然得知90路公交车延伸线在市领导关心下通车等多条线索,便一直在心里琢磨如何去写。1月13日,她在北京探亲,挂长途电话辗转找到了反映问题的市民张金梅的联系方式。当天下午4:00,她返回上海,一下飞机就直奔宝山的江边,实地采访了同济路原90路终点站的情况。天黑后又赶到张金梅家,两人一起来到已通车两个月的90路公交车站。张金梅对刘昕说:"我每天都来这里数汽车上的人数。市长是看了我的信才批示解决90路公交车延伸问题的,如果没有人乘车,我就是欺骗市长。现在好了,看到坐车的人一天比一天多,我的心也就定了。"

第二天刘昕回报社向我谈了采访的经过,我对她说:"这个新闻中领导是谁或者领导是怎么批示的都不重要,最感人的是一位老人两个月来天天站在车站数乘车人,她反映了这座城市的老百姓精神。"

寿总听了采访汇报后,进一步提出了如何写这则新闻的要求。由于此稿涉及市领导的批示,需经市委审批,寿总建议记者附一封给市领导的短信,他要亲自把稿件送市委阅批。

记者给市领导的信必须简单扼要。1月15日,我与刘昕一起商量,拟定了信的主要内容:除了介绍张金梅是57岁的退休人员外,重点是介绍90路公交延伸通车至今两个月,张金梅每天都去永清路车站数乘客人数的行为,是因为她生怕自己的建议与实际需求不符。现在看到乘客越来越多,她特别高兴。信的最后,刘昕写道:"普通市民张金梅不计个人得失,关心公共事业的举动,体现了上海的城市精神。想必,您也会为您所领导的这座城市里有这样的市民而感到欣慰。"

1月21日,市领导秘书给《新闻晚报》寿总来电,约我们去康平路2号谈稿件。寿总带着我和刘昕一起,19:30来到康平路。工作人员早已等候在那里,打开大门,将我们的车引进院中。那晚一起谈稿件的不仅有市领导秘书,还有市委宣传部的三位领导。

在肯定了这篇文章思路好、贴近百姓,要求市委宣传部将其纳入春节期间对市委市府工作报道的计划后,市领导秘书又问晚报:"你们还有其他类似的题材吗?"刘昕说:"古美小区退休人员领取养老金难的问题被解决,也和这件事有共同点。"

"你准备怎么写呢?"

"从老百姓的角度着手。"

"抓紧时间写出来。"

就这样,张金梅的稿子通过了,刘昕又马不停蹄地往返于市区、古美小区和邮局之间,采写出古美小区宋老先生给市长写信的故事:

2001年,搬入古美小区的宋德荣老先生发现,近4000户人口的古美小区和平阳小区中,大部分退休老人的养老金开户在邮政储蓄,可由于小区的邮电所没有储蓄业务,老人们又不习惯使用ATM机,只好步行到2公里以外的邮局领取养老金。宋老先生多次给邮局写信,要求在古美小区邮电所开办邮政储蓄业务,回复都是已经向有关部门申办,但没获批准,暂时不能办理。2002年10月底,宋老先生听说一位80多岁老者在取养老金的路上出了车祸,于是连夜给市长写了一封信。

在领导批示后,经中国人民银行上海分行与市邮政储汇局、闵行邮政储汇分局协调,确定采取远程终端的办法解决。当年12月15日起,这个地区的老人终于可以在家门口的邮电所取养老金了。

《新闻晚报》90路延伸通车和古美小区方便领取养老金的新闻稿件,被分发到各大媒体统发后,引起社会很好的反响。1月29日刘昕对张金梅进行了跟踪采访:

昨天下午,记者再次前往宝山区永清街道地区,跟随张阿姨来到当初98人签名的那条街上。谁知,面对七八家发廊、美容院,张阿姨竟然愣在原地,记不起到底是哪些人签名了。

突然,一个专业发型美肤店的门打开了,美容师潘小姐对张阿姨说:"你不就是让我们签名的张阿姨吗?"

美容院里的人们立即围上来,她们都知道张阿姨写信的事见了报,高兴地对记者说:"那时,我们就觉得张阿姨了不起。那么大的年纪,又不经常乘车,却为大家奔走了一年多。可是谁也没想到会惊动市长,更没料到,90路给张阿姨添了一块心病。我们都觉得于心不忍。"

在90路公交车延伸线淞青路终点站,几位司售人员听说眼前的老太太就是写信的人,伸出大拇指:"可敬!怪不得我们经常看到你,原来是在数乘客呀。"女调度员拿出调度记录给张阿姨:"你放心吧,现在的乘客一天比一天多,我们已经增加了9辆车。"

一位乘客奇怪地问张阿姨:"你怎么会想到要数人数呢?"张阿姨说:"当初写信时,我相信政府一定会解决问题。没想到政府这么快就解决了,我心里总想,政府对我们百姓的事这么认真,我们应该用诚信回报政府,最起码不能说假话。"

已经坐到车上的一位军官走下车："张阿姨,你的细心、诚心和认真,把上海人的'精细'用到了公共事业上,是我们学习的榜样。"

事实证明,媒体跟着百姓呼声走,不仅会有精彩的过程,也会有精彩的结果。

集团内刊《解放生活》请刘昕谈两篇统发稿的写作经过,她用的标题就是晚报社会新闻部把"新闻热线"改造成"读者热线"后反复强调的重点："报道老百姓最关心的话题。"对刘昕来说,虽然曾经是新闻外行,但她多年走街串巷挨家挨户送报送信的经历,使她懂得如何与老百姓交朋友。作为回报,老百姓也成了她源源不断出好新闻的"聚宝盆"。

《新闻晚报》两篇稿件同时被市里统发到各新闻媒体,也引起同行的好奇。一位在新闻界做领导的老朋友悄悄打电话问我："你们寿总是不是市里策划班子的成员?"我回答："我只管做具体新闻,不清楚这个。"但我心里很清楚一点:在完成"新闻热线"向"读者热线"的模式改造后,《新闻晚报》社会新闻部将迎来丰硕的收获季。

65. 铁头碰铜头

"铁头碰铜头",有时被人用来形容对峙双方势均力敌不分上下。不过,这里说的不是较量厮杀场面的热闹,而是指在上海真的发现了一铁一铜的雕像,长得一模一样,活像一对双胞胎。

故事先从铁像开始。锦江出租汽车公司总经理程焕坤得知上海灯具铸造厂有意出租场地,去该厂看地形时,从墙边的一个垃圾堆里发现一尊一人高的雷锋铁像。和雷锋同龄、又曾在同一个军区服役的程总没看中出租场地,却向这家厂要走了雷锋铁像。程总想把这尊雷锋像赠送给社会,但是给谁好呢? 2003 年 3 月 1 日,《新闻晚报》发表了刘昕的《"战士雷锋"在哪安家?》一文。

文章见报后,"读者热线"铃声不断,大家纷纷对雷锋像安放在哪里提出了建议。同时也引出了铁像的第二个故事:这尊铁像原来是 200 多名工人捐铸的。原上海灯具铸造厂陈俊杰师傅看了报道后,兴奋地打电话告诉记者："我是当初参与铸铁像造型的,那尊铸铁像是我们职工自己捐铸的。"陈师傅说,当年,上海灯具铸造厂接受了长风公园的委托,铸造一尊"雷锋"铜像。厂里觉得这个雷锋像的造型很好,想再塑一尊放在本厂。倡议一出,200 多名职工纷纷把家里的废铜烂铁拿到厂里，凑齐了1.5吨铸铁像的原料，由职工在业余时间铸成了雷锋铁像。

《新闻晚报》在紧接着报道工人捐铸雷锋铁像的故事后，又引出了第三个故事：那尊现在长风公园，与铁像在一个模子里浇铸出来的铜像，是由原上海手工业局12万名团员青年，捐赠了6.8吨杂铜铸成的。当年策划捐铸活动的原手工业局团委组织部部长程玮看到了报道，向本报介绍说：铜，都是团员从家里拿来的。10万多把废旧的铜钥匙，上万只铜锁具，还有铜盆、铜笔帽……其中数万枚古钱币还惊动了博物馆。程玮略带遗憾地说："我们最初想把铜像安放在南京路，但没有成功，只好选择了长风公园1号门附近的一块绿地。"

程玮很多年没有去长风公园了，看了报道后，他特地去长风公园看雷锋像，在现场突然提出了第四个带有悬念的故事。他说那尊铜像原有一座3米高的基座，基座下埋藏着见证：一个50厘米见方的、装有12万名团员名单的有机玻璃盒子。程玮没找到基座的痕迹，他遗憾地问："不知道那个盒子还在不在？"

指挥去年改造长风公园雷锋基地的龚先生对此感到很惊讶："下面还有盒子吗？"他对记者说："改造后的教育基地，还是将雷锋铜像放在原来基座的位置上，但在敲掉基座的时候，并没有注意下面是否有盒子。"

第五个故事是解开盒子还在不在这个悬念。《新闻晚报》特地请去年重建雷锋基地的承办各方，还有四个故事中的各方来报社开座谈会。在重建承办方带来的图片前，经程玮指认，新建的雷锋墙在原来雷锋基座的基槽上，盒子还压在雷锋墙的下面。悬念解开，大家舒了口气："盒子还在就好。"这时，程玮又说："其实，盒子里除了名单，还有几个团员青年的秘密。"什么秘密？程玮也说不清楚。看来，只能等待将来再揭晓这个秘密，去续第六个故事了。

不，或许那是第七个故事，因为第六个故事已经在一年后的3月4日产生：在废墟中找到的那尊铁像——"雷锋弟弟"，经本报牵线，一年后找到了落脚地——浦东新区少年宫的门前绿地。这对雷锋"双胞胎"，一铜一铁，活泼微笑，在浦东浦西遥相对应，给上海留下了一段佳话。

像这种连续几天随着情节不断发展，最后组成连环画似的城市故事报道，在上海是并不多见的。

现在，让我来说说另一种"铁头碰铜头"吧。

就像我在"厕所地图起风波"一章中指出那样，新的采访思路和操作方式有时会引发来自外部的争论与风波，而在实践中，也免不了会引起内部的抵触和对抗。

早在2002年年底开始筹划"读者热线"全方位改造时，我们就打算通过"消费者权益保护日",组织一场打假活动,来验证新的"读者热线"是否改造成功。

2003年2月,拟定了《"3.15打假特别活动"计划》。活动的口号是:让我们传递诚信;时间为15天,从2003年3月5日至19日。

随着近年来的市场变化,打假的重点将由过去假冒伪劣商品为主,转到假冒欺骗行为为主。即对有悖于诚信的所有经营行为进行曝光监督,包括假证件、假培训班、假招聘、假房产中介、假婚姻介绍、做假账、盗版等。

在具体操作上,我们将打假特别行动分成待命行动、举报有奖、异地联手、投诉直通车、打假网上谈、志愿者上街铲假六项子活动。针对以上六项子活动,部门所有12名成员都进行了周密的分工。

再好的计划也要靠人去执行,没有人的积极性,所有行动的结果只有一个:失败。十分不幸,我碰到了这么一个记者;但也可以说十分幸运,我只碰到这么一个记者。

3月5日,打假特别活动的第一天。在前一天晚上,部门开会布置工作,记者Y的任务是第二天一早去浦东的咨询现场采访。当第二天所有记者都早早奔赴各自的采访现场时,只有他没到位。搭档的记者打电话过去,发觉他在家里睡觉。那天,他是部门里唯一不出稿件的记者。

干新闻这一行的人一般比较直率,对存在的问题,无论是稿件差错还是采访不力,都会当场不客气地指出和纠正。就拿社会新闻部每周一次的评报会来说吧,一是条线漏稿追责,二是新闻策划比较,三是反省报道缺憾,从来都是非常严厉的。

我当天找记者Y谈话,他强调睡过头了,并说:"后来去现场了,没什么好写的。"

其实,自去年下半年以来,Y经常缺席部门规定的一周两次业务会;"读者热线"改造后,部门要求记者每天留意张贴的线索,Y也从不主动领取线索采访。部门分配给他线索后,他常常转手让他人去采访。

由于Y工作不在状态,以至于他跑的条线中有多家单位,如铁路公安、消防、动物园等向部门提出调换对口记者。

古人云:今日养痈,必有成溃之时。人的惰性决定了任何团队如果有一人可以这样对待工作而得不到制止的话,那么就可能有第二个、第三个甚至更多的人跟风。到那时,社会新闻部就会形成以"不出席会议为酷,不采访写稿为荣"的死局。为防止这种局面出现,我不得不把话向Y谈透了:"在部门统一安排集体采访中,不管记者个人觉得有没有好写的东西,都必须动作到位。你没能按规定时间到位采访,要作出检查。"

Y:"我从来就不写检查的。"
我:"那你停下手头工作。"
Y:"你这是压制人才。"
我清晰地告诉他:"即使你是人才,这种行为已经成为部门前进的拦路石。"
Y:"?"也许他从来没听到有人对他的这种评价,一时愣住。

是的,因为评价很低,所以要求也不高,我接着说:"你必须改变自己,起码做到准时参加部门规定的业务会议。"

铁头碰铜头,谈话不欢而散。

第二天,他去找报社领导,出来后即对其他记者说:他要调到别的部门去。当天晚上,他没有出席社会新闻部例行的业务会议。

由于任何单位都会有些小圈子,Y 的调动在当时并非没有可能。我曾提醒过身边的年轻人:"不要参与非业务性质的小圈子,业务是立身之本。"这是我担心刚进报社的年轻人,不知人际关系的深浅,也毫无"职场斗争"的经验,会陷入小圈子。之所以我提醒不要参与"非业务性质的小圈子",是因为我觉得因业务观念不同而形成的小圈子,是我可以容纳的。像社会新闻部"为百姓呼吁,走低端市场"的观念,与当时流行的"精英"时髦概念,就不是一个路子。这并不是什么大问题,问题是基本的工作态度。如果以消极甚至抵触的态度来面对工作,那不管你是什么业务观念,都必然会与整个部门的工作产生碰撞。在这种碰撞之后,是不能用调一个部门来解决的。

人员调动,报社领导是要来征询部主任意见的。我只提了一个意见:社会新闻部是采访最艰苦的部门,假如每个人都可以用消极怠工的办法,来达到调换部门的目的,那么,社会新闻部将溃不成军,整个部门将不再有良好的风气,我也无法再来带领这个部门。我"将了一军":不如把我也调到 Y 想去的部门,让愿意接收 Y 的部主任与我来个对换?

Y 调动部门最终没有成功,写了一张请假条,一个多月没来上班,然后离开了报社。

Y 这位"人才"的离去,不仅没有使晚报社会新闻部的这次打假活动打折扣,反而取得了预想的成功。整个打假特别活动验证了"读者热线"在改造后,在内部流程上更加迅速规范,在社会互动上更加具有渗透力。

就说这次打假活动的成果吧:社会新闻部"三把尖刀"之一的丁昌华,接到本市一对下岗夫妇的投诉电话,称自己在市旧机动车交易市场买二手小面包车,谁知钱付掉后却被告知,这辆车已被封存不能过户,4000 元中介费被退了回来,但 3 万元转让费却打了水漂。丁昌华顺藤摸瓜穷追不舍,不仅帮受骗者拿到了由市旧机动车交易市场先行垫付的3万元现金,还查出挂名在上海蒙达建筑装饰工程有限公司下的问题车有6辆,从而揭示了机动车在交易和交费上的种种陷阱。被偷挂名义的蒙达公司老总为此专程来到本报,向全社会设立机动车非法偷挂的举报奖。丁昌华采写的这篇《3万元引出6辆偷挂车 蒙达公司怒设"举报奖"》,获得部门颁发的"打假好新闻一等奖"。

另外还有《4台空调3台不制热》《冒牌灯箱高高挂》两篇获部门二等奖;《降费AD卡是骗局》《隐形龙藏不住了》《收了中介费没房看》三篇获部门三等奖。

可以说,经历了这次"铁头碰铜头",社会新闻部在以后一系列的大型采访活动中,再也没有出现过因消极怠工而需要让我费心和担心的人和事。

66. 周末特别行动

继《新闻晚报》在2002年"夏令热线"亮出跨集团多媒体合作的一招后,2003年上海媒体的"夏令热线"出现了"多媒体合作热"。这年上海新闻界一哄而上,形成了三大块多媒体合作:《新民晚报》与东视、上广合作,《解放日报》与上视进行合作,加上《新闻晚报》的多媒体合作,被人们称之为"上海滩夏令热线三大阵线"。

但这年《新闻晚报》并没有停留在多媒体合作这个概念上。竞争优势归根结底是管理的优势,而管理优势则是通过创新模式来体现的。我们在2003年的"夏令热线"中实现了战略转移,在去年多媒体合作的基础上,更深入地向第五媒体进军,开辟了移动短信与PC端连接的信源平台;并开创了"百姓投诉、职能部门执法、记者跟进采访"三方互动的"周末特别行动",将投诉、执法、监督合为一体。这些新的操作模式,使《新闻晚报》在这年的"夏令热线"报道中依然保持了领先地位。

2003年8月18日,我在《新闻晚报·纸上谈兵》以《互动是更高层次的合作》为题,毫无保留地对"夏令热线"的新操作模式进行了分析和思考。摘要附下:

今夏上海六家主要新闻媒体组成三大合作阵线,形成了"夏令热线"的强大声势和规模,以至于让高层领导都感到有必要对"夏令热线"进行讨论和总结了。

《新闻晚报》作为参与媒体之一,又是用什么样的战略、什么样的操作模式,去应对今年三大阵线多媒体合作的新闻竞争?取得了什么样的效果?对今后有什么样的启示?这或许是媒体人员更感兴趣的业务话题。

一、跳出跨集团合作的圈子

毫无疑问,合作可以壮大自己的声势。人们要问:在去年"夏令热线"中首创多媒体合作,并作为报纸、网站、广播、电视共同合作的组织者《新闻晚报》,为什么今年没有强调这种可以为自己壮大声势的合作呢?

事实上,《新闻晚报》的这种合作今年依然存在。在其他媒体"夏令热线"还没有开通前,上海广播电台990就请《新闻晚报》4名记者,同听众进行了50分钟的直播沟通;在其他媒体"夏令热线"结束后,上海热线就《新闻晚报》报道的物美超市扰民一事(这是今年上海各媒体"夏令热线"中影响力最大的报道),进行了一小时的网上聊天讨论。

作为去年合作的成果,《新闻晚报》同上海广播电台990的相互广告,从未间断;同上海热线网共建的投诉平台,每天都在传递信息和线索;而上海电视台"有话大家说"的每周节目策划会,本报都派记者参与。

但是,让我们先来思考这样一个问题:上海三大新闻集团,在集团内部还没有打开合作的路子,还没有实现资源(这里主要指新闻资源)共享的情况下,跨集团的合作符合新闻市场竞争的规律吗?

显然这是不符合常态的,很可能是一种误区。由于跨集团不同媒体之间因各自利益所需,他们之间的合作仅仅停留在一般的形式,而不能进行深度的合作模式,是没有后劲和潜力的。正因为如此,从国外到国内还没有听说过类似上海这样的跨集团的合作。

对于上海在"夏令热线"这种持续性的大型新闻报道活动中,分别出现几个跨集团媒体的合作,原因在哪里呢?

(1)同国外比,上海新闻媒体集团的架构目前还是残缺的,报纸、电台、电视、网站还没有集于一身。因此,跨集团合作能得到别人传播形式的补缺。

(2)同国内比,上海新闻市场的竞争目前还没有达到激烈的程度,集团成员还未经历过困境,从而还不能认识到集团的规模和利益对自己的重要性。

(3)不得不说的一个偶然:《新闻晚报》去年率先在"夏令热线"中开展多媒体合作的成功,对其他媒体产生了强烈的刺激影响。但实际上,这是当初《新闻晚报》因相对较弱,同时在集团内找不到合作者,不得已而为之的。

今年春,在杭州《都市快报》考察时,我曾向对方提过一个问题:为什么你们不与同城其他媒体搞合作?对方很惊讶地停顿了一下,回答:只有资源小的才会愿意同资源大的合作,我们不需要。从那时起,我们就得出一个结论:媒体的市场化,决定了跨集团的合作只是昙花一现的东西,《新闻晚报》必须尽快形成自己的竞争实力,才不至在合作中被别人抛弃。

二、向第四第五媒体渗透

走出跨集团的合作,不是说不要任何合作。增强报纸竞争实力的最前道程序就是能掌握到足够的新闻源。我们需要同无利益冲突的媒体合作,来建立稳定的新闻线索资源平台。

没有自己新闻采访队伍的第四媒体网站和第五媒体移动短信,应该是我们最好的长期合作伙伴。就像舞台同演员的关系,他们是舞台,需要我们作为演员;而我们也需要这样的载体,利用网站的互动、短信的便捷等传播上的科技优势,更有力地渗透到这个城市中去,为百姓和政府提供更多的沟通渠道,同读者建立更直接的关系。而且,同第四第五媒体的合作,必将会给传统第一媒体报纸带来无限的活力。更重要的是,网站和短信本来就是正确舆论需要渗透的领域,我们为什么不去占有一席之地呢?

在今年"夏令热线"中,我们不仅得到了联通免费手机,开通了24小时投诉热线,还通过联通手机用户群发了"夏令热线开通"的短信。

与上海热线网站的长期合作,也使我们得到了丰厚的回报。今年"夏令热线"中,投诉线索45%左右来自于网站。

今年最新的做法是同上海颐云通信公司的合作,开辟了"528866"的短信投诉。同一般手机短信不同,"528866"为《新闻晚报》设置了专门的PC网页,所有联通手机用户发短信之后,马上可以在PC网页上显示投诉文字。它的好处是可以在电脑上下载短信存档,可以当场转发并调度在外记者的采访,可以通过电脑直接发短信回复投诉者,可以获取读者的手机号码并建立读者数据库。

由于技术原因,"528866"短信投诉的作用还没有充分得到发挥。尽管如此,通过最初阶段的尝试,我们还是得到了部分新闻线索源,并意识到移动短信投诉网页作为一种新的渠道,其潜力是巨大的,必将扩大本报同读者的互动。

三、我们需要特别行动

有了以上的战略思考和技术准备,还必须推出好的操作形式来表现,否则就不能在今夏跨集团合作的"热闹"中脱颖而出。这就是早已设想好的"周末特别行动"。

"周末特别行动",简而言之,就是确定主题,约定时间,提前公开预报,当天请政府执法部门出人出车,来报社集中,在接到百姓投诉后立即去现场检查执法,第二天推出专版报道。

其实这并不是《新闻晚报》的独创。四川的《成都商报》、杭州的《都市快报》、南京的《现代快报》等当地最有影响力的都市类报纸，当初在打市场时，都采用过这种形式，在读者中有良好的口碑。去年年底至今年年初，我们在这些地方学习考察时，就一直想将其移植到上海来。正好，上海还没有一家媒体尝试过这种做法，为我们留下了空白。

在"周末特别行动"的具体操作上，我们从上海及本报的实情出发，进行了一系列的改造。

怎么确定行动主题？本报"夏令热线"从7月10日到8月9日，五周中安排了五次"特别行动"，内容原来是事先全部策划好的。但老百姓的投诉可不会跟着你的计划走；夏令季节的热点也在随着气候变化。假如只是采编人员自己拍脑袋订计划，那么，一旦"特别行动"的主题游离于老百姓关注热点之外，就是最大的失败，《新闻晚报》的报道就不会成为今年夏令热线的主流。后来我们改变操作方法，通过上海热线网站搞读者调查，确定了第一次"特别行动"的主题：夜查噪声。行动当天，就收到270多条投诉，创下几年来热线日接收投诉量的最高纪录。以后每次都通过整理上一周的百姓投诉，让读者决定本周"特别行动"的主题，效果都很好。

要不要提前刊登行动预告？第一次夜查噪声"特别行动"在周六进行，周五我们就在头版发出预告。结果，周五报纸上市后，当天就有好几家媒体与环保部门联系，要求随同采访。也有人打电话来说，你们一预告，违规者就要溜。这引起部门内部一场讨论。有人提议，取消预告。但是，取消预告，就缺少了老百姓的投诉，"特别行动"就完全变味，大打折扣。反过来想一想，其他媒体的参与是对我们的呼应，不会改变《新闻晚报》的主体地位，这有什么不好呢？违规者要溜，说明"特别行动"对他们形成了震慑力，也没什么不好。提前预告，就这样坚持下来，并引起了同城媒体的关注。

跟百姓走还是跟职能部门走？有一家职能部门在配合我们行动前，觉得要接到百姓投诉再出动，而且在行动中还要听从报社后方热线的调动，随时改变行程，太烦。不如根据他们掌握的线索安排好路线去现场检查处罚就行了。但这样，"特别行动"就成了执法部门同《新闻晚报》事先安排的行动。执法部门是否公正？是否会有意避开关系户？我们就难以知晓了。坚持"特别行动"跟老百姓走，不仅是要达到"民有所呼，我有所应"的意境，而且也是坚持新闻媒体对执法部门本身的监督。

大量投诉怎么处理？每次"特别行动"，都是投诉最集中的日子。无论我们兵分四路还是五路，都不可能完成对所有这些投诉的现场检查和执法，但我们承诺要100%反馈投诉人,怎么办?办法是在"特别行动"当天,同时开通与相关部门,如城管、供电公司、环保、卫监等各区县投诉热线的联络,及时向他们分流这些投诉,要求在"特别行动"结束前,各区县投诉热线将处理情况告知本报,从而使《新闻晚报》力争对当天投诉做到当天反馈。

"周末特别行动"的意义,就是它用自己特有的形式,将投诉、执法、报道联成一体,在同一时间展开;形成了老百姓、政府职能部门、新闻媒体三个不同层次之间的互动,收到了比几家媒体仅仅在报道上的合作要大得多的实效和影响力。

这种互动也是一种合作,而且是更高层次的合作。《新闻晚报》组织的三方互动不仅仅是老百姓、政府、《新闻晚报》之间的合作,也赢得了其他媒体主动与《新闻晚报》的合作。今年"夏令热线",从夜查噪声、阻截渣土车、体验空调车温度、直击饮食卫生、捉拿窃电贼,几乎每一周的"特别行动"都引起同城媒体的呼应,纷纷派出记者参与采访报道,有的还直接追到《新闻晚报》来,打探百姓投诉线索和晚报的后方调度。本报"周末特别行动"成了今年本市"夏令热线"报道的风向标。全市"夏令热线"的三大阵线面对本报一周一个热点,不知不觉合成了一个阵线。

假如说,去年本报在"夏令热线"中创造的跨集团多媒体合作的样式,已经形成了今年上海多媒体合作三大阵线的一种"热闹",那么,今年"夏令热线"本报则超越这种"热闹",创造了"周末特别行动"的新模式,成功地为《新闻晚报》扩大了社会影响,调度了同城媒体"夏令热线"的热点走向。

67. 实习告别对诗

"夏令热线"虽然结束了,但《新闻晚报》社会新闻部的"周末特别行动"并没有结束。

继"夏令热线"中夜查噪声、阻截渣土车、直击饮食卫生、捉拿窃电贼、测试各类热线、曝光交通违章、追查非法用工、打击盗版、投诉商品质量直到装潢建材打假,这一年的"周末特别行动"共举行了十次,持续到当年的9月中旬。

十次行动中,只有一家职能部门表示有困难而未参加《新闻晚报》的合作,这本来是可以理解的事。市级职能部门有困难,我们就找区级职能部门合作。有意思的是,恰恰在这次行动中,当《新闻晚报》记者接到百姓投诉,并在区级执法人员支持下与厂家交涉时,接到了一个"说情"电话。电话正来自"有困难不能参加""周末特别行动"的市级职能部门。理所当然的挡回这种"说情"后,我们对"周末特别行动"的意义又有了一层更深的理解:跟着百姓的投诉走,其实还是坚持舆论监督、检验执法是否公正的一个好办法。

说起媒体对职能部门的监督作用,这里还要提一件事。作为"周末特别行动",为配合"夏令热线"的结束,我们在8月9日对本市各职能部门的服务热线灵不灵进行了一次特别的测试。测试结果在报上公布,让市民参与监督,并在同日配文《愿夏令热线别再热》。

8月15日,《解放日报》的"解放论坛"对《新闻晚报》社会新闻部的这次测试,发表了评论,题目为《"夏令热线"精神永存——再谈"民有所呼,我有所应"》,这里不妨摘录部分如下:

今年夏季,上海各媒体的夏令热线活动搞得红红火火。有困难,找热线,已成为越来越多上海市民的共同选择。在今年"夏令热线"行将结束前,《新闻晚报》社会新闻部组织了一次特别行动,记者以普通市民的身份,对各职能部门的热线进行了一次有意思的测试:看看投诉应急热线究竟灵不灵?

测试的结果令人鼓舞:大部分热线是灵的。上海环卫热线接到了投诉电话后,投诉人当天下午就接到了从现场打来的反馈电话;上海环保热线在接到市民投诉后,当天将内容转给了有关部门;家电服务热线的回答是"明天上门,一定把问题解决";交通、公交热线也在当日作出承诺:"我们立即转给了755路所属的三电公司,在7天内派人与你联系"。水电煤"三兄弟"态度则各有不同:自来水报修热线答复应找物业公司,记者亮明身份后,那边态度立即好转;电力服务热线态度好效率高,对偷电的举报发出了100%的反馈信息;唯煤气公司对液化气换煤气路途太远的投诉,采取了不甚积极的做法。

这是一个十分可喜的变化。有关部门对百姓的投诉,不再是能推则推,能拖则拖,能踢则踢。屁大的一点事,也要让市长、区长出马,职能部门真正名副其实地负起责任来了,早上投诉,晚上就听到了回音。今日事,今日毕,好得很!"三个代表"不再是挂在嘴上的高调,"为人民服务"也不再是一句动人的口号,做的比说的更好听。"民有所呼,我有所应"开始兑现,媒体的监督作用初步实现。压力变成动力,纷争化为欢喜。投诉热,热线热,干部心也热,三头热加在一起,矛盾迅速化解。老百姓高兴,媒体贴近百姓,政府的威信也提高了,是谓三全俱美。

《解放日报》的评论,让晚报社会新闻部记者备受鼓舞。第二天,8月16日,是周六,利用双休,社会新闻部全体记者和实习生近30人,在"夏令热线"结束后,去浙东大峡谷休整和总结。白天,坐渔船行驶在大海上,细雨飘来,心肺凉爽,想起"如海上沙,是谁磋磨,自然匀乎,无有粗细?如空中雨,是谁挥洒,自然萧散,无有疏密?"这句美文,眼中的一切都变得既美丽又谐调。

晚上,在住处,我对部门记者在"夏令热线"中的表现作了一个小结:

上海的报业市场,实际上留给《新闻晚报》的空间越来越小,只有一条缝了。几乎所有能轻而易举做到的,别人都已经在做了,留下能做到的还会是什么轻松的活儿呢?树平民意识,走低端道路,谁都会想到,但愿意掉下这个架子,认真去这么做,却很困难。聪明人很多,苦干者未必多。《新闻晚报》社会新闻部确定的今年"夏令热线"的战略和操作模式,就是这样一个苦活。

今年"夏令热线",因病假和培训等原因,社会新闻部真正在一线采访的文字记者只有5名,五次特别行动,正好一人承包一次。除"夏令热线"报道外,大家还承担政法及其他条线的报道,任务特别繁重,好在这次部门来了14名实习生,1人带2个。一个月来,记者和实习生熬通宵,无双休,顶着酷暑深入一线,经常是一脸汗水满身盐花。

也许在一般人眼里,我们就是能苦干而已,但假如深入到这个团队中间,就不难发觉大家对社会对读者有着深切的了解,知道《新闻晚报》要打开市场应该依靠的是什么,因为有了正确的办报理念,明确的业务追求,才会任劳任怨地去这样苦干!

物美超市扰民的投诉,上海几家大媒体都接到了,但都担心会衍变成集体闹事而不敢接手采访。只有《新闻晚报》,越是群众意见多的地方越是要敢于采访,直到记者刘昕写出报道,物美超市被责令停业后,其他媒体这才发觉这是今年"夏令热线"报道中最大的百姓报料。当其他媒体纷纷介入采访时,受到干扰的三个小区居民,已经退掉了不接受群众投诉的报纸,拿着《新闻晚报》的订单,来给晚报送锦旗了。记者的作风和行动,有时比报上的文章更深入人心。

扰民的石材店被搬迁了,不洁的饭店被处罚了,"肇事的斜坡"被敲掉了……身为市政风行风监督员的丁昌华,带着实习生,仅仅为了一件很小的事,跑遍上海的东南西北,紧追不放。正是这些在别人眼里看上去有些零碎的小报道,获得了大影响。市公安局纪委副主任、黄浦区公安分局政委,带着民警上门道歉;浦东新区新闻办来听取意见。老丁碰到来头不小还要淘浆糊的人,常常会说:看最后怎么让他们立正!在他为老百姓又解决了一个难题时,他会笑着说:想想心里蛮开心的!老百姓给他送了两面锦旗,夸他是"一身正义"。

孟录燕浑身灵气,枝头蝉鸣每天16个小时,是投诉还是趣闻?让你能想个半天。无声的龚星,无声地跑到青浦,就为了暗访一下"区长接待日"是不是实在。天热,杨志洪跟水泡上了,盯牢苏州河,写了不幸的小女孩、抢劫后跳河的中年人、水中围捕的警察。摄影记者白华阶,上高架冒着60℃的地面高温采访交巡警,晒脱了一脖子的皮。史清禄、胡晓芸、陆元敏,面对夏令热线突然猛增的投诉,登记、制表、打印、上墙、反馈……每一步都兢兢业业。我对他们说,如果觉得繁琐,可以考虑省略一些程序。但他们却说,不行,要做就要做到最好。

还有实习生。有记者说,今年来的实习生好,你看,来社会新闻部的没有一个半路逃兵。经常看到汗水湿透了她们的长发,通宵作战后要在没有沙发的办公室里坐等天亮,因为采访没完成发着寒热也不回家,还有差点晕倒在现场的。可以说,假如没有这样一支壮大的实习生队伍,《新闻晚报》今年的"夏令热线"就不会如此精彩。

再好的战略,再好的操作模式,最终都离不开人的因素。"夏令热线"的成功,就因为有了这样一支素质良好的队伍。

在我发言之后,突然,明亮的灯光被关了。14名实习生站起来,点燃烛光,开始唱起了歌。我这才意识到:这些实习生在与我们共同奋战了一个多月后,即将与我们告别。她们偷偷地为了告别而排练了一场演出。

其中有一首她们集体创作的诗,让我湿了眼眶:

爱 的 代 价

还记得报到时的我吗?像个羞涩的孩子一样
茫然地看着人来人往,有老师嘱托同辈帮忙

揣着地图外出采访,大街小巷都是现场
所有胆怯和勇气啊,交织心头迈开步伐

走吧　走吧　虽然马路上五十度八
走吧　走吧　别忘了开会准点到达
走吧　走吧　把点点滴滴记在心头
怀一个设想　去亲身体验　把经历用心写下

感谢你的辛劳指导,让我学会了单独采访
当我困难得不知方向,你笑着倾听教我方法

你就像我的老朋友啊,让我敬仰让我牵挂
如果有一天不见你啊,我就感觉空空荡荡

走吧　走吧　哪怕前路风雨阻挡
不怕　不怕　我的背后有着温暖臂膀
看吧　看吧　前呼后应互相帮忙
也曾伤心流泪　也曾独自徘徊　人总要学着成长

有一天我会背起行囊,告别你也告别大家
我会收起这段回忆,埋藏心中不会忘怀

每当经过路边报摊,总会看看《新闻晚报》
不知你是否还在忙吗,你要保重我已长大

每当经过路边报摊,总会看看《新闻晚报》
不知你是否还在忙啊,你要保重我已长大

史清禄是性情中人,当场代表全体带教老师,也朗诵了一首诗:

爱 在 心 里

记得你第一次到报社实习报到
见到你就像见到自己孩子一样
我总是那么"豆腐心刀子嘴"
对你的爱藏在心里没搁在脸上
你揣着地图出外采访
我会惦记你找没找到方向
你冒暑流汗走大街穿小巷
我愿变成巨伞遮住整个太阳
见你没了胆怯满脸勇气采访回来
我真想赶紧递上扇子为你找凉
请你原谅!我不是不会说"表扬"
只是将你当成自家的孩子磨炼成长
请你原谅!我只有今天的"狠心"
才能不见你将来独自徘徊
才能不见你将来流泪悲伤
盼望你呀!盼望你从一棵小树长成国家大栋梁

有一天,我白发苍苍返回家乡

埋藏心中的爱会撰成文章

希望你能收到这一份特别的礼物

希望你能在《新闻晚报》撑舵把航

我不能说这些诗句是优秀的,但13年过去,当我今天把它们抄写在这里时,依然眼中湿漉漉的。就像我平时强调在任何报道中都要关注人的感情和命运一样,新闻人在激烈的新闻竞争中,每走出一步也都倾注了自己的感情和命运。直到今天,我已经"白发苍苍返回家乡,埋藏心中的爱正在撰成文章",在深夜柔和的台灯和电脑淡淡的屏幕前,还是忍不住会回忆起实习生当年那一张张年轻的脸庞。

68. 从骂声到掌声

现在来叙述一下2003年上海"夏令热线"三大阵线中影响力最大的那组报道。

这年《新闻晚报》从"夏令热线"延续下来的,不仅仅有"周末特别行动",还有后来被称之为"从骂声到掌声"的"物美超市"系列报道。

2003年7月初,上海进入酷暑,即将开业的物美超市432千瓦的9台空调严重干扰了小区居民的生活。居民从楼上挂下条幅抗议,一时剑拔弩张,对抗情绪十分强烈。他们向上海几家大媒体投诉,媒体却因担心是集体闹事,吃不准会产生什么后果而不敢接手采访。

其实,在百姓的投诉面前,在激烈的矛盾面前,吃不准,一是水平问题,二是境界问题,所谓"没那个金刚钻就别揽这个瓷器活"。《新闻晚报》社会新闻部接到投诉后,从"民有所呼,我有所应"的基本社会责任出发,认为群众意见越多的地方越是要去,只要抱着不渲染对抗气氛,督促有关方面按法规解决问题的态度,为什么没有信心去为百姓排忧解难呢?

在派记者刘昕到现场采访之前,我提出如下要求:新闻是一种无形的意见,记者的采访行为要限制在新闻事实本身,不能制造新闻;表达方式要用平衡手法,留有余地,处于主动;投诉报道的目的是在百姓—市场—政府之间架起桥梁,追求最强的新闻性,追求最大的参与性,追求最先的问题性,追求最佳的整改性。

这组报道历时41天,到本报"夏令热线"结束时,事件还在进行当中。记者紧追不放,每天关注进展动态,共写了8篇报道,直到8月23日,终于有了圆满的结果。

"物美超市"系列报道后来被评为2003年度上海市好新闻三等奖。

我不想在这里展开过多的评论,只要看看报道的整个过程,就可以体会到应该如何去处理看上去是"群体闹事"的此类事件了:

7月11日,《小区遭9台大型空调围困 "432千瓦"吓煞人》。

报道基本情况:6台48千瓦的空调主机虎视眈眈地对着住户的阳台,3台同样功率的主机则被放到了小区的绿化带里,虽然还没启用,但架势着实把居民们吓住了。20天来,居委会、物业和业委会奔走在空调的主人——物美超市、街道、区环保和相关单位之间,要求移走主机,但至今还没得到确切答复。

7月19日,《物美超市竟无视政府"黄牌" 没办环保审批强行开张》。

报道事件动态:物美超市在没有履行环保部门审批手续的情况下,拿到了工商营业执照,于昨天开张了。两位在现场看守的民警说,因超市在区环保局责令其整改后,仍然强行开张,居民反应强烈,只好先到现场维护秩序。

7月21日,《物美超市今起暂停营业》。

报道政府有关部门的措施:物美超市已被强行暂停营业。居民18日当晚在超市门口看到了物美超市停业的海报:"明天(19日)及后天(20日)将原定营业时间改为8:00~18:00。星期一(21日)开始暂停营业。"海报虽贴出,但物美超市并没有按照承诺去做。居民给本报热线打来电话:"19、20日这两天,物美超市仍然营业到夜里10:00。"居民担心,一个不守信用、无视百姓利益的超市,将来会带给消费者怎样的服务?

7月22日,《9台空调扰民多日 物美被停业居民笑开颜》。

报道现场监督物美超市履行停业令的情况:昨天上午,记者在现场看到,关闭的物美超市门口聚集着20余位老人,围着门口张贴的停业告示不住地点头。人们高兴地告诉记者:"区政府宣布超市停业后,许多人家都到饭店里大吃了一顿,还买光了从大连路到广中路所有报摊上的《新闻晚报》。"

7月29日,《居民不同意,我们不施工 物美损失百万接受监督整改》。

报道物美超市的态度转变:物美超市停业后,公司张总暂停8月份安徽蚌埠店的开业计划赶赴上海,当机立断拆除了物美平台上的6台主机,并找来专家,重新制定空调主机位置。7月26日下午,十几位居民代表被邀请和物美超市沟通。见居民没有通过方案,张总当即表示:"我们重来。"他向居民表示:"整改方案一定要让居民通过,居民不通过,我们不施工。"7月28日,张总告诉记者,第二次的方案已经成型,准备拿到环保局论证。张总说,目前,停业让物美超市损失了100万元左右,还不包括整改的费用。他说:"损失再大,我们也要让居民满意,坏事也会变好事。我希望将来和居民做个好邻居。"晚上20:00,看到物美超市停业后因无空调而使食品变质成了垃圾,居民再次聚集到一起说:"如果物美超市真能体恤百姓,我们在它重新开业那天,给他们放鞭炮。"

8月5日,《超市扰民引发思考:开业前先听居民意见》。

报道8月4日13:00~14:00,本报与上海热线网开设的专题网络聊天实况。聊天嘉宾有居民代表、上海市环保局污染控制处副处长魏化军、物美超市行政总监黄洪兴和上海市君悦律师事务所主任刘正东。由于晚报进行了预告,很多市民提前两小时等候网聊。网聊十分热烈,居民表示,超市进入小区本是便民,但在开工商营业执照之前,先要审核交通、卫生、环保等方面,希望有关方面尽快出台一系列针对性的措施。环保方面介绍,目前超市开业的程序必须通过环保、工商等部门的审批。但到底是先环保审批,还是先工商审批,还没有规定。通过这个事件,环保部门正在协调工商部门解决前置审批问题。律师建议,可以参照听证制度执行。对于确实无法进行听证的,有关部门在审批前,应该建立一个征询制度。只要适当扩大居民的参与度,负面影响是可以减少的。

8月23日,《老百姓放鞭炮送红匾 祝贺环保整改成功 物美超市今天开市大吉》。

报道物美超市重新开业当天的现场,摘录几个感人的片段:

有谁能想到,今天,物美超市重新开张,居民为超市放起了祝贺的鞭炮!看到这一前一后的变化,店长陈祝九的眼眶湿润了。

一个多月来,物美超市因停业造成的损失达到三四百万元。但他们不厌其烦地制定一个又一个方案,一遍又一遍地同居民沟通。期间绞尽脑汁费尽口舌,目的只有一个,让所有的居民都满意。

店长陈祝九告诉记者,两个星期前,经居民同意,他们已经把9台主机转移到地下车库,并根据专家论证,退掉了原来安装好的风冷式空调,换成噪音极小的水冷式空调。为了不让居民遭受空调排放的热浪,超市把空调排风封闭到自己员工通勤的楼道里。记者在那里体验到足足比外面高出10℃的热浪。

今晨7:40,记者来到张灯结彩的物美超市门前,许多居民抬着一块大红匾,上写四个金色大字"开市大吉"送给物美超市张总。7:50,居民喜气洋洋地放起了鞭炮。小区的阿姨、老伯们围着记者诉说他们亲眼见到超市整改的不容易:"物美超市停业后多次和我们沟通整改方案,为了还老百姓一个安静,他们损失了三四百万元,这样的企业,我们愿意和他们做好邻居。"

在这里我不得不说一句:当记者采取了忠于事实的正确报道方法之后,结果往往会超出记者想象的局限。本来令一些媒体感到棘手对抗的双方,现在升华为善良可亲的群体,这就是媒体在社会沟通上的重要作用和深远意义。

此文发表后第四天,《解放日报》的"解放论坛"在 2003 年 8 月 27 日发表评论《从骂声到掌声——三谈"民有所呼,我有所应"》:

上海广中路有一家超市准备开张营业,店名起得蛮好听的,叫物美超市。可惜的是,它和周围居民的关系,却一度处理得不美,原因是该超市的空调严重扰民。这家超市的四楼,对着居民装了 6 台 48 千瓦的大空调,噪声和热流滚滚而来,遭到附近居民的一片骂声。《新闻晚报》"夏令热线"开通,报道了此事。但该超市不顾居民反对,于 7 月 18 日强行开张。两天后,《新闻晚报》又在头版作了报道,有关部门责令该超市暂停营业。

36 天过去,事情发生了戏剧性的变化。8 月 23 日,物美超市重新开张,小区居民却为超市送来了祝贺的红匾。这是怎么一回事?原来该超市在舆论监督的压力下,知错即改,提出了几个整改方案,一遍又一遍地和居民沟通。现在,6 台 48 千瓦的大空调已撤除,小区绿地里的 3 台主机也转移到地下车库,主机房还安装了隔音罩,空调的排风装置封闭到自己员工通勤的楼道里。记者到现场体验一下,里外温差竟有 10℃,整改方案及实施终于为居民所认可。

从骂声到掌声,从向媒体投诉到送上大红匾额,这个反差和变化太大了,值得回味一下。

物美超市开到小区里,本意是便民利民,当然也为了赚钱,不料引出大矛盾,利民成了扰民,弄到店也开不成。但是,这家超市总部的可贵之处在于知过即改。他们认识到,以民为本是最要紧的。和居民关系搞得很紧张,以邻为壑,今后还做什么生意?他们又认识到,开店做生意,诚信最要紧。古人说:"不诚则有累,诚则无累。"超市开张,给居民添累,今后谁还愿意光顾?这一回,他们是真心诚意地改,而不是敷衍了事地改。方案几经周折,终于赢得一片掌声,超市歇业一个多月,经济损失三四百万元,买来一个大教训,换得"诚信"两字,还是物有所值。他们的行动,又为我们树立了一个"民有所呼,我有所应"的榜样。现在,"诚则无累",相信这家超市今后的生意会越做越红火。

老百姓也是通情达理的。他们对超市并没有提出非分的要求,物美超市改了,把一片清凉留给顾客,把滚滚热浪留给自己,居民们心中有数。他们的憎与爱同样是分明的,昨天切身利益受到损害,他们无奈去投诉;今天超市真心诚意整改,他们上门去祝贺。超市和居民,是坐在一条板凳上的自家人。居民们欢迎物美超市在这里重新开张。他们满意地说:"为了还老百姓一个安静,他们损失了三四百万元,这样的企业,我们愿意和他们做好邻居。"由此可见,"民有所呼",也不全然是不平,有时也有欢欣。两者都是真情,都值得倾听,都可能出好新闻。

事情得到如此圆满的解决,我们不能不提到媒体的作用。"民有所呼",不论是不平,还是欢欣,《新闻晚报》始终予以关注。物美超市空调扰民事件,他们先后作了三次连续报道。有贬有褒,先否定,后否定之否定,均以事实为依据。事情终于有了可喜的变化。8月23日,又在一版头条位置刊登新闻"物美超市今天开市大吉",并刊登小区居民和超市员工共同点燃鞭炮的大幅照片。批评与表扬,兼而有之;否定与肯定,恰如其分;报忧与报喜,不分彼此。他们忧百姓之所忧,喜百姓之所喜,为老百姓的利益鼓与呼。事关百姓的痛痒,都是好新闻。他们舍得腾出版面,敢于突出处理,编辑是有眼光的。此举也是将"群众利益无小事"的重要论点,化作办报的重要实践,是"三贴近"的具体体现。

居民对物美超市的从骂声到掌声,此事对我们办好报纸而言,也可以从中得到更多的启发。

69. 都市里的童话

这确实是一个"都市里的童话"。

2003年12月3日,刘昕发表了《热情服务赢来"跳槽"奇遇 好心的哥被有心乘客挖走》一文,引来网上6000多条网友的评论,有人认为这位的哥只是偶然的特例,不过是记者在讲述"都市里的一个童话"。

2003年12月5日,刘昕又发表了《好心的哥故事又有续集 洋老板讲述"都市童话Ⅱ"》一文,同样是这位洋老板碰到另一个好心的哥的故事,令人信服地证明了上海出租车司机中存在着一群好心人。

此报道后来被评为上海市好新闻一等奖。一等奖,在上海除中央媒体和《解放日报》《文汇报》《新民晚报》三大报外,极少能被一家都市类报纸获得,或许,这也是一个"都市里的童话"?

其实,《新闻晚报》社会新闻部自2001年4月建立,到2003年年底,不到三年时间,就从一个别人眼里的"垃圾筒",成了拿好新闻奖的专业户。尤其是2003年这一年,社会新闻部收到读者的表扬信达30多份、锦旗8面。部门一线记者除了当年新进的两名人员外,个个得奖:刘昕除了两篇文章被市委市府选为春节的统发稿外,还获得了上海市好新闻三等奖、一等奖,上海市消费维权好新闻三等奖,上海市五一新闻获二等奖;孟录燕获得了上海市第四届慈善好新闻一等奖;丁昌华被聘为上海市政风行风监督员,被推荐参评市精神文明个人先进,他还和摄影记者白华阶分别.获得了上海市消费维权好新闻三等奖;杨志洪获得了上海市气象好新闻三等奖;徐勋国和我作为责任编辑,当然也借记者的光,一并获得多奖。

不仅如此,这一年《解放日报》《文汇报》两个上海媒体中重要的评论栏目,还分别对《新闻晚报》社会新闻部的报道发表过四次评论,这在上海报界也很少见。

8月15日,《解放日报》"解放论坛"对《新闻晚报》社会新闻部的一次特别行动,发表评论,题目为《"夏令热线"精神永存——再谈"民有所呼,我有所应"》;

8月27日,《解放日报》"解放论坛"对《新闻晚报》社会新闻部有关"物美超市"的系列报道,发表了《从骂声到掌声——三谈"民有所呼,我有所应"》;

9月3日,《解放日报》"解放论坛"对《新闻晚报》社会新闻部《上海"的哥"乘火车急赴安徽 千里送黄金》一文,发表评论《上海的哥的风范》,开头便说:"《新闻晚报》读者热线又为读者提供了一条动人新闻";

12月8日,《文汇报》"文汇时评"根据《新闻晚报》社会新闻部记者刘昕《洋老板挖走大众的哥》一文发表评论《上海好心的哥背后的好制度》。

社会新闻部这一系列成绩的获得,并不是某些人用"偶然"两个字就能解释的。尤其是刘昕,迅速从一个不懂新闻专业的人,成长为报社公认的"写稿能手",并获得上海市好新闻一等奖,是有必然因素的。作为曾带教过刘昕的老师,我为她的"青出于蓝而胜于蓝"感到欣喜。在寿总的指导下,我执笔分析了她的写作追求和风格,在解放日报报业集团的新闻业务刊物上发表。

[附文]

重视正面报道的力量
评《好心的哥被有心乘客挖走》

《好心的哥被有心乘客挖走》一文讲述了大众出租车司机孙宝清的一段故事:那天,孙宝清遇到一位"马大哈"乘客,身无分文却"打的"赴宴。好心的孙宝清不仅免费送他到饭店,还给他留下了返程的车票。

假如故事仅仅如此,只不过是记录了一件"免费送客"的好人好事,但是作者着重写的是"的哥"的好心引出的令人意外结果:两天后,"马大哈"乘客——纽约银行中国区总经理,千方百计找到孙宝清,要"挖"他跳槽。而大众出租车公司也欣然表态:给好心"的哥"放行。

　　这是一篇正面报道,其产生的社会效果是令人意外的。文章见报当天,即被50多家网站和媒体转载,网上评论达到6000多条。绝大部分网民赞叹"上海的'的哥'真不错",而《人民日报》评论部陈家兴却在《文汇时评》上指出了"上海好心'的哥'背后的好制度"。

　　近年来,传媒间竞争呈白热化趋势,一些都市类报纸的采编人员热衷于搞低级庸俗和耸人听闻的东西,往往把暴力、凶杀、抢劫、强奸、淫乱之类的事件作为报道的"猛料",把低级趣味的东西认作读者的需求,弃主旋律而取低俗,弃引导而取迎合。他们以为只有这样,报纸才能立足于激烈竞争的市场,因而对读者健康向上的阅读取向研究不准,对社会新生活、新事物、新人物、新创举缺乏报道热情,甚至有一种排斥心理。

　　相比之下,《新闻晚报》能将此文作为头版头条,并在评选中获得2003年度上海市好新闻一等奖,在都市类报纸中是不多见的。

　　本文记者刘昕从北京来上海从事新闻只有三年时间。2002年,她的《16位的哥编出"厕所地图"》一文就已经获得过上海市好新闻三等奖。对她来说,以"的哥"的正面报道连续两年获得新闻奖,绝不是偶然的。她同普通百姓有着良好的交往,特别在上海各大出租车的许多"的哥"中,有相当高的知名度。作为社会新闻记者,她的最大特点就是走出了长期以来一些社会新闻记者陷入的"杀人放火"怪圈,找到了社会新闻的最佳坐标点,认识到了社会主流人群健康向上的阅读取向:读者对政治文明建设的兴趣大大浓厚;对涉及切身利益的生存环境更加关心;他们鄙视格调低下的社会新闻,把污点当"卖点"的报纸只能是"自寻其辱";尤其是在政治民主催化了人们参与社会管理的热情后,在多年市场化激烈竞争中感到疲惫的读者开始珍惜生活中的美好事物,对报纸新闻的选择更趋于人性化,正面、正义、正气和感人至深的新闻往往能引起他们的共鸣。

　　但是,我们不得不看到现在很多正面报道没做好,被人称为"黑板报"稿件。这除了部分采编人员对正面报道缺乏足够的热情和激情外,还与在采访上不客观、不辩证、不深入、不去注意事件中人的感情命运、不懂得从群众的角度进行审视、不敢去涉及敏感问题有关。相当一部分正面报道的文章空洞干巴,概念化,不能感染人,使正面报道成不了"猛料",在版面上占不了主导地位。久而久之,读者对这样的正面报道产生了反感。

　　《好心的哥被有心乘客挖走》一文在如何做好正面报道上,给了我们如下一些启示:

　　在报道中要关注人的感情命运。"洋老板"意外地要挖走好心"的哥"孙宝清,孙宝清则担心合同没到期要赔付违约金,而大众出租车公司经理爽快地放行,记者关心的是人的感情、行为、命运,从而使读者产生了强烈的阅读兴趣。

在报道中要以人为本,彰显人性之美。文中出现的纽约银行中国区老总、大众出租车公司经理、"的哥"孙宝清都是为别人着想的好人,也都是有社会责任感的人,在他们之间,读者可以感受到人性之美所带来的快乐。由此可见,提升人文精神在正面报道中的作用大有可为。

不做假大空的正面报道。正面报道不是讲违背客观事实的好话,也不用空话、套话。违背了这样的原则,正面报道就会"过头"。事实被扭曲、被夸大、被误导,就不会有什么客观、公正,就不会产生社会影响力。《好心的哥被有心乘客挖走》一文中孙宝清对记者说的话只有两句,句句实在。一是说起被挖走的过程,孙宝清说:"我就像做梦一样。"二是已被挖走的孙宝清说起自己做好事时说:"免费送客不算什么,我只是按常规做了。"

要警惕正面报道的负面效应。文章见报后,有个别网民不相信上海"的哥"会这样做,说这是"一个都市里的童话"。记者在向纽约银行中国区老总的采访中,得知他还碰到另一位好心的巴士出租车"的哥"。前两天这位"洋老板"乘坐巴士出租,下车时把东西落在了车上,结果那位"的哥"竟一直在他下车的地方守候。洋老板最早是想挖巴士"的哥"的,遗憾的是因种种原因没有成功。于是记者又写了《都市里的童话Ⅱ》,令人信服地告诉读者:像孙宝清这样的"的哥"出现在上海这个大都市里,并不是什么"童话"。文章没有为褒红花而贬绿叶,而是通过另一个与"奇遇"擦肩而过的好心"的哥",让读者感到好心人就在你我身边,引起人们在感情上与好心"的哥"的亲近。

正面报道要讲辩证法。其实,要真正把正面报道做好、做精、做得耐看,相比批评类报道,难度更大、要求更高。其中一个很重要的方面,就是要善于运用辩证法,对正面报道的理解不能存在片面化、孤立化和静态化趋向,而应该从建设性的、善意的角度,敢于去碰不足之处和人物的矛盾弱点。"洋老板"要挖孙宝清,孙宝清也想去,这个好心人并没有想开一辈子出租车,孙宝清甚至开家庭会,怕违约后被罚钱。也许有人会说孙宝清不高尚,但记者不回避这些事实,因为这是读者能够谅解的事实,读者并不会因此说孙宝清不是好心人,恰恰相反,在读者眼中,这个好心人是可信的。

正面报道要想做生动,文风上也需要注意。此文用了大众出租车公司经理的话:"只要他去的地方好,我们大众就送。这就是好人有好报。"有人吹毛求疵,说"好人好报"是宣扬了因果相报,但这是普通百姓说的普通话,是千百年来人们一种善良的愿望和祝福。让生活中的人说生活中的话,真实的事情才能真实可信。如果硬要简单重复政治口号,讲些空洞无物的东西,真实的事情也会变得不可信了,就不会有针对性、实效性,就不会有吸引力、感染力。同时,在这篇文章中,记者的采访也很特别,在讲述好心的哥的奇遇时,她紧跟已经到新单位报到、开着新奥迪A6的孙宝清,这样就很有现场感,冲破了正面报道的程式化禁锢,报道形式就如生活的交流形式一样,变得丰富多彩起来。

总之,《好心的哥被有心乘客挖走》一文提醒我们:做好正面报道绝不是单纯的技术和手段问题。我们必须改变观念,转变作风,到读者中去找准报纸的真正"卖点",走出热衷于暴力、色情、低俗的怪圈。然后,才能对正面报道有足够的认识,燃起对正面报道的热情,改善和创新正面报道的方法和手段。

70. 三个必去的地方

"创新我们的采访",是我两次新闻业务讲座的标题。第一次是2003年9月2日下午,在《上海商报》。这是我踏入新闻生涯后就职的第一家媒体,此时已物是人非,进了不少年轻记者。第二次是2003年10月14日下午,在上海大学梯形教室,听讲对象是新闻专业的学生。两次讲座,内容都一样,提纲如下:

创造我们的采访

一、我们面临的环境已经发生了变化

十年来,国内外的政治经济社会环境、读者的心理状态、舆论的报道任务、媒体的竞争格局和竞争水平,都在变化,唯一不变的就是变化本身了。十年前的采访条件已经不复存在,我们必须根据这些变化调整自己的采访方式。

1. 市场经济的变化带来了采访对象观念上的一系列变化

与国有企业大不相同的是:三资企业和私营企业更加重视自己的利益与秘密,自然经济人更加保护自己的隐私与边界,他们不再像过去那样配合记者的采访,而主动参与者又往往从自己的利益出发,一不小心你就会掉入他们设计好的陷阱。

2. 改革开放改变了读者的地位,也改变了他们的阅读兴趣和习惯

读者从过去"铁饭碗"拿劳保,变成了现在的自然经济人,他们在激烈的市场竞争中变得更加关注生存、创业、发展、对策、方法、机会等实用的新闻信息。报道要关注经济、财产、基本权利。

3. 社会结构的变化影响到了新闻资源的收集方式

过去遍布各行各业的为党报服务的通讯员,如今已经不复存在,政府推出新闻发言人,企业有公关部,所谓的通讯员只有公检法还在保留,他们用统发稿的形式,围绕着自身的宣传,发布着统一的声音,越来越不合乎在竞争白热化中以追求特色和质量为生命的报纸的需要。即使是社会上报料和写作者也更多地从报酬出发,新闻的真实性大打折扣。

4. 新闻媒介的结构变化使受众的信息源多元化

媒介基本技术的不断推陈出新,不仅产生了网络媒体这样的新媒体,也产生了像短信息这样诸多新的信息传播方式。而报纸本身,不仅推出了电子网络版,还推出了手机版。使媒体间的界限越来越模糊,竞争却越来越激烈。受众不再仅仅依赖传统的媒体来满足自己获取信息的欲望。

5. 跨媒体集团的出现使独家新闻越来越难

正在酝酿即将出现的跨媒体集团,势必打破现有的单一形式传媒集团的格局,使媒体的竞争不只停留在同类型媒体之间,而是扩大到不同媒体之间。传统的单独的采访方式正面临多媒体合作所带来的全面挑战。

对传媒人来说,有三个最怕:最怕的是错过了一个时代;最怕的是错过了应当思考的问题;最怕的是错过了应该依靠的力量和基础。

二、我们要重新审视媒介运作的思路和模式

再正确的舆论导向,如果没有影响力作为基础和体现,也是有限的。对新闻报道来说,事实是影响力的最强有力的力量,思想是影响力的最持久的力量。

对任何一家媒介来说,运作思路、运作模式才是成功的基础。

1. 媒介运作思路上要防止两大误区

(1) 报纸的核心到底是什么?

现在有一种倾向:在扩版中拼命增大时尚类的周刊与专刊。而《北京晨报》老总大幅度地增加时效新闻,把曾经有过的12个周刊,砍掉了9个。有些业内人士,对此在网上写文章表示担心,认为周刊是支撑报纸经营的阵地。但是反过来说,报纸的核心是什么?实际上就是时效新闻。新闻就是事实,只有新闻做好了,才能第二次销售。《北京晨报》砍掉专刊周刊增加新闻版的效果就是发行量大幅度上升。

(2) "时尚"在报纸中应占有多少分量?

本报曾花22万元请专业公司调查,在读者喜欢与不喜欢的十个版面指标中,读者最关注的依次是:实用性、新闻性、深入性、信息量、娱乐性、及时性;而图文并茂、版面名称、时尚性却排在后面。这说明综合性日报的主要读者群肯定不

是从事"时尚"的,而是传统行业的从业者。据此,从获取市场空间角度看,报道构成、内容安排中"时尚"类的题材分量就不能太重。要关注日常新闻,关注日常状态,关注日常琐事,关注日常发展,这同样是思想性的体现。关心民生、关心琐碎事应该是构造报纸稳定的日常状态的重要组成部分。不仅对重大事件、突发事件有较好的把握,而且要告诉读者,这座城市里每天发生的五光十色、琐琐碎碎的事情。

至于什么扩大视野、丰富知识、休闲功能等,在互联网时代,报纸不需要太多参与。因为报纸这种平面载体同其他媒体的直觉、画面、连接、互动、即便等功能相比,是没有多少资格参与这种非新闻的竞争的。

所以,毫不犹豫地将时效新闻的采访和整合作为竞争的主战场,我们才不会在版面形式上浪费大量的人力、物力和竞争冲动。才不会错过时代、错过思考、错过报纸所依靠的基础和力量。

2. 媒介运作模式上要抢占两大制高点

我们必须适应现代采访环境的变化,做好这样一个课题:怎样对采访的运作模式(即操作层面)进行重新整合、突破,利用时代的进步、科技的发展,组成新的采访模式? 从中确定自己的关注重点,依据自己的竞争战略和特色定位的考虑,用自己独特处理方式来处理。这是竞争能否成功的关键。

(1) 必须寻找更有效的信息搜集方式和利用方式。

第一位的任务就是寻找和占有新的信息资源,改变和改善信息来源的发现和利用能力。对时效新闻来说,挖掘新闻资源,实现报道整体构想的能力,任何一张报纸都永远显得不足,它要比办报宗旨、编辑意图、报道计划、创新意愿都更具有实际的操作意义。以本报2002年和2003年两次"夏令热线"为例,从建立多媒体合作共享的网上投诉平台、尝试短信报料向第四第五媒体渗透,到讲究竞争实力的"周末特别行动",实际上都是为了建立和改善新的信息来源。

(2) 舆情分析是判断、决策、组织采访的基础。

舆情分析就是通过社会生活中人们说了什么,而对人们已经在怎么想作出估量。综合分析处理一个时期围绕某个焦点形成的各种议论、意见、反响的锋芒、核心、基础及弱点。在舆情分析的基础上,对新闻报道所涉及的各种社会条件和社会心理作出相应判断,形成自己的相应对策,继而通过调动舆论力量,对舆论形成实施影响。要求记者关注网上评论,打通与读者互动的渠道,设置一系列热线报料投诉的梳理、分类和对比、综合的操作程序。从而培养一批了解读者取向、讲究整体效果的策划型、活动型的记者。

三、我们要调整新闻采访的着眼点

1. 要挖掘大背景、大关系、大利害

我们要有从本地层面观察、判断问题的能力,从人类社会发展范畴研究、思考问题的习惯。从市场出发,从读者利益出发,从把握机会出发。

不怕重复,就怕没变化;有变化,才有比较;有比较,才有选择。而读者正是在发现不同中选择最适合他的产品,怕重复,我们就会游离在主流之外。

2. 要把落脚点放在生存状况和生存方法上

改革开放使人们在社会进步中更多地关注自己所生存环境的公平、发展和机会,会提出种种对美好生活进一步追求的目标,媒体人必须去面对这些社会进步中必然会遇到的很多空白点、争论点和敏感点。

3. 要把状态描述的敏感点聚集在人的感受和认识上

任何受人关注的新闻,都因为它关系到人性、人文、感情和命运。媒体人必须将目光聚焦在人们对社会或事件的这种状态的感受和认识上。

4. 要永远关注人及人的作用

政策做在对策上,故事做在方法上,人物做在决断上,分析做在机会上。决断与方法,对策与机会,永远是人们的基本社会活动,也应该永远是媒体报道的基本选择。每天我们都可以听到和看到新事物的产生,在这些背后,人的决策过程,方法的运用,机会的产生,都是最重要的新闻。

四、我们需要激情

卢浦大桥采访结束后,我写过一篇短文,标题就是《我们需要激情》。我认为:"新闻的角度、采访的技巧有很多,可是没有激情,能找到它们吗?我们需要激情,有激情才会有创意、有活力,才会有晚报的前进。"

1. 报业竞争实际上是作风的竞争

上海的报业市场,实际上剩下的空间越来越小。能轻而易举做到的,别人都已经在做了,还能留下什么轻松的活儿给我们做呢?怎样才能与占据优势的大报展开竞争?反应快,肯下苦功夫,这是我们能做到的,而做到这些,就有可能将优势劣势进行转化。树平民意识,走低端道路,想到的人不少,但愿意掉下这个架子,认真去这么做的人未必多。因为那样做很苦,但是,一旦具备了最起码的经济实力和科技水平后,不同媒体之间的优势与劣势的转移正是从苦这一点上开始起步的。

2. 科技的发展不能替代人的作风

现在,科技水平的发达,给记者提供了极其方便的采访条件,我们可以更多地使用先进的工具,以加快新闻时效,占有更多资源。但相当一部分人却成了电话记者、传真记者、网络记者。

有人在网上这么说:"有三个地方是当记者的人必须去的地方,即:'最困难的地方''群众意见多的地方'和'工作推不开的地方'。能不能、敢不敢、愿不愿到这三个地方去,对想当好记者的人而言,是一个考验。

到最困难的地方去,记者才能够看见渴望的眼睛。

到群众意见多的地方去,记者才能够听见真实的声音。

到工作推不开的地方去,记者才能够思考深层次的问题。

为保持冷静清醒的头脑,了解群众的意见要求,获得打开局面的真知灼见,当记者的必须去这'三个地方'。假如你当了两年记者,却没有去过这'三个地方',那么,你没有必要在新闻单位继续待下去了!"

3. 学会合作融入团队

最后,不得不强调的是:改变我们的采访方式,并不仅仅是记者个人的事,必须要有机制的激励和保障。

任何改变都特别需要机制的支持。许多媒体并不缺主意,但缺乏对主意的管理;并不缺乏智慧,但缺乏对智慧的整合;并不缺人才,但缺乏对人才程序化的使用。特别重要的是:建立起系统的流程控制和市场化的评估体系,从而使采编人员能够连续地、平衡地、稳定地来提供有影响力的稿子、观点、分析,来体现编辑部的整体判断和意志。从而让读者对你的报纸产生习惯和依赖,那么这份报纸的市场就会形成并扩大了。

机制永远都是落后的,永远都会有不足,促进机制的完善,还是要靠人们的合作和融入。

71. 重赏报料始末

一家媒体的读者热线到底打造成什么样才是理想的?

2003年"夏令热线"结束后不久,部门经过头脑风暴,提出了读者热线的五大功能:接收读者对突发事件的迅速报料,使记者第一时间到达事件现场;24小时监控热点新闻,记者全天候待命采访,打造晚报时段生命线;倾听百姓投诉,通过记者的采访调查,发挥舆论监督作用;将百姓的建议传递给政府职能部门,在百姓同政府职能部门之间架起沟通桥梁;通过热线建立读者数据库和读者俱乐部,为晚报打造核心铁杆读者。

一、"重赏报料"昙花一现

头脑风暴中,部门有记者提出要在读者热线的五大功能里加强对突发事件的报道。我十分清楚,要做好突发新闻,必须要有资金和硬件的基础。为此,我打了一份《关于开展"第一现场新闻"活动的报告》给报社领导,这份报告从推出"24小时热线新闻",全天候接受读者报料的角度,提出了一个短期尝试的操作方案:时间为9月10日至11月10日,为期两个月。口号是"第一现场报料,千元奖金等你"。奖励办法:日奖100元;周奖500元;月奖1000元。经费来源:除日奖100元原来就由报社提供外,部门将拿出6500元来增设周奖和月奖,同时部门再拿出6000元作为采访交通费基金,以改变记者为赶赴现场采访常出现的稿费低于交通费的情况。

我之所以没有向报社伸手,而是决定由部门拿出12500元的内部经费,来短期应对读者报料的奖金和解决记者采访的交通费,是因为当时日常的100元读者报料奖常常被报社财务拖着三四个月不发放,记者有时不得不自掏腰包垫付。在这种情况下要想让报社拿出经费搞突发事件报道,几乎没有可能。不过,我很想测试一下,《新闻晚报》社会新闻部的记者是否具备做突发新闻的能力,部门这点经费,搞一次时间限制在两个月的"第一现场新闻"活动,还能承担得起。

没想到,在上海媒体中,《新闻晚报》由此成了重赏报料的始作俑者。

活动奖励方案经领导同意并见报后,引起上海各家媒体的"跟风"。《解放日报》《新民晚报》《青年报》《新闻晨报》纷纷在10月推出报料重赏,并反复攀比提高,其中《新闻晨报》财大气粗,把最高奖金提高到3000元。这一场花钱的竞争因为各媒体参与,刹不住车了。规定的两个月活动一结束,晚报社会新闻部也实在没钱了,但报社似乎并没有让我们停下来的意思,我只好再打两个报告给报社:

一是申请突发事件采访的交通费。晚报没有专用采访车,长期以来,为了报社的荣誉,社会新闻部很多记者倒贴车钱奔赴在突发事件的采访路上。有时派没有收入的实习生前去采访,车钱则是由部主任个人掏腰包。突发事件的采访,已经成了记者和部主任都感到是一件需要作出个人"牺牲"的事。据了解,这在上海媒体中独此一家。两个月的活动做下来,部门经费已经"弹尽粮绝",无力再维持对突发事件采访的车马费支出。为此,向报社领导申请能参照《新闻晨报》的做法,每月对突发事件采访给予一定的交通补贴,按照有关规定程序进行报销。

二是申请给读者的报料奖金。在"第一现场新闻"活动进行了两个月后,给读者的报料奖金因社会新闻部无力继续承担，只得停止。而本市走市场的报纸在此影响下，已经推出1000元至5000元的热线报料奖，且计入报社成本。如果晚报想继续向报料的读者进行奖励，这笔费用就应计入报社成本。

这两个申请直到2004年2月才得到解决。一是报社给社会新闻部发放了2000元的乘车卡，专供突发事件采访记者使用。二是《新闻晚报》最高的读者报料奖也提高到3000元，由报社支出。不过实行了没几天，这一相互攀比重赏报料的势头，就被宣传部制止了。

在这几个月里，晚报社会新闻部做到了突发事件基本不漏，抓了不少独家的突发事件报道，在编前会上多次被表扬。通过活动，我们掌握了突发事件报道的规律，积累了经验，充满了信心：只要解决基本资金，增加专门版面，我们完全可以在突发事件的报道上和其他媒体比拼高下。尤其是活动结束后，晚报社会新闻部24小时热线新闻、全天候接受读者报料的制度保留了下来。

二、"昨夜今晨"的起步

晚报的生命线是每天的下半夜至上午。即半夜24:00所有日报交版后，到上午11:00晚报交版前。在这个时段里发生的新闻都是晚报的独家新闻。为了弥补半夜的时段空缺，"第一现场新闻"活动结束后，社会新闻部决定从2004年1月1日起，克服仅有6名文字记者的困难，从中抽调2名记者开始夜间值班。

报社见社会新闻部人员捉襟见肘，同意我们向社会招聘，名额为4个。我们从网上应聘的152人中选出10人供领导考核。2月初，引进来自外地的陈阳波、张东平、熊国志、赵兀等4位新闻熟手，社会新闻部记者达到12人。我们开始每两人一组轮流夜间值班，时间从晚上22:00到第二天早上7:00。夜间值班记者的任务是：接听热线报料电话，监控时段的电视、广播、互联网新闻；与消防、交巡警、120医科救护等"线人"保持联络，随时出击采访；早上用书面形式向当班编辑提供"当天新闻"。

部门的几位老记者也到处化缘，弄来了电视机、沙发、冰箱、微波炉……尽可能为夜间值班的记者创造一点休息和夜宵的方便。

2004年2月10日，我打报告给寿总，认为人员已经到位，时机也已成熟，报社可以在二版或头版设《昨夜今晨》栏目，我们要开始比拼独家新闻、比拼时段新闻了。

三、对读者投诉百分之百反馈

当时《新闻晚报》社会新闻部设置了热线电话、热线短信平台、热线电子邮箱,还有与上海热线、上海电台990联办的网络投诉平台。在"夏令热线"的周末特别行动中,我们曾做到了对百姓投诉百分之百反馈,现在,我们能不能对日常的读者投诉做到百分之百的反馈?大家一开始面露难色,我解释说,这要看从什么角度来理解"百分之百",同时也需要我们为此做一个严密的流程。在重新梳理这些热线处理流程时,我们严格作了几项规定:

一是对记者认领的投诉线索,必须在2日内与投诉对象联系,如果投诉有误,须反馈不能成稿原因;对百姓投诉的采访,必须在7个工作日内交稿,稿件见报日前与投诉者沟通一次。

二是记者没有认领的投诉线索,由专职热线处理人员按内容分类,在3个工作日内将投诉分发到相关的政府职能部门,并在之后5个工作日内收回政府职能部门的反馈意见(假如没有得到政府职能部门的反馈,提交部主任后派记者进行咨询或采访)。然后在2个工作日内,将反馈意见提交给投诉者。

以此计算,自接到投诉线索的10个工作日内,结束一轮的处理流程,第10日起将所有线索和处理结果存档备案。

这样的流程包括了记者的采访,也包括了督促政府职能部门的处理,实际上不就保证了对读者投诉百分之百的反馈吗?更重要的是,我们在督促政府职能部门处理读者投诉的过程中,不仅在政府职能部门中扩大了报社的影响力,也在读者中增强了报社的权威性。

四、《百姓留言》版好事多磨

2003年1月28日、2月9日,社会新闻部曾打了两次报告给报社领导,策划与市信访办合作创办一个《百姓建言》栏目。设立《百姓建言》的基础是因为来自市区两级信访办的一个数据:群众对城市建设和管理的建议,已经占来信来访的25%。媒体完全可以从建议者的身上,从关心这个城市的老百姓身上,拿到这个城市在变动中的"老百姓自己的故事"。

在得到报社领导支持后,我们给市信访办提出书面建议:在《新闻晚报》辟出一个新的专栏,与信访办进行全面合作。合作方法主要是两点:一是在专栏内容上进行日常报道合作,对出自市民建议而采取的许多重大市政举措进行报道,促进市民对这个城市的关心,推动市民建议向城市改造的良性转化。二是举办"百姓建言"活动,可以就某一问题征求建议、就某一"疑难杂症"组织百姓调查,让建议者与职能部门见面座谈,等等。使《新闻晚报》这个载体起到老百姓与政府职能部门沟通的桥梁作用。

这封书面建议没有得到积极的反响,我们转向尝试与各区政府网站合作的可能性。经过与宝山、虹口、浦东、普陀、杨浦、闸北、黄浦、卢湾、长宁、静安等区政府网站沟通，社会新闻部在当年8月19日，又拟定了新的《百姓建言》专栏策划报告。

在这份报告中，将栏目定位在为市民提供一个参与社会生活并提出自己设想的渠道，促成百姓建议的采纳与落实。在操作方式上主要是通过政府网站了解民意，提炼选题；利用网络资源发布信息，召集讨论、建议，交流市民反馈；和政府相关职能部门合作，促成合理化建议的采纳与落实；媒体则从这些建议中发现报道线索，发现新闻故事。适当的时候考虑引入市场调查公司协助相关的数据统计和调查，共同推进市政建设和城市进步。

寿总在这份报告上批示：很好！社会新闻部肯动脑筋，敢于挑战，晚报现在就需要这种勇气和精神，请老韩转告全体采编人员，谢谢你们的出色工作。

遗憾的是，好多区政府网站对与媒体进行这样的合作感到责任太大，不敢作主。

当时，由于社会新闻部同时在向读者赠送网络VIP邮箱、开启手机短消息网页，强化和第四第五媒体的结合，我们不想再迂回在可能没有结果的合作谈判上，于是放弃了《百姓建言》的设想，在10月下旬，推出了每周一期的《百姓留言》专版。

《百姓留言》类似于后来的微博，内容包罗万象，文字简短，成为报纸与百姓互动的板块，其中投诉和百姓意见当然也牵动了各职能部门的神经。

五、最早的读者俱乐部

2003年9月起，社会新闻部开始筹划建立"《新闻晚报》读者俱乐部"，这在上海媒体中尚是首家。

读者俱乐部的数据库来源于两个渠道：

一是报纸与上海热线合作，向订阅《新闻晚报》的读者赠送网站VIP邮箱（在2003年时，网站的VIP邮箱是收费的，每月为8元，一年为96元），读者通过订报单上的密码，可注册成为《新闻晚报》读者俱乐部会员，参与《新闻晚报》组织的各项有奖活动。比如可以在网上与喜欢的采编人员约见；可参加报社组织的读者记者面对面活动；等等。二是报纸与移动和联通合作，开辟手机短消息网页，接受社会的报料和投诉。网页上会自然形成发送短消息读者的手机号码、时间、内容以及跟踪本报对报料及投诉内容处理的数据。

根据保守的估计，在一年内俱乐部成员应该能达到2万人到5万人之间。通过读者数据库，《新闻晚报》可以开展各种网上活动和微型调查；从会员中挑选《新闻晚报》的"社会监督员""信息员""通讯员",定期培训,参与办报,增强报纸凝聚力;总编等领导可作客上海热线,与读者直接沟通,让社会更加了解《新闻晚报》;还可以利用网络点击率为企业进行调查,为投入广告的企业提供新的服务。

2003年12月初,《新闻晚报》在读者俱乐部中发起"你眼中的报纸"调查,有5个问题:您喜欢哪种形状的报纸?您希望《新闻晚报》有多少个版面?您认为现有的版面中哪些需要扩版?您最喜欢的周刊是什么?您还希望增加什么新版面?每个问题下有若干选择答案,读者只要按字母回复即可。调查持续一周,我们收到2000多个回复,其中仅12月10日一天,短信调查回复为246个,邮箱调查回复为92个。这个数据说明,移动短信的互动性在当时已经大大超过网站邮箱了。

2003年12月13日,在一家五星级酒家,召开首次"《新闻晚报》读者俱乐部见面会",晚报主编和经营公司、发行部领导都出席了,当场抽奖,其中最高奖项是两个去新加坡旅游的名额。

从"读者热线"到"读者俱乐部",《新闻晚报》这种依托网络和短信建立的纸媒与读者全方位的互动形式,在上海媒体中属首创。实际上,这是我们对发展方向、发展模式、战略产品的一次具有前瞻性的选择,原本可以在此基础上进行更深入的原创和拓展,但作为社会新闻部来说,囿于工作职责外延和权限的制约,只能点到即止。

72. 追薪大行动

2003年这一年,晚报社会新闻部围绕"读者热线"运行模式,进行了四次程序完善和两次框架创新。无论是跨媒体合作、开辟第五媒体平台,还是启动《昨夜今晨》栏目,都是为了探索这样一个课题:对旧的模式进行重新整合、突破,利用时代的进步、科技的发展,组成新的采访模式,形成自己独特的新闻处理方式,增强报纸的竞争能力。

这一年社会新闻部策划和组织的活动也一个接一个,几乎没有间断过,有的还交叉进行。

比如3月5日至3月19日的"打假行动",在为期15天的"打假行动"中,共为老百姓追回150多万元的损失。

比如7月10日至8月10日的"夏令热线"活动,有关物美超市扰民一事从曝光披露到网上讨论,从开始的双方对峙到最终居民放爆竹庆贺物美超市重新开张,成为今年"夏令热线"中影响力最大的报道。

比如延续了7、8、9三个月的十次"周末特别行动",得到了环保、市容、食品卫生监督、供电公司、交巡警、文化稽查等职能部门的大力支持,几乎每一周的特别行动都引起同城媒体的呼应。

比如9月10日至11月10日的"第一现场新闻"活动,在活动结束后建立了24小时热线新闻、全天候接受读者报料的制度,为打造"晚报黄金生命线"进行了一次预演。

加上《百姓留言》版的创建和"读者俱乐部"的建立,所有这些都体现了创新的新闻理念,显示了独特的运行模式。

这一年年底,社会新闻部又在上海媒体中首个开展了"追薪大行动"。

"追薪大行动"起因于这一年10月24日温家宝总理为民工讨薪的新闻,拖欠民工工钱的问题由此引起了全社会前所未有的关注,国务院相关政策也不断出台。

年底,面临各地民工要回家过年的节点,晚报社会新闻部策划开辟"追薪大行动"专版,从12月15日至12月30日,开展为期半个月为民工讨薪的报道活动。

"追薪大行动"一开始并不顺利。我们原本想依靠市劳动监察大队的力量,接受和帮助解决百姓对各种欠薪的投诉,但有关方面表示:上海并不存在严重的欠薪情况,对与我们合作进行"追薪大行动"没有兴趣。

欠薪不严重是有关部门拿上海与全国比较而言的,但对每一个被欠薪的民工来说,那都是一家人过年的大事。作为媒体,我们不会去与职能部门争论问题,但却要提供这样的事实,让读者和有关部门在事实面前引起思考,从大处着眼,促进解放思想,更新观念。

不管职能部门是否愿意与我们合作,《新闻晚报》"追薪大行动"专版照样推出,吸引了好多打电话来求助的民工。其中最典型的,是一位家住上海的89岁老太为保姆讨工钱。

在电话中这位赵老太说,她请来的保姆在三个月中多次没有给她做午饭:"她没有给我做饭,是为了外出找原来的老板讨工资,我少吃几顿饭不要紧。如果那个老板再不给钱,我就要亲自带保姆到劳动局报案。"

记者刘昕接到电话后上门采访,得知老太的保姆叫赵翠莲,39岁,因在农村老家欠下1.2万元而来上海打工还债。她在一家服饰公司干了一年多,被老板欠薪3000元，看看手头仅有的十几元钱，连春节回家的路费都不够，便离开公司，打算做保姆挣个路费，好在大年夜前回到家里与丈夫和孩子团聚。

独居的赵阿婆身患高血压、心脏病等多种疾病，却把保姆的事当成家里的事。赵阿婆的女儿曾在电话里与保姆的老板唇枪舌剑了一番，但被老板一句"你管不着"挡了回来。

在上门采访的记者面前，老人拉住翠莲的手说："我们不会嫌弃你，一定要帮你讨回应得的工资。"赵翠莲则哭着说："我这辈子怎么总遇上好人啊！"

89岁老太为保姆讨薪的故事见报后，终于引起市劳动监察大队的重视，答应参加本报12月20日下午在河南中路地铁口的"追薪大行动现场咨询"。

当天下午，咨询现场人头攒动，好多民工特地赶来求助。我们现场记下了欠这些民工工资的企业名单，经过记者联系采访，对没有解决欠薪打算的单位，在第二天报上列出了"欠薪黑名单"。

12月21日，那家服饰公司所在地的宝山区委薛全荣书记，看到本报头版的报道，马上要劳动局查办。结果查清这家公司在近半年时间里，共欠14位工人25300元工资，而且确实无力支付的事实。同时查证这家公司已经交付过小企业欠薪保障金，属于该保障金保障范围。劳动监察部门据此提出先以小企业欠薪保障金偿还工人工资，再到法院申请执行。市小企业欠薪保障金委员会核批了该申请。

这是上海市劳动和社会保障局首次运用小企业欠薪保障金，为破产、歇业或发生突发事件，欠付职工工资或其他报酬又无法清偿的企业，先期垫付外来务工者工资。

《新闻晚报》"追薪大行动"的报道接二连三见报后，引起各家媒体的重视，上视纪实频道专门来本报进行跟踪采访。

12月29日下午，上海市劳动和社会保障局召开新闻发布会。赵翠莲等十多位民工从市劳动监察总队执法人员手里接过工资后，激动地对记者说："我们不仅要感谢政府，还要感谢赵阿婆。"

这个由本报"追薪大行动"引发的结果，成为年底各家媒体的重要新闻。

《新闻晚报》在12月30日报道了这则消息后，加了"编者按"：上海"终于有媒体开始关注起民工了，也终于在欠薪现象不算严重的上海有了首次追薪行动。

本报两次刊登'欠薪黑名单'，对欠薪者产生了巨大的震慑作用。有人来电'说明'、辩解，结果无言以对而恼羞成怒挂上电话；也有人表示：马上就给民工发钱。

昨天，本市首次试用小企业欠薪保障金垫付外来民工工资，13位民工理直气壮地拿回了血汗钱。对于这个结局,记者与当事民工同样感到十分兴奋。

本报追薪行动暂告段落,参与行动的记者却感到才开始。所以,本报热线63510000仍然接受相关投诉。"

在政府职能部门和行业的制度完善改进方面,我并不认为新闻报道和舆论是起决定作用的,但媒体人必须明白,你所扮演的不是本身而是公众的角色,在帮助政府职能部门的决策过程中要尽可能地提供必要的信息。在整个社会的发展和完善进程中,这个不可或缺的载体哪怕是起到了很微小的一点作用,都是令人欣喜的。

2003年里,我们取得了一系列这样的微小作用。除了这次"追薪大行动"中本市首次使用小企业欠薪保障金垫付外来民工工资外,在"打假行动"中调动市民志愿者铲除街头"牛皮癣",促使市市容监察部门在年底推出了语音告知系统;在"夏令热线"中对物美超市扰民的系列报道后,引起市环保、市工商重视,明确了大型超市进社区的审批先后程序;针对短信垃圾信息问题的报道,引起通信管理部门的重视,出台了信息登记管理制度;等等。

社会新闻就像一把双刃剑,善用之则为福,不能用之则为祸。一句话,就是要掌握好度。鲁迅一向强调侧着身子前进,躲在战壕里战斗,这是世界上最难遵循的规则,当然也是社会新闻最讲究的角度。既不能误伤他人,亦不能伤着自己。社会新闻必须通过提供发现的事实,而不是冲撞争论的方式,来维护社会正义;提供可行的办法,而不是判断命令的方式,来维护执行力度。只有这样才能在保障自身安全的前提下,促使社会矛盾朝良性的方向化解。

可以说,社会公共领域管理中一点一滴的,或许并不是一步到位的完善和进步,都凝聚了媒体人的贡献。它提示我们,聪明的媒体人是可以完成舆论监督向行政监督转化的,而这正是新闻价值的最大体现。

73. 用网络再造纸媒

《报网联动是一场技术革命》,这是我申报正高职称的其中一篇论文。

在新闻单位,并不是每个人都把职称当回事儿的。我身边有不少人因为"忘了"而错过一次又一次的机会,还有人对这种论资排辈的职称评定抱着无所谓的态度而不感兴趣。

不过我没有那么清高,对职称评定还是很重视的。因为既不想从政又不想下海,我能争取的就只有评职称这个事了。坦白地说,在争取评正高的动机中,我也不能免俗。别的不说,毕竟工资奖金和将来退休金的多少都与此有关,干了一辈子,最后总要考虑退出职场后的养老问题吧?

别人是怎么争取的我不知道,我只知道这是一件不用看人脸色,只靠自己业务的简单事儿,它省去了职场人生的许多麻烦。所以,自从新闻单位有"职称"这个说法后,我每次按部就班申请,一次也没落下。从助理编辑、编辑、主任编辑(副高),再到2003年有资格评高级编辑,熬了15年,这一年我正好50周岁。在同辈人中,这个年龄能评上正高,大概也算是"年轻化"了。

当年7月,通过了上海市专业技术人员的职称古汉语考试;11月,通过了全国专业技术人员的计算机应用能力考试,这两项考试我都很轻松地取得高分。在大学后两年我就主攻古汉语,这点底子还有;而玩计算机则是从1994年开始的,可以说是老资格计算机迷了。

得奖作品却不像评副高时那么多。虽然2003年编辑的消息《好心的哥被有心乘客挖走》获第十三届上海新闻奖一等奖,系列报道《"432千瓦"吓煞人》等六篇获第十三届上海新闻奖三等奖,但那都是在2004年6月评选公布的,评正高职称时还来不及派上用处。之前在2003年的得奖作品除了《16位的哥编出"厕所地图"》为上海市好新闻三等奖外,另外还有两个奖都与报纸无关,是我参与策划与撰稿的电视节目。好在市高评委不光来自报业,还来自广电系统,早先的"两栖"作战让我沾了点人气的光。

当然,在评正高时我觉得自己还有些能说一下的"业绩"。主要是利用网络时代的科技进步,同上海门户网站上海热线合作,并向第五媒体渗透,不仅通过"共享资源"扩大了本报的信息源,还吸取网络新的技术手段和操作手段,从"热线"线索的获取、流转、反馈、互动等方面,先后进行了四次程序完善和两次框架创新,建立了与网络共享的投诉平台,设立了手机短信报料网页,实现了"热线"的无纸化操作。在热线改造的基础上,实现了社会新闻部每年的"打假行动""夏令热线""周末特别行动""追薪大行动"四大活动。尤其是在2003年,赢得了《解放日报》和《文汇报》两个著名评论栏目,对本部门工作或报道的四次评论。这些可能给高评委也留下了好的印象。

毫无疑问,正高职称的评定中,论文是相当重要的因素。我平时读书喜欢记笔记,策划新闻喜欢写书面方案,新闻专题结束后喜欢写小结,积累了不少素材。写论文对我来说并不是很累的事。差不多花了两周的夜晚,我交出《要正视读者的健康阅读需求 兼论社会新闻如何做好正面报道》《报网联动是一场技术革命》两篇论文。这都是对我近两年一系列新闻实践的理论总结。

解放日报报业集团负责指导职称论文的是余建华老总,他评价《报网联动是一场技术革命》一文是"今年20多篇论文中很有质量的一篇"。我十分感谢他的大力推荐,使我能在论文这一关顺利通过。

现在,这篇当时受到余总好评的论文,在观念和论述方法上可能已经陈旧了,但在2003年,还是具有新鲜感的,综述如下:

报业面对网络的冲击,有两种不同的态度:一是害怕回避,不敢与网络合作,认为这样做网络会利用报纸的采编优势,从而加速报纸的"灭亡"。二是对抗抵触,想联合报业与网络交涉,要求网络转载报纸的新闻必须付费,否则就是侵权,以此来保护报业在传播领域的传统老大地位。而我认为网络的发展将对民众和社会带来极大好处,传统的报业不应回避也不应对抗,恰恰相反,应该从合作中改造自身,在改造中将自己变身为集多媒体形态的大成者。我们有幸正处在一个媒体大变革的时代,对我来说,过去的三年和未来的职场生涯里,主攻目标就是跟上时代的潮流,实践这场媒体的"革命"。

因此,我在论文的综述提到:网络,为报纸打开了难以想象的发展空间。报纸要想增强在市场经济风浪中的竞争能力,只有从与网络媒体的低层次对抗中走出来,探索与网络媒体的深层次合作,实现报网联动。从某种意义上来说,通过合作,首先得到好处的是传统媒体——报纸。正是在这样的合作中,报纸可以改造自身,吸取、融入先进媒体的基本观念、技术手段和运行模式,从而获得活力。

论文分为五个段落:

(1) 定位"报网联动"的概念。指出"报网联动"不是"报纸上网";"报网联动"不是盲目趋同,也不是另立门户;"报网联动",要求报纸从低层次的对抗中走出来,在坚持报纸特色的前提下,与综合性网站融为一体。在联动中,报纸要学会更多地利用网络媒体这个更新的基本理念、基本技术和操作手段,实现自身运行模式的改造,并在改造中进行创新和突破,重新展示报纸的魅力和活力。

(2) 探讨为什么要进行"报网联动"。指出报纸应借网络之势扩大自己的影响;报纸与同质媒体竞争的重要战略应该是"报网联动";为何不将未来的竞争对手当做现在的战略伙伴?有远见的报业人士如果改变一下观念,应该用自己的采访和传播优势向网络媒体输送"源动力",利用网络媒体的先进技术使自己踏上"高速路",把"报网联动"作为一种市场竞争的应对战略来考虑。

(3) 讨论"报网联动"的可行性。通过两年来《新闻晚报》社会新闻部与华东地区最大综合网站上海热线的实践,提出报网之间的四个联动点:搭建共同管理的信源平台、开辟双向互动的渠道、共同开发移动手机技术平台、实现网民与记者点对点交流。实践证明:未来的新闻竞争也是技术的竞争,"报网联动"是对平面媒体的一场技术革命。谁的传播技术最先进,意味着谁最有可能抢占第一报道时间,谁也就会拥有更多的报道手段。

(4) 阐述"报网联动"对报纸带来的活力。拓宽了热线信源渠道;完善了编辑部操作程序;加强了与读者的联系互动;促使部分网民转为读者;推动采编人员的"电子化"。网络技术平台的优势,对报纸起到了强有力的支撑,充分体现了科技进步、经济实力在媒体竞争中的重要性。报纸应该在"报网联动"的不断深入中,向其他媒体包括电信、移动通信等媒体渗透。在渗透的同时,探索报纸采编运作模式的重新整合、突破,完成自身改造,创新采访模式,形成自己独特的新闻处理方式,增强报纸的竞争能力。

(5) 展望"报网联动"的前景。指出"报网联动"是传统媒体在互联网上大兵团作战的前哨战,有巨大空间等待开发。如果配合其他便携式移动网络的捆绑式互动,网络将会给报纸插上翅膀,使报纸不仅仅是"飞入寻常百姓家",而是可以"跟百姓随身走天下"。同网络媒体联动,可以方便报纸举办各种社会活动;开辟便民服务网;为投入报纸广告的企业提供网上调查服务;在网上开通报纸订阅的功能;通过网上评报,建立报纸对采编人员的评估体系等。"报网联动"还可能使电子商务与报纸融合,把触角深入消费者的家庭和他们的钱包中。两者的结合,可以说是历史的必然,势不可挡,未来的媒体发展方向必将是传统媒体与网络媒体的结合。

结论:

归根到底,在信息来源多元化的今后,人们想到的决不会仅仅是新闻纸,而是新闻。谁能够成为集文字、图片、声音、动态画面等所有媒体形态之大成者,谁就能在将来的媒体大战中立于不败之地。无论"报网联动"所引起的最终结果是什么,将来由谁主宰谁,都并不重要,作为报人,更作为新闻人,应该只有一个信念,即尽可能地为读者提供更多的信息传递方式:平面的、声音的、画面的、网上的、移动的。中国的报业集团向多媒体集团跨进中,应该尽快地度过行政"组合"期,通过市场"整合",创新媒体的组成结构和运行模式,为操作层面在技术手段和操作手段上实现多媒体形态而创造条件。

74. 50种麻油送京检测

2004年3月,《新闻晚报》社会新闻部一年一度的"打假行动"又开始了。除了与工商部门合作,设摊接受投诉咨询、现场出击维权、异地打假、刊出黑名单等外,与上一年最大的不同就是:选择一个重点项目,策划系列报道,贯穿"行动"始终,进行深层突破。

这一年"打假行动"的重点项目是麻油,是有缘由的。

2004年1月19日,读者张先生从九百购物中心(大华店)买回瓶装"中未牌纯麻油",到家后发觉麻油是结冻的,于是将其中捆绑销售的70毫升瓶装麻油送到上海粮油制品质量监督检验站检验。检验报告的结论是:"麻油中掺伪,样品中混有40%左右的棕榈油和其他植物油,判定为不合格产品。"

2月4日,张先生拿着检验报告来到本报,他想问个究竟:"九百这么大的超市竟也卖鱼目混杂的产品,真令人不可思议。店方对于销售的商品是如何把关的?"

当天下午,记者走访了上海最大的三家大型超市,发觉上海市场销售的麻油品牌颇多,不同厂家生产的麻油虽在产品名称中都称"纯麻油",但在产品配料的介绍上却各不相同,有100%芝麻油、100%香油、100%麻油、100%机榨芝麻香油、纯正香麻油等。记者想看看这些进入超市的麻油的质检报告,却没有得到有关部门的配合,无奈,只能对上海麻油市场的乱象做了一个现象调查。

没想到调查报道在2月5日见报后,引起全国范围的关注,在麻油产业内引起不小的反响。不少生产厂家以及消费者纷纷联系本报,试图告诉我们一个真实的现状,并透露了不少鲜为人知的内幕。我们再次向有上海关部门提出,要看进入市场的麻油质检报告,仍然被拒绝了。

社会责任感促使我们一定要解开麻油这个悬案。这就是2004年《新闻晚报》社会新闻部"打假行动"选择麻油作为重点项目的缘由。

在上海得不到检验数据配合的情况下,如何将"麻油打假"继续操作下去? 2004年的《新闻晚报》社会新闻部记者,已经是一支了解读者取向、讲究整体效果、在策划活动上相当成熟并能征善战的队伍,是不会被"不配合"难倒的。这有点像下棋,正面不能"将军",就从侧面"将军"。2月24日,我主持部门"麻油打假"的采访专题会,做了一个大胆的决定:将上海市场上销售的约50种麻油全部送到国家粮油质量监督检验中心,拿到所有检测数据后予以公布。

接下来的准备工作相当紧张,先对上海市场麻油进行全面搜集采样,然后去北京送检。在完成采访初步计划并得知何时能拿到国家粮油质量监督检验中心的报告后,3月5日,部门再次开会策划,确定当年的整个"打假行动"以"麻油"贯穿始终,并拟定了具体的报道计划:

3月8日(周一),"麻油为啥比水便宜"。揭露麻油市场制售假的黑幕,主要曝光品种:纯真小磨麻油。每斤麻油仅卖4元,甚至可以按顾客意愿卖出3元1斤的特价。

3月9日(周二),"芝麻大战血淋淋"。披露去年芝麻产地价格战引出20多起命案的内幕。2003年每斤芝麻由原来的3.5元涨至7.5元。今年芝麻价几何?在这样的背景下,麻油为何只卖4元1斤?它能是真麻油吗?

3月10日(周三),"记者跟踪地沟油"。将记者分成若干路,从源头追踪民工掏地沟油送到城乡接合部,卖给"油头"进行提炼的情况。

3月11日(周四),发布"国家粮油质量监督检验中心对上海市场50种麻油进行检测"的消息,记者分头采访上海麻油市场的反应。

3月12日(周五),"公布检测结果"。对其中不合格麻油进行详细说明,请麻油专家曝光制假内幕。

3月15日(周一),在第一食品商店进行现场咨询活动:介绍麻油知识,组织有奖问答。报道经过整治后的上海麻油市场情况。

在制定报道计划后,社会新闻部决定成立"麻油打假特别报道小组",组长为徐勋国,成员有丁昌华、白华阶、陈阳波、俞添、陆慧。

从拟定采访计划到确定报道计划,历时十天,这是一个必需的程序。只有在采访计划实施的基础上,才能确定报道计划。有了这样缜密的安排,在接下来十天的"打假行动"中,以下这些报道才能够一一如期推出,成为消费者权益保护日前后上海的热门新闻:

3月8日,《加油站被冒麻油厂 假麻油便宜赛过水》,报道了记者在现场的采访。

在本市西区规模最大的上海虹梅食品交易中心,记者走访六七家专营调味品的门店,麻油价格低得让人吃惊。当记者问:"这么便宜是麻油吗?"店主拿出一瓶递过来说:"你闻闻很香的,你能看出来吗?现在都讲高科技,这香精当然能调制。"几家店主都毫不掩饰地说:"这种麻油当然是假货,真货不可能这样贱卖。这是上家提供的,不是我造的假,人家送来我就卖。"

在已经终止营业的十六铺上海副食品交易市场,还有几家未搬走的店铺在经营调味品。记者表示要购买便宜的麻油,一女老板头一仰说:"爽气点说,你要买什么价格的麻油,我就给你做多少价格的麻油。"当记者问起供货来源时,女老板笑脸应付说:"不可能告诉你,要不然我们就没饭吃了。"在另一家店铺中,老板介绍:"我经营三种麻油,华义、永诚和有鱼,最好的每瓶价格也只有8元,很多火锅店就用我的麻油。我们店在全市有十多家分店,这些都是从铜川路市场调过来的,都是二手油!"

而记者按照青春小磨麻油厂印制在标贴上的电话号码打电话过去。令人吃惊的是,电话那头感到莫名其妙,说:"我们这里是汽车加油站,加的是汽油,不是麻油。"记者随即赶到这个加油站,站长哭笑不得地说:"加油站 1998 年 12 月开张,自从开张后就不断有电话打进来问,你们卖麻油吗?但我们从来没有看到过什么麻油厂。这印在麻油瓶上的地址电话真害了我们加油站。"

3 月 9 日,《假麻油比芝麻还便宜》,揭示近年来由于芝麻总量减产及国内外需求旺盛,我国芝麻价格连年攀升的背景。2003 年我国芝麻种植面积 950 万亩,同比下降约 15%。加上受气候影响,河南、安徽、湖北等芝麻种植基地的芝麻产量都大幅下降,只有往年的一半。因此每吨国产芝麻的价格,由原来的 7000 元左右涨到了每吨 1.5 万元,是 2002 年同期的两倍多。在这种背景下,麻油的生产成本大幅提升。通常生产 1 斤麻油需 2.4 斤芝麻,按每斤芝麻 7 元的价格计算,仅芝麻的成本价格就需 14.8 元。可见,卖 4 元多 1 斤的"麻油"大有问题。

2003 年的芝麻抢购大战,甚至引发了命案。一位赴吉林松原、大安两地收购芝麻的业内人士披露,为了抢购芝麻,他曾目睹有人被铁钎捅死。而他本人投入的百万元资金,几乎血本无归。

由于多数地区国产芝麻货源早已告罄,只能从外贸公司买进口芝麻再转卖给经销商、食品店等。业内人士说,出现这种情况实属"破天荒"。浙江杭州一个粮油批发商告诉记者,2004 年整个杭州粮油市场很少有国产芝麻,大部分都是进口货。进口芝麻带来了种种危害,2004 年 1 月,青岛检验检疫局从进口芝麻中检出残留量相当高的甲基对硫磷(一种高毒农药)。2003 年 12 月,深圳检验检疫局从进口的印度芝麻中检验出我国禁止入境的有害生物"恶草",主要是假高粱和田旋花。其中的假高粱危害尤其严重,它的嫩芽上可能聚积氰化物,引起牲畜中毒。2003 年 12 月,广东南海检验检疫局陆续从三批共达 280 吨的印度进口芝麻中截获部分罂粟种子,还截获危险性杂草锯齿大戟等 60 多种种子、危险性害虫巴西豆象等 10 多种害虫。

3 月 10 日,《"麻油"出身泔脚油》。在某粮油交易中心,一名麻油摊主曾与记者有这样的一番对话:"麻油是兑出来的?用什么兑?"摊主神秘一笑,说:"这不能告诉你。其实不说你也能知道。"

记者还是不解,继续问:"是从阴沟里掏出的泔脚油?"

摊主说:"知道了还问。用麻油香精,什么麻油不能兑?"

徐勋国是麻油打假特别行动小组组长,他在献血后放弃休息,暗中跟踪"地沟油"。其妻不放心,陪他一起冒着春寒,经过几天跟踪,终于在郊区摸清了"地沟油"老巢。

3月9日上午,记者与市公安局经侦总队侦查员来到普陀区桃浦镇祁连村,暗访泔脚油村落。只见简易棚里面隐藏着一个个土炼油灶,一旁横七竖八放着三四十只铁皮油桶。炼油场的泥地长时间被褐色的泔脚油浸染成了黑地,散发出阵阵恶臭。记者一路打听,来到村委会。村党支部孙副书记坚称:"这里绝对没有炼泔脚油!"并叫来村治保主任金先生陪记者去现场。但先前看见的4只装满泔脚油待炼的油桶,已不见了踪影,显然被人转移了。在追问下,他们尴尬地声称,这里不是祁连村的土地,而是向宝山区大场镇南大村租赁的土地。炼油现场也是南大村的土地,祁连村的土地没有炼油场。

下午,宝山区大场镇南大村委书记等来到《新闻晚报》,承认这片土地的北边确实是南大村的,而南边就属祁连村。他们在示意图上一一确定边界。按照他们的划分,记者发现,现场至少有一个炼油灶在祁连村的地界。

3月10日下午,记者对泔脚油村落杀了一个回马枪,发表了现场新闻:《被媒体曝光后两个"炼油村"态度截然不同 南大村:拆房缴油 祁连村:照炼不误》。

宝山区大场镇南大村村委会在记者3月9日暗访后,由镇派出所民警和该村联防队员前往现场,当场取缔了该村与祁连村土地上的两处"炼油村",油桶装了整整3卡车。民警将5名炼油人员带至派出所做了笔录,并对每人罚款5000元;村委会责令炼油人在十天内离开,十天内所有简易房屋将全部拆除。

但在普陀区桃浦镇祁连村,炼油部落仍然照旧,家家户户都在门口一边炼油一边做晚饭,铁桶内泔脚翻滚着,蒸气中伴着阵阵令人窒息的臭味。近百名男女老少看到记者拍照,露出狐疑的眼光。一对中年夫妻告诉记者,他们只管炼油,最后有老板收的。

3月11日,《50种麻油进京体检 检测结果近日将向社会公布》。报道透露早在2月底,上海市场所销售的50种麻油已被《新闻晚报》送往国家粮油质量监督检验中心检测,检测结果近日将向社会公布,这将是新中国成立以来规模最大的一次对麻油的专项检测。

经本报对假麻油进行系列报道后,本市商家闻风而动,许多大型交易市场纷纷贴出布告禁止假麻油进场。

3月10日下午,记者随机走访了4家大型超市,"清点"了柜台上的麻油。在超市选购的消费者说,这几天麻油品种好像一下少了很多,价钱也比以前贵了。

3月12日,《本市销售的50种麻油 50%不是纯麻油》。报道上海市场出售的50种麻油经国家粮油质量监督检验中心检测,最终的分析报告结果是:其中50%不是纯麻油,32%为不合格产品。

这是根据国家粮油质量监督检验中心3月11日检测报告中,对脂肪酸组成含量、加热实验、溶剂残留量等指标得出的结果。检测的50种产品分别从本市易初莲花、联华、欧尚、大润发、华联吉买盛、麦德龙、易买得、家乐福、好又多、乐购、联华超市、虹梅食品交易市场等地采集。

同时晚报还刊登了《麻油专家曝光制假内幕》一文,全国最大的小磨麻油生产企业之一,山东潍坊瑞福油脂调料公司董事长、著名"崔字牌"小石磨麻油传人、麻油专家崔瑞福向记者曝光"麻油市场的五大欺骗手法"和"识别真假麻油的三招"。

3月15日,《本报麻油系列报道震动市场 4000多名消费者参与识别假麻油》。报道《新闻晚报》在消费者权益保护日这一天,于食品一店开展真假麻油识别咨询活动。当天,刊载假麻油系列报道的4000多份《新闻晚报》两小时内被消费者一抢而空。一位消费者拿着报纸说:"《新闻晚报》关于麻油的系列报道我篇篇看,真是触目惊心!"

这组《揭开麻油市场售假黑幕》的系列报道,成功地从侧面"将军",取得了胜局,后来被评为第十四届上海新闻奖三等奖。

75. 第二次领衔大部

2002年6月《新闻晚报》改版后,社会新闻部虽然版面靠后了,人员减少了,但在困境中部门以"内建机制,外建合作,活动取胜,市场定论"为宗旨,通过多媒体合作、热线改造、网络化操作等一系列尝试,获得了夏令热线、特别行动等大型报道的成功;多篇报道被市委市府选中统发;短短两年不到的时间里,创下了三项上海市好新闻三等奖,一项上海市好新闻一等奖;部门的报道四次受到《解放日报》和《文汇报》的评论,算是兑现了组建这个部门时"重铸辉煌"的誓言。

与此同时,《新闻晚报》在这两年不到的时间里,发行量从以前的逐步上升却慢慢下降。经过这个艰难的过程后,报社开始认真反思。2003年11月,寿总带我们几个部主任去南京考察,回来后在小范围讨论过晚报改版的思路,认为还是要走低端市场、走平民化的方向,加强热线新闻。这意味着晚报的中坚力量初步达成了共识。

毋庸讳言，许多大的变革都是"因人而异"的。就在2003年11月，裘新调《文汇报》任总编，毛用雄担任《新闻报》总编（含晨晚两报）。当年吴谷平总编调东方网，裘新担任总编后，决定了"晨报一个拳头出击"的战略；这次毛用雄总编会有什么新动作呢？晨报的发展已经相当成功，别的不说，光是广告份额已经直逼《新民晚报》。《新闻晚报》的发展理所当然成了他的关注重点。

我很佩服毛用雄总编的工作方法，在2003年年底启动的不仅是晚报"改版"，还是晚报"改制"。因此一上来就令人感觉到有一种脱胎换骨的气势，但毛总并没有一上来就拿出晚报的"改版改制"方案，而是在晚报发动一系列的调研考察和头脑风暴，让晚报人在广泛参与的过程中，经过自己的梳理来达成共识。

同时，在寿总主导下，经营上的改革动作也很大，我作为一个采编业务的部主任，并未参与其中，只能从自己所涉及的晚报内容改革上谈一些经历。

2004年元旦一过，晚报各部主任带领部分骨干兵分六路，赴北京、深圳、成都、香港、杭州和南京，考察了20余家报纸。其中，我与顾万全、詹皓三人组去深圳考察。考察小组回来后各自拿出考察报告，用PPT在全晚报演示。

汇报演示结束时，寿总指出：我们需要的东西，局部已经出现在"他山之石"中了，另一半需要我们创造。要求我和文艺部主任王昕、编辑部主任秦川负责拿出考察总报告。寿光武说，总报告不一定代表最终方案，但不能混过去，否则市场会惩罚的。毛用雄要求下一步报告必须回答以下问题：考察的总问题和亮点的概述；汇总办报战略，特别是后来居上者的战略；汇总定位和理念；别人如何出拳；机制和架构的阐述中要包括采编流程等；形态和发行的阐述中要包括出报时间、大小报形等。

1月25日，正月初四，是考察总报告的演示日子。《新闻晚报》所在的18楼会议室人满为患，仍不断有编辑记者赶来，很多同事甚至坐夜班火车赶回上海参会。这一天，解放日报报业集团社长、党委书记陆炳炎和集团内的办报精英也专门来为《新闻晚报》的改革出谋划策。

考察汇总的标题是：《靠内功竞争市场　六地媒体的构架与运行》。在演示考察总报告的同时，我们阐述了考察组对改版改制的建议和想法。主要观点和内容如下：

一是提出一切围绕本地新闻和当日新闻。

重要兵力投向主战场，主战场在哪里？就在本地，介绍各地都市报扩版的重头都是本地新闻。

用精兵组成晚报生命线，坚持晚报晚出，把当日新闻作为生命线。介绍各地报纸近年来纷纷推出的"截稿消息"版、"昨夜今晨"版、"当晚新闻报道小组"等。

投入巨资武装现代化的热线与监控。介绍外地都市报全副武装的热线与监控,设备现代化、人员密集化、报酬倾斜化。媒体的消息来源比政府还快,媒体记者到现场比警察还快。

二是提出要用民生新闻打影响,用专刊新闻创收益。

当今民生新闻开始走向主流,读者从关注街头的暴力凶杀等新闻,到开始关注与自身有关的政策、维权、便民、观点等民生新闻。

大多都市报已经把专副刊从纯新闻部门中剥离,与广告结合,走咨询、活动的路,简言之"卖活动"。

三是介绍各地报业的一些新的操作方式。

比如分叠管理和以版面为中心的机制,各分管老总指挥某一叠报纸的采访、编辑、出版;版面责任编辑不仅编版面,还要负责策划、改稿。其他还有诸如国际经济新闻与国内经济新闻连成一片、大幅度增加摄影和图片、统一操作平台、每周一次"锄报会"、采编全员聘用制度、报纸质量控制流程和刚性的考核体系等。

最后我们谈了几点体会:围绕本地、当日新闻调整版面和采编力量。对热线和监控投入重兵和巨资,武装到牙齿。以分叠、版面为轴心,建立严格的运行程序。在建立完善评估体系的基础上,实施严格的考核体系。以剥离后的专刊为基础,组建以活动带动广告的营销队伍。以不变应万变,提出报社同仁精神。

这一报告后来成为解放日报大楼的热门,我们三人分别被集团不同的报社请去演示这份调研报告。

与此同时,尼尔森公司对《新闻晚报》市场的调查结论也出来了,与我们的考察报告相一致,不约而同指出晚报需要改进的核心是增强新闻性,包括增强本地新闻,增加实用信息,加强独家报道。至此,加强本地新闻报道已经成为大家的共识。

考察汇总演示报告之后,晚报骨干又分成几组,先从晚报整体出发讨论改版改制设想,再结合各自版面谈具体设想。

我所在的本地新闻改版讨论组,在方案中提出:在A叠16个版中,做11个纯粹本地新闻版;在部门设置上,将"热线"独立成部,配置采编32人以上,分早晚班24小时待命,同时配备直线电话5部,热线手机1部,采访车2辆,对讲机5台,数码相机和录音笔人手各一……这在过去是想都不敢想的。

2004年3月底,《新闻晚报》最后公布了改版改制方案,这是《新闻晚报》历史上第二次大变动。如果说2000年那次变动是晚报为了晨报的发展而进行退缩,那么,2004年的这次变动则是晚报一次为了自身发展而进行的跨越。

报社在权衡之后公布的这个改版改制方案中,虽然没有采纳我们提出"将热线独立成部,配置采编32人以上"的建议,但却决定将原来只有10来名采编组成的社会新闻部扩大到32名采编的大部。

晚报历史上,曾有过两次大部,每一次大部运作其实都是大改版实战的前奏。上一次的大部运作是2001年3月至4月,晚报唯一的采访部扩充到23名记者,一个月后,这个大部被划分为四个采访部。这一次的大部运作从2004年4月到9月,晚报的社会新闻部扩充到32名记者,运行了四个多月。

非常幸运的是,两次大部都由我担任部主任,就如同大战前的"集中培训"。我知道这样的"集中培训"只不过是一种过渡,但依然非常认真对待。

32人的大部,担负起改版改制后"热线版块"的采编任务,分别为A叠4、5、6、7、10五个版面,占到本地新闻版面的将近一半。领受任务后,我与部门同事一起商量,对五个版口进行了如下的描述:

A叠4版:昨夜今晨(每天)

昨夜今晨"黄金时段"是晚报的生命线。

主要报道"昨夜"23:00至"今晨"截稿止,晚报时段内发生的重要新闻。

内容包括突发事件、投诉监督、人间真情等发生在本市的社会新闻,也包括在此时段发生的本市或周边地区的其他新闻。

夜间值班记者应定期做好夜间策划活动。

A叠5版:热线投诉(每天)

"百姓投诉、媒体监督、政府管理"三方互动。

从百姓投诉中精心选题,调查核实,每天做一主打,连线政府部门,可加评论。要有一组反馈,一组百姓留言,一组黄牌警示,适量的投诉稿。

定期对百姓投诉和政府反馈进行综合分析,与人大、政协、政府机构的考察、执法进行联合行动。

要做好"打假热线""夏令热线""追薪大行动""周末特别行动"等晚报特色活动。

A叠6版:热线现场(周一至周五)

实录记者现场目击。

版面形式以现场图片为主,内容以突发事件和街头即景为主,强调现场感和视觉冲击力。

推出栏目:《老白新闻》。

遇重大突发事件,调整热线力量配置,做一整版事件新闻或做"头版+2整版焦点",即实现"潮汐"理念。这是在改版设计阶段寿总提出的理念。他解释说,新闻的发生如潮汐起伏,当潮汐来临时,尽可能做足新闻,形式上夸张到极致,形成高潮;低潮时,应当运用各种手段,通过策划、包装,制造高潮效应。

A叠7版:热线法制(周一至周五)

提供法律服务,破析警世案件。

法制版的定位表述如下:"以案件为窗口透视社会现象、以趋势调查提醒社会关注、以透明手段监督执法公正、以互动方式促进法律完善"。

推出栏目:《讨个说法》《庭审纪实》《明日开庭》《执法现场》《悬赏举报》《法律援助》和《拍案惊奇》。

A叠10版:热线情感(周一至周五)

以报道社会故事、人间真情的新闻为主,在弘扬精神文明的同时,审视社会道德良心,提供心理咨询和情感矫治。

2004年4月中旬,通过本报抽调、社会招聘和借调等各种途径,社会新闻部32名采编逐步到位,东悦杭、顾万全等一批我曾带过的年轻骨干也加入这个大部。但由于新调来的大部分记者没采访过社会新闻,部门先组织了"批评和突发事件报道操作规范"的培训,以预防采访中出现问题。早在2003年1月,晨晚两报合编过一本《各类新闻操作规范》小册子,其中有关"社会新闻报道操作规范"一章就是由我起草的,内容大部分来自本报几年来曾发生过的案例,包括导向立场、职业道德、报道纪律、采访要求、写作要求等,针对性很强。

同时,面对如此多的热线版面和时段新闻的要求,必须制定严谨的新闻操作程序,其中信源流程是最大的事。好在社会新闻部在前三年逐步形成了一系列操作规范,在来自110、120、119、打捞局、海事局、水上公安、铁路公安、公交公安、交巡警条线上的信源外,坚持和拓展多媒体合作,与东视夜间值班室、上海热线投诉平台、上海电台"990听众热线"等共享信源平台。在做大自己信源平台上,继续紧紧围绕"拓展信源、快速反应、完全反馈、对外合作、社会活动"五大任务开展工作,并使这五大任务构成一个完整的连环,互相推进,良性循环,从而造就知名记者和品牌专栏,使本报热线真正能热起来。

细节决定成败,在具体操作上,我们重新梳理完善了一系列关于接线、登记、归档、认领、策划、转发、催问、反馈、问责等环节。

为便于管理,除了固定岗位的7名编辑、接线员,我们将25名记者分为三个组:现场组11位,由东悦杭负责;法制组8位,由毛依栋和顾万全负责;投诉组6人,由徐勋国负责。

其中重点是现场组,这11位无条线记者,要承担"昨夜今晨"和"热线现场"两个版的供稿,任务艰巨。为此,我提出"网格记者"概念,对"网格记者"提出了如下要求:

挑选上海容易发生突发新闻、社会新闻的重要聚焦场所,初步设定十大网格场所:人民广场,向北可涵盖南京东路步行街,向下包括地铁1、2号线换乘站;虹桥机场,向东涵盖虹桥地区,如天山路商业街、仙霞路美食街等;徐家汇,向南包括万体馆;火车新客站广场及周边地区;外滩,包括延安东路隧道、过江观光隧道等;五角场地区,包括周边大学校园;豫园地区;新天地,包括茂名南路、衡山路、巨鹿路等夜间人气地带;浦东陆家嘴地区,包括滨江大道等;浦东世纪广场商业中心。

以上十大地块由记者分片负责,要求记者尽可能熟悉这些场所相关的公安、消防、武警、医院、超市甚至出租车行业等,建立动态与静态相结合的线索网络,结合热线,建立自身的信源,形成覆盖全市的网格化信源系统。

76. 昨夜今晨激烈交战

2004年5月初,《新闻晚报》改版改制思路确定、人马到位,在苏州东山召开了誓师大会。作为晚报体量最大的社会新闻部主任,我有一个发言,摘录如下:

改版,对晚报的同仁们来说,已经是一个很熟很熟的字眼了,四年来,我们一直在困难的条件下不断改版。但这一次不光是改版还有改制。我们相信这是晚报大飞跃的又一个起点,它将不同于以往的任何一次。

四年来,我们曾经稳步前进,但近两年来,在本市媒体竞争趋向激烈的情况下,我们却徘徊不前,阻力重重。因此,我们期待大手笔的改革,希望上上下下都有一种背水一战的精神。

上海的报业市场,实际上剩下的空间越来越小。能轻松做到的,别人都已经在做了,留下给我们走的路必定是艰难的、辛苦的。

毫不犹豫地将时效新闻和本地新闻作为竞争的主战场,毫不犹豫地坚持走低端化和实用化的办报道路,我们就能够准确地使用人力、物力,就能够抓住时代的机遇,牢牢地把握晚报所依靠的基础和力量。

我们并不缺乏主意,只要我们强化对主意的管理;我们并不缺乏智慧,只要我们善于对智慧进行整合;我们并不缺乏人才,只要我们学会对人才程序化的使用,建立起系统的流程控制和市场化的评估体系,我们就能够连续地、平衡地、稳定地提供有影响力的稿子、观点和分析,体现编辑部的整体判断和意志,从而让晚报的市场形成新的空间,扩大新的领域。

现在，晚报的社会新闻部已经有全市媒体中第一个无条线的热线记者团队，这种体制将促使我们下决心全面改造热线，使之在上海媒体中成为对社会最具有渗透力的队伍，从而成为《新闻晚报》在跨越性大发展中的重要突破口。

我们相信在报社的支持下，它会成为装备最现代化的的队伍。我们可以用先进的工具，加快新闻时效，占有更多资源。但我们决不会成为电话记者、传真记者、网络记者，我们的工作场所，永远在采访现场的第一线。

热线，将会是晚报直接从社会获取第一手新闻线索的"雷达"，是晚报行使舆论监督和表达亲和力的一把双刃剑，也是晚报显示"传递速度"的重要赛场，我们将努力使自己成为晚报开辟市场的先头兵。

东山誓师动员大会后，大家摩拳擦掌准备大干一场，可是定于5月中旬的改版时间却突然被上级延迟了。什么时候可以改版？不知道。

记得当时就有一种要《新闻晚报》做好"边缘新闻"的理念，我觉得好奇怪，哪一个媒体人愿意在新闻的边缘地带游荡呢？几乎所有成功的团队，无一例外是横平竖直、字正腔圆的。《新闻晚报》作为一家综合性的时政类日报，提出走低端走市场，实际上就是要从"精英"这个脱离大众的边缘里走出来，归本正源，做好主流价值的新闻。

《新闻晚报》改版延迟，《新民晚报》却在5月18日如期推出了改版的报纸。毕竟是"老大哥"，叫"小阿弟"在起跑线上退避一下也无可非议，否则同一天一个城市两张晚报推出改版，也太剑拔弩张了。不过，这并非一件坏事。我们有了一个观察和了解竞争对手的时间。

《新民晚报》改版一周后的5月25日，我在部门业务会上对其作了一次分析：

《新民晚报》社会新闻板块改版后的版面配置有《昨夜今晨》《法治》《声音》《目击》《都会》，同我们的《昨夜今晨》《法治》《沟通》《现场》《热线倾诉》基本上是捉对厮杀。

具体来看：

《新民晚报》改版后的《昨夜今晨》有点名不副实，其头条和主打基本上都是昨天上午和昨天下午的新闻，而不是昨夜今晨的新闻。要想做好这个版面，体力和信源上的比拼是十分重要的。既然是晚报的黄金时段，就必须付出黄金的代价。

《新民晚报》的《法治》版有信源上的优势，他们的老记者同公检法有深厚的个人关系；报社同某些公安机构也有着特殊的合作。在内容上，他们开始重视民事案件,注意法制报道与百姓的贴近;在图片上,他们用整治交通、脏乱差等涉及其他法规的内容,解决了这个版面图片的问题,值得借鉴。

《新民晚报》的《声音》版从原来的"读者来信"变化而来,同我们的《沟通》版对应,但每周仅两期,比我们的版数要少。而且在内容上,由于他们的"人脉"太重,监督与批评显然阻力重重,力度不够。虽然保留了名牌栏目《岂有此理竟有此事》,但原来带点虚拟的《蔷薇花下》至今不知落在哪个版下。我们会有相应的栏目《不是虚拟》来对应,这一块,我们有信心。

《新民晚报》的《目击》版每周只有四期,量也比我们少。在内容选题上与我们的《现场》有区别,他们目击的是人物和故事,而我们定格的是现场和事件,同样是图片版,冲击力会因此而不一样。只是他们的彩版很让我们羡慕,希望我们也能出彩,而不是黑灰白。更重要的是,我们应该配备精良的摄影器材,让专业的摄影记者参与到社会新闻的现场报道中来。

《新民晚报》的《都会》是新的版口,定位在城市新闻、市民新闻,反映都市的新风尚、新亮点。我们的《热线倾诉》定位在社会故事、人间真情,在弘扬精神文明的同时,审视社会道德良心、提供心理咨询和情感矫治,这同《新民晚报》的《都会》有较大的区别。但量要比《新民晚报》少很多。报道上也受到"倾诉"的局限。

最后,我不得不谈谈两张晚报潜伏在版面背后的两大竞争:

一是占领信源这个制高点。《新民晚报》对此十分重视,他们通过几个手段来形成对信源的占领:①热线号码显示在头版上;②连续推出新版介绍;③文新集团自办了号码统一的962288呼叫中心,30多位呼台小姐日夜值班为集团内各家媒体服务。我们必须加紧这方面的工作,在解放集团一时办不起来的情况下,我们可以走出去同别人合作。④文新集团全面改造网络版,推出了文新集团网站。尤其是在新的网站上为各家报纸开出了报料、评报、订报、登分类广告的互动窗口,运用现代技术,为新闻线索的提供、建立市场评估体系、报纸发行、广告经营等开辟新的渠道。在解放网络版眼下尚无改变的情况下,我们也可以走出去与大型门户网站合作。

以上后两点应引起我们的高度重视,因为这是一种新模式的操作手段,比一般意义上的稿件竞争和版式竞争要深刻得多。我们应该为今后的长远发展和更潜在的核心竞争力做点动作,打下基础。

二是用活动来带动互动。《新民晚报》改版以来,还没有看到他们在此方面有什么打算。而我们过去在活动上是强项,应该坚持。

被延迟改版的我们,应抓住这一段时间,调集整体力量,在主要版面上策划各种社会活动。活动可大可小，但一定要与读者互动（最好能恢复读者俱乐部活动）。在正式推出改版的第一天起，就要有序地、让对手应接不暇地、一个接一个地推出，从而亮出"更贴近市民"的特性。

这一年《新闻晚报》的改版算是好事多磨吧，终于，我们获准在6月12日，即《新民晚报》改版后的第20天，可以推出新的版面。

6月11日，晚报再开改版改制动员大会，我又发了言，但已无多言，全文如下：

我们的对手只有一个：《新民晚报》；

我们能为自己定下的第一个目标：就是先成为一张赢利的报纸；

我们为此目标提出的工作标准：所有人在各自的岗位上都力争第一；

我们的主战场是在"当天新闻"，避开主战场就不能成为一张主流报纸；

我们需要改变的就是自己，因为我们改变不了市场；

我们需要改变新闻思路、改变关注点、改变操作方式，这种改变不是跟风，而是创新；

我们需要大量在幕后为了创新而默默无闻的工作，这些工作能够为拓展信息来源、扩大报社影响、加大新闻力度打下基础，以保证我们有足够的发展后劲；

我们需要提倡和需要下大工夫的正是这种打基础的工作，而不是形式上的热闹和花里胡哨的概念；

我们的对手正在紧锣密鼓加快步伐，留给我们的机会不多了，因此，我们要撇开与发展无关、与业务无关的唠叨和计较，果断地前进！

我们需要用作风和精神来弥补我们队伍基础和设备条件的不足；

我们相信晚报定能成功，但不要幻想不经历艰难曲折就能成功。

6月20日，《新闻晚报》改版一周后，在各地媒体人聚集的"西祠胡同"网站上，出现一帖，标题是《两张晚报"昨夜今晨"激烈交战》，内容照录如下：

（时段竞争篇）

没想到上海两张晚报的竞争是如此激烈，两家报纸版面对版面，直接捉对厮杀。比如围绕晚报特有的时段竞争，两家都设了《昨夜今晨》版面，但是改版以来，《新民晚报》这个版输给了《新闻晚报》。别不服气，有案可查：

尽管《新民晚报》5月18日改版，比《新闻晚报》早20多天，但直到6月17日前，《新民晚报》的《昨夜今晨》版新闻（除了简讯之外）发生的时间，都是"昨天上午""昨天下午"，成了"昨日新闻"而非"昨夜今晨"。

《新闻晚报》6月12日改版后，其《昨夜今晨》版的新闻都是发生在"昨天夜里"或"今日早晨"，是名副其实的"昨夜今晨"，为了显示自己与《新民晚报》的这一点区别,《新闻晚报》还在主要新闻的标题旁,标上了表示货真价实的指示着时间的钟的图案。

这对《新民晚报》肯定是一种刺激,在《新闻晚报》改版一周后,起码读者在6月18日的《新民晚报》上看到了这一变化。这天的《新民晚报》之《昨夜今晨》版的新闻,终于都是昨夜和今晨了。

《新闻晚报》那帮小子,害得《新民晚报》那帮老大哥不得不在深更半夜出洞了。苦啊!!!

网上的这段评论,后来被复旦新闻系一位教授摘用在他的论文里,发表在新闻专业杂志上。

两年后《新闻晚报》要出版《晚报作为》这本书,我提供了当时"昨夜今晨"发生在办公室里的一个场景记录:

改版后的第五天,2004年6月17日凌晨1点,总编毛用雄悄然来到社会新闻办公室,惊醒了横七竖八躺着的记者。

见到年轻记者都站了起来,毛总说:"吃过东西了吗?到下面'小梁园'吃点,我来买单。"

记者都说"不用了"。

毛总认真地说:"那就去超市买点吃的吧,对了,买一箱方便面,买最好的,最大的,8块一碗的那种,我来报销。"

这句话把大家逗了个人仰马翻……

社会新闻部为了摸清这个时段到底有多少信源,也为了在改版到来前占领住夜间信源的制高点,从2004年1月起布置两名记者夜间值班,3月增加到每夜四名记者值班,并建立了一周轮换制度。

没有交通费,部门贴;没有照相机,个人买;没有休息的地方,部门特地请人制了一个转角沙发,连垫子一起算上,可以躺下四个人。

新招聘来试用的两个记者干了一个多月,打退堂鼓了。他们说:条件太差了,哪有这样干的?

但大部分记者有一种信念:只有先用艰苦的付出来证明"黄金时段"的黄金价值,才能改变我们的困难处境。

他们坚持了几个月。正式改版开始,开辟了《昨夜今晨》版,人手更紧,一些值夜班记者有时夜间连着白天干,毫无怨言。

6月16日的深夜,高大体胖的何易终于不负重荷,晕倒在了电梯口。掐人中、拍脸颊、敲心脏,最后用五个人才把他艰难地送到医院。

何易没事,就是太累了。那些天,他和张勇暗地里互相摽劲儿,比谁能更长地"夜以继日"。

也许毛总听到了这一消息,也许没有,反正巧得很,几小时后的凌晨,他便来到了完成第一波采访、刚刚躺下小憩的记者中。

尽管他那句"买最好的方便面"把大家逗乐了,但显然,那个后半夜毛总的心情却很沉重。

第二天一早的编前会上,毛总动情地说:"看看这些记者这么敬业,我真的很感动。没想到他们那么艰苦,作为报社领导,我觉得惭愧!"他当场宣布要解决夜间采访交通费,要解决夜餐,要解决夜间休息条件这三件事。

最艰苦最拼搏的前线,从此有了更有力的支撑。

总编办公室搬来了新的沙发,领来了夜餐券,下发了值班费和交通费。后来,条件更是迅速改善,添置了录音笔、摄像机、御寒服装、汽车和司机。

夜间值班,终于鸟枪换炮。晚报的记者精神得像夜猫子一样,不停地出击在夜深人静的大街小巷。

77. 直播"特别行动"

2004年7月5日到8月2日,是社会新闻部的第三次"夏令热线"行动,也是改版改制后的第一次"夏令热线"行动。

《新闻晚报》前两年的"夏令热线",可谓一年一个创新:2002年创造了多媒体合作,2003年创造了周末特别行动。第三年,还能有什么创新呢?

媒体的生存法则就是研究政策和规则的变化趋势,制定应对策略,在自我发展中创新竞争特色,对媒体的任何一个部门和个人来说都是如此。需要创新的地方很多,也是无止境的。随着网络和移动载体的科技发展,我们在2004年创造了特别行动的现场即时直播,这在传统纸媒中是第一次尝试,这是2004年《新闻晚报》"夏令热线"最大的创新。

除了特别行动现场直播,加上《百姓留言》版与政府网站的合作、网格记者与地区人大代表的联动,形成了《新闻晚报》改版改制后社会新闻部多层次立体传播的方式,展现了报纸向社会渗透的活力和潜力。

这里不再赘述2004年"夏令热线"中继续沿用的多媒体合作和周末特别行动,我只撷取以上这些新的操作手段作简单介绍,可以说,这些新手段即使在今天也还有新意。

一、反窃电特别行动直播

2004年7月18日,从15:00至22:00,本报联合上海市电力公司展开"反窃电周末特别行动"。记者跟随沪东、沪南、沪西、沪北和宝山五个供电分公司的稽查人员,查处了30户窃电居民、35户窃电企业。

这次周末特别行动提前两天就在头版预报,以便于市民举报。由此也引起上海多家媒体关注,派出记者采访。

7月18日,这天社会新闻部的办公室成了特别行动线索分配的总调度室,相当繁忙。热线电话在接听举报后,要立即将线索提供给前方的五路稽查队。同时,它还是新闻直播的中转站,配备了专门人员,在网上接受前方记者发回的图片和文字,并立即通过网络再传发给上海热线网站。

随后,这些图片和文字不仅在上海热线网页上直播,还在徐家汇太平洋数码广场大屏幕上进行现场直播。这天15:00~17:00,本报与上海热线合作,在此设立了一个"夏令擂台"。"夏令擂台"除了宣传用电常识、受理市民投诉、现场有奖问答打擂活动外,最重要的就是在打擂间隙由主持人不断播报反窃电行动的最新举报数字、由上海热线网上播放五路电力稽查队在前方查处的即时图片实况。夏令擂台现场成了反窃电特别行动的"直播枢纽",让纸媒记者过了一把网络记者的瘾。

15:00,现场传输了夏令擂台宣传及咨询图片的消息。

15:25,接前方举报线索,主持人现场宣布:"已经接到窃电举报17条。"消息及图片马上出现在擂台旁的上海热线和夏令热线大屏幕上。

15:40,夏令擂台获悉:举报线索已有29条,电力举报热线和前方的五路小分队正根据线索检查处理。主持人及时向在场群众进行了播报,同时相关信息出现在上海热线的网页上。

16:10,主持人第三次播报实时情况,擂台引来了多家媒体关注;上海电视台、东方电视台、《上海日报》、《新闻午报》等单位也跟随有关人员到前方现场。

16:40,主持人和上海热线同时播报:线索分析进入最后阶段,并将由检查人员和95598电力热线共同进行处理。

17:00,主持人宣布:共接到窃电举报140多条,现场确定的线索近100条。目前检查人员正在一一查实,已经检查的线索达到近30条。本次由本报和上海市电力公司、上海热线组织的"反窃电周末特别行动"将一直持续到22:00。

那天有近千人次冒着太阳直晒的高温,在参加两小时擂台比赛的同时,观看了同步传送的反窃电现场报道,上海热线的专题网页点击率超过了两万人次。

年近半百的顾先生边看边不断询问电力公司查窃电的情况。他说:"我还是第一次看到一边宣传用电知识摆擂台,一边现场报道查窃电的情况。这次,我可相信查窃电是真的了。"

7月25日,本报进行了特别行动的第二次现场直播。

这次是"食品卫生周末特别行动"。根据市民的投诉和举报,卫监部门即时出击查实。本报记者分赴市卫监所及浦东、闵行、闸北、普陀等区的卫监所,随同现场采访。

根据食品卫生举报高峰在晚饭前后的特点,执法部门在19:00开始行动。而设在徐家汇太平洋数码广场的擂台活动也与执法检查同步开始,一直到21:00同步结束。

由于这次直播是在晚上,避开了夏日曝晒,吸引了更多市民。在2004年,"报网联动"达到了现场直播的形式,对市民来说确实是件十分新鲜的事。

二、本报热线与政府网站合作

7月29日,本报在头版发布了"周末特别行动预报":

明天早上9点(7月30日)至周日下午4点,市民可以通过上海热线或直接登录到本市六个区政府网站投诉网页,投诉环境卫生问题。本报热线电话也同时接受市民的投诉,与六个区政府网站、上海热线联手,在职能部门的支持下,快速为市民排忧解难。

周日(8月1日)下午,部分区(县)分管领导及环境卫生部门负责人还将坐镇各自政府网站,受理投诉或与投诉人进行网上沟通。本报热线记者将分赴六个区政府网站,并邀请部分人民代表深入现场查看存在的环境卫生问题。

预报同时公布了六个区政府网站的投诉网址。

之所以与六个区合作而不是所有区,是因为晚报推出《百姓留言》专版后,实施了新的流程:将百姓投诉的内容传送给各区政府网站,再由此渠道搜集各区职能部门的处理反馈。几个月下来,这六个区的政府

网站与晚报的《百姓留言》版结下了良好的沟通关系。而六个区之外的政府网站相对来说沟通得还不理想。我们想通过这次活动对其他区进行一次推动。

从这次活动的效果来看,与区政府网站合作的主要优势是,对百姓投诉的处理十分精准快捷。好几家政府网站早早就提醒相关部门做好准备,随时出击解决百姓投诉的问题。

7月30日,宝山区政府网站站长及宝山区市容局主任"坐镇"网站,当天下

午共受理有关环卫投诉11件,件件有回复。其中堵在胡家桥路上的200吨垃圾当天全部被清除,长达430米的路面恢复原貌。群众纷纷说:"路通了,我们气顺了!"

15:00左右,宝山区政府网站接到本报转去的市民投诉,反映泰和西路3381弄铝合金加工点扰民。15:40左右,城管部门来电说,情况属实,已经当场取缔。黄站长随即回复市民。从接到投诉到转办、处理,最后回复,整个过程不到一小时。

静安区信息委分管政府网站的负责人,每隔一小时对网上投诉进行实时监控,第一时间将投诉分流到相关部门。区市容市政和区环保局值班人员对于收到信件当场给予处理意见。

8月1日,闸北区政府网站于年初刚刚建立,这一天开通了嘉宾聊天。聊天还未开始,已经有许多迫不及待的网民在网上预提了20个问题,涉及马路菜场、小区环境、垃圾堆放、绿化、噪声等。闸北市容环卫局两位工程师坐镇与网民对话,原定一小时的聊天,延长了半小时,不少网民抱怨时间仍然太短,一位网民说:"以后这样的活动可以多点啊,事先告知大家,参加的人还可以多点。"另一位提出建议:"希望能在双休日搞这样的活动,平时大家要上班,很难参与的啊,请考虑。"网站负责人林先生介绍,由于今天还有不少问题没能很好地回答,他们决定将活动延续到周一,届时闸北区区长将带领有关部门的官员亲自坐镇,回应网民投诉,解决实际问题。

三、网格记者与人大代表联动

在与六个区政府网站合作开展"周末特别行动"的活动中,晚报还在其他区域首次推出了"网格记者"与人大代表联动的方式。

"网格记者"是晚报社会新闻部在4月份为改版而设置的热线组。这些无条线记者的新闻采访该如何操作?我们在这次"夏令热线"中进行了尝试。与传统的"条线记者"不同,"网格记者"分别对应上海的十大商业中心,以此分块负责,获取信源和进行采访。这次"网格记者"与各自所在地块的人大代表联手,参与晚报的周末特别行动。做法是这样的:由"网格记者"事先收集读者对地块投诉的相关问题,然后通报给人大代表,并随同人大代表实地调研。

比如说豫园地块:

在豫园到外滩之间,有一条不起眼的小马路——新永安路。记者接到读者对此路段垃圾遍地、污水横流的投诉后,随同市人大代表王立南,到现场进行实地调研。一路上听到环卫工人埋怨居民习惯差,经常前脚扫后脚扔,每天两班、每班三次都扫不干净。居民反映下水道设备陈旧,垃圾桶和垃圾堆放点太少。居委会感叹这里都是老式房子,做了许多工作,但难度很大。

王立南代表调研后提出,除了教育居民自觉维护环境卫生外,这条路上公共厕所、环卫基本设施如垃圾桶等不足,相关部门应考虑是否适应百姓的需要。他将对新永安路的问题作进一步研究,把部分建议写成书面意见提交。

再如针对火车站地块:

在恒丰北路中兴路附近,小商贩擅自占道经营,环境肮脏,行走困难,路人只能走在机动车道上。记者将读者投诉与人大代表杨国良通报后,随其一起前往调查。杨国良代表边走边说,这种占道经营的情况,执法部门来检查一次,他们就将摊收回,可是一旦等执法人员走了,他们就又恢复原样,因此,长效管理才是根本措施。比如说在马路两边各设置一个岗亭,安排专门人员在此上班,一旦发现有占地经营的立即通报有关执法部门,坚持一段时间,这样才可以彻底解决。他表示将以此为课题,再花时间来数一数有多少摊位,是卖什么东西的,然后写一个书面意见和调查报告,建议城管、街道、居委会等多部门协调,拿出一个可行性处理报告。

78. 新闻总监这活儿

6月12日改版后,毛用雄总编在连续参加晚报早上编前会后,发觉与会人员经常在选择头版头条时,各说各的,意见不一。他认为有必要形成基本认识一致的判断标准,于是组织了关于"头条标准"的讨论。

参加讨论的人分成几组,7月11日,在浦东召开"头条标准"演示报告会。我所在的这一组推出东悦杭,做了题为《头条新闻"三判制"》的PPT演示。所谓"三判",即初判、复判和终判。初判看五大要素:本地、低端、时段、有用、好看,谁占的多就选谁。复判比较三点:事件大于现象大于观点,独家大于原创大于整合,冲突大于平实大于文采,谁最大就用谁。终判根据一个体系:建立起真正的市场评估体系,包括定期做好读者调查,定点报摊每日反馈,谁不顺应市场就淘汰谁。

而在会前,毛总和寿总就指定由我起草一个对头版头条的供稿、生成及评估的流程。

我很佩服两位老总对流程的强调和重视,因为任何理念在形成后,能否保证贯穿始终，最后是要靠流程来落实的，否则就会流于空谈。不过，流程的设置并不是一件简单的事，它必须抓住这个理念的实质到底是什么？必须考虑到在操作中会受到哪些客观条件的制约？

我认为头版头条的判断标准中，最简单也最硬的标准就是"当天消息"，其他标准都应以此为基础。但如果把"当天消息"仅仅局限在"昨夜今晨"的时段，局限在突发事件的报道上，这是远远不够的。尽管不少人口头承认"当天消息"是晚报的生命线，但心里却认为早上3个小时的"当天消息"会有多少主流新闻呢？除了社会新闻部，其他部门有相当一些采编认为，"当天消息"还只是象征意义的，是日常报道的一种补充。这种局部的时段竞争、突发事件的竞争，又怎么能全面地把控住晚报的"黄金生命线"呢？我们要通过流程动员起晚报各个采访部门抓"当天消息"，从而影响到整体版面的变化。

这就是我起草这个流程的出发点。

现在让我们来看看，平时晚报"当天消息"的线索可能来自以下几个方面：

当天早上本报热线电话来的报料；当天晨媒预报的早上消息，他们的将来时正是晚报的进行时；条线记者经常会接到第二天早上的会议或活动的通知，当晨媒未及采访时，晚报却可提前预报；当天国内其他晨媒关于全国面上的动态新闻，只要同上海有关，上海晨媒还没来得及反映的，晚报都可即时连线跟踪。

据此，晚报可以建立早中晚"三会"制度，组织跨部门的"截稿消息值班小组"，拉开抢夺"当天消息"的全方位竞争。

在这次浦东会议上，我演示了这个流程的设想：

早上：

7:00，准备工作，各新闻部主任将头版、焦点、各自版面的头条和主打稿件传给监控室；

7:30，编前会，出席对象：主编、副主编、各部主任、头版及焦点版编辑。会议程序如下：

（1）监控室用投影方式汇总各部门的报稿，并补充当日监控到的其他媒体的内容；

（2）出席者可边浏览边酝酿几分钟（对感兴趣的内容可当场询问）；

（3）要闻编辑部据此进行选择，先提出方案；

（4）出席者对要闻编辑部方案进行简短讨论，鼓励发表不同意见；

（5）当班老总在讨论基础上拍板决定方案；

（6）设立截稿消息值班领导，根据编前会决定，与相关部门主任沟通，有权调动各部门的记者或组织跨部门的协作采访。

中午：

13:00，评报和盘稿会，出席对象：主编、副主编、各部主任、所有编辑。会议程序如下：

（1）由监控室对照其他晚报，列出网上摘稿，提供报摊反映，公布读者评价，汇总部门评分；

（2）由主编确定昨日的A、B、C、D四个等级的稿件和版面，小结编辑得失；会后公开张贴评报结果；

（3）分管主编主持由各部主任参加的策划会，对当天其他媒体尚留的"第二落点"新闻进行分析，对各部门报来的重要新闻线索进行策划调度。

下午：

16:30，督稿与策划会，出席对象：晚间采访值班人、要闻编辑部和各新闻部主任。会议议程如下：

（1）各部门汇报午间策划会后采访的落实情况；

（2）各部门汇报当晚和第二天早晨的新闻线索，确定重点采访；

（3）晚间采访值班人有权组织和跨部门调度当晚和第二天早上的采访。

在我的眼里，"当天消息"形成的时间顺序，并不是从早上编前会开始的，而是从中午盘稿会开始，经过晚上的督稿会，再到第二天早上编前会，这才是一个完整的过程。它可以理顺各部门的连接沟通关系，加强对线索的策划讨论，保证早上时段的现场采访。监控部门也是如此，必须对重大"当天消息"进行全过程的一天三次监控。

观念有了，流程也有了，谁来负责？在"头条研讨会"的最后，宣布设立新闻总监和编辑总监，确定我、王昕和王崇三人担任新闻总监，由我做牵头人。

随后我起草了一份《新闻总监操作备忘录》：

新闻总监是操作岗位，在值班主编领导下，执行报社的新闻生产流程。不干预各新闻部门的运行和工作，通过对新闻线索的分析、策划和对采访的协调、监督，为各新闻部门最终完成头版、焦点和最新消息稿件提供服务，为编前会决策提供程序上的连贯和采访上的保证。其操作流程如下：

（1）参加早晨编前会，贯彻编前会和主编的意图，协调各部门的记者或组织跨部门的协作，灵活机动应对各种变化，完成当天必须见报的采访。

（2）参加中午评报会，辅助分管主编主持由各部主任参加的盘稿会，对当天其他媒体尚留"第二落点"的新闻进行分析，对各部门报来的重要新闻线索进行策划。

(3) 召集晚上督稿会,检查午间盘稿会后各新闻部门采访的落实情况;汇总各新闻部门当晚和第二天早晨的新闻线索,掌握新闻采访进展的变化,并对晚间时段新闻和第二天的截稿版消息进行深一步的策划和协调。

(4) 督稿会后,值班新闻总监要与编辑总监就稿件见报形式进行沟通,向主编汇报,然后将稿件目录传到监控部门。

可见,新闻总监并不是一个职务,只是一项工作任务。并不是每个部主任都愿意干这项多余的差事的。这个三人组成的新闻总监,没多长时间就因种种原因只剩下我一人,不仅要参加晚报的一天三会,还要负责社会新闻部这样一个32名采编大部的日常运作,包括这个部门夜间值班的安排。每天早上6:00离家,夜里10:00后才能回家。这种工作状态一直持续了两年。

这年,我已经51岁,年过半百,身体还好。在华东干部疗养院体检时,同屋两位与我年龄相仿者,指标不是这高就是那高,而医生拿出我的指标都在标准线上,被医生赞为"30多岁的身体素质"。说实在话,没有这样的身体,还真扛不住"新闻总监"这个活儿。

与新闻总监一起设置的还有"晚报别动队",即我在流程中提到的"截稿消息值班小组",不知道哪位激情人士为他们起了个"别动队"的名称。当时晚报记者只要完成采访任务即可,并没有规定上班时间。早晨编前会后安排记者采访,有人常会说"我还在休息"。"别动队"的建立,不仅仅保证了当天早上的采访,更重要的是,他们采访的截稿消息相当一部分来自不值班记者的条线,这对条线记者是一种压力。很快,压力变成了动力,动力产生了变化。没有一个采访部、没有一个记者甘愿落后。

最明显的变化体现在晚上督稿会上,各部门都开始报第二天早上的节点新闻,并主动安排本部门的记者采访第二天早上的截稿消息。

这推动了晚报记者在作息时间上的变动。两个月后,天气渐凉,想起就要面临漫长的冬天,"别动队"记者不免开起玩笑:"今冬日子怎么过?"而就在此时,晚报召开第二次浦东中层骨干会议,宣布了一条规定:从现在开始,全体记者早上8:00必须到岗,"别动队"无存在必要,自行撤消。

一个长期来没有人触及的上班时间从此被明确下来。在早上安排任务时,再也没有人可以用"我还在休息"的理由来推辞。从社会新闻部的夜间值班、跨部门的早晨值班"别动队",到全体记者早上8:00上班,《新闻晚报》各采访部门开始真正在"黄金时段"全方位出击,围绕报纸的生命线来转动了。

据统计,在晚报设立新闻总监之前的6月份,"当天消息"为80多条;8月份达到130多条;12月份,"当天消息"已经200条出头,是6月份的2.5倍。其中不少成为第二天各晨媒跟进的源头,晚报经常成了本市媒体发布新闻的领头羊,这打消了人们对"当天消息"能否成为主流新闻的怀疑,激发了晚报采编人员的信心。

79. 计划外的竞聘

社会新闻部主任兼新闻总监,有人担心我既是运动员又是裁判员,怎么处理好与其他新闻采访部的关系?对此我倒并不担心,秉公办事就行了。而32人的大部刚刚组建,业务不熟人心不稳,这才是我最担心的。自己部门都管不好,还能去"总监"他人吗?

尤其是社会新闻那些揭露性的曝光新闻和突发事件的报道,风险就更大。有一家被媒体批评的企业老板就曾这样对我说过:你要砸我的饭碗,我能不跟你拼命吗!在社会新闻部当了三年部主任,我处理过不少这样的冲突。

假如风险仅仅来自舆论监督时被批评对象的反弹,倒还好办,靠智慧和胆量,靠坦诚和宽容,都能化解过去。问题是我还不得不面对内部采编在报道中的一些失误,哪怕是被报道事件的时间、程度,甚至距离、人数,只要一有差错,不光部主任,甚至牵连老总,都要担负起责任,受到处罚。

2004年6月14日,《新闻晚报》第6版的《两车相擦竟堵路半小时》的报道,就因为事件发生的时间和堵路的影响程度上出了差错,受到通报批评。处理意见有好几条,其中指出社会新闻部主任负有领导责任,作出书面检查,扣罚奖金1000元,在《新闻报》内通报批评;《新闻晚报》主编负有领导责任,扣罚奖金500元。

一些新来的记者很想不通:这也太严格了吧?我只是笑笑:严格点好,否则,没准就会出点上法庭打官司或动用人事处理的大事。

赵兀,一个非常有潜力的摄影记者。刚来没几天,报社没配给专用的采访相机,他用傻瓜相机抓拍社会新闻,无论构图还是光感动感都十分到位。他还是个非常有事业心的记者,来了十多天,就针对晚报图片的弱项,提出书面建议:晚报应将分散在各部门的摄影记者集中起来,建立摄影视觉部。6月26日,他交来《替考网络惊现上海滩》一稿,有关单位发函认为此稿"以点涵盖全面",并指出"贵报社一再出现失实报道的情况"。此稿后来没有见报,算不上事故,只是送审没有通过而已。但这一连串让他不能理解的事,尤其是关于建立视觉部的建议没有得到回应,使赵亢萌发了离职念头,想去在北京办的《新京报》。

赵亢临走时劝我:你的新闻理念在这里行不通,一起去《新京报》吧。我笑笑:你才30岁不到,我已经50岁出头,不想再动了。

对他的走,我十分惋惜,因为将来晚报总要建立摄影视部的,他应该是最适合的部主任人选。

劝我离开《新闻晚报》的不止赵亢,还有在《新民晚报》的老同学顾龙。

2004年7月,解放日报报业集团中层干部竞聘,社会新闻部的徐勋国和丁昌华两人跃跃欲试,我连想也没想。有人说,不想当将军的士兵不是好士兵。可是这话并不是哪个行业都可以套用的,比如新闻行业,想当官的就大都不会是好记者。按我的本意,只要能当记者,尤其是社会新闻记者,这辈子就满足了。我是个特别喜欢写稿的人,但自从做部主任后,我怎么去跟要挣稿费的记者抢写稿呢?我只能时不时将自己的灵感和创意提供给一线的记者,在他们拿到新闻奖时,我这个部主任还能借点光。如果说,部主任干的大多还是新闻业务,我因此还略有些欣慰,那么,更高一层次的岗位掺杂了许多行政事务,我是没一点兴趣的。说的俗些,我已经拿到了新闻正高职称,行政职务即使再升,对我这个51岁的人来说,也不会高过业务职称,将来没什么用处的。

偏偏这时,《新民晚报》搞改革,担任上海新闻中心主任分管好几个部门的顾龙打电话给我,问我想不想去《新民晚报》当社会新闻部主任。我很诧异:41岁那年,我曾想去的,但因为年龄过了40岁没要我。现在我51岁了,他们怎么会想到要我去呢?顾龙解释说:《新民晚报》在这次改革中有些军心不稳。

说实在的,自1994年那次跳槽后,我已经不想再挪窝。甭说我年岁渐长,不再有横刀立马、逐鹿江湖、力挽狂澜的英雄气,就说《新民晚报》老人颇多,水也很深,对职场斗争一向避讳的我,又能帮得了什么忙呢?于是我婉谢了顾龙的好意,就这样一门心思在《新闻晚报》做好社会新闻部主任,平和过渡到退休算了。

事情却没有我想的这么平和。

2004年7月,集团第一轮副主编竞聘时,JP副主编因群众票数不足50%而落选,另外四位竞聘者也都没有通过。再加上还有一位退休的,《新闻晚报》班子只剩下三人,严重缺位。

寿总找我谈话,动员我参加第二轮的主编助理竞聘。我说:算了吧,年过半百,已经不在组织部的考察视力范围内了。这话在一年多前我就对裘新说过。

第二天,寿总又找我谈。我说:人到了这个年龄,需要的是一份尊重,这么多人都落选了,我可不想对不起自己这张老脸。寿总说:你部门另外两位参加第二轮竞聘的,只比你小了两三岁,年龄不是问题。不管别人对你会有什么争议,我需要你帮我一把,一起做好晚报的事。

听寿总这话说得真诚,心头一热,我答应参加竞聘试试。哪怕竞聘不上,我也算对他尽到心意了。

8月18日,是主编助理竞聘演讲的日子。演讲后,当场按业绩、演讲、群众评议、领导评价四个项目打分。没想到我这个平时直来直去,不在乎人际关系的人竟然得了高分。寿总有点感慨:要是第一轮副主编竞聘时动员你参加就好了。我话到口没说出来:如果不是那么多人竞聘不成,不是寿总一而再地动员,连第二轮我都不会参加,不要说第一轮了。

集团最后的竞聘结果宣布:晚报社会新闻部除了我成功竞聘主编助理外,徐勋国和丁昌华也竞聘成功,分别担任集团内另两家报纸的主编助理。社会新闻部,这个三年前被视作报社"垃圾筒"的部门,一下子出了三个主编助理,包括刘昕被《青年报》挖去做了热线部主任。这算不算是鸡窝里飞出一群"凤凰"了呢?

部门里这些人的脱颖而出,其实是在长期的社会新闻报道中经受了磨炼,他们一边认真地做好批评报道,一边热情地弘扬社会新风,对社会在"看透"的同时坚持着"希望"。正是这种高度的社会责任感,使他们迅速地成长。不过,新闻队伍中也有人在"看透"后并不理解中国普通百姓的善良与纯朴始终是社会的主流,并不理解中国普通百姓健康向上的阅读取向始终是新闻传播的主流。他们热衷于用版面换红包、热衷于打麻将赌球赛、热衷于半夜酒肉小圈子,并自以为是"精明人"。在平时,不愿陷入纷争的人可以对这种现象保持沉默,或许这样做并非愚钝,而可以解释是自我控制。只是在这种"自我控制"中,新闻队伍会失去一些思想交锋,会失去防患于未然的机会。比如JP,在落选之后尚不自省,又因个人错误,最终离开了采编队伍。

古人云"置兔都因贪捷跃,网鱼应悔不深潜"。作为敏感的新闻人,通过这一系列事应该对自身素质进行更深层次思考:我们究竟应该以什么姿态来面对新闻这份重要的社会职责?我可以走精英道路,热衷社会流行的时尚;也可以走平民路线,关注社会主流的走向。我选择了后者。

在大多数人的眼里,我是一个当过农民,浑身散发着平民情愫的知青。以至于有时会被朋友笑谈:"侬哪能档次介低啦?"我承认我的档次一直很低。你看,家中养的蝴蝶兰,是路边捡来的;我养的狗,是被人遗弃的;我从不讲究衣服的品牌,不关心住房的地段;我参与的知青联谊会,关注的是普通人;连我的妻子,也来自棚户区(呵呵)。小时候,我就喜欢在泥巴里与蚂蚁玩,不讨老师喜欢;大了后身边不乏"土匪、黑皮、一边倒……"这类绰号的人,连父母听了都担心;走上社会,三教九流什么人都交,用过去的话来说,是"阶级路线不清";用现代管理理念来看,去带一个"垃圾筒"部门正合适。

记得好多好多年以前,酒席上有人要跟我比谁的朋友多,比不过了,就说:你那都是什么朋友?上档次有用的一个也没有。没用的就不交?有用的才交?谁有你这样的朋友那才倒霉呢!一席话噎住了他。于是罚他的酒,直到他醉倒。

学者的灵魂,平民的情愫,战士的姿态,这才是真正的品位。无论你处在档次如何低的地方,也会感觉到特别的自在,舒坦;无论你混到了什么位置,拿到了什么职称,这种三合一的品位,才会给你新闻的灵感、职场的乐趣,以至于生命的自由。

80. 换一套新的

我怎么也没想到,一句随意说说的理由,毛用雄总编竟认真地当回事,让办公室给我换了一套新的桌椅和文件柜。

那天,办公室主任通知我搬到晚报副主编办公室,让我坐 JP 走后空出的位子。我不想离开社会新闻部,随口找了条理由:不想用那套桌椅。

第二天,办公室主任又来找我:毛总吩咐给你再买一套新的。她笑着问我:你是不是有点信那个?

我愕然,没有回答她的问题,心里思忖:看来只好离开社会新闻部了。

其实,我并不信那个。跟着办公室主任上楼一看,办公家具是全新的,事已至此,我只能装作是半信半疑之人,将原来朝南坐的桌子挪到朝北坐,像煞懂点风水的模样。

办公室主任一旁看了抿着嘴乐,她问:人家都朝南坐,哪有你这样朝北坐的?

我一本正经地回答她:这儿不是官府,是新闻单位。老《新闻报》副总编辑陆诒说过的,记者切忌"朝南坐"。

我偷换了一个概念,老前辈陆诒所说的"朝南坐",是对青年记者谆谆告诫,做新闻不要像姜太公那样,朝南坐在河边等鱼上钩,并不是指桌椅座位的朝向。

不过,中国历来古代帝王都讲究"朝南坐",朝南坐着,自称孤家,统治一方。朝北坐着,俯首称臣,如履薄冰。

我选择朝北坐,是在告诫自己,离开了社会新闻部一线记者的办公室,更要时时刻刻谦虚谨慎,弯下腰身,做人做事要有约束与规矩。

就在我搬到副主编办公室后,9月13日,一度32名采编的大部,也一拆为二,分成社会新闻部和时政新闻部,分别由毛依栋和东悦杭担任部主任。

此时秋高气爽,我特意组织了一次郊游,与老社会新闻部人告别,其中包括即将去集团另两家报纸担任主编助理的徐勋国、丁昌华,去《青年报》担任热线部主任的刘昕等。我在告别宴会上回忆曾一起誓言"再铸辉煌"的场景,历数三年来大家在艰难中一步步取得的成果,勉励各位履新职踏新程。徐勋国有点感慨,没多说别的,只给我一个肯定:"是个有智慧的人,把那些本来不可能干成的事,都干成了。"

如果说在业务上的成功有智慧的因素,我承认;但三年来最成功的事对我来说并非业务,而是将一个"垃圾筒"变成了"凤凰窝",这不是仅仅靠"智慧"能做到的。

三年前这个大家都不看好的部门,存在许多问题,缓治之则养祸,急治之则招祸。我采用的是"旁治",即在业务上不停追求、不断创新,从而转化矛盾并让这个团队成员在成功和创新中发现自己新的价值。我相信,十年前《上海商报》若采纳我的建议,以发展日报为目标,来化解内部矛盾,也会成功。用业务来转化人,这不是靠智慧,而是靠执着,甚至是近乎愚拙的执着。可以这么说,成功与失败,往往不是由能力水平来决定的,而是由目标认定与常规工作到位来决定的。有了不停追求的目标和一丝不苟的工作态度,在治理部门上还需要煞费苦心地动用心术和权术吗?动用者必无好果子吃。古人云:"以智御智,如用石压草,草必罅生。以暴禁暴,如用石击石,石必两碎。"你对下属所需要附加的,就是"惟爱而后教行,惟敬而后情至"。这种对人的尊重和关爱,基于公心,出于天性,靠心术和权术只能适得其反。

2008年,社会新闻部要出一本《线索为王》的书,请毛用雄总编写序一,请寿光武主编写序二,同时还安排了序三,说是请晚报社会新闻部首任主任写,推辞再三,终于拗不过,我写了《假如让我再作一次选择》。

[附文]

假如让我再作一次选择

2001年,《新闻晚报》扩张了,把一个采访部分为经济、科教、社会、特稿四个采访部。

作为原采访部主任的我,毫不犹豫地选择了去社会新闻部。

就像从小喜欢溜达在穷街小巷里,喜欢沉浸在民间故事中,我相信社会新闻就是我喜欢的都市原始生态。

奔跑在社会新闻里,你可以品闻嗅摸直接感受世态上的炎与凉,你可以嬉笑怒骂痛快释放生命中的爱与恨。

你不能包打天下，但你可以像一个编外的人民代表，搜集百姓的意见和建议；

你不能挑战法规，但你可以做一个业余的研究者，探讨社会前进中出现的空白；

你不能替代管理，但你可以当一个积极的观察员，提出自己心中的各种疑问；

你没有条线，没有请柬，但你总在充满激情的现场；

你陷在底层，沉入百姓，但你常被高尚的精神感动。

你能搭摸到社会的脉搏跳动，你能体会到人民的感情命运，从而你会改变自己升华自己，坚信那种心底深处的也是人类历史的主流追求：正义、公平和善良。

一个人的选择如果符合自己的性格，就是幸运的；但更幸运的是能和一批志同道合者组合在一起。

我属于更幸运的。

管家徐勋国，是全报社每天最早走进办公室的编辑，用时间和行动实现了他"再铸辉煌"的誓言，现在是《房地产时报》的副主编。

还有被部门称为舆论监督的"三把尖刀"：

尖刀之一丁昌化，拿着市政风行风监督员的派司认死理儿，批评报道总是旗开得胜，现在是《I时代报》的主编助理。

尖刀之二白华阶，胆大不失机智，执着不欠灵活，一辆车一个镜头，让不良商家无路可逃，坚持了七年的"老白新闻"，如今腰椎突出，躺在了医院里。

尖刀之三刘昕，北京妞，却在上海市民中混得如鱼得水，夏天经常会披着一身白花花的汗渍回到报社，今年地震，这个已经自由职业的人竟然自费跑到四川汨江当了一把自愿者。

精灵孟录燕，时尚与野性的结合体，能从一个高层国际会议里拎出一个毫不搭界的话题，让人意外和欣喜，现在是晚报财经部的主任助理。

红脸杨志洪，最拿手气象和官司新闻，而且兜里总有掏不完的糖果，只要有人争吵生气，他就拿出来哄人，现在在副刊部，兼做晚报第一党支部组织委员。

胖子何易，永远也搞不清他的体重，一次晕倒在电梯里，四个人才抬他出来，如今还开着他的吉普车，在夜色里孤独地狩猎着社会新闻。

冷妞罗霜，"冷"只是指名字，人倒是火辣辣的，不管谁想淘浆糊，最好绕开她，现在是晚报最让人放心的编辑。

大脑袋俞添，进报社第一个采访，就是深更半夜独自一人潜伏浦东，成功采访了一个盗钢团伙，后来借调到市委宣传部，现在报业集团发展中心。

闷格子龚星,能在夜里发现邮局撒落在街上的邮件,在夜里拍出最美的月亮,业余时间,不善言语的他喜欢背包爬山,现在晚报国内部。

小胡子史清禄,自称"布衣",甘守电话,却写出了大部巨作《捻军史》,让人仰视的他,现在仍是晚报热线接线员。

这里,我如此轻松地谈起他们,是因为不想去说我们在建立严格的程序和组织超负荷的活动中,曾经有过的争吵、泪水和汗水。回首往事,沉淀下来的只有成功后的欢乐,还有在全报社拿得最多的上海市好新闻奖。

2004年,我离开了社会新闻部的办公室,这里的沙发、桌椅甚至墙头上还弥漫着我们的咸咸汗味。

一批更年轻的社会新闻记者来到了这里。

现在,在编前会、评稿会、盘稿会上依然可以感受到他们的艰辛,感受到他们的活力。

暗访"味之都"假牛肉事件、披露奉贤黑牛肉报道、采访老庙黄金抢劫案劫匪家、聚焦上海"最帅交警"、三天募成湖南娄底希望小学重建钱款……

从这本书里,我们可以看到一篇篇来自大街小巷、来自百姓群众的活鲜稿件,与晚报民生、市井的新闻理念紧紧相扣,激发着晚报人的热情。

晚报社会新闻部,比以前更加年轻却更加成熟。

离开社会新闻部的四年里,我会经常走进社会新闻部的办公室。清晨,看到奋战一夜的年轻记者蜷缩在沙发里,心里总是百感交集,其中最重要的感觉就是:为他们自豪!

当然,也会联想到自己,如果退休前能让我再作一次选择,我一定会选择回到社会新闻记者中间,这里等待我的将是新闻生涯的圆满句号。

说明一下,写此文时,我是晚报的副主编。集团一直都是每年8月竞聘,到2010年聘任期满后,我离退休还剩下2年10个月,已不足再一个3年的聘任期。按常规,那剩下的2年10个月我要退居二线,不再担任任何职务。所以我才会在此文中表达这样一个意愿:回到社会新闻部,最后再过一把当记者写稿的瘾。

"鹪鹩巢于林,不过一枝;偃鼠饮于河,不过满腹。"在五彩缤纷的世间,我认为自己一辈子能做好一件事——记者,就足矣。

人算不如天算,2010年上海举办世博会,集团把竞聘提前到6月,下一个聘任期是从2010年的7月1日至2013年6月30日,因为这离我退休的日子正好一天不少满3年,我失去了退居二线的机会,不得不在副主编的岗位上干到最后一天。我很遗憾没能再回社会新闻部当记者,没能用几篇完全自写的新闻来为职场生涯画个句号。

81. 我们应该如何盘稿？

新班子搭建后，又围绕《新闻晚报》定位，开展了新一轮头脑风暴，提出了"新市井新闻"概念。

说实在话，到现在为止，我还是认为所谓的"新市井新闻"只是晚报整体定位的一个局部概念。在已经确定的低端市场和市民化的晚报定位中，我们提供的其实不仅仅是"新市井新闻"，也应该包括重大新闻，比如与民生有关的政策措施、政治与经济的走向趋势等。在浦东研讨会上，听各部门主任谈了对"新市井"的理解后，我简单地谈了自己的这个看法：

任何定位的新概念总是要超前一点，要抓住历史发展的大趋势，为今后报业的发展留下余地和潜力。

刚才社会部谈到的"点和面"，体育部谈到的"软和硬"，时政部谈到的"下和上"，国内部谈到的"边缘和主流"，经济部谈到的"现象与趋势"，要闻部谈到的"市井与重大"，如果用简单的符号表示，可以看作"A 和 B"，其实两者是非对立的，而是兼容的，这才是一张成熟的晚报。

因此，我们要学会用"A"来体现"B"，这是手法与目的的关系。我们最终的目的是报道关注度和扩大影响力，要的是"面、硬、上、主流、趋势、重大"，但功夫却在细节、在技巧、在手法，讲究的应该是"点、软、下、边缘、现象、市井"。

新班子对我这个主编助理的分工如下：不分管任何部门，继续担任新闻总监，负责全报采访协调与策划。《新闻晚报》在我之前和之后有过多位主编助理，像我这样不分管任何部门的，却独一无二。当然，像我这样担任新闻总监的，也独一无二。我不清楚这样的安排出于何种想法，心想这样不是很超脱吗？可以避免因分管部门而可能带来的偏见，可以在新闻总监这个位置上对新闻的判断和组织更具有全局观念。

说到底，我的具体工作就是执行报纸的新闻采访流程，通过对各部门提供的新闻线索进行分析策划和对采访运作进行协调组织，为编前会的决策提供程序上的连贯和稿件上的保证。

由于晚报早晚两头操作的特殊性，我从早上编前会报稿开始，到中午盘稿，再到晚上督稿。一天三会，早上还要看大样，从早上7:00 干到晚上 8:00，然后再整理一些稿件，到家常常已经晚上 10:00，睡几个小时，清晨5:30 两眼一睁开，又往报社赶了。这种状态一直持续了整整两年。

虽然我已年过半百，缺乏睡眠，为人健忘，但做事还很清晰。记得有一次审大样，看到当天一起突发事件新闻，稿件中写地下爆裂的水管直径有50米。我依旧像在社会新闻部当主任那样的严厉，责问写稿记者有没有基本常识。记者解释自己就在现场。寿总可能觉得我把记者搞得太紧张了，想缓冲一下气氛，让我调查清楚再说话。我毫不客气地指出：到目前为止，上海还没有直径达50米的地下水道，更不要说50米直径的水管了。要相信一个老记的经验，别在见报后闹出笑话。那位记者只得重新核实，其实"50米"为"50厘米"的失误。

也许，我对数学的爱好及当过生产队队长的经历，让我并不像一些文科毕业生那样对数字麻木。我对数字相当敏感，而且作为看大样的责任人，我不得不对这种失误"现开销"。

纠正这种"50米"与"50厘米"的失误毕竟还比较容易，但如何纠正采访部门经常漏稿及盘稿粗糙的问题，却并非如此简单了。这些现象的存在，使我这个新闻总监在编前会上压力很大。当然，一味地指责部门是没有意义的，关键是要建立晚报信源开拓、信源管理、信源使用的一整套程序和制度。在社会新闻部时，我就认为部主任的职责是为记者的采访搭建平台，否则便是失职。在兼任新闻总监的前两个月里，由于我只是社会新闻部主任，难以对涉及全报的程序和制度进行改变，但现在如果再不去做这些基础工作，那就是我的失职了。

2004年9月14日，上任第二天，我召开各采访部门主任会议，讨论如何开拓信源、管理信源、使用信源，先打了个招呼。9月22日，我在中午评报会上，做了《我们应该如何盘稿?》的发言，提出了存在的问题：

今天早上各部门报的稿件，有将近一半是昨天晚上没报出来的，而且今天都成了版面上的主要稿件，比如：

《本市最宽地道纵穿复旦校园》，

《活鸡买卖试行刷卡消费》，

《卫监在碾米车间发现农药》，

《浦东机场设专门办公室解决航班延误投诉》，

《虹桥机场设"旅客晚到柜台"》，

《大众推出"预约牌"》，

《上半年工伤认定申请可延至年底》，

《18米残坡叫停业　主委员全体递交辞呈》，

《生产救命药》。

我们应该看到，以上这9篇稿件都不是突发新闻，也都不是昨夜今晨发生的事，我们完全可以在昨天19:00的盘稿会上报出来，但是却没有做到。这说明了什么问题？也许是记者的采访没有到位漏了稿，也许是各部门盘稿工作不仔细没有到位。总之，这种现象的普遍存在，不仅使我们失去了应该策划的机会，也增加了早上编前会判断的难度。

晚上应该报而没有报出的稿，早上却报了，这不是很奇怪吗？我最担心的就是本报记者没有得到消息，而是靠各位部门主任早上从网上扒稿，临时补充的。如果这样，我们在信源占有或处理上存在的弊病，将直接影响报纸的质量，削弱报纸的市场竞争力。

出现这种情况，有人会解释说：一是因为晚报改版新进了大量生手，在条线上尚未建立起理想的人脉关系；二是晚报在改版中没有像其他都市报那样搞人海战术，人手较紧。但更重要的是我们在管理上存在空缺，现在必须建立起规范、建立起操作系统，从而带出一批精兵强将。

我强调，在某种意义上来说，不掌握信源，所有的策划、定位、突破口都是空话。信源是一切的基础，是比一切都重要的东西，也是最实在的东西。让部主任早上帮记者在网上补漏洞的这种现象，不能成为晚报的操作常态，记者必须在一线捕捉独家稿件。如果说晚报的生命力在当天新闻，那么，可以说生命力的源泉是在昨天晚上。

最后，我把话题的中心落在了盘稿制度上：盘稿的重点是什么？我们怎么盘稿？我们在什么时候需要策划、建议与指令？我们如何克服目前条线布局的严重不足？我们如何为记者扩大信息资源？什么是漏稿？什么是独家？我们该建立怎么样的奖惩制度和严格的执行程序？这些围绕信源而展开的问题，是过去长期来留下的空白。因此，在我们面前现在是百废待兴，需要建立规范、需要建立系统程序。

三天后，我又在调查的基础上，针对市级条线竟然有30家无采访部门对接的状况，用PPT做了《创建一流采访的基础》的主题演示，提出"我们的条线布局到位了吗"，指出在条线布局上存在框架不全面、安排不科学、交叉不清晰、跑动不到位等问题，要求重新梳理记者条线。目标是：

（1）弄清每条条线的下属部门和下属机构；

（2）关键条线必须落实到关键人物的手机号；

（3）重合条线要与其他部门记者细化成默契清晰的交叉；

（4）在不同条线的边缘发现新兴的条线，如政府网站、社区网站、行业协会、中介机构、非政府组织等；

（5）密切与条线的关系、跑动到位、挖出独家、不漏新闻。

"如何盘稿"和"梳理条线"两大任务，在这年的10月份都完成了。

围绕如何盘稿,我们首先改变"三会"时间:早上编前会从 7:30 提前到 7:15,一般情况下 8:00 前结束。中午在评报会后进行盘稿,晚会从 19:00 提前到 17:00。其次,为各部门在早上编前会的报稿制作了统一的表格,规定必须填写稿件推送的版面、标题、关键词、记者、策划人等要素。最后,对中午和晚上的盘稿督稿制度补充了 5 个规定:

　　(1) 中午盘稿会,重点是对早上留用稿、需要跟踪稿、明天头版和焦点及截稿消息提供(包括记者上午已经进行和下午将要进行的采访)线索;

　　(2) 晚上督稿会,部门在与每个记者沟通后,将当天已经采访和成稿的新闻都要填入"报稿单",不得遗漏;

　　(3) 要掌握填写"报稿单"中关键词的技巧(事实清楚、观点明确、便于判断);

　　(4) 晚上督稿会后,采访部门要将新发生的采访内容(包括重大突发事件)即时向新闻总监报告;

　　(5) 19:00 新闻监控内容发到报社邮箱,新闻总监根据监控内容的新变化,应该即时安排采访。

　　这个补充规定强调:即使记者掌握了信源,如果没有及时报到督稿会上,也意味着其所在部门没有掌握信源。它要求各部门的晚上报稿人必须掌握所在部门记者的日常工作,对记者进行全面的和精心的采访指导;同时也要求记者必须每天晚会前向部主任汇报当天采访内容。

　　为监督各部门将盘稿和督稿程序执行到位,11 月份下旬,我连续对部门早晚的报稿内容进行对照,对其中的漏报进行分析。比如:

　　11 月 25 日:《致残大学生获赔 43 万元》(条线是法院,当天上午消息),上午判决是几点宣布的?我们的记者能不能争取在 10:30 之前发稿?

　　《杨浦区发现明代女尸》(热线电话报料),第一落点不是我们,说明我们的信源还不行,但为什么没有部门主动跟进?是判断有问题还是感觉麻木?

　　《房企购地胃口缩小超五成》(条线是统计局,昨天消息),统计局发布会的内容,我们的记者有没有拿到统发稿?有没有联系上这个条线?

　　11 月 26 日:《飞机着火原是一场虚惊》(电话热线报料),本报有两名记者同《解放日报》记者一起到了现场,却认为是虚惊一场而放弃不做。结果,晨报做了出来。其实,虚惊一场的过程包括报料人的积极态度都是可以做新闻的。

　　《脑部戒毒呼声仍高》(条线是医院),本报最早报道这个手术,对暂停手术也做了报道,但却没有将患者这一头的呼声报道出来,条线记者不能只跟条线走,也要加强百姓意识。

　　11 月 27 日:《"有奖让座"今起取消》(条线是交通局,当天消息),对巴士

"有奖让座"最先提出异议的是本报,但却没有对此及时跟踪,结果让别的媒体收尾摘去了桃子。

11月29日:《百年十六铺码头拆除工作正式启动》(条线是市建委),11月26日晚上盘稿时就提醒注意:有读者报料十六铺码头被拆。直到当天记者也没有做此稿,反而让别的媒体做掉了,记者对新闻的反应过于迟钝。

以上这些对照主要是为了"亡羊补牢",着眼于记者在今后提高水平,但也有的立马见效。如十六铺码头,记者随后就去现场进行了第二落点的跟踪采访,结果这篇稿件被评为《新闻晚报》2004年度十大好新闻。

11月初,经过打印装订,《新闻晚报》第一本《记者条线手册》出笼,它落实到各采访部门,也掌握在晚报领导手中,为健全信源制度、实施漏稿考察制度打下了基础。

盘稿督稿程序制度化与记者条线的重新梳理,实则是对时间的争抢,是对空间的渗透。对任何一家媒体来说,对信源的占有,无论怎样从少到多,从疏到密,都是永远无止境的追求。正是在这样的追求过程中,我们力争形成一种理念,形成一种制度,形成一种氛围,最终,是要形成一支特别能战斗的记者队伍。

82. "陈双龙事件"报道

建立"盘稿程序"和梳理"记者条线"以后,晚报记者应对各种变化显得更加灵活机动,完成了一系列被寿总称之为"潮汐"的新闻操作。

780路公交调员陈双龙被野蛮乘客伤害的系列报道,可以说是2004年中《新闻晚报》打得最漂亮的一仗。这组消息通讯26篇、评论2篇、图15张的系列报道,被评为2004年度上海市好新闻一等奖,还被评为2004年上海市精神文明十大新闻、上海市法治十大新闻。

陈双龙事件系列报道的成功,对晚报采编人员是一种鼓舞和激励。我在后来以《科学程序产生一流新闻——从"陈双龙系列报道"看晚报"三会"作用》为题,通过剖析12月24日一天"三会"的流程,来看这个系列报道与晚报改版后不断完善和严格执行"三会"程序的紧密关系。

一、早会拍板

7:15,编前会,当主编、副主编、各部主任、头版及焦点版编辑、早值班记者来到19楼会议室时，监控室已经将"今日提醒"投影在南墙上了。这是数十条晨媒的重要新闻目录，其中有一条：卖报员杨柏年闹市狂奔2000米抓住歹徒。

事情发生在12月22日14:30,780路终点站维护秩序的调度员陈双龙被歹徒用伞尖戳落左眼。报料人几乎在同一时间将这一突发事件报给了上海各主要媒体，本报热线记者第一个赶到了现场。奇怪的是第二天(23日)晨媒对属于他们时段的这一事件都没有报道，于是让下午出版的《新闻晚报》做成了独家消息：《插队不听劝告　雨伞酿成惨剧　调度员被乘客戳成重伤》。直到第三天(24日)，上海各家媒体才全部跟进。

23日早上编前会上，本报曾对这条消息发不发头版有过争论，考虑到事件中正面因素太少，没上头版。

现在，南墙上的投影告诉我们：尽管本报是全市第一家报道，但却没有做到对新闻内容的全覆盖。对于卖报员杨柏年追凶2000米的情节，本报23日的见报稿只有一句第三者的陈述："而我表哥上去一把抱住了行凶者。"

假如那天没有遗漏对杨柏年的采访，上头版应该不会有太大的异议。

晨媒正是抓住这一点，隔了一天后，展开了他们第二落点——2000米追凶的报道。

面对其他媒体的跟进，我们还能做什么呢？打电话给公交，头头都不在；找公安谈歹徒的情况，肯定碰壁；补充采访杨柏年，缺乏新意。事件本身的报道好像已经是强弩之末了。

任何报道都会留下一些遗憾，但不停追求是晚报人的精神。24日是平安夜，编前会上有人提出派记者带鲜花到医院去看望陈双龙，表示晚报对他的祝福。

编辑总监秦川对版面也有了创新的想法：结合当天早上另一则母亲为女儿捐肾后平安出院的消息，本报记者两处送鲜花，作为当天头版主打；并破例用祝福好人平安的评论做头版头条。

谁也没想到这会成为延伸到2004年年底的上海媒体报道大热点。

8:00,编前会结束，我作为新闻总监，重新调度采访。由于那时晚报已有值班记者在早晨8:00到岗，所以这一调度并不困难。

8:40,派往陈双龙所在医院采访的摄影记者和文字记者打电话给我：陈双龙凌晨3点多因抢救无效已经去世，急救病房空无一人，新闻的源已经没有了。照什么？写什么？

我当即指令：就让女记者手捧鲜花回眸空荡荡的急救室，写出看到急救室空无一人时的感受。强调一定要带回照片。

换一个角度来看,在我们并没有预料的情况下,新闻出现了。一个忠于职守的调度员,在全市整顿交通的时候,在自己的岗位上,被一个不文明的乘客用伞尖戳瞎眼睛,最后死去。而事故的起因竟是插队这样一件不文明的小事。这个新闻的沉重,主要是因为陈双龙的死,使新闻本身包含的价值有了更深开掘的可能。

消息在第一时间汇报给了正在看大样的主编寿光武。一阵惊愕沉痛之后,寿主编说:那就更要做这个报道了,一定要写好评论。评论由副主编胡廷楣操刀,毛用雄总编也赶到排版中心,与几位领导反复推敲,为评论确定了《为安宁祈福,让生命不败》的标题。

当天头版头条打破惯例选用了评论;头版版面居中的主打稿件,是两篇鲜明反差的文字和图片报道,一生一死,一喜一悲。整个版面,用强烈对比的方式表达尊重生命、呼唤公德、倡导文明、和谐共处的主题,视觉冲击和情感体验非常强烈。

晚报通过"平安夜"对陈双龙去世的最新消息,再一次将报道在全市推向高潮。

二、午会盘稿

中午 13:00 的会,参加的人更多,除早上的人员外,各部门副主任、助理以及所有编辑都参加。按惯例,先开评报会。由监控室点评昨天晚报的优劣,由当班主编和要闻部主任小结当天早晨编辑中的情况,由主编总结并宣布稿件和版面的评定级别。

然后,中午会议进入第二议程,由我主持各部门主任盘稿会议,报出记者上午已经进行和下午将要进行的采访,盘点和策划明天头版、焦点及截稿消息的稿子。

24 日中午盘稿的重点毫无疑问是陈双龙的报道。与会人员认为陈双龙的去世必将成为市民关注的热点,陈双龙的报道不能因他的去世而终止,反而应该继续加强,要让市民在血和生命的代价中得到文明的启迪。

盘稿会上决定由社会部、经济部负责,下午即开始采访陈双龙工作过的车站;采访陈双龙的亲朋好友;采访公交公司和交通局;时政部负责下午采访市精神文明办领导。要闻部要运用"潮汐"理念,第二天做两个整版的配制。

盘稿会上,还当即宣布成立"陈双龙事件"报道组,组长由主编寿光武亲自担任。

这是晚报在 2004 年里最高级别的专题报道组。后来的几天里,在主编寿光武的直接指挥下,参与这个报道组活动的有社会部、时政部、经济部、科教部、要闻部甚至经营公司、发行公司共七个部门,各部门统一协调,前后共 30 多名人员参与,几条线同时进行大规模作战、前后方相互配合,做到了精诚团结,有条不紊。

按照报道组的指令,会后,我和秦川拿出了系列报道和开展社会活动相结合的书面计划。这些报道和活动不仅丰富了版面内容,更重要的是体现了《新闻晚报》的一种社会责任感和价值追求。

活动是根据晚报的特点来展开的。一是本报有一支遍布全市的小记者队伍,掌握在科教部手中。原计划中没有科教部的活儿,但科教部主动请缨提出计划,组织本报小记者活动,带领小记者到公交站点维持秩序;同时让孩子们发出倡议书,提醒父母文明出行。

二是本报一直有与读者互动的经验,我们计划与市文明办、团市委、交通局等单位联合开展百名公交志愿者活动。百名志愿者要在当天早上交通高峰的时段里,分赴十个公交站点像陈双龙那样维持秩序。互动方法是:晚报开通热线,发布预告,让读者自愿报名参与活动。我们相信在报名过程和报名者中就会有很多值得报道的内容。

最困难的就是确定志愿者活动时间。经过反复酝酿,我们打算放在陈双龙追悼会的那一天,那样最有意义。可是连交通局都不知道什么时候开追悼会,我们必须随时掌握事态的进展,让这个需要提前发布预告的互动型活动得以实施。

围绕活动计划,我们在细节上也做了十分周全的布置:人员分工安排、公交站点选择直至横幅制作、喷绘画板、胸牌标志,就像报道计划的落实一样,所有的活动落实也都在 24 日午会后有条不紊地先后展开。

三、晚会督稿

17:00,督稿会。

晚报主要六大新闻部门的值班主任和监控室派员准时出席会议。他们虽然没有出席早上的编前会或中午的盘稿会,但在中午或下午都同各自的部主任进行了工作上的交接,对中午盘稿会的总体要求和下午本部门记者采访的情况应该都已经清楚。

参加晚间督稿会的还有一些记者,这是中午盘稿会将这些记者的稿件列入了头版、焦点内容,指定他们参加晚上督稿会的。这样做有利于策划者与记者零距离沟通和直接指挥(晚上督稿会确定送头版和焦点版的稿件后,还要请相关记者第二天早上参加编前会)。

会议由副主编叶蓉和我主持,我们两人是在一天中参加全部"三会"的人。像早会一样,投影又在南墙上打出了各部门的报稿单:
《市文明办负责人点评"陈双龙事件" 从不文明到犯罪一步之遥》,
《相关链接 公交员工屡遭伤害》,
《公交行业呼吁严惩肇事者》,
《公司号召员工向陈双龙学习》,
《"我们吃的饭都是他淘的米"——徒弟同事深情回忆好人陈双龙》,
《陈双龙工作过的车站秩序井然》,
《追踪本报卖报员杨柏年追凶》。
当然,报稿单里还有其他新闻稿件。

同中午盘稿会不一样的是,晚上必须将部门记者采访的所有稿件全部报清楚,不得遗漏。督稿会后,采访部门如有新发生的采访内容(包括重大突发事件),还要即时向新闻总监报告。如果在晚上督稿会时遗漏已在采访的新闻,而在第二天早上填报,部门的值班主任将被问责。这样严格的督稿制度,逼出了"好习惯"。优秀的稿件就是在这样的"督导"下产生的。

24日晚会主要是督查中午盘稿会布置的有关陈双龙事件的跟踪采访。从报稿情况看,记者已经圆满完成了当天的采访任务,第二天两个整版的配制已经没有问题。督稿会要求第二天早上再派记者到780路公交终点站现场采访,作为25日早上的当天新闻发稿。

督稿会开到一半,寿光武主编进来告诉大家一条消息:陈双龙去世的新闻惊动了上海市最高领导。今天晚上,市委书记、市长及市委、市政府有关领导,上门看望陈双龙家属,高度评价陈双龙在平凡岗位上忠于职守、为上海文明建设默默奉献的行为,号召市民以实际行动悼念陈双龙;同时赞扬了协助警方抓获肇事者、富有正义感的杨柏年。

这样,编辑部已经完全洞悉了明天晨媒将会做些什么,晚报当天的"三会"为明天的报道做了足够的准备。

在某种意义上来说,晚上的督稿会也是等待"工蜂"采蜜回巢的"收获"会。在以后几天的晚上,我们不断"收获"着陈双龙事件的新进展,等待着社会活动可以开展的时机。

12月29日晚上,志愿者活动的时间终于定下来,因为直到那天晚上,"泡"在交通局的条线记者才得到了为陈双龙开追悼会的准确时间——12月31日。当晚,拟好了征集百名志愿者的启示,准备在30日下午见报,我们只有半天的志愿者征集时间。

12月30日晚上,督稿会在进行中,19楼会议室的窗外飘起了上海多年未见的大雪。

那晚下了一夜大雪,那晚我们在等待志愿者报名的电话。令人感动的是:飞雪没有挡住市民的热情,100多名的名单从热线接线员和记者的手中传到了会议室。不少报名参加志愿者活动的市民说,非常支持《新闻晚报》用这样的活动来悼念陈双龙,来唤起人们对城市文明的重视。

12月31日,2004年最后一天的凌晨,也是陈双龙事件发生的第10天。已经被一夜大雪覆盖的申城还记着十天前的这场血,气温降至零下四五度。天还未亮,雪白血红,《新闻晚报》10多名记者和众多志愿者,就踏冰上街,分赴本市各主要公交站点,以此为陈双龙的系列报道画上了圆满的句号。

陈双龙事件的系列报道是成功的,《新闻晚报》从22日到31日,前后出动了五个采访部门、两个经营部门30多名采编和工作人员,还发动了一大批小记者和上百名社会志愿者,刊发相关报道26篇,报道的频度和跨度在同城媒体中居前列,取得良好社会反响,得到广大读者的肯定。事隔月余,市人大副主任胡伟在一次会上提起陈双龙的报道时说:《新闻晚报》的陈双龙系列报道在社会上产生了巨大的影响,《新闻晚报》的记者在报道中充满着社会责任心和正义感,令人钦佩和感动。

回顾陈双龙事件系列报道的运作过程,关键的一天可以说是12月24日,从早到晚的"三会"程序里凝聚了晚报人的操作特色和精神面貌。如果说,陈双龙的系列报道是晚报2004年的极致辉煌,那么,其实际上源于晚报在运作新闻中的极致简单。通过改版,我们建立了"三会"这样的操作模式,用严格的制度规范、系统的执行程序来保障与支持一流新闻的产生。

83. 百姓议案进"两会"

时政新闻部,是2004年9月从32人的大社会新闻部中拆分出来的一个新部门。

什么是时政新闻?在改版方案中没有提及,《新闻晚报》之前也没有设立过这样的部门。新任时政新闻部的主任东悦杭,是我四年前在晚报带的第一个实习生。尽管此时担任主编助理的我不分管任何部门,东悦杭还是习惯与我这个曾经的"带教老师"商讨部门的定位和操作问题。我为此写了一个思考提纲,提出了时政新闻的背景变化、时政新闻的定位和时政新闻的入手：

新闻人必须敏锐地去发觉：近两年来，主流读者的阅读取向发生了什么变化？

今天的读者早已不同于媒体刚刚开放社会新闻时的读者。在文化层次普遍提高、以互联网为标志的传播手段已非常发达的今天，读者被历练得非常敏感，其主流的阅读取向不再是最初的对杀人、放火、色情、隐私的好奇了。

我们对近一两年来读者的阅读取向发生了什么样的变化，在研究上是不到位的。有人提出是四大变化，可供参考：

（1）读者对政治文明建设的兴趣大大浓厚。据有关调查显示，读者对新闻的关注点，是"加强对权力的制约与监督""在全社会实现公平和正义""扩大公民有序的政治参与""深化行政管理体制改革"这样比较"宏观"的问题。

（2）读者对涉及切身利益的生存环境更加关心。比如目前大众所关心的市场上存在的假冒伪劣商品、物价问题，社会上存在的执法环境、公民道德标准、自然环境污染、教育医疗卫生问题等。

（3）读者的阅读心理也在变化，他们鄙视格调低下的新闻。低俗的东西难以迎合大众读者的"口味"，只能让人大倒"胃口"。把污点当"卖点"，报纸也只能是"自寻其辱"。

（4）读者开始珍惜生活中的美好事物。在政治民主催化了人们参与社会管理的热情后，在多年市场化激烈竞争中感到疲惫的读者，对报纸新闻的选择更趋于人性化。正面、正义、正气和感人至深的新闻往往能引起他们的共鸣。

因此，新闻人应该把握这些变化，顺势提出"时政为先"的新闻理念。

关于《新闻晚报》时政新闻的定位，可以简短明了地用一句话来概括，那就是：

"关注政府执政能力，关注城市管理细节。"

对一张定位为市民和低端市场的报纸来说，时政新闻的抓手就是让老百姓能有参政议政的渠道。因此，让人民与自己的代表沟通，以点带面，调查人民代表与选民的日常联系，促进政府网站设立人民代表信箱，促进人民代表为自己的选民开设信箱。《新闻晚报》可以考虑设立一个类似的栏目，并跟随人民代表的活动渗透到政府的工作中去采访。

随后，时政新闻部推出了"民情信箱"。

2005年1月，忙完陈双龙事件的系列报道后，在东方网负责采编的沈沪飞约我商量合作《百姓议案》栏目。这个栏目是东方网在两年前专为上海"两会"设置的。按东方网的设想，轮流每年找一家纸媒合作，之前他们已经先后与《劳动报》《青年报》合作过。

沈沪飞10年前在老《新闻报》时就是我的部主任，相互不用寒暄和避讳，我直接指出："百姓议案"仅仅通过网络留言板搜集百姓的意见，然后由网络和报纸在论坛上讨论有关话题，这是远远不够的，仍然是"说了也白说"。我提出要对东方网的"百姓议案"进行三个改造，实现三个互动：一是让记者选择有价值的"百姓议案"，进行"两会"场外调查采访，体现记者与百姓的互动，形成舆论；二是让报道"两会"的记者将"百姓议案"带进会场，为参加"两会"的代表补充甚至形成新的提案或议案，体现记者与代表的互动；三是将会场内相关代表对"百姓议案"的意见再反馈给百姓，让百姓感受到参政议政的效果，从而在媒体创建的这个渠道上，完成"两会"代表与百姓的互动。

沈沪飞听后叫好，当即拍板，分头落实。

其实，我之所以会有这个建议，一方面来自多年对"报网联动"的思考，另一方面来自此文开头提到的对"时政新闻"的操作思考。而东方网的《百姓议案》，则正好成了我这两方面思考的一个"实验地"。

回报社后，我将此项目交给时政部主任东悦杭，并与他一起两次与东方网协商，达成了对东方网《百姓议案》栏目改造的最终方案。

这个东方网已经操作两年的栏目，在与晚报合作后面貌一新，成为当年上海"两会"期间一道靓丽的风景线：

1月19日，《代表回应百姓呼声　年内换乘一票畅通》；

1月21日，《"几"字形弯路让人没方向　市人大代表与相关部门积极回应》；

1月22日，《居民倡议代表关注　申城首现"健康弄"》；

1月23日，《分数和名次仍困扰学子　市人大代表"支招"有关部门回应》；

1月25日，《过卢浦大桥只有一部公交车　有关部门承诺尽快解决》。

自1月14日百姓"议案"开通以来，截至1月23日晚22：00，东方网留言版和本报民情信箱收到有效留言、邮件和信件共1686件。东方网《百姓议案》页面日均页读数达10万次，单日最高页读数达12万次。《新闻晚报》记者收到"百姓议案"的同时，从中选取了很多"议案"，在与留言的读者联系后，前去现场或去相关政府职能部门采访；有的"议案"还被记者直接带进了"两会"会场，交给人大代表。得到反馈或答复的超过100件，其中的一部分在《新闻晚报》和东方网留言版上刊登。

反应敏感的新华社，在上海开通"百姓议案"第二天，就以《"百姓议案"为上海市民提供参政议政特殊"通道"》为题，称这些来自民间的"声音"，成为上海

"两会"上一道特殊的风景。

上海人大网报道说:网上征集"百姓议案",集中民智、凝聚民心,不仅是人大代表的议政素材,还应是政府部门的决策参考,绝对不会"说了白说"!正是广大群众与人大代表积极互动的参政议政,人民代表大会这颗体现国家权力的"图章",在推进民主与法治的进程中,在构建和谐社会的进程中,一定会越来越"硬"!

东方网报道说:《百姓议案》是东方网开设的一个网上互动交流平台,虽说这个栏目已创办三年了,今年却格外热闹和实在。"两会"进入第五天,"百姓议案"的总数已冲破1100份,昨日达到了高潮,超过300份。

据不完全统计,中国政府网、新浪网、搜狐网、新华网、网易、《中国青年报》、《都市快报》等,共百余家媒体纷纷转载或刊登了有关报道。

网友对此也进行了热评:"参政议政,我们也有份!""咱议案不是白提的,咱'两会'是老百姓自己的。""开天辟地第一回,为大上海此举叫好,顺民心理民意!"

上海市政协副秘书长对"百姓议案"也称赞有加,认为这种百姓新的参政形式对政协工作帮助很大,明年市政协召开时将与"百姓议案"进行互动,争取每天对"百姓议案"进行整理以便专报给相关领导。

为此,"两会"结束这一天,东方网和《新闻晚报》一致表示,"百姓议案"将一直保留,网民随时可登录提交"议案"或查看反馈;读者可通过民情信箱随时提交"议案"。

第二年"两会"期间,"百姓议案"仍然是各家媒体关注的话题。东方网的《百姓议案》没有按常规另寻一家纸媒合作,而是继续与《新闻晚报》合作。

上海各大媒体也跟了上来。如《解放日报》党群政法部与网络部联手在解放网开通"百姓点击"论坛;《新民晚报》开通了《百姓寄语》栏目;《新闻晨报》联合《新闻报》门户网站"嗨嗨网"推出两个专题留言板,市民可在留言板上发表自己对交通、城市建设、环保等民生话题的建议,在网上提交自己的"议案"。

此后,各省市多家媒体也在"两会"期间,开出了类似上海的《百姓议案》栏目,开始用各种方式收集反馈百姓的意见,拓宽百姓参政议政的渠道。据《检察日报》报道,2006年,北京、广西、河南等地分别开通"两会短信"平台,欢迎民众以短信方式反映意见和建议。部分政协委员走入网络直播室,通过现场问答实现与民众互动的"议政会"。四川省人民代表大会提前"解密",未及审议就将代表们提交的全部议案,一字不漏地公布在新闻网站上,让百姓第一时间判断:代表的履职情况如何?是否传达了民情民意?

《检察日报》援引中国社会科学院政治学研究所研究员史卫民的话说:"发生在地方'两会'的这些新鲜事,让人们深刻地感受到,各地在人大制度建设上又迈出了新的步伐,不仅加强和提高了代表委员参政议政的能力,也让普通民众拥有更多知情权,形成会内会外的有效沟通。"

《工人日报》发表《"百姓议案"不应只在地方"两会"才被关注》一文,指出:"百姓议案"所体现出来的公民积极参政议政的热情,比"百姓议案"本身更有价值,更值得珍视。如果有更多的公民能够满怀激情地关心国家大事,积极建言献策,我们相信,诸多法规及政策的制定将会更加切合民意、更加完善,我们的民主化、法治化进程会大大加快。

该文同时指出:"百姓议案"毕竟只在地方"两会"期间才被关注,在短短几天的会议期间收集和反映的民情民意也终究有限。因此,要使"百姓议案"的效力更强、百姓的声音更响,还有必要进一步调动广大公民的参政议政热情,还需要代表委员们充分消化和吸收"百姓议案"中的精华,在多种场合更充分地传达民情民意。同时,有关部门也应该努力使"百姓议案"这种民情民意沟通方式逐步转入常态,实现制度化、规范化。我们相信,在一个畅通、宽敞的对话平台之上,广大公民身上所焕发出来的参政议政热情会凝聚成社会进步的重要推动力量。

也有媒体认为:"百姓议案"的出现也对人民代表大会如何适应新形势提出了新的更高的要求,对涉及各行各业的众多的"百姓议案"如何处理和及时反馈,是一个相当复杂的课题。我们有理由相信,经过一段时间的探索,"百姓议案"这种形式一定会有更加旺盛的生命力和凝聚力。

84. 将策划贯穿流程

2005年12月1日,上海大学新闻系邀我给学生讲座"新闻策划"专题。

我在介绍"新闻策划"这个概念形成的历史、学术界对"新闻策划"的种种争论之后,指出"新闻策划"其实是很难在课堂上进行教学的。

如果我们把每天对各种信源线索的价值判断、采访角度选择与社会背景联系起来后进行的新闻创新运作,都理解成"新闻策划"的话,那么可以说,"新闻策划"根本无规律可循。因为许多精妙的新闻策划是一种存乎一心的智慧,经常通过类似于"顿悟""偶得""灵光一闪"这样看似"唯心"的方式获得,但它却来源于你日常阅历、知识的积累和对事物洞察想象的能力。不得不说,策划能力还与一个人与生俱来的本能有关。

社会生活中,从来都不缺乏符合"新闻策划"要求的"新闻苗子",关键是你有没有一双具有洞察力的眼睛以及一颗善于思辨分析和适度想象的头脑,把那些事实上原本就存在的、能为你所用的"新闻点"找出来,并根据你的目标引导这一"新闻点"成为一个真正的新闻事件。这是一种在新闻传播过程中把某个元素和现实中其他与新闻传播密切相关的元素连接组合起来,形成一种更有效的传播结构的创造性智力劳动。

从这个意义上来说,新闻策划有以下几层含义:

第一,策划就是把现成事物或按照事物的运动规律必然要出现的事物,按照一定的原理或规则做一些新的连接、组合,使其成为一种新的事物的创造性思维过程。

第二,策划是围绕某种行动来进行的,或为行动赋予崭新的意义,或为行动制定崭新的规范,或为行动规划崭新的路径等,并最终表现为一定的现实活动。

第三,这种联接和组合本质上是一种智慧的创造,或者用马克思的话说,体现了人的主观能动性,是人的本质力量的对象化。

第四,策划出来的新事物具有新奇性、反常性、审美性、超前性等特点,能够给人们带来理智上的愉悦和崇高的情感体验。

这样说来,策划又好像是很简单的东西,就是把现实事物打碎后进行新的连接组合而已。但是,实质上它做起来又很不容易。

列举几个例子来进行说明:

要敢于做大:如2004年打假行动中将"50种麻油送京检测",把事情弄大了。

要善于做小:如2003年被市委统发全市媒体的"90路公交延伸"的故事,聚焦在一位退休老人身上。

要避开地雷,曲中求直:如2003年夏令热线中"从骂声到掌声"的物美超市系列报道。

要破除权威,正中批歪:如2003年"追薪大行动"中89岁老太为保姆追讨工资的故事。

要出其不意,逆向思维:如2000年上海机场东移,采访重点在新机场还是在旧机场?

要合理想象,大胆预测:如2002年对"阿憨的阿姨数不清"的预测。

要分析比较,力求创新:如2002年"彻夜守候卢浦大桥"怎么做到后来居上的经过。

要讲究形式,精心包装:如1998年巧用"马蹄风波"来影响决策的事例。

要穷追猛打,组合轰炸:如2004年"陈双龙事件系列报道"从单个事件到"潮汐"操作再到社会互动的三部曲。

以上这些新闻策划的案例,在我之前的文中已经都涉及,这里不再赘述。说到底,在策划中,我们要力求考虑几大要素:

(1) 时机性。新闻策划必须重视新闻推出的时机。时间变化,社会的大背景就会发生变化,公众的关注点也将发生变化。因此,同样一个新闻事件放在不同的时间——也就是不同的社会大背景下发生,会产生不同的新闻效应。

(2) 创造性。新闻策划必须有创造力,最好是能策划出奇特的、有着匪夷所思情节的新闻,因为只有"惊世骇俗"的事件,才能保证被人强烈记忆。相反,如果失去了创造力,所策划的新闻只可能是缺乏足够传播力的普通新闻——这就失去了新闻策划的价值。

(3) 前瞻性。要有预见能力,能判断准即将到来的形势或即将发生的事件,并进行相关的新闻策划。前瞻性从大的范围来说,是对一种社会形势(包括政策、社会思潮等)的预见能力;从小的角度来讲,是对某一行业发展的预见能力。当然,这种预见能力必须建立在对现状事实正确的认识和理解之上。

(4) 适度性。在新闻策划的实施过程中,需要把握好两个方面的"度":一是报道要适度,不能炒作过头,产生副作用。否则有可能在获得短期效应的同时,却损失了更多未来的机会;二是投入的代价要适度,也就是说策划带来的实际效益必须大于实际投入,如果最终的结果是投入大于产出,那就得不偿失了。

(5) 曲折性。一个好的新闻策划,不应该只是"一锤子买卖",一次报道之后就没了下文,而是应该有很强的发展性,能够不断"产生"出新的事件和新的角度,紧紧围绕主题层层推进,以"组合拳"的方式进行"新闻轰炸",从而更好地达到策划目标。

(6) 可行性。新闻策划是否具有可操作性,能否按计划一步步有效进行实施至关重要。

在策划的最初阶段,可以大胆想象——只有让思想冲破束缚、天马行空,才可能迸发出令人拍案叫绝的好策划。但在策划成型的阶段,却需要小心论证,对策划能否真正实施这一问题进行详尽分析。

新闻策划能给我们带来种种好处。它有利于充分调动新闻资源,避免大材小用,优材劣用;有助于促进记者深入采访,培养出能征善战的采访队伍;有利于提升新闻主题,增强新闻价值,解决报道中的重点、难点、热点等问题;有利于协调群体合作力量,组织科学有效的采访方式。

但也要避免不当的新闻策划而产生的副作用。它离不开联想、推理,但决不可任意想象以免弄出笑话;它需要集中集体智慧,但不能排斥个人的独创意识;它不能违背新闻规律去"作秀",结果却弄巧成拙;它需要一定的表现形式,但不能变成追求功利的形式主义。

这就对新闻策划者有很高的要求。如今,市面上有很多关于策划学的专著,告诉人们如何如何策划,又告诉人们运用什么"发散思维""逆向思维""创新思维""立体思维""思辨思维"等。但是,实际上即使读一千本策划学的专著,假如你连生活中最基本的花鸟鱼虫都不识,连最基本的人情往来都不懂,连最基本的柴米油盐都不解,连天文地理、古往今来、琴棋书画的基本常识都没有,那么就可能也永远策划不出什么东西来。说穿了,如果没有相关的生活积累和理论储备,没有进行相关的思维训练,要搞好策划,是绝对不可能的。

最后,我强调策划中要关注三个环节:

(1) 策划——要敢于碰大的题材。

(2) 深入——要甘心付出,好新闻是到一线跑出来的,不是靠材料整合出来的。

(3) 素材——一起步就应该是自己独家的。

夸夸其谈给学生讲了两个小时,回过头来看看,其实我们自身是否建立了一个良好的策划环境呢?显然还有很多缺憾。

2006年4月23日,《新闻晚报》所有中层干部来到海南三亚,进行一次业务头脑风暴。我在会上以《为策划创造良好条件》为题发了言。

［附文］

为策划创造良好条件

假如说时段是我们的生命,那么,策划就是我们的灵魂。

上海都市报已经进入第二轮激烈的竞争,即由时段竞争转向内容竞争。在时段竞争的手段已经用到极致后,我们要用策划的灵魂来重铸时段生命的辉煌。

无论我们是否意识到,新闻策划都已经在记者个人的采访中,在部门每天的盘稿中,在报社的编前会上存在,但目前的问题是:

它所依赖的新闻事实还不充分(信源短缺,经常漏稿);

它所运行的程序还不流畅(死板的报稿时间和早晚会之间的断链);

它所具有的创造性智力资源还没有全面调动(一线记者与版面编辑的沟通,各部门的配合,领导对实际情况的把握);

所以它所产生的价值还没有得到应有的回报(创造性的智力劳动没有评价

也没有考核)。

实际操作中我们经常大材小用、优材劣用,难以应对激烈变化的市场竞争。

结论:

我们有必要重新梳理整个流程,从新闻事实的发现、采集、选择、写作、编辑、见报整个流程中来落实新闻策划,将策划贯穿整个流程。

如何为新闻策划创造良好的条件?我提以下五条建议:

(1) 建立可随时发布的信源渠道,实现从上到下直接面对面的窗口。利用《新闻报》采编系统,实现社会报料信源、本报监控信源及报社记者报稿的滚动展示,从而使报社领导、部门主任和编辑之间高效率畅通,互相及时了解并能够提前参与。

(2) 将每月第一周周一下午的部主任例会改造成创新例会,交流策划、考核策划。积极鼓励从部主任到部门助理骨干的富于个性的想象力和创造力,并从中发现策划新锐和后备人才。

(3) 改变编辑只划版样的工作现状,编辑在完成版面后应配合部门主任盘稿与策划。要求编辑在与记者沟通的基础上,提出第二天本版主打稿件的策划,提出版面对记者的要求。编辑要做到心中有稿件,同时也让记者做到心中有版面。编辑要在实施这一改造过程中熟悉自己的地位和作用。

(4) 简化层次,动态领导,根据随时发布的滚动信息资源,分管领导对重大题材应随时召集记者、部门当班主任,组织不同规模的专题策划会。必要时应建立会商机制,即跨部门、跨条线会商策划,调动起编辑部所有的头脑资源、采访资源和版面资源。

(5) 让口袋里的钱更值钱。毛总连续两天奖励2000元,对记者鼓劲很大。建议在不动奖金分配大盘子的前提下,微调目前的质量奖和A稿部主任奖的发放方法,使其向策划倾斜。

在海南三亚会议发言的基础上,我起草了另外两个制度的草案:一是《独家稿件和漏稿的奖惩制度》,二是《部主任创新例会制度》。尤其是《部主任创新例会制度》,提出了对部主任的新闻策划和活动策划进行量化的统计归档以及奖惩考核。

寿总考虑得比我更加稳妥,虽然他对我的这两个制度很认可,但认为规章制度只能订在中等水平上,严厉的奖惩制度无法用来解决采编潜在能力的发挥问题,还可能引起反感。我所起草的《独家稿件和漏稿的奖惩制度》及《部主任创新例会制度》,最终没有付诸实施。在我看来,就好像一条还没有汇入江河的溪流,在起伏的山峦之间,选择了一条平稳的前行道路,绕了个大弯。

85. 七点敲卡考勤

海南三亚头脑风暴会结束后,《新闻晚报》宣布,2006年5月起,所有采编人员早上7:00上班。为此,安装了电子考勤卡,设立了早餐补贴费。同时决定取消晚上的督稿会。

晚上督稿会的取消,让我感到浑身轻松。它结束了我整整两年来从早到晚坚守两头班的辛苦。从此,中午盘稿结束,我在安排完一些具体的采访协调后,下午15:00多即可回家。我的晚上从办公室里被"解放"了!

当然,晚上督稿还要继续进行的,只是换成了网络方式。每天晚上20:00左右,各部门主任必须把第二天早上编前会要用的报稿单发到我的网络信箱里。我可以在家里上电脑,对这些报稿与部主任进行沟通或者安排第二天早上的采访。

与我感到轻松完全相反的是:所有记者都要来上早班了,这让很多习惯夜猫子生活的记者感到相当痛苦。

很多记者向来认为上班时间是"自由"的,他们的采访时间往往不由报社决定,而由事件或被采访对象决定,所以记者只要在截稿时间前完成稿件就可以。《新闻晚报》现在规定记者7:00上班,并要记者像企业员工一样敲卡考勤,这种做法在新闻界还没听说过,消息立即传遍了上海滩新闻界。

有人付之一笑,预言:这一阵风顶多刮两个月。

果然,试行一阶段后,领导从实际出发,将记者的早7:00上班改为早8:00上班,但在7:30之前敲考勤卡的,仍有早餐补贴费。

对晚报记者上早班的严格管理我能理解,但对晚报发行量的"控制管理"却让我百思不得其解。晚报在2004年改版后发行量迅速增长到30万份以上,势头相当强劲。可是报业集团领导却强调"要有成本概念",对晚报提出了"控制型发展"要求。确实,报纸发行量大了会提高成本,但广告的引入不是会与发行量成正比例增长吗?虽然两者之间会有时间差,而如果控制住晚报发行增长的势头,不也就使晚报失去了影响力、失去了广告引入增长的可能性、失去了晚报发展的潜力了吗?

尽管我对此不太理解,但并不影响我的情绪。很简单,我是个做业务的人,一心只想把新闻做好,不愿过多操心报纸经营战略的事。

晚报记者早上 8:00 上班,坐在那里干什么？晚上督稿会取消改用网络信箱督稿,会不会产生懈怠心理？这才是我关注的问题。针对这些新情况,我提出"新时段新流程"方案,简而言之,就是"记者早上三看、编辑中午三盘、狠抓三个环节"：

1. 记者早上"三看"

（1）搜索信源,看看在当天截稿前还有什么独家新闻能够提供,并报告当班主任,按指令执行。

（2）对比"晨媒",看看同类新闻还有没有新的发现、新的角度、新的写法,并向当班主任提出修改建议,当即处理。

（3）精心准备,看看当天采访要注意什么细节、需要什么材料、提些什么问题,并将采访计划传到编辑库内。

2. 编辑中午"三盘"

（1）盘版面计划,查看记者所报的采访计划和截稿后新的信源,盘出第二天报送前版面的内容和本版头条、主打内容计划,将计划传到部主任库内。

（2）盘稿件要求,对第二天重点稿件进行思考,依据版面要求,配合部主任盘出稿件的关键点和写作要求,并与记者沟通。

（3）盘改进建议,阅读当天拼出的版样,配合部主任盘点已经见报的稿件、标题、版式,并提出肯定或改进的建议。

3. 狠抓三个环节

（1）截稿时间拼命抢,每天中午 11:00 之前发生的新闻都要抢,记者可以通过电话直报部主任或当班老总；部主任或当班老总应当即给出指令并协调好版面。

目的：尽可能多地为读者提供当天新闻。

（2）当天报稿仔细理,在记者报采访计划（或报稿）、编辑盘稿的基础上,部主任应整理出报稿单,在午会后传到报稿邮箱里。分管领导和新闻总监应即时分析,并对重点稿件进行指导或组织跨部门跨条线的采访行动。

目的：有量才有质,防止好料被糟蹋。

（3）重大事件随时报,报稿之后发生的新闻,应即时补充到邮箱里,如是重大新闻,不分白天黑夜,记者都应随时用最快的速度（电话或手机）报给部主任、新闻总监、分管领导。

目的：不错过现场；即时策划,调动足够的力量。

经过几个月的实践,我们尝到了甜头。早上时段的稿件进一步增加；编前会的策划被执行得更到位了。市宣传阅评组专门研究了晚报的时段新闻,给予了很好的评价。

我还想提一下晚报车友会的事，起因是这样的：

2005年10月我考完驾照后，买了辆凯越小轿车。刚学会开车，又自己有车，老想自驾出去玩。而晚报先后也有好几位同仁新买了车，平时经常会凑在一起聊"车经"。

在"控制型发展"和早上班考勤制度实行后，采编人员开始有些不适应的疲惫，但有了车的同仁却反而精神抖擞，看来人累不死却会怨死。这天，和几位有车族在聊"车经"时，我提议说："搞个车友会吧。"大家都说好，寿总听后也很支持。

晚报车友会成立后第一次活动是在2006年6月1日儿童节，由我带领，前往湖南娄底"新闻晚报希望小学"送20台电脑，帮他们建电脑教学室。

说起湖南娄底的"新闻晚报希望小学"，还要追溯到一年前。2005年5月23日，《新闻晚报》热线接到湖南来沪务工的张女士求助电话，说在湖南老家自己孩子的学校被山洪冲垮了，孩子哭诉"不能读书了"。张女士夫妻俩为此心急如焚，几夜未眠，突然想起年初曾在《新闻晚报》上看到过"百名记者帮困百名学子"的报道，于是"鼓起十万分的勇气和万分之一的希望"，拨通了《新闻晚报》的热线电话。

第二天一早，社会新闻部记者何易赶赴湖南调查，了解到这个位于湖南涟源市伏口镇大伯村的270多名学生已经停课十多天。5月26日，本报发表了《一个电话两头痛哭　失学求助情牵湘沪》一文，引发上海市民的拳拳爱心，有小学生砸碎了积蓄多年的储蓄罐，佩尔泰克公司用最快的速度送来了10万元，77岁的市民梁邝奶奶把自己离休后20多年省吃俭用下来的积蓄，连同两年前老伴去世政府发给她的抚恤金10万元送来了。

三天时间筹款25万元，上海市希望工程办公室主任吴仁杰说，这在上海希望工程的历史上也是极少见的。

当年5月31日，我和记者一起陪同梁奶奶前往希望小学举行重建奠基仪式。

经过三个月的紧张施工，一栋耗资55万元、建筑面积790平方米的学校竣工了。这所小学被命名为"新闻晚报希望小学"。9月1日我再次陪同毛总、寿总一起前往参加开学仪式。

这次，我们还带去了由本报记者组成"支教超女讲师团"。李胜南、孟录燕、吴繁、肖波，开始轮流为期一个月的支教。后来，涟源电视台据此跟拍了纪录片《接力》，获得湖南省2005年度电视纪录片一等奖。

除了前方的支教,后方的"新闻晚报人"还与当地50多名特困学生结成对子,一对一帮扶。《新闻晚报》与希望小学的情谊就这样结下了。

2006年元旦,《新闻晚报》还邀请希望小学的校长、老师带着6名学生来到上海,出现在《新闻晚报》的迎新晚会上。

这次送电脑去湖南8辆车,每辆车3个驾驶员(我们通过报纸还向社会招聘了一些志愿者),1300多公里,当天赶到。

可以这么说,晚报车友会建立伊始,就是一个与报纸新闻业务紧紧相扣的自愿者组织。后来,车友会利用双休日和国定假日,去周边地区寻找古村落,去黄金海岸捡垃圾,去安徽老区送医治眼疾,为高考学生"爱心送考"……人比过去更忙更累了,心情却变得快乐起来。汶川大地震时,晚报车友会还率先出发前往救灾,在社会上引起相当大的影响。

晚报车友会一系列的活动,不仅凝聚了报社年轻人的活力,还在各种公益活动中产生了很多好新闻,这支本来只是晚报员工自发组织的车友会,后来壮大成由社会志愿者一起参与的晚报车友会,成为晚报的一大品牌。

86. 错过了最好时机

2006年秋季,《新闻晚报》班子带一批部主任去英国考察,我一个人在家当班,连续四天,每天诚惶诚恐地签32个版。这四天能够平安顺利度过,让我感到十分庆幸。

等他们从英国考察回来不久,又新调来一位副主编敖军,班子重新进行分工。我的工作发生了两个变化:一是开始轮流而不是每天早上参与签大样了;二是有了分管部门,时政新闻部和副刊部。

时政部不用说了,即使过去没有让我分管,我也深涉其中。副刊部在我的眼里却一直是晚报的鸡肋。在过去几次去外地考察时,我就注意到,几乎新创办的都市报都不再有副刊的要素。这是因为网络出现后,读者开始追求快餐文化和碎片文化,那种"夜光杯"式的文人杂感和那种书本摘抄式的连续小说,与快节奏的新闻传播越来越不合时宜。这曾经是老晚报的品牌,但现在又何尝不是老晚报的包袱呢?作为一份新的都市晚报,再去模仿沿袭老晚报的做法,我对此是心存质疑的。

接手分管副刊部之后,我更多地考虑这样一个问题:当前各种门户网站都在开辟互动功能,不光有各种新兴的社交圈,还有各种论坛和网络小说,我们的副刊部可不可以改造成一个与网络互通联手的互动部,设立相应的互动版面?

说起来,这个想法的产生并不是从接手副刊部才开始的。早在2003年元旦,报社要举行一个新年展望活动,希望大家从报社的全局提出各自想法。那时,我还是社会新闻部主任,斗胆作了一个题为《五大整合互动为先》的发言。

这次发言除了提出"信源、监控与盘稿整合""本地新闻版整合""编辑力量整合""摄影图片整合"外,还着重提出了"互动版块整合"。建议"现有的副刊内容要进行梳理,该停办的就停办,该转专刊的就转专刊。将现在报社组织各种社会活动报道整合在一起,通过网络化的技术平台统一向社会推出,并以此作为本报的互动版块"。并强调这个整合的"重点是把副刊改造成副新闻,贴近生活,更加实用"。这是我第一次提及对副刊的重新定性和梳理。

第二次是在2005年12月,由我牵头,赵毅、郭文才、徐哲执笔,对晚报新媒体发展写了一个研究性的报告。在这份报告中,我们提出要构建统一的开发平台、信源平台、互动平台,改进我们的工作流程,并明确提出要建立一个新媒体小组和打造一个互动平台。报告指出:梳理整合目前报社各部门与新媒体的合作情况,为晚报品牌在新媒体合作中发挥最大效应提供意见。探讨借助外力使报社与一些网站、移动通信商产生良性互动的可能性,达到既巩固报纸地位,又能产生良好经济效益的目的。要开展报纸和新媒体的联动,形成交叉立体的规模效应,让老百姓的各种需求能够多层次、多渠道地得到反映、交流,促使问题有效地解决。而这正是我对副刊部改为互动部的希望。

2007年4月21日,晚报班子在大连召开一个报纸发展的务虚会议,我在会上又一次提出:我们都在说如何增加新闻版面,如果换一种思考方法,将无效的版面去除,是不是就可以增加新闻版面了?晚报现在有没有无效版面?我个人认为有,比如传统的副刊,已经吸引不了现在的年轻人了。晚报的发展要有一种颠覆式的操作模式和思路,才能取得超常规的发展。必须打破现在平面媒体传统的格局,在全市平面媒体中建立起一个又一个领先的平台。副刊完全可以改造成副新闻的板块,即报纸网络化的版块。比如:建立互动版块,与各种社区网络联手,在报纸上与读者互动,争取做到最好;建立便民版块,与网络联手搞网购服务,挖掘市场开拓功能,把影响力扩大到社区家庭;开辟博客版块,与社会力量整合,寻找关注热点和评论话题。

如果说,以上对副刊部转为互动部的想法,是一个从不成熟到基本成熟的过程,那么,从大连务班子务虚会结束回沪后,我在报社部主任的业务发展探讨会上,已经是正式完整地提出了设想:将副刊部改造成互动部,打造几个网络互动版。

但这没有得到副刊部的理解和反响,尽管寿总对我的设想十分支持,只是一谈到部门的整体转型,就感到颇为棘手。事后,采用了一种折中做法,从各部门抽调一两个记者,兼职做几个互动版面。也许是因为我坚持必须由一个正式的部门来做吧,这个"业余兼职"的事就没有让我负责。

晚报的这几个互动版面并没有坚持多长时间就取消了。除了因为各部门"业余兼职"的人员感到精力不济之外,还因为其中一些互动版面没有与经营公司所办的专刊进行厘清和合作,在业务上有些交叉和冲撞,引起经营公司的嘀咕和担心。说起来也怪,《新闻晚报》采编成立车友会后,经营公司专刊部那里后来也成立了一个"新闻晚报车友会"。类似这样本来可以合力做大的项目,经常因缺乏协调而成了力量的对消。

我分管副刊的时间并不长。或许是看到我的主要精力是抓采访,对现在副刊的定位持否定态度,寿总不久即将副刊部调整出我的分管范围。此后,我只能从另外的路径去考虑晚报的网络发展了。

假如有人要问我,在晚报最遗憾的事是什么?那么我的回答就是:2007年,错过了在上海纸媒中创建最早网络互动部的时机。

之后,直到退休前,我都尽力为晚报的新媒体发展而尽心尽力。比如微博版、志愿者版、幸福版、官方微博以至于大上海生活圈网站的设想和报纸全体采编整体转型的设想。但时过境迁,处处艰难。如果当年没有错过在上海创建第一个互动部的时机,并在此基础上拓展开来,即使晚报后来班子如何频繁变动,以至《新闻晚报》停刊,而由此形成的《新闻晚报》网络这另一片天地,可能并不会停止运转。

当我在讲"错过了最好时机"这句话时,我并没有抱怨别人的意思。恰恰相反,我讲的是自己的"错过"。

作为一个搞业务的人,既然在多场合多次提到新媒体发展的设想,并在申聘正高职称的论文中也坚定地将此作为自己今后的业务追求,那么就应该毫不犹豫地投入其中。我曾经为了业务,义无反顾地走出机关大门;毫不留恋地从部主任变身为一名记者;而这次,我没有跨出这一步,错过了最好的时机。

假如在我分管副刊部时,能深入与这个部门的每一个采编人员做更细致的工作;假如在抽调采编"业余兼职"搞互动版面时,我主动请缨挑起这副担子……一个曾经被人视为报社"垃圾筒"的部门,都能在三年后"变废为宝",更何况2007年,离我退休还有整整6年,将几个互动版转化为互动部,进而推出更大的动作,这并不会更难吧?

或许,有人会说这并不是你一个人能做成的事,但在我看来,却是我可以去争取做的事。事实是,我令自己错失了在新闻生涯中最好的时机,一个极有价值而且对我极有吸引力的时机。

87. 报纸互动断想

已经走过的,没有假如;已经错过的,不会再来;但曾经的思考,却可以借鉴。

关于报纸如何开辟互动功能,我在分管副刊部后的2006年11月22日,以《活力测试指标:互动性 关于报纸互动的断想》为题,进行过一次学术上的探讨,不妨摘录如下:

1. 传播的实质就是互动

传播学的定义:"实质上是一种社会互动行为,人们通过传播保持着相互影响、相互作用关系。"

互动具有明显的双向特征:一方面,媒体以最大限度满足读者的需要;另一方面,读者通过参与办报和社会活动的方式,改变报纸信息"单向传播"。

2. 互动决定影响力

严格来说,新闻不是做出来的,而是互动出来的。互动是对媒体的限制,而媒体就在互动中实现影响力。

几乎每一次市场危机,都是发端于媒体曝光,在随后形成的强大"舆论场"中,媒体、企业、相关行业协会和政府监管机构各占一席之地,他们各自的声音和彼此的互动,极大地影响着消费者的观点和行为。

当然,现实生活中,这种互动并不总是良性的。

比如孙志刚事件、毒奶粉事件……但即使再困难,大众媒体报道所营造的精神环境本身,对舆论已构成一种巨大的难以想象的人工世界,影响着事态的进展和变化。

实践证明,报纸对读者的服务功能越强,读者的参与程度就越高,编读之间的时空距离就越近,这种报纸的社会影响力就越大。因此,如何做到报纸与读者的需求互动,是当今报业追求传播效果及社会和经济效益最大化的重要研究课题。

3. 网络靠互动分割报纸的读者

网络之所以如此吸引大家,最重要的就是网络给受众带来的从未有过的发挥和诉求空间。在这种互动中,人们享受到了平等、亲和。

现在报业面临的一大困惑,恰恰是传播过程中这种"互动行为"的极端匮乏。

一是报纸主观上还没有强烈地意识到对读者的反馈信息进行归纳提炼后去伪存真,据此调整工作思路;二是客观上还没有建立有效的渠道,在收集读者反馈信息上几乎是一片空白。以至于读者的反馈行为指向了其他方向。

很明显的例子:不少都市报创刊之初的思路是狠抓社会新闻,靠批评报道当家,打"市民报"品牌的路子。这种办报思路的好处是可以迅速占领市场,缺陷是读者往往以低收入人群为主。整个版面往往充斥着负面报道,不少高收入群体对此不以为然,报纸的广告效果在一定程度上受到影响。随着发行量的扩大,报纸经受风浪的能力增强之后,都市报纸都在重新考虑调整办报思路。问题往往在这种调整时出现,导致办报思路多元化,思想不能统一,就是因为互动渠道不畅造成了一定程度的定位混沌甚至是混乱状态。

有人把这种现象称之为"反馈麻痹",或者叫"互动血栓"。

报纸患上这两种病的结果是:读者会感到报纸上和自己密切相关的东西越来越少,值得自己讨论的东西越来越少,

既然双方缺乏共性,那么读者对报纸的立场、观点开始"冷处理",对这张报纸开始持无所谓的态度,这种态度累积的结果,是最终将这张报纸抛弃。网络对报业市场的激烈竞争,已经为这种行为提供了条件。

相比较之下,不要说网络,就连电视台、电台近年来在这方面的框架都比报纸搭建得要好。

可以说:以因特网为代表的第四媒体把传播者和受众之间的互动已经提升为媒体运行水平高低的一个重要检测指标。

4. 报纸有没有互动优势?

其实,互动原来是报纸最早的特性,只是形式太陈旧了。至今为止,报纸还有着便携、定格、采集力量和公信力的优势。它不仅在互动上还大有潜力,而且互动本身还可以让报纸再度辉煌。

(1) 互动内容的确定是建立在编读双向交流基础上的,每一个作为互动的内容都可能是唯一的、特定的。这增加了复制的难度,为报纸创造个性化特色提供了空间。

(2) 互动形式的选择上是多样性的,它可以根据市场的需要来确定,既可以以报纸为轴心让读者参与办报,也可以以读者为轴心提供信息服务;既可以通过组织活动,增强报纸的吸引力,也可以通过编读交流,扩大报纸的影响力。形式上的灵活多变,可以有效地避免复制,丰富报纸内容,创造自己的特色。

一些新创办的报纸,已经在加强与读者互动的方面做了大量工作,也尝到了互动的甜头。比如最近的:拿起你的手机尽情拍。

5. 报纸互动的几种方式

以版面为载体的特色互动,我们已经采取了四种模式。

一是供需式。根据读者对信息和服务的需要,报纸设置固定的互动栏目。如热线咨询、律师问答等。

二是参与式。以组织读者参与活动为特征。如组建健康俱乐部、小记者团、有奖报料、各种形式的竞赛征文。

三是救助式。以关注弱势群体疾苦、组织救助为基本内容。如夏令热线、消费维权、慈善助学等。

四是征询式。征求读者对报纸及活动内容的意见。如有奖征集金点子等。

我们已经做过的有"周末特别行动",在网络调查基础上确定行动内容,由市民投诉、记者随军行动和政府职能部门执法三方互动;《百姓议案》与东方网合作,在上海"两会"期间,将会内与会外、市民与代表、报纸和网站全方位互动,为平民百姓倾吐自己的心声和政府听取民意开辟了更为直接的渠道。

以上主要是从城市细节、执政能力上发挥舆论监督和起到沟通桥梁作用。

另外还有个性化服务活动,在组织大规模读者调查的基础上,根据市民排列在前几位的最大愿望,展开个性活动。比如"身体健康""家庭致富""子女教育""求职求学"等,把服务做到位做到家;比如为小额投资者向社会征集投资项目,寻找适合他们发展的致富门路;比如"财富论坛",让"报纸搭台、学者唱戏、读者受益";比如针对大学生就业现状,开设"求职热线",免费为他们寻找岗位;比如创办"晚报门诊",为中医、为社区医疗组织大型活动,让更多的读者受惠。

以上这些既是个性化服务,又是社会热点,可以与专刊、相关公司合办,取得社会和经济两个效益。但定位是为了与读者互动,而不是为企业广告。

我们尤其要关注更有潜力的互动,那就是延伸到网络上的报纸互动:

报业通过互联网完成"传播互动"的方式多种多样,随着互联网软件开发进程的加快,其方式必然也会越来越多。主要的有以下几种:BBS论坛,电子邮件,网络营销商开发的网络在线聊天系统(如QQ、MSN、聊天室等),以及报业网络工程师自行开发或者购买的网上投稿、线索提供系统,还有我们已经开出的记者博客,等等。

但到目前为止,我们还没有发挥出应有的作用。主要是两个问题:一是没有将报纸与网站平台有机地结合;二是网站的内容设计上没有倾向于读者。

这些问题的存在,是因为我们还没有意识到互联网在互动传播中的作用,或者更进一步说，还没有意识到读者反馈对报纸的重要性。

比如，让记者编辑在报纸版面上公布相关论坛网址以及他的在线时段，定期和读者进行交流。

比如，结合新闻报道，在网上进行主题讨论，然后再在报上刊出。

比如，利用网站的意见征询系统，了解读者需求，从而进行报纸的选题策划；从统计系统查看稿件点击率，以此调整报道重点，可使采编更有针对性。

比如，开通网上和短信投票系统，开展大型评选活动。

比如，将"读者评报""读者调查""热线电话""手机短信报料"升级到网上论坛、博客、跟帖、即时通信、网上音频交流等。

借助网络平台能真正做到"开门办报"，让网络独特的传播特性为报纸所用，可以轻易到达报人长期追求却难以企及的"读者参与办报"的目标。

6. 互动不能轻举妄动

互动之前需要周密策划。事实上，互动并不是一种包罗万象的手段。首先是互动内容的选择必须符合自己的办报宗旨而又能让双方同时动起来。这就要求在互动内容上精心挑选，从而调动互动双方的积极性，同时要考虑以双方的密切利益为链条实现双赢，假如报纸要求读者更多、更快地提供新闻线索，却不给读者以奖励，肯定不久线索就断了。

互动过程需要精心组织。互动总是双向的，更重要的是社会和读者一方。因此，在事前需要认真分析互动过程出现的多种困难和问题的可能性，设置互动结果的多样化方案，并制订"异动情况"的预案，实现对互动结果的有效控制。互动的过程中，要针对已经出现的具体问题，随时完善，补充调整。互动是办报过程中经常需要运用的手段，因此每次互动结束后，要认真总结经验教训，为下一次互动提供帮助。

以人、财、物作保证动出效果。互动作为报纸创造特色、提升竞争力、树立品牌形象的重要手段，每次互动时必须在人力、财力和版面上给予充分保证。每次互动都应该看作是报纸一项系统工程，重大互动项目，应由报纸领导亲自主持。互动不宜过多、过滥，要尽可能做到少而精。在选择互动项目时，要本着"宁可少动，动就动好，动出特色，动出效益"的原则，每启动一个互动项目，就要像打一场歼灭战，一抓到底，抓出成效。

7. 互动是必然趋势

互动不仅将改变新闻的采访编辑操作流程，还将改变报纸的结构和运行思路。

外部领域：与政府互动、与司法互动、与人民代表互动、与教育互动、与理财互动、与娱乐互动、异地互动、在线互动……

内部框架:媒体与广告互动、版面与活动互动、现场与评论互动、记者与编辑互动、读者与采编互动……

总之,未来的报纸角色是一个互动多媒体。

报纸与网络、与电视、与广播、与手机……有人预测,将来会出现媒体集大成者,其中,必不可少的是与其他媒体形成一个整体的报纸,就叫:互动多媒体。

互动多媒体在交互性方面有着传统报纸无法比拟的优势。它依托互联网和手机、电台、电视台等载体,由报纸、画面、声音、通信商和网络平台构成新信息传播业务,可提供个性化服务。与传统报纸比较,最大优势就是改进了互动,实现了读者、编者之间即时的立体的交流互动。

88. 从短信参政到民生访谈

2007年7月的一个下午,我在电梯里碰见裘新。他在《文汇报》担任总编后,于两年前又调回解放日报报业集团,任集团党委副书记、副社长,《解放日报》党委书记、总编辑。他问我去哪里,我说去楼上参加集团召开的一个摄影工作会议。见他有点奇怪,我补充一句:其实我对摄影并不懂的。裘新笑着说:要是我早知道你不懂,刚才就不投你一票了。我明白,集团党委刚刚结束了对各报副主编人选的表决。

我的副主编正式聘期从8月份开始,按寿总的说法,这是给51岁才当主编助理、现在已经54岁的我有了个说法。当然,也有人强调,在晚报若干副主编中,我不过是排在最末位的一个。其实这些说法都无关紧要,如何在业务上发挥作用才是最重要的。我在担任主编助理时就承担了新闻总监这个活儿,现在新闻总监这个岗位上又有了两位助手:新聘为主编助理的王涓涓和毛依栋。像我这个年龄特性的人应该明白,我在报社的角色,就是稳定、推进、实际可行、承上启下。

我分管的部门也还是原来的时政部。2007年6月26日,我在参加《新闻晚报》副主编的竞聘演说中,曾对分管的时政新闻作了如下表述:

适应党和政府执政思路的新变化,实现都市报纸发展方向的漂亮转身:以时政为先。

在"百姓议案"基础上,以"权威、独创、互动和关注"四大特性,创造晚报拳头民生栏目。

新设想：短信参政。

这段表述的背后，其实有一段故事：

自2005年1月起，原来每年找一家纸媒合作的东方网《百姓议案》栏目，在与晚报合作后，影响力陡增。以至2006年，东方网没有按惯例再找别的纸媒，而是与晚报继续合作。

但到了2007年春天的上海"两会"前，东方网新来的分管采编领导，突然改变《百姓议案》这个已经打响了品牌的栏目名称，另外搞了一个栏目。在此复杂的情况下，我对时政新闻部主任东悦杭表示，我们晚报可以独家坚持操作"百姓议案"，在与东方网继续合作报道"两会"的同时，利用今年"两会"特殊的半天休会空档，邀请代表和市民来晚报对话，进一步创新《百姓议案》的互动方式。

尽管这次代表与市民的对话，得到了社会的好评，但是我觉得接下去与东方网之间的合作要另辟蹊径了，我们将来与"两会"互动的渠道，必须采用更为直接的方式。

什么是"更为直接的方式"？上海"两会"结束后，新闻晨晚报一起开了一个采访全国"两会"的预备会。当时地方都市类报纸包括《新闻晨报》和《新闻晚报》，进不了全国"两会"开会的人民大会堂，于是就产生了一个问题：新闻晨晚报派往北京的记者如何采访"两会"？这就是预备会上大家议论的热点。会上我作了"建立起三个联系"的发言：

当然，我们要力争让记者走进人民大会堂。其实，如果进不了会场，我们能不能利用集团这个共同的资源？党报跟我们都市报是有错位的，《新闻晨报》跟《新闻晚报》在时间上也是有错位的，我们完全能通过"错位"来和谐地共享这个资源。既然集团的《解放日报》记者能走进人民大会堂，为什么我们不能组成一个紧密的小组，来很好地共享这个资源？

如果连这点也做不到的话，就再退一步，思考一下我们在外围的这场报道仗怎么打？今年在上海"两会"的前线记者包括后方编辑部已经给我们提供了一些经验和启发。我想，我们要建立三重联系：

一要利用短信方式，建立起记者与代表的联系。我们有自己良好的人际关系，可以通过短信方式，利用代表休息的时间取得联系进行采访，从而打破我们不能进人民大会堂的这个关卡。

二要利用网络方式，建立起代表与读者的联系。今年上海"两会"我们已成功地利用了博客，其实除博客之外，还有更多的网络其他方式，要利用网络这个现代的设备与载体来建立起代表与选民的关系，让老百姓与代表之间能及时地沟通，不断地引出一些深入的话题。让全国"两会"与上海"两会"一样，引起市民普遍的关注。我想这也是媒体作为一个载体、一个平台的沟通的责任。

三要利用我们的整体力量，建立起报社前方与后方的联系。前方记者更要利用后方采编的整体力量来建立起地方与全国"两会"的联系。

在条件所限制的范围内，利用新进的科技手段，建立起这样三个联系，我们就能把全国"两会"报道得更好。

我在发言中提到的短信方式，其实并不仅仅是为赴全国"两会"报道记者准备的一个方案，而是我看上了这个更为便捷的移动方式，早就在琢磨怎么用它来为晚报开发信源和组织互动了。

考虑到东方网内部对《百姓议案》的不同看法，极可能会在与我们的合作上发生变故，如果"两会"报道没有了《百姓议案》，《新闻晚报》还能拿什么来作为读者与代表沟通的渠道？我提出要利用短信这个载体，准备一个预案。

2007年5月，时政新闻部起草了一份"关于开设'移动议政'栏目的初步设想"。2007年12月，上海"两会"召开前，这个设想终于得到上海市人大有关部门的确认，表示愿意与《新闻晚报》合作创办《倾听上海·短信参政》栏目。2008年1月，上海"两会"还在进行中，我以《我们进入"短信时代"》为题，对"短信参政"进行了评论：

不知不觉地，我们已经进入了"短信时代"。用随身携带的手机来沟通信息、传递感情、表达意愿，是这个时代最便利的方式。

昨天下午政协的小组讨论中，有一位委员"抢"到话筒后，当即掏出手机，读起短信，把来自会场外的建议带到了政协会议上。

其实，利用短信参加"两会"的代表委员还有不少，本报今年"两会"期间开辟的"短信参政"，就已经在他们的议案和提案中发挥了作用。

到今天截稿止，"短信参政"已经汇集了很多百姓意见，在量上超过报网合作的"百姓议案"一倍之多。

可见，比电脑更为普及的手机，能更广泛地将百姓的声音传到会场，同时又把会内的精神递给百姓，它顺应了时代潮流，成为传递民意民智的新渠道。

"短信参政"是一种新的形式，这种新形式的推出，反映的是对坚持科学发展观、推进建设和谐社会、发展社会主义民主政治、改善民生的追求。

"短信参政"还不仅仅是一种形式，要想让代表委员在短信中见到百姓，让百姓在短信中见到代表委员，要想让短信在政府和人民中产生互动和反馈，还有待于一系列的尝试来完善。

再过十天，当新年的钟声响起，短信祝福也会传遍中国大地。在这之前，我们想欣喜地告诉读者,本报将长年设置这个栏目,为你的短信增添一项新的功能——"参政"。

就在这次上海"两会"上,时政新闻部主任东悦杭与新华社上海分社社长慎海雄见了面。慎海雄与寿总也相当熟悉,谈到当年新华社为《百姓议案》叫好的事,慎海雄表示对晚报的印象不错,建议搞一些合作,双方议定在"两会"结束后搞一次"民生访谈"。也许是一种巧合,当时晚报的本地新闻,无论是时政、教育还是经济,版面都起名为《今日民生》,"民生访谈"算是名至实归了。

2008年3月19日,由东悦杭执笔与几家媒体反复商讨后,正式推出上海市"民生访谈"方案。"民生访谈"由新华社上海分社、《新闻晚报》、东方广播电台、东方网等媒体联合主办,拟从4月7日开始,邀请上海10余个委办局主要领导进行现场对话。所选择的话题通过《新闻晚报》、东方网、上海移动短信向市民征集,邀请中央和上海主要媒体记者向被访领导和单位提问。访谈由东方电台主持人和《新闻晚报》记者主持,每场一个小时,由东方电台、东方网现场直播,《新闻晚报》每天进行一个版面的专题报道,解放网进行全程视频录制。

这次"民生访谈"到4月18日结束,上海市教委、劳动保障局、环保局、科委、药监局、房地局、气象局、公安局、交通局、卫生局、民政局、市政局的12位领导走进了"民生访谈"现场。晚报各本地新闻部也都派记者参与了"民生访谈"的主持。

当最后一场"民生访谈"结束后,开了一场专题研讨会,晚报对此作了报道。

在研讨会上,新华社上海分社社长慎海雄表示,这次"民生访谈"新华社共发通稿29篇,全国报纸当天日均采用在30家左右。从稿件采用量上来看,报道是非常成功的。他还表示:执政为民的根本在于改善民生,媒体应当怎么做呢?一方面报道是我们的天职,但从这一次"上海民生访谈"中有一个体会,媒体可以为民生办一些实事。

《新闻晚报》主编寿光武用"三个力"高度概括了此次"民生访谈":媒体整合的聚集力、民生的吸附力、政府部门的亲和力。此次本报与新华社、电台、网络联手,可以说是这么多年来上海新闻界的第一次,跨媒体联手产生的穿透力是始料未及的。

12个局、委办公室、宣传处的负责人出席了会议,市教委公众服务处副处长王辛表示,此次"海陆空"联手,确实起到了很好的社会效应,达到了预先宣传目的。不少负责人还表示,希望"民生访谈"能作为常态活动,今后一直办下去。

"民生访谈"后来真的一直办了下来。从2008年到2013年年底《新闻晚报》停刊,"民生访谈"成功举办了六届,之后,由《解放日报》接手,持续到现在,又举办了三届。有一篇文章写道:"春天里,听局长们畅谈民生,已成为上海市民的一个习惯。"

从"百姓议案""短信参政"再到"民生访谈",是晚报百姓意识的一以贯之。而"民生访谈"则是晚报年轻部主任的创意,说明晚报的年轻中坚力量正在崛起。可以说,这支采编队伍已经步入了成熟阶段。

89."生命奥运"的操作

2008年8月18日,我随解放日报报业集团领导一起去北京,慰问在北京奥运采访的前方记者。

从机场乘出租车去《解放日报》北京办事处时,司机见我来自上海,开口就问:"上海怎么把癌症病人弄来看奥运了?"

我反问:"你怎么知道这事儿?"

司机说:"北京的电视、报纸都在报道,动静可大了!"

不用再问了,我很高兴地确定,上海移动把这事搞成功了。

事情还要从2007年11月17日《新闻晚报》记者许沁的一篇报道说起。

这篇题为《5年,他们坚守生的信念》的报道,讲述了上海1800名癌症病人从2003年11月起,每天在储蓄罐里存下2元钱,他们计算,5年后,可存到3650元,相约2008年用这些钱到北京看奥运。

"等待5年后去北京看奥运"和"癌症的5年治愈期"恰巧一致。如今,已经过去4年,他们中已有160名代表确信,自己可以在明年到北京现场观看2008奥运会。11月16日,在宝钢体育中心举行的"上海市第12届全民健身节"上,160名已经成功抗癌的患者,接过市癌症康复俱乐部会长袁正平传递的"相约2008年北京奥运助威团"奥运五环旗,组成本市癌症病人"北京奥运助威团"。

眼下2008年奥运会临近,这160位患者每天2元储蓄下来的费用还是捉襟见肘,加上赛票难订、宾馆涨价等问题,上海市癌症康复俱乐部"北京奥运助威团"的成行面临重大阻力。

报道引起我极大的关注,觉得无论如何也要帮这些癌症病人了却心愿。可是到哪里去弄160多张奥运赛票呢?

这让我想起北京奥运赞助商之一的中国移动公司,他们应该有办法的。中国移动上海公司公关部经理周旭与张春敏,早在我担任社会新闻部主任时就与我熟悉，去年为了上海"两会"还一起设计了"移动参政"的方案，于是我找到她们。巧的是，她们说总公司也要求各公司为北京奥运做活动方案，她们还没有找到好的方向。我建议她们就做这个项目。

投入资金和人力来运作这件事的价值到底有多大？对中国移动上海公司来说，这是首先要考虑的问题。显然，中国第一次举办奥运会，举国欢腾，人们的目光都集中在赛事上，这是可想而知的。癌症病人想去看北京奥运，会不会成为社会关注的重点？谁也不清楚。一般媒体或许出于同情，会呼吁帮这些癌症病人解决进场的赛票，却并不想花精力继续去运作报道这件事，毕竟这不是奥运报道的主流内容。

但在我的眼里，判断线索是否有价值，首先要研究和理解自己的读者。这就像写经济报道要写出人的感情命运一样，在奥运这个看似体育的报道中，由癌症病人组成的"北京奥运助威团"其实透着对生命的大悟大彻，是奥运精神的一种延伸，有重要的新闻价值，它一定会在读者中引起关注和共鸣。

在我的动员下，中国移动上海公司终于下决心做这个项目。我找来原在《国际金融报》当记者，后来下海创办新丝路文化传播公司的张大光，为这项公益营销活动策划一个方案。

一边紧锣密鼓地研讨方案，一边却不断传来癌症病人的消息：

2007年12月11日，许沁报道：今天上午，记者从市癌症康复俱乐部了解到，近日由160名上海癌症病人组成的"北京奥运助威团"中，已经有3位病人先后因为身体情况，无奈"掉队"，提前退出"北京奥运助威团"。与此同时，在市癌症康复俱乐部中，还有第二批约100多名癌症病人等待报名，希望能加入到生命希望的"接力"中来。

2007年12月28日，张大光拿出了为中国移动上海公司策划的《生命的奥运》方案第一稿。

2008年1月5日，许沁报道：今天上午，记者从市癌症康复俱乐部了解到，由160名上海癌症病人组成的"北京奥运助威团"中，又有4人因身体状况无奈"掉队"。

2008年3月29日，中国移动上海公司将200张奥运赛票送到市癌症俱乐部袁正平会长手中。

2008年4月23日下午，召开了中国移动上海公司、癌症康复俱乐部、新丝路文化传播公司三方会议。会议主要讨论在6月20日举办"长三角地区癌症患者喜迎北京奥运体育大联欢"的具体事宜，同时中国移动上海公司表示将尽快跟进赛票场次的具体安排，并发动200名移动公司的志愿者与癌症俱乐部奥运助威团团员——结对，全程照顾。

2008年5月6日，新丝路文化传播公司拿出策划方案第二稿。

2008年5月23日，中国移动上海公司与"北京奥运助威团"开展了一场特殊的奥运火炬传递，作为奥运火炬手的中国移动上海公司总经理郑杰，亲手将奥运火炬传递给了癌症康复俱乐部的会员们。

2008年6月20日，举办"生命的奥运——长三角喜迎北京奥运体育大联欢"活动。来自长三角地区的上海、江苏、无锡、浙江等16座城市的4000余名癌症患者欢聚一堂，观摩了由1156名"癌友"集体奉献的"生命之光大型团体操表演"。

2008年8月11日晚，上海市癌症康复俱乐部组成的"北京奥运助威团"198位癌症患者，在200名中国移动上海公司志愿者的陪同下，终于乘上火车，去实现五年的"奥运之约"。

出发的癌症病友中，病情最严重的是邱海娣。她带着轮椅、两旅行袋的中药和一只氧气瓶。

还有一位癌症患者家属赵翠芳带着儿子照片去北京圆梦。赵翠芳至今还记得儿子最后的话："妈妈，看来我活不到那一天了，把我存下的钱捐给病友作路费吧，让他们继续下去……"

中国移动上海公司提供了200张奥运赛票，最后还是缺席了两位。其中乳腺癌患者潘健桦就在7月26日，距奥运会开幕还有13天时，不幸倒下了。袁正平会长决定："我们将特别空缺2个名额，不再增加替补，因为在助威团里，依然有你们两位！"

"离去，并不等于梦想的破灭！"率队登上火车的袁正平并没有忘记梦开始的地方。他珍藏着一张张从一开始就每天储蓄2元钱，但后来离世癌症患者的照片。他告诉记者："相约看奥运的队伍中依然有他们！"

如果没有在北京发生的一个偶然事件，上海"北京奥运助威团"可能还不会在社会上引起如此巨大的反响。

在北京奥运比赛期间，"北京奥运助威团"的部分成员，登上了长城。在长城上，他们邂逅了赞助埃里克父母来北京看奥运会的赞助商。

埃里克是参加北京奥运会的美国游泳运动员。他在2008年6月份被查出患有癌症，为了不影响队友的备战，他没有将这个消息告诉其他人。在之后的选拔赛当中，他获得了参加北京奥运会的资格，此时他才把消息告诉了队友。经过一段时间的医学观察后，埃里克体内的癌细胞并没有扩散，他勇敢地来到北京，并打算奥运会后再去接受手术治疗。在8月13日的比赛中，他没有获得奖牌，甚至连决赛都没有进入,只列小组的第六名。但是,在人们的心目中,他已经获得了一枚生命意义上的金牌。

早在美国的奥运会选拔期间,上海市癌症康复俱乐部的癌症患者就已经从媒体的报道中得知埃里克的情况,大家被其坚持生命追求,为梦想奋斗的事迹感动,希望能够在北京奥运会上为其加油助威。于是,就把希望与埃里克见面的愿望,告诉了在长城邂逅的这位赞助商。

在这位赞助商的帮助下,联系到了埃里克的父母。中国移动也通过美国大使馆了解到美国游泳队的日常生活安排,并联系到美国游泳队的新闻官,通过媒体记者向这位新闻官提交了这些癌症患者为埃里克呐喊助威的视频短片以及中央电视台《生命的奥运》栏目关于这些癌症患者的特别报道,再次表达了想与埃里克见面交流的强烈愿望,并邀请埃里克参加2010年在上海举办的世博会。这位新闻官非常感动,决定满足这些癌症患者的愿望,安排了埃里克与上海"北京奥运助威团"的互动交流。

2008年8月16日晚上18:00,年轻的埃里克在一阵"英雄!埃里克!"的欢呼声中步入会场,他表示在这几天接到了太多的信息,告诉他有这样一个中国民间组织,想见到他跟他分享与癌症斗争的经验,这对他非常重要。

在活动现场,与埃里克患有同一种癌症的奥运助威团成员于秋萍将自己曾经获得的"抗癌明星"金牌转赠给他,令他在奥运之外收获一枚生命的金牌。中国移动集团公司奥运办公室总经理也为埃里克送上了2010年上海世博会的门票,鼓励他积极治疗,一同相约2010年的上海世博会。

当天活动现场,美国的国家电视台、路透社、中国的中央级媒体、上海以及北京、全国各地的媒体,一起目睹了这个相聚的场景。许多记者在兴奋之余表示震惊,因为在奥运赛事期间,美国队有铁的纪律,即使是运动员的家人都不能随便与队员联络,以保持运动员良好的竞技状态。而且由于安保以及其他众所周知的原因,与美国运动员联系简直难如登天,因此在场的记者都不相信自己的眼睛——有一位美国的运动员来跟中国的民间组织进行精神层面的互动。现场有一位香港宽频的女记者,一直淌着眼泪在做报道。

中国移动集团老总在交流活动上说,中国移动组织这样的活动,首先是对埃里克及癌症康复俱乐部的会员们共谱"生命奥运"的由衷钦佩,也表达了我们对生命的致敬,对奥林匹克精神的崇高敬意。奥林匹克精神是一种"更快、更强、更高"的自我挑战精神,更是一种乐观、积极的生活态度,这种自我挑战精神、乐观积极的生活态度是我们充满自信,战胜一切困难的强大动力。

2008年12月26日,备受瞩目的"2008年度中国十大公共关系事件"评选结果在京揭晓。经过公众网络投票和专家组严格甄选,上海移动"生命的奥运"(公益营销)成功当选本年度十大公关事件。

能够入选"2008年度中国十大公共关系事件",是我当初动员中国移动上海公司参与时万万没想到的,也大大出乎中国移动的意料,因为只要看看并列入选的其他九大事件,就可以掂出它的分量了:2008年北京奥运会(国家公关)、抗震救灾行动(国家公关)、神舟七号载人航天飞船升空(国家公关)、第十八届世界公共关系大会(行业公关)、家乐福危机公关(危机公关)、起征燃油税(政府公关)、王老吉网络营销(新媒体公关)、江西电视台2008红歌会(娱乐营销)、奶业三聚氰胺危机(行业公关)。

90. 从"两会"转向抗灾

雪,留给2008年中国的不仅是白色和寒冷,还有面对灾难社会所给予的相助和温暖,还有我们媒体人的责任和作为。

当漫天大雪在中国南方连续飘落时,人们没有想到这会是一场50年罕见的雪灾,甚至还以为这是瑞雪丰年的象征。想不到,这场雪不仅阻断了千万中国人的回乡路,还威胁到几千万中国人的生存。

当"回家,我要回家"的呼唤,像啼血的鸟鸣,一声疾似一声地响彻在车站、车厢和高速路上时,当寒冷由身体传感至心灵的时候,整个中国为之震颤,整个世界为之关注。

这个时候,《新闻晚报》全体同仁突然想起了"守望相助"这个词,于是,我们明白不仅仅需要记录可歌可泣的历史瞬间,更需要去参与去帮助。我们开始呼唤,开始号召,开始互动,开始行动,开始迸发出所有的激情、智慧和创意。

也许,传媒人更需要冷静、反思和总结。但是,面对突如其来的灾难,我们真的需要热心、爱心和投入。

——寿光武

在晚报8年,我还是第一次看到寿光武主编写下如此充满感情的诗一般文字,看来他真的是被晚报的年轻人感动了。

2008年的这场雪灾,晚报连续十天,每天用6至10个版面进行了"潮汐"式的报道。我对此一系列报道的感受是:判断准确策划精细,抓住重点不散不乱,从头到尾一气呵成,新意频现一路领先。

1月27日是星期天,上海"两会"还在进行中。已经深夜,我无法入眠。这天早晨,时政部记者孔同从"两会"现场发出《罕见大雪引起代表关注》一文时,还没有人意识到这是一场50年未遇的雪灾。深夜,我从网上看到火车和长途车大面积晚点的信息,掐指一算,还有十天就是大年夜了。雪灾,会不会成为春运返乡探亲的一件大事?我将所有雪灾的消息填写在为第二天一早编前会准备的报稿单上后,已经是凌晨1:00。直到躺在床上几回翻来覆去后,我作出了一个能让自己睡得着的判断:雪灾是明天新闻要处理的头等大事。

　　早晨6:30,睡了五个多小时后,我赶到报社。编前会还没开,我先找一门心思扑在"两会"报道的时政部主任东悦杭,说自己有一种预判,在这场雪灾面前,"两会"的主题可能会发生变化,要他密切关注"两会"代表对这场雪灾的反应,比如今天会不会有职能部门的领导因此而不能赴会?然后我又打电话给要闻部主任:"今天,重点做雪灾,赶快通知摄影记者出去拍照片。"

　　寿总也早有策划,在编前会上决定成立跨部门跨条线的雪灾采访小组,指令由我担任组长,并完善了当天见报内容的构想,拍板当日推出"暴雪全记录"6个整版。

　　已经赶到"两会"现场的时政部记者张勇接到东悦杭的指令后,果然发现上海城市交通局局长不在会场。他请示到底是留在现场采访"两会"还是前往交通局采访缺席会议的交通局局长?我们果断地指令他:从"两会"采访转向抗灾报道。中午,张勇传回了《雨雪打乱局长会程》一文。寿总决定:上头版!

　　《新闻晚报》在2008年上海"两会"期间创建的《倾听上海·短信参政》此时也开始发力。1月28日中午,"短信参政"收到了读者第一条关于风雪的短信,建议雪停后立即组织清扫,以免低温结冰影响交通。"两会"记者将读者的短信建议带进了会场。市容局有关领导看后连连叫好,提出了具体的操作方法:上海目前相关法规中有"门前三包"一条,完全可以细化之,把扫雪纳入其中。

　　1月29日早晨编前会决定,根据读者、代表与委员的建议以及相关政府职能部门的意见,在头版向全市发出"自扫门前雪"的倡议。我们在与上海移动和上海联通沟通后,又通过短信,将这个倡议发到了所有用户的手机上。

　　倡议,很快得到了各方热烈的响应。从市民的短信中来,再化为成千上万市民的行动,短信平台的巨大力量,实现了读者、代表、委员、政府部门、媒体等多方面的互动,把"两会"报道与"风雪回家路"报道紧密地结合在了一起,收到了极佳的社会效果。

　　这仅仅是开始,读者开始通过晚报"短信参政"这个平台互相鼓励、彼此祝福、表达感恩之情。第二天,我们顺势将短信的"参政"主题改成了"风雪回家路·短信送祝福"。

1月29日早上编前会决定推出"本报倡议市民扫雪"时,有人提出:让我们自己先干起来!立即得到了同仁的响应。早上7:00至11:00,是晚报最忙的时间,但只要手头有空的采编人员,全部下楼,把解放日报报业集团大楼周围的积雪全部清理干净。

东方网后来发表署名吴兴人《吹响扫雪"集结号"的意义》的评论,说"《新闻晚报》率先向市民提出了上街扫雪的建议。一呼而百应:从市领导到普通市民,从环卫工人到武警战士,从机关干部到志愿者,纷纷拿起各式扫雪工具,扫马路、扫街沿、扫广场、扫小区",它将大雪带给上海市民工作与生活上的烦恼与不便一扫而空。

《新闻晚报》有很多新上海人,他们对"回家"无疑有更深的感受。正是这种深切的感受,产生了一个奇迹。科教部主任郭文才和要闻部副主任施平就是这样的新上海人,他俩建议,能否推出一个增刊,发到滞留的旅客手中,为他们做出提醒和提供服务?晚报领导认可了这个创意。

从1月29日早晨8:00提出创意,到中午12:00确定思路,18:00,8个版的增刊就已经签版传版。如此高效简直难以想象:布置任务、记者采写、编辑制作、寻求企业支持等,只用了5个多小时左右!8个版的增刊,当天晚上印刷10万份,第二天上午10:30已经在全市五大车站发放。

这里要提一下时政部跑闸北区条线的记者冯兰蔺,1月29日中午,她接到要写两个版大约7000字关于铁路如何应对雪灾的任务。4个小时后,她交来4500字关于闸北区政府在铁路车站、长途车站展开服务的报道,2500字上海火车站能提供哪些服务的介绍。结果那4500字被编辑全部砍去。如此辛苦的结果竟是这样?她一下子有点难以接受。可是等拿到增刊报纸后,她发觉第1版封面是晚报致返乡人的一封信;第2版是从上海前往北西南三个方向的最新交通情况和天气情况;第3版是铁路、交通、卫生等部门为滞留旅客提供的服务信息,特别提醒火车站附近可以寻求到哪些帮助以及所有的热线电话号码;第4版是铁路员工竭尽全力为旅客提供服务的报道;第5版是旅客自己的亲身体验;第6版是返乡人日记;第7版是为旅客提供健康卫生知识以及心理调适方法;第8版是防止上当受骗提醒以及对农民工、人大代表的采访。她这才对增刊的宗旨完全理解并表示佩服,那就是:为滞留旅客提供最实用的服务。

在沪太路长途汽车站,已经滞留两三天的旅客,每天重复着"排队买票—退票—再买票"的过程,有人情绪低落,有人满腹怨言,一份份增刊报纸发放之后,整个大厅一下子安静了下来。维持秩序的民警向记者感慨:"你们可帮了我们的忙了!"

本来,《新闻晚报》车友会就有个计划,在春节前组织8辆车21个队员,于1月25日18:30出发,自费前往安徽大别山,为山里的孩子送300条毛毯和8件皮衣。没想出发当夜一进入安徽界,就有风雪袭来,第二天早上所有高速道路封闭。车队只好无功而返,慢慢爬行在风雪弥漫的318国道上,直到第三天17:00多,才平安抵达上海。

300条毛毯没送往大别山,却在此时派上了用处。1月31日,《新闻晚报》发起"为风雪回家路上外来务工者送一片暖意"活动,将300条毛毯送到了在上海火车站滞留的旅客手中。晚报雪灾报道再次出现亮点。

一位来自山东德州的小伙子拿到了第一条毛毯。穿着单薄的他,已经有点感冒,不停地打着喷嚏,接过毛毯立刻裹在了腿上。两个小时后他上火车前,将毛毯留给了需要的人,让这份温暖延续下去。

报道的一个高潮未过,又来一个高潮。2月3日中午,经济部主任黄银龙告诉我,上海有28位出租车司机前几天送100多位农民工回安徽安庆过年。他们一路上没吃没喝,足足开了28个小时,现在刚刚返沪。我一听当即叫好,认为要打破常规做大做足。第二天编前会之前,我忍不住向要闻部主任透露:今天有一篇绝对的好料。果然,编前会上这篇稿件得到毛用雄、寿光武两位老总的高度重视,《28名上海的哥28小时千里相送》的稿件,不仅做了一整版的焦点,还在头版做了主打新闻。按毛总特别关照,头版新闻里突出了安徽警方对上海司机的关爱。

此稿见报后第二天,上海市委宣传部再出阅评专报予以表扬,指出:"这组报道不仅是一次艰辛的春运故事,而且还是一曲抗击雪灾、守望相助的爱心之歌,是一次成功的报道。"

这篇报道后来由新华社刊发了通讯。

离大年夜还有三天,雪灾报道接近尾声,滞留在上海的旅客开始有序地踏上返乡的路。科教部记者杨玉红出人意外地抓到了最感人的一幕:上师大三附中为旅客提供临时休息的一间教室里,有旅客临行前在黑板上写下了"风雪无情人有情,等待是一种幸福"。

在这场雪灾中,上海各方为抗灾作出了努力。徐汇区教育局在上海南站附近为滞留旅客腾出了24所中小学教室,上师大三附中只是其中的一处。这些天来,教师志愿者拿来生活用品和御寒棉被,对滞留旅客嘘寒问暖。这天旅客终于可以乘车上路了,临行前,一股暖流涌上他们的心头。一名叫曾利的四川来沪打工者,借来纸笔给上海市政府写下感谢信:"我要把我的故事告诉每一个乡亲,感谢上海人民的无私帮助!"

2月3日,《新闻晚报》不仅在头版头条刊登了记者的稿件《归乡客感谢上海人民》,还全文刊登了旅客的感谢信。第二天,市委宣传部对晚报的抗灾报道三出阅评专报,指出:"《新闻晚报》当天的抗雪救灾报道,是独辟蹊径的生花之笔,表现出记者在大雪纷飞的艰苦环境中与全市人民休戚与共,深化报道内容的艰苦创新精神,值得赞赏。"

面对"归乡客"登程时的感谢,《新闻晚报》也送上了上海人民对他们的祝福。2月3日,晚报联合上海移动和搜狐网,推出了"千里送祝福,异地大拜年"短信活动,并在版面上刊出。这项短信活动既为不能回家过年的网友能通过网络向家乡父老拜年,也为已在归途中的亲朋好友送上了祝福。

我想起了2008年1月26日,为上海"两会"的"短信参政"而写的《我们进入"短信时代"》一文。那年,还没有微信,所以我认为"用随身携带的手机来沟通信息、传递感情、表达意愿,是这个时代最便利的方式"。当年也确实如此,这项活动共受到5000多条市民和旅客发来的短信,版面刊登一直延续到春节。

2008年,这场雪灾,让人们心头美好的情意显得格外厚重。

91. 以志愿者名义出发

你要等着我,
　同胞,
行李已背在肩上,
飞机已在乌云里穿行,
脚步已在泥泞里奔跑,
泪水已模糊了双眼,
你一定要等着我,
　同胞!

你要等着我,
　同胞!
老人已相扶捐款,

孩子们也伸出了小手，
兄弟们沉默等待，
妇女们泪眼焦急，
你一定要等着我，
同胞！

你要等着我，
同胞！
黄河不曾呜咽，
长城不曾屈折，
江水正向大海奔腾，
你我正并肩战斗——
你一定要等着我，
同胞！

　　这是一位网友在汶川大地震发生后写的一首诗。在我看来，犹如专为《新闻晚报》前往灾区记者而写的送行诗。
　　5月12日14:30左右，我感到头晕，站起来走出办公室，发觉解放日报报业集团的大楼有点晃动。大事不好，赶紧回到电脑前搜索，14:53:29，电脑屏幕上跳出几行字："四川汶川发生7.6级地震(后来证实为8.0级地震)，新华网北京5月12日电据中国国家地震台网测定，北京时间2008年5月12日14时28分，在四川汶川县(北纬31.0度，东经103.4度)发生7.6级地震。"
　　寿总立即成立地震报道组。那些年里，凡有重大事件，需成立特别报道组，我都会幸运地被指令为报道组长。不过说来惭愧，晚报先后派出将近30名记者前往灾区采访，而我这个报道组长却一直待在后方。甚至连寿总前往慰问前方记者时，我都在报社留守。每天向前方记者传达版面的安排与要求，为他们出主意拿办法，在与灾区记者交流沟通中，我心里一次又一次地被记者的奉献和努力而感动。
　　当6月19日解放日报报业集团请各报作一次地震报道汇报时，尽管晚报的地震报道版面策划也相当出色，但我没有谈后方的版面策划。我的耳边似乎响起了那首诗："你要等着我，同胞，行李已经背在肩上……"我的脑海里出现了《新闻晚报》派出的上海第一支"救援先遣队"，还有前赴后继奔赴灾区的近30名记者的身影……
　　我以《我们是记者，更是志愿者》为题作了汇报演讲。

[附文]

我们是记者,更是志愿者

一、救援先遣队

5月12日,地震的当天,晚上11点多,《新闻晚报》车友会就向灾区开出了第一辆支援车:晚报社会部记者何易和车友会的其他三名车友,准备了灾区人民需要的水、食品、药品,驱车赶往灾区。这可以说是上海最早出发的"救援先遣队"。

36个小时后,晚报的"救援先遣队"抵达灾区,分发完救援物资后,驾车赶往一个又一个村庄,冒着一次又一次余震、落石、泥石流的危险,参加现场救援。

5月15日,他们在途中发现了两个救援盲点:高川、茶坪两个乡有大量被围困的群众,于是返回汶川秀水镇,为上海医疗队带路,为灾民送去了给养和医疗急救。

有一名车友完成第一批支援任务后,风尘仆仆刚回到家,曾是老军人的父亲问他:抗灾还未结束,你回来干什么?他二话没说,又踏上了晚报第二批救援车队的征途。

5月12日、5月21日、5月29日,晚报先后三批车友会志愿人员,共计9台车,将2.5吨消毒卫生用品、食品、儿童学习用品,以及帐篷口罩手套等物资送往灾区。这些救援物资除了车友会成员自费购买外,还有晚报科教部、社会部利用日常积累的条线资源捐赠的部分救灾物资。

三批往返,13000多公里路程,带去的是9台车的救援物资,带回的却是无数的感动:

在上海出发时,一位素不相识的外地打工者掏出500元托车友带到灾区;在安徽高速公路休息站,一位不善言谈的打工者摸出10元钱让车友捐给灾民;在陕西汉中一家旅店住宿一夜后,发现扑满泥土的车子被旅店员工洗得一尘不染;还有一路上无数次在车窗前一晃而过的翘起的大拇指。

这就是在大灾大难面前的中国的人民、中国的灵魂、中国的缩影。

二、以志愿者名义

一开始,有关方面并不支持向灾区派出采访记者。《新闻晚报》灵活机动,没有以记者名义而是以志愿者的名义,派出了第一批记者。

这是在地震的第二天,得到上海消防医疗救援队要出发的消息,寿光武主编多次向上级主管部门沟通,提出让记者以志愿者身份随行,参与力所能及的救援工作。

经得同意后,晚报开展了前往灾区志愿者征集活动。记者们踊跃报名,有的多次口头提出,有的连发短信申请。科教部记者杨玉红在短信中说:我每天早晨7点到报社,就是在等待奔赴前线的召唤!

5月13日,《新闻晚报》国内部记者李宁源、社会部记者祝玲作为首批被挑选中的志愿者,随上海消防医疗队奔赴前线。

随着后来对记者奔赴灾区的开放,这两名志愿者也转化为本市第一批在灾区现场的记者。他们紧跟上海救援队,先后进入德阳、绵竹、汉旺等重灾区,深入一线采访达8天,发回大量报道。

在以后的半个多月时间里,晚报又先后派出25名记者奔赴四川地震灾区一线,到达前线的记者总数达到28人,占了晚报采编队伍的四分之一。晚报记者足迹遍布绵阳、绵竹、都江堰等灾情最为严重的市县。

据统计,从5月13日到6月2日21天中,《新闻晚报》共刊登抗震救灾报道338个版,平均每天16个版面;合计文字量约140万字,新闻图片500余张。在上海媒体中创下诸多"第一"。

作为先是志愿者,后是记者的晚报人,在灾区报道中,始终呼唤和奉献着志愿者的善良、同情、理性,体现了新闻媒体在这次大地震中呈现出的精神本质和价值取向。

三、口罩!口罩!口罩!

这是晚报记者在前线向后方发出的"SOS"呼救。

5月16日早晨7点,《新闻晚报》多位前方记者从四川灾区打来电话:重点灾区已发散出异味,灾区人民急需口罩!

早晨的编前会立即向采访部门下达指令:利用平时积累的政府资源、社会资源和企业资源,为灾区送去尽可能多的口罩,构建一个为灾区筹集物资的新的平台。

科教部许沁、郭文才等接到指令后,在第一时间联系到3M公司的25万只"爱心口罩",并最快地促成市红十字会的"特事特办";经济部杨冬马上和市应急办和东航联系,市应急办在半个小时内开通了"绿色通道",东航则留好机位待飞。

当天下午5点,25万只"爱心口罩"就在晚报记者的押运下直抵成都机场,并通过正在前线的晚报车友会,直接将口罩送到了灾区人民手中。

拥有丰富应急、救助经验的市应急办副主任张海涛,对新闻媒体以如此快的速度组织救灾物资感到十分惊喜,给予高度的评价。

四、让灾区孩子别哭

汶川大地震中,看到那么多灾区中小学倒塌,最让晚报人揪心的就是孩子。

"一定要为孩子们捐建一些能抗大地震的小学"。5月19日,我们的想法与绿地集团一拍即合。

恰巧第二天,在科教部记者的积极联系和安排下,《新闻晚报》邀请都江堰师生来普陀区金洲小学,组织一个与上海学生手拉手的结对活动。活动中,绿地集团当即宣布,将在灾区捐建6所中小学。

参加这次结对活动的都江堰聚源中学张老师数度哽咽,劫后余生的他真诚地对大家说:一定要珍惜生命、珍爱友情,过好每一天。

第一所小学,在地震后1个月开工,力争9月1日开学时建成。

也正是在这次组织灾区孩子与上海学生的结对活动中,我们萌发了送一份特殊礼物让灾区孩子欢度六一的想法。

经过策划,《新闻晚报》联合市科教党委、市教委和上海辞书出版社,在市委宣传部和解放日报报业集团的大力支持下,只用7天时间,完成了设想、组稿、编辑,出版了《90后的坚强——川沪学生汶川情》一书。(《90后的坚强》后来成为上海在2008年暑期向中小学生推荐阅读书籍。)

5月31日,"心手相连·情系汶川"川沪两地中小学生"六一"主题活动暨赠书仪式,同时在上海和灾区举行。

在灾区,《新闻晚报》前方记者直接将这本书送到孩子们的手中。

在上海,这本书作为教材发到了上海1300所中小学生手中。

当天,全市400多名中小学生代表和从地震灾区来沪就读的学生代表,欢聚一堂。30多位老师自发创作诗歌,宣誓承诺上海万名班主任、万名儿童与灾区师生结对。沈晓明副市长代表市政府向两地小朋友送上了节日祝福。

我们通过视频,将上海中小学生和都江堰小朋友一起手牵手欢度六一的场景在两地共同分享。

总而言之,《新闻晚报》作为党报集团旗下的都市报,在这次地震报道中,以高度的责任感和使命感,用活动带动报道,用报道呼应活动,打了一场成功的立体战。

其实,早在今年年初的雪灾报道中,我们就已经完整地形成了《新闻晚报》的这种风格。可以说,在巨大灾难面前,《新闻晚报》采编队伍从来都同时是一支志愿队。我们今后将一如既往,不仅仅做一个敬业的报道者,而且要像一个志愿者那样,充满激情地和人民和祖国心连心一起行动。

2009年,汶川大地震一周年。我仍然担任报道组长,参与策划了晚报"见证重生"的大型活动。先是晚报车友会兵分几路深入灾区腹地,重走当年采访之路,重访当年的被采访者,发回了一系列现场"见证"报道;然后启动"新闻晚报包机",邀请一年前前往灾区的部分志愿者、捐助者飞往四川,在5月8日晚与晚报车友会各路人马共同"相约都江堰",见证了都江堰绿地土桥希望小学的落成移交并捐资助学。

遗憾的是,这次我还是没能去灾区。

也许是老天不想负我,2009年11月8日,我接到紧急通知,第二天一早飞往成都。机场上,上海都江堰援建指挥部派出专车,把我们直接拉到指挥部:青城山的玉景园。那里,已经聚集了上海主要媒体的20多位老总和记者。

接下来的两天,我们分头到工地、学校、医院、居民点,了解和采访上海这一年半来对灾区的援建成果。11月11日晚,原定在重庆开会的上海市委宣传部部长王仲伟要赶来与媒体见面,结果因在重庆会议上被宣布担任国务院新闻办公室副主任,直接去北京而未能前来。第二天各报老总飞回上海。

这次"灾后回访"很突然,且前往者大都为各媒体老总,整个行程安排得也很紧。尽管并不清楚为什么会有这样一个安排,但对我个人而言,终于了却了一桩去灾区的心愿。其间,我还抽空去了青城山。听说,在那里工作了一年半的上海指挥部援建人员,都没有去过这个近在咫尺的景点。

一个月后的12月17日,中国媒体界风尚年度盛事"欧莱雅风尚媒体大奖"在上海音乐厅隆重揭晓。

欧莱雅风尚媒体大奖已连续举办7年,是国内唯一为风尚媒体设立的评选奖项。此届大奖评选自启动以来,共有104家来自全国各地的平面、网络和电视媒体,选出195件优秀作品参与角逐。

最终,有24家媒体分享了17个奖项,新闻晚报"见证重生"汶川地震一周年报道获得了其中的风尚公益奖。

92. 第一高楼上进出金点子

全国32家媒体在联合报道中华人民共和国建立60周年后,出版了《我的解放时刻——34个大城市解放纪实》一书。此书"序"中,将我一个不经意的点子称为"第一高楼上进出金点子"。其实,对《新闻晚报》来说,类似的点子和策划,只不过是我平时正常的工作而已。

事情还要从2008年说起,改革开放30周年时,在《扬子晚报》和搜狐网牵头下,全国15家媒体共同发起合作报道联盟,推出了"改革开放30年那些人那些事"专题,并在全国范围内征集改革开放流行语。《新闻晚报》作为参与媒体之一,由国内新闻部担纲了这一任务。

我那时并不分管国内新闻部,所以没有参与这个项目。作为分管时政新闻部的副主编,我当时围绕"改革开放30周年"这个主题,正与时政部一起,同上海历史博物馆、"宏碁"电脑公司合作,以《新闻晚报》名义在上海发起了"见证改革开放30年有奖征物"活动。

活动从2008年11月11日至12月11日举行,凡是读者提供的能够"见证改革开放30年"的物品,一旦被上海历史博物馆专家确认有收藏价值并纳入馆藏,即可获得笔记本电脑一台。

活动启动后,有一百多位热心读者慷慨热情地提供了家藏珍贵旧物。包括当年家庭生活的"高档品",其中老自行车、收音机、旧钟表"三大件"的比重尤多;此外,股票认购证、各类"票证",还有1977年恢复高考的准考证、旧房契、供几代人游戏的特殊扑克牌等。

其中被上海历史博物馆一眼就看中的,是郭沫若先生的儿子、著名建筑设计师、摄影师郭博的4312张照片。这位89岁高龄的老人,在近30年时间中,走遍上海的大街小巷,用镜头生动记录了这个城市点点滴滴的变迁。记者到他家采访时,郭博老先生表示:"这些照片确实投入了不少的精力,但能够进入馆藏,是它们最好的归宿。"

郭博老先生介绍,自己从小有两大爱好,摄影和绘画。由于两者花费都很多,当时家庭经济很困难,懂事的郭博听从父母的建议选择了绘画,将摄影爱好藏在心里。1955年,郭博从日本回国,参与了上海不少著名饭店宾馆的建筑设计工作。当时,他虽然也带回了几台照相机,但并没有"重操旧业",而是看到身边有亲朋一旦流露喜爱之意,就慷慨地赠送出去。直到1978年后,面对改革开放带来的巨大变化,郭博重新拿起了心爱的相机。"以前身体好的时候,我出门拍照嫌换镜头麻烦,一般都要背上两三部相机。"在郭老拍摄的大量照片中,最多的就是各种各样的建筑。浦东、老城厢、虹桥开发区等,他经常在一个地方一拍就是半天一天。"我自己从事的就是建筑设计行业,看到美的建筑,总是忍不住要拍下来。"

改革开放之后,城市改造步伐加快,变化日新月异,城市面貌早已今非昔比。郭老多年日积月累用镜头耕耘的一片天地,已成为十分宝贵的记录城市变迁的史料。

12月13日,忙完"见证改革开放30年有奖征物"的结尾工作,寿总让我晚上一起去上海环球金融中心86层的会议宴会厅,陪全国各地来上海的15家媒体老总吃饭。

我知道，在寿总盛情邀请下，全国15家合作报道"改革开放30年"的媒体老总来沪，这天开了一天的论坛会议，明天就要离开上海了。

酒席间，听说他们一下午都在商议2009年的"大事件"，即如何继续合作报道"新中国60周年"，但没有拿出可行的方案。就像喜欢做数学题一样，题目越难我越感兴趣，攻克新闻难题的方法无非就是综合现状、移植杂交、改变重组，就看你如何运用了。

综合明年报道"新中国60周年"的难点，无非有二：前30年报道中无法回避的一系列历史，在60周年大庆中如何拿捏？后30年改革开放已经在今年15家媒体的合作中充分报道了，再重复报道还有意思吗？

假如避开这两个难点，将报道的角度移植杂交到某一个容易操作的点上呢？但这个容易操作的点在哪里？有没有新闻价值？能成为各家媒体的共同兴趣点吗？能凸显联合报道的优势与特点吗？

最后是各家新闻媒体如何组合与分工？从而使大家既能体现自身的价值还能组合成一个有影响力的主题？

正巧这时合作报道联盟的牵头媒体《扬子晚报》总编刘守华来到我在的这一桌敬酒，他说了一句：有点遗憾，这次没能拿出60周年合作报道怎么搞的方案，回去后大家再想想吧。

我接口说："可不可以这样，以各个省城解放那一天的故事为切入点，用60年后的新视角进行档案翻新，按当年解放的前后顺序进行报道？我的脑子里好像跳出来一张中国地图，图上的城市一个接一个被解放，从北到南，红色逐步推进，而各省市的报纸就可以各自担当起所在城市解放时刻的报道。"

刘守华听后连连叫好，当即把我这个想法告诉给各桌的媒体老总。一会儿，他们纷纷前来给我敬酒，说我出了一个金点子，弄得我受宠若惊，连干了好几杯酒。

2009年1月6日，"全国主流报网媒体建国60周年报道选题会"在南京召开，19家媒体代表聚集《扬子晚报》，以《中国红1949：我的解放时刻》为题，具体商议建国60周年报道。我被邀参加并首先发言，细谈那晚在上海最高楼上的想法。

选题会开得热火朝天，有与会者指出，不能狭义地理解"解放"一词，它不仅仅是打仗，我们要关注解放前后发生的人物命运的变化、城市命运的变化；还有人表示，解放的含义不仅仅是30几个省城的解放，还包括思想解放、人性解放、细分还可能是经济、文化、生活、民俗等一切的解放。

《贵州都市报》的代表提到了少数民族地区在解放前后的变化;《羊城晚报》的代表以电影《羊城暗哨》为例,点出了解放时刻敌特破坏的猖獗;而上海作为中国的经济中心以及彼时远东最大最繁荣的城市,它曾经跟国际接轨的股票和金融业又怎样戛然而止?《齐鲁晚报》代表引用了新中国一位领袖的话,中国大部分地区的解放是山东的独轮车推出来的,可以这样理解,没有山东的独轮车,就没有全中国的顺利解放。

搜狐新闻中心总监覃里雯提及"我的解放时刻"中"我"的概念时,强调了大历史中个人史的讲述角度和价值。她说,那个时刻从一个将军到一个普通的街头修鞋人,都是值得去描述的,"一个人在那么宏大的历史潮流中,一定是他个人的勇气和各种各样的抉择导致命运轨迹的改变,这里面有着太多的感人细节"。覃里雯非常看好用这样生动的形式去还原历史的报道价值,以及随之而来受众的良性阅读体验。

"把每一个省会城市的解放连起来,就是一幅新中国的图景;而全国31省市自治区的主流都市报都来参加报道,就可以完整还原那段城市解放的历史,完整拼出新中国诞生的图景。"与会代表们议及此,不由得心生激动。

大家同时提议,为尊重历史并还原历史,将采取接力报道城市解放的方式,即严格按当时城市解放的时间顺序,安排报道的刊发顺序。哈尔滨作为中国第一个解放的大城市,将由黑龙江省的主流都市报——《生活报》来采写有关哈尔滨解放的报道,作为系列报道的首篇刊发。随后解放的城市依次是石家庄、济南、长春、郑州……《燕赵都市报》《齐鲁晚报》《新文化报》《大河报》等也将依次提供报道,供联动媒体同步刊发,再由搜狐网上网向网民传播。

会议认为,这将是一场气势磅礴的接力报道,亦是一次壮观的新闻大行动。会后,加入了联动媒体行列的有《扬子晚报》《北京晚报》《羊城晚报》《今晚报》《华西都市报》《新闻晚报》《新安晚报》《齐鲁晚报》《钱江晚报》《楚天都市报》《大河报》《辽沈晚报》《山西晚报》《新文化报》《燕赵都市报》《南国都市报》《潇湘晨报》《西安晚报》《贵州都市报》《生活报》《北方新报》《兰州晚报》《银川晚报》《新疆都市报》《西海都市报》《西藏商报》《南宁晚报》《都市时报》《东南快报》《重庆晨报》《江南都市报》,来自全国31个省市自治区的31家主流都市报,加上搜狐网,共32家报网主流媒体组成了一个报道的超级阵容。

《扬子晚报》副总编辑周桐淦在南京选题会上表示,如果说2008年"改革开放30年:那些人那些事"的报道战役中,15家媒体联动就已经取得了闪亮的传播效果的话,这次建国60周年报道的参战队伍则扩大了一倍多,从30年到60

年,时间跨度也是一倍,"系列报道展开的话,势必更加波澜壮阔,如此形式的报道也将是史无前例的媒体合作"。

2009年2月9日,"我的解放时刻"全国媒体联合报道正式启动。《扬子晚报》和《齐鲁晚报》刊登《当年一城又一城地解放,如今一城接一城地报道 32家媒体联动接力报道"解放"时刻》一文。

文中有一小标题:"第一高楼上进出金点子",讲述了上海那晚的过程:

2008年12月13日晚,参加"改革开放30周年全国媒体联合报道论坛"的全国主流媒体的代表们,聚集在上海环球金融中心86层有"亚洲最高餐厅"之称的会议宴会厅内餐叙,即将到来的"大事件"——建国60周年,也让现场变成了一场策划会。大家都在想,都在议,面对建国60周年这样的重大主题,如何既体现出主流媒体应有的责任,引导读者正确认识这段历史,又充分发挥都市报善于报道创新的能力,提升读者的阅读兴趣和关注度,取得传播效果的最大化。

当上海《新闻晚报》副主编韩自力提出,以当年一个又一个城市的解放为切入点、聚焦新中国各个大城市解放时刻的策划创意后,在座的代表都认为是一个金点子。韩自力如此解释他的创意过程:"脑子里就是跳出来一张中国地图,图上的城市一个接一个被解放,从北到南,红色逐步推进,而我们各省市的报纸就可以各自担当起所在城市解放时刻的报道。"

2009年9月,全国32家媒体联合报道结束,出版了《我的解放时刻——34个大城市解放纪实》这本书。《扬子晚报》总编辑刘守华在序中再次提到我在那晚上海最高楼的点子,称"这个创意颇具操作性和冲击力"。

上海环球金融中心确为当时上海第一高楼,但说我的建议是"金点子",那是被寿总邀请来的客人的过誉。其实,为新闻报道出点子,在为电视台"打工"尤其在《新闻晚报》这么多年来,是我的日常工作。小点子、大点子、正确的点子、错误的点子、能用的不能用的,或者别人再在你的点子上又产生新点子的,可能都有。说了干了就都过去了,大家彼此熟悉了解,平时并不在意,反而你没有点子时,倒让人觉得奇怪:他是不是有病了?

再说,这次《新闻晚报》国内部参与全国媒体联合报道,本来就不是我分管的范围,临时去陪个酒,心情轻松,说话随便。可能脑子没有被他们以前联合报道的成功套路束缚吧,这才敢于在各大报老总面前班门弄斧,真应了"外来的和尚好念经"这句话了。不过,有机会去陌生的地方念念经,倒也不失为见世面开思路的好方法。

93. 外来和尚好念经

2009年3月底,报社开展"学习实践科学发展观"活动,要每人填写一张调查问卷。我看了看,问卷的落款是"《新闻报》社学实活动办公室",既然如此,问卷应该包括《新闻晨报》和《新闻晚报》,是针对整个《新闻报》社的。于是我作了如下的回答:

1. 您认为目前《新闻报》社在体制机制上需要解决的问题有哪些?

我觉得可以建立晨晚两报的合作体系。

其中首先是对热线进行整合,将人员部门合一,操作上进行时段上的分流,从而减少成本,增加利用价值,实现信息资源的共享。

在重大题材的采编上可以实施联手滚动,晨晚报呼应,加快更新,以合力遏制对手。

在考核上统一标准和办法,由办公室落实到人,分报对口负责,让采编人员知晓固定的奖惩标准,从而起到激励作用。

两报共同定期展开业务交流,取长补短,有序竞争,共同提高。

2. 您认为目前《新闻报》社在发展方式上的局限有哪些?如何突破?

考虑到将来的发展,新闻制作不能仅仅停留在平面媒体上,希望能做到报网两条腿走路。可以考虑改变现在的"嗨嗨网"名称,使之成为晨晚报的门户网站,让目前的采编各部门分别与网站的各板块对口衔接,各版面的责任编辑同时就是该网页的版主,并在技术上与读者实现完全的互动,从而走出《新闻报》在传播方式、经营方式上的新路。

3. 您认为目前《新闻报》社的人才结构存在的有不足哪些?如何改进?

缺少的是有经验的思辨型要闻编辑和大型活动的创意策划型人才。

可以通过制定人才目标和加强培训从内部培养,也可以利用社会的外脑和外力来加以改进。

4. 您认为目前《新闻报》社领导干部的能力及素质方面有待提高的地方有哪些?如何提高?

应该讲还不错,但是否可以每年请每个领导做一个指派的或自选的调研课题,从理论和操作上解决一些实际问题,从而更好地展示他们的才华。

5. 您认为目前《新闻报》社还有哪些瓶颈问题存在?关于这些问题,您有什么建议?

加快《新闻报》的网站改造和建设,实现《新闻报》与读者的全面互动,为《新闻报》的持续发展打下基础,铺平道路。

有计划地组织大型的社会和经营活动,并形成品牌,为报社创造更大的社会影响力和更高的经济效益。

充分利用报纸和改造后的网站平台,开创中介性质的经济实体。

无论以上这些想法是否被采纳,这都是我当时认真思考的问题。其中关于采编部门与网站板块之间的对口衔接,由纸媒版面责任编辑来担任不同网页版主的想法,实际上已经涉及纸媒采编人员如何转型,成为报网两栖采编的问题;而关于利用报网结合的方式,组织大型社会与经营活动,开创中介性质的经济实体这点,则涉及纸媒在经营上转型的问题。假如晨晚两报没有联手转型的基础,晚报也可以单独来做;假如全晚报没有这个转型的意识,可以选一个部门来进行局部的尝试。总之,大势所趋,我们不能被动地眼看着纸媒步步陷入泥淖。

实际上,我一直到退休前,都在朝这个方向努力。

4月,在《新闻报》社的调查问卷之后,晨晚报各自进入调研阶段。其中《新闻晚报》在一个月中分别召开五场座谈调研,邀请青年采编人员、老员工、两个支部党员、全体中层干部、广告经营发行部门等共190余人次听取意见,还对员工进行了个别访谈。调研过程中,大家针对晚报的机制体制、报纸定位、内容品质、制度流程、激励机制、人才结构、品牌形象、发展瓶颈等八个方面提出了意见。我将这些意见整理成一份综合的调研报告。其中最有价值的就是第八个方面"如何突破晚报持续发展瓶颈口",综合了大家的六条建议:

(1)创办独立域名的晚报网站。趁各类网站尚未形成采访力量之时,晚报要及早向平面与网络结合的媒体转型,为可能的未来转变做好准备。创办一个能让读者直接键入域址,全面拉动互动的网站。让晚报人一身两职,亦报亦网,报网互动,同步发展,是突破平面媒体困境,占领传播高地的一项重要战略。

(2)搭建信源共享平台。整合本报分散在各部门的新闻热线、读者信箱、参政短信,以及目前正在启动的网格记者,利用SP新媒体技术,创建一个可以滚动的信源网上页面,实现全报社信源共享,为领导决策尽早介入报道,采编随时做到"飞行集会"做好基础铺垫,打造一个全新运作的新闻团队。

(3)建立活动部(或互动部)。一方面承担起互动版的运作,让互动版走出业余操作的模式,一方面牵头统筹报社的社会活动及部分经营活动,集纳和组合各部门与读者互动的资源,建立起从互动版面到互动活动的一条龙操作体系和操作规范,用活动带动读者人气、带动新闻报道、带动广告经营。将社会影响力和经济效益完美结合,使之成为《新闻晚报》的一大特色。

(4)设置"经采沙龙",定期召集经营公司、编辑部的中层人员碰头,打破经营、采编原先各自为政的模式,让经营公司了解报道要点,让采编人员知晓市场声音,从而从封闭的自我运转变为对报纸版面资源、人脉资源、采编资源的全方位整合,能分别组织精彩的经营策划和新闻策划,并能在组织经营效益和社会效益双赢的大型活动中实现联动。

(5)建立视觉部,适当投入,改善设备。用各种可行的办法与渠道,突破资金短缺的瓶颈,首先为摄影记者配备必要的器材。其次,为亦报亦网,一身两职的记者也配备手提电脑、摄像机、照相机、3G手机等必要的装备。装备的现代化是现代媒体竞争的必要条件。

(6)打破目前依赖版面广告收入的单一经营模式,拓宽盈利方式。从报业自身优势中寻求与之挂钩的模式,比如与采编相辅相成的策划、公关、信息、活动等中介产业实体。利用晚报传媒有限公司的体制优势,针对读者开展各类增值服务,组织团购等;同时面向商家邀请商场、超市、餐饮、文化、休闲、娱乐、旅游等服务性企业加盟。

这次简称为"学实"的活动一直持续到6月份。在调研的基础上,晨报、晚报班子各自拿出调研报告,并综合成《新闻报》社的《分析检查报告》。

很遗憾的是,晚报关于建立采编身兼两职的网站、独立操作的互动部这两个涉及未来极有发展潜力的建议,并没有纳入到最终的方案里。

我的工作倒是发生了一些变化:

一是担任了《新闻报》社的党总支组织委员。当时整个《新闻报》社没有业务上的编委会,除了党总支下晨晚报有8个党支部外,还有一个行政办公室。

二是让我担任"经采沙龙"召集人。我们定期召集经营公司、编辑部的中层人员碰头,打破经营、采编原先各自为政的模式,让经营公司了解报道要点,让采编人员知晓市场声音,从而从各自封闭的运转变为对报纸版面资源、人脉资源、采编资源的全方位整合,分别组织了几次配合。

二是我在晚报分管的部门由原先一个时政新闻部增加为时政新闻部和国内新闻部,并指令我组建视觉新闻部。

其实,我比较惬意的还是与记者在一起策划新闻的采写,担任副主编后,我不得不把大量时间花费在制度与流程的设计上。这些设计在我担任社会新闻部主任时,尽管也不少,但都立马可以执行。现在面对整个《新闻晚报》,我只能是建议,执不执行并不是我说了算的。时间长了,我对"谏官"这种活儿失去了兴趣。在"学实活动"后,作为最后一次,我一股脑儿提出了四份书面建议,包括

《关于热线平台流程管理的建议》《关于短信参政平台信息管理流程的建议》《关于各类活动操作流程的建议》《关于采编生产流程的建议》。从此我不想再浪费精力,而想去做一些实际的业务了。

至于组建视觉新闻部更是个麻烦事。晚报摄影记者都是老人,长期来分散在各部门,习惯各自为政,对集中起来统一分工派活,统一报稿审稿,异议颇多。为此新成立的视觉新闻部采取柔性方式,由摄影记者自愿加入。至2009年10月,有6名摄影记者报名,我们再引进3名美编人员,初步配齐了人员。但这个部门由谁来领衔呢?一时难以找到合适的人选。

视觉新闻部的建立,必定要花钱买器材。于是,出钱的晚报经营公司当然就有了话语权。正与《南方都市报》有一些合作意向的经营公司,从"南都"为这个新部门聘来一位视觉总监。只是新的操作模式涉及权力的变化,这位外聘的总监不仅没有得到摄影记者的支持,还同相关部门产生摩擦。内向老实、不善言辞的他,时间不久便托辞离去。

随后,经营公司又出资,邀请"南都"报业团队来《新闻晚报》"输出"新闻理念。"南都"为晚报开出的"药方"中重点提出了"新版式新视觉"概念。在为此召开的专题研讨会上我作了这样的发言:

视觉这块,从2000年自有晚报以来,一直是个空白点。摄影记者和美编,从来没有统一组织过,分散在各个部门,基本上处于应付版面的状态。设备更不用说,有记者拿着家用的照相机去某些场合采访,别人以为他是闲杂人等,要被赶出来的。2003年的时候,我们聘了一个在全国获奖的摄影记者,结果只给他一个微型数码相机,尽管他很努力,但坚持十几天后,不得不把那个小相机还给我,到北京去发展了。

长期以来,报社全体同仁都有这种呼声,希望填补这个空白。但是,版面视觉的革新,是需要人员投入和资金投入的,我们过去之所以迟迟没有动作,是因为我们在人员和资金方面很弱。应该讲,今天能够把这个问题摆到议事日程上来,是晚报实力的一个变化,令人欣喜。希望晚报能为此做出更大的投入。

"南都"报业团队在开完"药方"后,再向晚报推荐了一位视觉总监。在与人相处中,我遵守一个原则:"相交宁轻信,判断要存疑",所以并不想对外聘的视觉总监进行什么判断和责备。我的重点是在内部人才的寻觅和考察上,希望在度过外来视觉总监的业务指导期后,从内部选拔一位视觉新闻部主任。可惜的是,我真的很难从内部找到能容纳团结这个团队的领头人,每每听到和看到的是鸡毛蒜皮的磕磕绊绊,各种小摩擦接连不断。

作为搞业务的人,我一向十分重视人才。这段日子里,我经常会想起5年多前应聘来《新闻晚报》、后来到北京去发展的摄影记者赵亢。他极有事业心,才来十多天,就上书建议成立摄影视觉部,无果后离去。此后我一直关注他的发展,在2008年和2009年,他蝉联中国新锐媒体视觉联盟评选的最佳摄影师;后来又在2010年中国新闻摄影"金镜头"评选中获年度杰出新闻摄影记者奖;在第四届国际新闻摄影比赛(华赛)中获得金奖;直到担任《新京报》摄影图片部主任。

如果他在,晚报视觉新闻部应该完全是另一番景象。

说起人才,我不得不提一下《新闻晚报》后来新提拔的年轻部主任,他们大多是"新上海人"。也许是他们在上海没有家,把报社当成了家?也许是他们在上海举目无亲,更懂得结交朋友?也许是我这个曾去黑龙江插队的"新农民",本能地更喜欢如今来城里打拼的"新上海人"?反正,很少见他们为鸡毛蒜皮的小事磕磕绊绊闹矛盾,而且在一些不为人注意的小节上,他们似乎更懂得人之常情。就拿散会出门这样的小事来说吧,有些上海年轻人会在出门那一瞬间,斜身跃步抢在动作缓慢的长者之前而去;他们则会侧身旁立让长者先过。恕我直言,"新上海人"同"老上海"年轻人相比较,智商差不多但情商普遍更高一些。要知道,在职场上,情商终究是比智商更为重要的东西,在职业生涯的长跑途中,慢慢脱颖而出的一定是情商高的年轻人。

有一句古语,或许可以这样修改一下:智商高者要注意欲速而不达,情商低者往往见小利而大事不成。陷入无谓的摩擦中,不仅让别人感到不悦,最终也会使自己失去上升的通道。

终于,外来的视觉总监在三年聘用合同期结束,也走了。尽管视觉新闻部一路走来并不理想,但毕竟有这个部门建制的存在,对晚报版面的视觉革新还是起到了补缺填空的作用。

94. 什么是网格记者?

我从来都没看好所谓的社区报。

2009年和2010年,当新媒体产业已经呈现引领媒体产业潮流的趋势,而传统纸媒已经出现逐步衰微的征象时,上海《新民晚报》和《新闻晨报》却没有引进新媒体的方式,仍然依赖传统的模式,先后推出了社区版和社区报。我感到纳闷:都什么年代了,还要花费纸张、排版、印刷的成本,去发行已经被年轻人弃之一边的纸媒?就好像一个射击者手中的武器和枪法不灵,不去提高,反而去调整靶子,这又于事何补呢?

后来碰到任《新民晚报》社区版的主编顾龙,由于既是老知青又是大学校友,我直言不讳地问过他:为什么不搞社区网?

在对业务进行探索时,我常常会忘记交际中的一些忌讳,这可能是我的一种不成熟吧。记得2007年集团一次在郊区举办干部学习班,分组讨论时请大家对集团的工作提建议,我针对集团的网站提了好多意见。批评集团的网站虽然列出了各报的版面和内容,但只不过是报纸上网,缺失了网站的即时传递和交流互动功能。建议集团网站让各报参与共建,要为各报建立热线报料、与读者互动、活动与调查、市场评估和订阅发行等网站应有的功能。我在发言时,会议气氛十分静寂,我傻乎乎地还以为大家听得很认真。一散会,有人悄悄告诉我:你不知道呀,主持会议的组长就是集团网站的负责人。

后来,我还听到纸媒行业内有人放话:报纸是没有希望的,办网站是做做样子的,只有搞房地产才是最实惠的。对这种消极的情绪,我很不认同。所以,在2009年春季"学实活动"中,要求人人填调查表时,我将自己对报网结合的这些想法整理了一下,用最简略的话写入了调查表:新闻制作不能仅仅停留在纸媒上,希望能做到报网两条腿走路。让目前的采编各部门分别与网站的各板块对口衔接,各版面的责任编辑同时就是该网页的版主,并在技术上与读者实现完全的互动,从而走出《新闻报》在传播方式、经营方式上的新路。

没想到在学实活动进入调研阶段时,这一想法与许多同仁达成共识,形成了"让晚报人一身两职,亦报亦网,报网互动,同步发展"的建议,并写入了调研报告。

但这个建议连同建立互动部的建议,最终没有纳入《新闻晚报》的总体方案中。也许,建网对《新闻晚报》来说当时确实有人力和财力上的困难,但是对有人力和财力都没有问题的《新民晚报》和《新闻晨报》来说,与其投入费力背时的社区报,真的不如去投入有发展潜力的社区网。

"居不幽者志不广,形不愁者思不远"。说实在的,采编人员"一身两职,亦报亦网,报网互动",是晚报一些人尤其是一些对未来媒体发展能冷静思考者的梦。2001年我在担任社会新闻部主任时,在与网站的合作中得到启发,除了以"报网联动是一场技术革命"为题写了论文外,平时对部门的年轻人也不止一遍的说过:你们不要把自己看作一个报人,而要把自己看作一个新闻传播者,要学会操作各种新闻载体,为将来的媒体格局变化做准备。2004年社会新闻部成为大部时，我又设想过将来报网联动时记者要承担的角色，提出了"网格记者"的概念。

直到2009年"学实活动"中，毛总和寿总对我在2004年提出的"网格记者"概念还觉得很有意思，要我对新进报社的年轻记者讲一讲"什么是网格记者"。我做了如下的发言提纲：

网格记者，是今后报网联动的一个前奏。而且是现在纸媒可以提前布局操作的一种准备。

所以，对我们今天来说，问题先应该这样提：什么是新闻的网格化管理模式？现在还没有定论。

它是从近年流行的"城市网格化管理"中衍生出来的，目前作为一种尝试被少数媒体应用在新闻采集中。

所以，我们可以模仿"城市网格化管理"的定义，给新闻的网格化管理模式也下一个定义，即：将现代工程科学与现代传播科学有机结合，将数字技术整合集成并应用于新闻管理领域，进行全时段监控、全方位覆盖的现代化新闻管理模式。

定义可以模仿，但整个模式的体系，却要靠我们自己从现在开始的实践中通过不断地创新去最后形成。

我们讲新闻网格化管理是一种创新。第一，它将过去被动应对新闻线索的采集模式转变为主动发现线索和完成对线索的策划；第二，它是新闻手段的数字化，这主要体现在信源的收集、传递过程和对信源选择判断的数字化上，保证信源处理的敏捷、精确和高效；第三，它是科学封闭的管理机制，不仅具有一整套规范统一的管理标准和流程，而且发现、策划、派遣、成稿四个步骤形成一个闭环，从而提升新闻采访的能力和水平。

正是因为这些功能可以将过去传统、被动、定性和分散的管理，转变为今天现代、主动、定量和系统的管理，新闻网格化管理应该成为今后要走向数字化的《新闻晚报》不能错过的尝试。

新闻的网格化管理是一件复杂的工程：它必须要有对数字化平台的资金投入，必须要对原有记者条线的重新打破，必须要对目前内部结构框架的重新整合，必须要颠覆现在的操作流程和制度，从而创造出一个全新的新闻团队。

关于推进网格记者的初步设想：

我们现在做不到全部，却不能因此而放弃尝试。

希望在这样的尝试过程中，能将前面提到的那几个"必须"慢慢地跟上来，而不至于让这种尝试因缺少必要的条件夭折于中途。

作为尝试的开头,我今天只能简单地对大家就如何做好"网格记者",即记者个人如何做好网格化的新闻采集,提供几个初步的设想:

(1) 既然是网格记者,那就是块状的新闻采访。在你的网格中,不再按本报目前的部门分时政、社会、经济、科教、文娱、体育等条线,而是要将所有有价值的线索一网打尽。

(2) 以网格化的名义,打进你的网格化社区。网格化管理,是近年来各地积极探索和大力推广的一种新型社区管理模式,他们大多已经搭建社区网格化信息平台。网格记者要善于利用社区的网格化,和其融为一体。

(3) 网格记者要建立二级网格。一是街道,因为它是政府的管理机构;二是居委(社区),因为它是最基层的网格单元。而最重要的是立足社区,它是记者的"责任网格"。

(4) 网格记者要与社区事务进行衔接。目前,我市的社区事务主要集中在民政、计生、就业、社保、城管、创建、综治、党建等方面。在具体划分时应注意衔接以下因素:一是居民小组和党支部管辖区域的划分;二是物业管理区域的划分;三是市容环境卫生和城管执法区域的划分;四是社区卫生服务区域的划分;五是治安及户籍管辖区域的划分;六是小学学区的划分。紧紧盯住这些区域可能出现的进一步拓展和变化趋势,建立起这些方面的人缘关系,十分必要。

(5) 网格记者要关注社区网格化管理的重要场所,如居民楼院、商务楼宇、街区、市场、学校、医院、文化体育场馆,以及驻区单位、公共服务站所等。网格记者应该在这些场所的工作者中找到自己的线人,其中包括专职社区工作者、党支部书记、居民小组长、楼栋长、清洁工,社区民间组织以及各方面的社区志愿者等。

(6) 网格记者要关注社区网站(网页),包括政府的和民间的,争取在此类社区网站(网页)上创办可以与网民互动的记者栏目,并将社区网站的负责人或版主发展成自己的线人。

(7) 当然,网格记者要充分利用新的传送媒介,加快信息传递和建立信息资料,但是,网格记者在不影响本职工作的情况下,不要仅仅利用电话网络联系自己的线人,还应该定期到自己所负责的"责任网格"上巡查;主动发现问题,培养线人,促进网格化的形成。

这只是对网格记者的一些初步设想,希望通过一段时间的实践,我们能进行一次业务交流,因为我们相信,最好的创新一定是在实践中由一线记者完成的。

最后,我想强调的是:报社要为此创造条件。比如:绘制"网格记者地图",搭建数字化传递滚动平台,实现信息资源共享机制,建立判断策划制度,实施评估考核体系等。既然要启动网格记者,那么,报社就必须实施一系列的配套改革。

还是那句话,没有报社的配套改革,网格记者就会夭折;有了报社的配套改革,我们就能创造一个全新的新闻团队。

当然,"什么是网格记者"的发言,充其量只是一次概念的推送,是一个务虚的探讨,而不是晚报要操作实施的方案。两年后,我在这个概念的基础上,才形成了一个晚报采编整体转型的操作方案:《关于"上海生活圈"总体框架的设想》。

95. 正面报道还有市场吗?

我有幸作为中国新闻代表团成员之一,在 2010 年 5 月 5 日至 5 月 13 日访问了土耳其。这次访问主题是与土耳其主要新闻机构进行交流沟通。

自 1997 年以来,因采访和私人旅游,我先后去过秦国、马来西亚、芬兰、法国、摩纳哥、韩国、越南、美国、英国、日本等多个国家。作为中国新闻代表团成员公派去土耳其,这还是第一次。

团长是中国记协书记处书记李存厚,团员包括北京大学新闻学院副院长徐泓、《新疆日报》副总编司马依力·买买提等,一行共七人。

在 11 个小时的飞行中,我看了一本书:《伊斯坦布尔:一座城市的记忆》。作者帕慕克,曾在 2006 年获得诺贝尔文学奖。他在这本书里,用自己成长的记忆,述说了个人失落的美好时光,呈现了一个传统和现代并存的城市历史,让人感受到土耳其在不断西化过程中的感伤。

飞机在伊斯坦布尔降落,前来迎接的除了土耳其国家新闻署的工作人员外,还有中国驻伊斯坦布尔领事馆总领事张志良。

晚上,张志良在领事馆招待我们一行。他是当年下乡在黑龙江兵团的北京知青;此行团长李存厚是当年下乡在黑龙江兵团的哈尔滨知青;而我是下乡在黑龙江的上海知青。三地"黑兄"异国相聚,甚欢。张志良拿出了从祖国带来珍藏了好几年的五粮液。

在土耳其 9 天,我们去了伊斯坦布尔、伊兹密尔和安卡拉三个城市,分别与土耳其国家新闻署署长、记协主席见了面,还先后造访了 11 家土耳其国家级新闻机构。代表团访问的中心是探讨两国媒体之间的合作与交流,而我对土耳其新闻机构发展的现状十分感兴趣。总体印象是,这个国家的媒体已经多元化,报纸办电台、电视办报纸相当普遍。至于网络更不用说了,一家报纸的网络部,有20多种语言工作人员在搜索世界上各个国家的网络新闻,提供给编辑中心选用。或许,这是国际上媒体正在发展的趋势?

从土耳其回来不久,集团开始了又一轮干部竞聘。按惯例,每三年一次的聘期应该从8月份起算。但这年因上海要举办世博会,集团将竞聘时间提前了一个月。这样,我的下一轮副主编聘期也提前了一个月,从2010年7月1日起至2013年6月30日止。巧的是:2013年7月1日正好是我60周岁生日,打破了我原来因下一轮聘期不足三年可以退居二线的"美梦"。我自嘲这辈子注定的"劳碌命",在晚报副主编的岗位上必须干到退休的那一天。

2010年,是新闻事件频发的一年。在班子多名成员住进医院的情况下,我不得不连续顶在岗位上,其中除了参与组织协调策划西南大旱、玉树地震、房价调控、高铁开通、富士康跳楼、煤矿灾难、舟曲泥石流、11.15大火……一个接一个重大新闻和突发事件报道外,也包括对本不属于我分管的世博会报道等重大项目。

多年来习惯了在紧急状态下对新闻事件临时组织采访,对一切新闻的反应,我已经出乎本能。就拿2010年11月15日胶州路大火报道来说吧,这一天是周一,下午从报社出来乘地铁二号线到淞虹路站,去地铁停车场开车。发动车后,时间正好15:00,习惯地打开收音机,听到一则消息:由于火灾,请司机避开胶州路绕行。

我顿觉异常,打电话给社会新闻部主任:此次火灾不同以往,必须全力派出记者。

回到家,打开电视,看到大火现场直播。手机上却接到集团短信:不炒作,简报。

社会新闻部主任来电:你看到不炒作的通知了吗?我回答说:此事不可能简报,但也不要做跨版,要做好多版报道的准备,请抓好多角度的采访。

想想不放心,我再打电给时政新闻部主任和摄影部主任:加派记者!

放下电话,我才突然想起:本周并不是我当班督稿。我自问是否反应过度了?是不是患了新闻职业病?

当时晚报班子的分工是这样的,当班督稿的负责抓采访稿件,不当班督稿的负责版面签样。

第二天,是我当班签版。寿总久病后首次出席早晨的编前会。他指出,推进采访可以大刀阔斧,处理版面却须谨慎冷静。定下一条原则:事件之初不写反思文章。

我在编前会上拉掉两篇稿子:一是相关房产局声明此事是建筑工程,与房产局无关;二是有关保险公司针对此次失火批评民众保险意识不够。这两篇稿件不是没事找事,激怒民意吗?

编前会确定版数:20个版,为全市平面媒体之最。决定报头不变黑,给可能举行的官方或非官方的哀悼日留下余地。

编前会后,9:35得到截止消息,此次火灾已有53人死亡,70余人受伤送医。到11月19日,又得到更新消息,事故已造成58人遇难。事后,相关部门及人员共26名被告获罪,被判有期徒刑16年至免于刑事处罚。

如此特大火灾,作为新闻媒体,又岂能用"简报"过得去呢?假如我们在11月15日下午不全力派出记者、不加派记者、不做好多版面报道的采访,那会是一种什么样难堪的结果?

2010年年底,已经担任《解放日报》副总编的寿光武不再担任《新闻晚报》主编,但仍兼《新闻晚报》经营公司的董事长。晚报临时由金乐敏负责,集团派出老法师王仁礼每天坐镇签版。

在这个变动后,我分管的部门陡然增加,从原来的时政新闻部、国内新闻部、视觉新闻部,又增加了要闻编辑部、社会新闻部、体育新闻部。晚报一共13个部门,我分管了6个。加上之前我还被选为晚报第一党支部书记,最后一个任期,压力反倒越来越重了。

我并不在乎自己身上的压力有多重,只是自此以后,《新闻晚报》主要领导一再变动,缺乏长远的考虑和稳定的主心骨。尽管《新闻晚报》在业务上仍然不断出彩,实际上是因为长期来这支年轻的采编队伍已经历练成熟,在他们的奋力推进下产生的惯性向前。不得不承认,《新闻晚报》最好的时期过去了。

我曾在2010年9月20日与本报青年记者有过一次关于新闻策划的对话。有关策划的内容,我在之前给上海大学讲座时已经涉及,这里不再赘述。但在这次对话中,有记者问我:你的从业生涯中让你印象最深的是哪起事件?能否详述?

我的回答是:

一篇文章:《16位的哥编出"厕所地图"》,它曾引起报社内部的一场风波。

一个部门:这个曾被认为是"垃圾筒"的社会新闻部,三年后拿到了从上海好新闻一等奖到三等奖的诸多奖项,并为报业集团输送了三个主编助理。

很多新进人员会问:正面报道这么一个简单的事还会起风波?事实上,这么多年来,围绕正面报道要不要写?要不要用?怎么用?媒体人在实际操作中常常产生分歧和矛盾。

2004年，我所提交的正高职称论文中，除了《报网联动是一场技术革命》外，另有一篇就是《要正视读者的健康阅读需求　兼论社会新闻如何做好正面报道》。

《新闻报》在2008年2月10日，举办过一场如何做好正面报道的讨论会。在会上我以《正面报道还有市场吗?》为题，做了一个PPT演示。在演示中我提到：

美国的奥里森·S.马登博士在他的《人生的忠告》这本书里说："有不少人似乎认为，我们生活在一个不可预测的未知世界中，我们深受命运的无情折磨。但是，事实真相却是，我们正处于一股激流当中——这股激流正奔向美好世界。"是的，人类社会几千年来能够流传下来的文化，其主流是健康向上的。无庸置疑，今天，我们的读者依然希望看到自己所处的社会充满着正义、正气、善良和奉献，况且我们今天的社会也不缺乏这样的精神。

所以，当有人发出"正面报道还有市场吗"的疑问时，我们不禁要反问：正义、正气、善良和奉献既然能够留传几千年，难道会没有市场吗？可以肯定的是：传统性的正面报道，过去、现在和将来都是"朝阳产业"。如果都市报纸重视市场的话，那么就应该满足读者对自己所处社会的这种希望，就应该记录人类社会这种向上的精神追求。

问题是当今的正面报道对相当一部分记者来说，已经是很生疏的领域。他们在写作时空洞干巴、概念化、不能感染人，成不了"猛料"。这种报道在编辑手里上不了重要版面，在读者眼里遭到排斥反感。

《新闻晚报》社会新闻部这些年来，在如何改进正面报道方面下了工夫，发表了一篇篇来自百姓、奉献社会的正面报道，《厕所地图》只是其中一例。这些正面报道在读者和社会上引起强烈反响，获得了一次又一次的新闻奖，纠正了部门内一些记者曾对正面报道不屑一顾的态度。

我之所以把正面报道与一个部门的变化这两件事连在一起说，是想强调：成为一个好记者有很多因素，但一个习惯用阴暗心理麻木对待正面事件的记者，是不可能成为好记者的。曾被称之为"垃圾筒"的社会新闻部，之所以没有沉陷在消极颓废和对立埋怨的情绪中，在某种意义上来说，是因为部门重视对正面事件的采访写作，使记者能用心地去感受身边的正义、正气、善良和奉献，从而升华了自己对这个世界和对自己所从事职业的热爱，增强了对自己肩负的社会责任感。媒体人的激情产生、主动付出、才智发挥，以及所有的成功都是建立在正面向上的心理基础上的。也只有在这样的心理基础上，才能享受到职场的快乐，并形成部门里乐观进取的氛围。这个仅仅10名记者的部门能在同一年里成功竞聘出三个主编助理，不是一种偶然。

96. 我们能否引领网络舆论?

我在最后的任期中，仍然"不停追求"的，就是在报纸不断的衰微中向新媒体进军了。

一般人的工作态度大约分为三类：循规蹈矩顺大流，患得患失顾名节，不知祸福求变化。我欣赏第三类态度，无论在任何环境下，我都会以积极的业务态度去尽可能地发挥作用，哪怕随着我退休的那天越来越近这种作用越来越小。作为一个职业新闻人，我从来不管作用的大小与有无，那是别人的事，我的快乐只在于业务上的"不停追求"。

2011年4月，一位记者根据来源于网络的内容写了一篇失实的稿件，受到通报批评。在业务会上，围绕报道"不能跟着网络走"展开讨论。4月21日下午，参与讨论的采editors一个又一个地表述"不能跟着网络走"的体会，气氛沉重。这令我想到了"避影匿形"这句成语，在舆论和意识形态这个阵地上，如果媒体任凭网络上一些谣言和错误泛滥，仅仅消极地强调"不能跟着网络走"，只顾自身"处阴以休影，处静以息迹"，难道不是重大的失责吗？由此，我做了一个题为《引领网络舆论是我们的社会责任》的发言：

只有缺乏思考和缺乏实力的媒体才会跟着网络走。

有思考的媒体应该学会利用网络，有实力的媒体更应该善于引领网络。

网民在微博里发布的信息是真是假？网友在评论里的观点是对是错？网民的互动活动是有益还是有害？……总之，在网络每天大量选登报纸电台电视新闻之外，还有大量来自于民间个人发布的一切信息，都应该在我们关注的目光之内，就像对杂乱无章的原始线索一样，对之进行甄别，并在此基础上加以利用。

对网络信息的甄别利用，是一项非常艰苦的工作，不能"网来网去"，仍然要提倡"口勤、手勤、腿勤"等这样的基本职业精神，仍然要讲究思想的敏感和思维的辩证等这样的基本采编功夫。

报纸，有着比网络强大得多的内容编辑和采访队伍，只要坚持优良的传统，就应该有能力做到准确的甄别和利用。

光做到这一点还远远不够，有良知的报纸，还要肩负起对网络舆论进行引导的社会责任。

比如，用记者微博的方式，向网络阵地渗透；用与读者互动的方式，占领网络的空间;用对网络评论进行再评论的方式,引导网络舆论的走向;等等。

对网络舆论的引导,是一项十分具有挑战性的创新工作,不能停留在表面形式和空洞概念上,要立足于实用有效,立足于社会影响,立足于发展后劲。

报纸,要在对网络的渗透、占领和引导过程中,重新塑造自己,创造出新的办报理念和办报方式,展示出报纸的实力和辉煌。

"引领网络舆论"的观点,我并不是在2011年4月才提出来的。2007年我在参加《新闻晚报》副主编竞聘的演讲中,提到:"突破传统评论模式,发挥记者博客的功能,创造都市报纸舆论引导的新做法。依照贴近生活、贴近现实、贴近百姓的原则,从网络舆论着手,实现对舆论的再引导,弥补晚报言论不足的短板。"当时曾设想晚报能推出一个对网络评论进行再评论的栏目,类似广州电视台《马后炮》的评论栏目。

之所以我在竞聘演讲中没有提到微博和微信,是因为2007年时只有博客还没有微博和微信。2005年起,新浪、搜狐等国内门户网站纷纷在PC端上推出博客,到了2009年才出现了微博。2010年年初,iPad问世,传媒巨子默克多认为,iPad也许就是传统报业的拯救者。他把iPad定位为报业游戏规则的改变者,将会真正改变新闻的呈现方式,甚至认为"我们将拥有不同类型的报纸"。

2011年2月,中国新闻出版网采访了我和《南方都市报》《扬子晚报》《新京报》《中国国家地理》《解放日报》等纸媒老总。其他纸媒纷纷表示要与iPad合作,我则发表了不同的观点:"和iPad要不要合作的最大问题在于双方要把结合点看透。目前双方在内容互动、赢利模式等方面还需要进一步摸索。因为我觉得在网络时代里,iPad并没有带来本质的变化,它对纸媒的冲击不会比网络更大,它只是网络时代多个新介质之间的过渡变化。"

果然,就在2011年,iPad问世才几个月,腾讯就推出了基于手机移动端的微信。iPad成了昙花一现的产品。

在网络令人眼花缭乱的发展中,纸媒并非只是旁观者。门户网站每推出一种新的业务,都会主动来找纸媒合作,他们需要内容、需要客户。所以当时《新闻晚报》与网站的合作有着众多的选择。

2011年年初,我们开始筹划建立晚报的官方微博。新浪微博当时牢牢占据国内微博的"老大"位置,搜狐微博为了与新浪微博竞争,主动向我们推出了更适合媒体操作的微博模板。

与其他微博界面不同,搜狐精心设计了"三级架构"体系。即官方微博为一级架构,在微博页面的右侧设立二级架构,点入二级架构后,页面右侧继续有三级架构。

具体到《新闻晚报》来说:在搜狐微博开设"新闻晚报"官方微博,微博主页面上的功能与各网站微博相同,可以发布、转发、评论等。不同的是,右侧的二级架构设立多个独立板块,每一个板块都附属于一级架构,但同时也是一个独立的搜狐微博,有独立的用户名和密码。而二级架构每一个板块的主页面,在右侧继续开设由记者微博组成的三级架构。每一个记者微博都属于二级架构的板块微博,但同时也是一个独立的搜狐微博,有独立的用户名和密码。

除了三级架构,搜狐微博的私信功能在与微博用户沟通外,还可通过手机短信与任何一个手机用户——无论是否有搜狐微博——沟通。无论是移动、联通还是电信的手机用户,只要编辑 BL + 内容发送至固定的号码,晚报微博编辑就可以在私信中看到相关内容和用户发送的手机号码,这是一个爆料与互动的平台。同时,在一级架构的晚报官方微博主页,还可以专门设立一个专题入口,可以为晚报举行的各种互动活动、社会活动开辟临时的独立页面。

我们接受了搜狐微博的技术平台方案,将它与新浪微博一起成为《新闻晚报》的官方微博。

2011年3月,我们又把晚报官方微博的重点转向腾讯。一是因为在上海新浪微博的最高粉丝量已经被其他纸媒占据,我们不想做老二;二是因为我们更看好腾讯微博互动功能和社交功能,它与未来晚报可能建立社区网的方向更贴近;三是自2011年1月腾讯推出微信后,我们预测其对年轻人的影响力将超过其他网站。

新浪微博我们依然保留,而搜狐微博则改变成晚报内部的报稿系统。

这个转变是相当有意思的,在不长的时间里,我们就做到了上海媒体中腾讯微博粉丝量第一的成绩,这让我们与腾讯微博之间的合作进入了更加紧密的层次。

当时晚报没有新媒体部。我对时政新闻部主任东悦杭说:先把微博这活儿放在你的部门里吧,也许用不了多久,这就是晚报最大的部门,也是最有希望的部门。我与其他部门主任商量,抽调来两名编辑给东悦杭,先干起来再说。

然后,根据两年前晚报在"学实活动"中"让晚报人一身两职,亦报亦网,报网互动,同步发展"的建议,我起草了一份《新闻晚报微博方案(草案)》。

这份方案对晚报微博未来发展的设想进行了定位:打造网络信息来源,占领新闻制高点和网络舆论高地;培养多功能采编队伍,提高新闻战斗力和对网络舆论的掌控力;与现有挂在解放网上的"新闻晚报网"实行联动,进而联体;整合现有分散在各部门的网络平台资源,报网两手操作,分别对平面媒体和网络媒体进行探索性的改造;用足网络特性,为晚报搭建新的创利平台。

草案还对晚报微博的操作提出了要求:《新闻晚报》官方微博的发布、转发、回帖、评论等操作,全部纳入编辑部现有的采编、审稿流程;全体采编人员均按要求参与,设立"网络记者""网络编辑"专职岗位进行日常操作。为鼓励记者参与微博写稿,制定了"微博稿酬"。

腾讯业务人员后来得知我们有一个"网格记者"的设想,觉得很有创意,特地为《新闻晚报》打造了微空间。我打算在这个微空间里尝试晚报的"网络社区",写了《〈新闻晚报〉网络社区的策划方案》,帮助记者更深入地介入和向网络转型。这个策划方案主要包括以下几个方面:

网络社区化的概念。将上海分为五大块,每块都汇集该区域所有的信息,包括吃喝玩乐以及新闻事件等。每块有对应的记者,可以在该区域查询到想要的内容。晚报微博官网页面上会显示出记者的微博账号,以便于网友把相关的信息定向提供给记者,使记者与网友形成互动。

网络社区化的页面呈现。将五大块区域以"生活圈"的方式呈现在微空间里,每个"圈"都有相应的设计和功能,比如五角场生活圈,不仅有对五角场的介绍、这个区域内各种社区网络论坛的介绍,还会有《新闻晚报》与五角场相对应的记者的信息介绍,让网友明确知道与记者的互动方式。

同时,记者也可以在该区域发起投票和话题,如"说说五角场的小黑车""你眼中的五角场人有几个特征"等,甚至发起专题约会。这不仅给予记者在互动中的主动权,也会让记者在与网友的互动中增加黏性,收获更多的信源,为晚报增加影响力。

腾讯则对《新闻晚报》"网络社区"提出了一套推广方案:腾讯上海站首页,将在热门推荐、微博话题上分别进行推广,包括用 QQ 弹出框,定向对网友推送《新闻晚报》的"网络社区",引导上海网友融入属于自己的社区。

《新闻晚报》的"官方微博全体采编参与""微空间的网络社区化",实际上是以微博为基础,以微空间为依托的一种整体转型的过渡。

由于当时寿光武已经不再担任晚报的主编,临时主持工作的领导并没有在这个长远打算上与我及实施这一方案的时政新闻部达成共识。"网络社区"的设想和尝试无法全盘推开,只是在时政部所能做到的范围内做了部分。其中,在我坚持下开辟的微博版面,作为"网络社区"设想的一部分,在社会上引起了很大的反响。让我们来看看这个一周两期的微博版面特性:

它不像其他媒体刊登一些类似副刊的微博美文,而是实实在在的新闻版面。我们定位就是"引领网络舆论走",所以在微博版面上开设了如下几个栏目:《网上追击》,敏感地发现来源可疑的网络信息,通过本报记者的采访进行调查和追击,在网上阻断谣言,为网友答疑解惑。《微热议》,对一些热点新闻后面跟随的网友评论,进行再评论,以客观、公正、辩证、理性的思考,来纠正偏激、片面、情绪化的言论,或者对恶意的议论进行必要的回击。《微关注》,对网上出现的新事物积极参与并帮助策划引导,对网上出现的新动向(包括网上诈骗、网上陷阱等),进行提醒和揭露。

《新闻晚报》微博版的推出,曾令业内人士耳目一新,也引起了多方面的关注。有一次同行问我怎么会想到办这样的微博版?我说:很简单,看过发行量很大的"报刊文摘"吗?如果我们在网络的大海里精选一些内容,办一份"网络文摘"怎么样?影响力肯定会很大。《新闻晚报》的微博版则是在精选之后再加上记者的引导,难道会不受年轻人的欢迎吗?

报网联动,一直是我们的追求,纸媒与网络两者之间互相推进,在当时传统媒体与新媒体不同发展趋势的替代纠结中,起到了一种特殊的互补作用。后来在一份新闻权威人士的调查中指出:《新闻晚报》的微博版确实受到了年轻读者的青睐。

97. 先搞几块"试验田"

假如说,在晚报官方微博基础上开辟的微博版,是依靠传统媒体的采访、版面、公信力等优势,像一把尖刀插入社区,对网络进行了舆论引导和监督,那么,晚报要想真正做到采编的整体转型,实际上还需要搭建两个报网结合的平台:一是推动公益活动,组织健康、教育、法律、文化、娱乐等各种能让市民通过网络参与的公共事务平台,从而塑造晚报用户的黏度;二是着眼于市场未来发展趋势,锁定有效的消费群体,通过提供信息服务、交易服务及销售代理,开辟电子商务平台。

古人云:千钧得船则浮,锱铢失船则沉,非千钧轻锱铢重也,有势之与无势也。再好的想法如果没有班子齐心努力这条船来承载,其结果是可想而知的。当时晚报主要领导的不确定性和短期性,决定了这条船的"势"已不在,不可能系统地去探讨和建立这样的报网结合体系,即使是如何分别建立这两个平台的讨论基础也不存在。

而我的退休期限越来越近。两年,700多天,还能做什么呢?我想大概只能在自己分管的这一摊子内,依据有限条件搞几块"试验田"了。

围绕第一个平台,首先想到的就是开辟一个《志愿者》版。自 2010 年世博会"小白菜"志愿者受到社会普遍关注后,本市志愿者队伍迅速壮大。到 2011 年,上海已有 5000 多支志愿者队伍,注册志愿者达到 20 万人。据有关方面估计,"十二五"期间注册志愿者将达到 500 万人,未来参与公益将会成为一种时尚的生活方式。再说志愿者项目所涉及人群更是不可计数,有广泛的读者基础,他们能为本报提供源源不断的信源。

2011 年 4 月,我提出在晚报开辟《志愿者》版,让时政新闻部打了一份《建议出版〈志愿者〉版的申请报告》:

在国际志愿者年(IYV2001)设立 10 周年之际,晚报编辑部拟每周一、四推出一个《志愿者》版,现计划第一期于本周四(4 月 14 日)出版。

《志愿者》版的定位为关注志愿者和志愿活动,为本市有意义的志愿项目搭建有钱出钱有力出力的互动平台,在互动和活动中发掘有意思的人物、感人的故事,做出兼顾新闻性和可读性的正面报道。

版面内容由三部分组成:新闻、热线和活动。新闻既关注"草根",也报道"名人"的志愿者故事;热线指整合社会上各种志愿者资源,推出热线新闻;活动分为两类,一类为小规模常态活动,通过微博社区推出系列活动;另一类为大规模策划活动,与精神文明办、团市委和相关协会共同举办年度十大志愿者个人、志愿者项目、志愿者组织的评比。

《志愿者》版为晚报多名编辑、记者组成虚拟部门联合操作,由时政部牵头,科教部、社会部合作。

对这份报告,晚报临时负责人没表态,仅写了"报毛老师"几个字。毛用雄总编的批复也很简单干脆:"同意。"

《志愿者》版就这么干起来了。根据十多年前我在老《新闻报》结合专版组织"上海调剂沙龙""上海展览俱乐部"的经验,我们这次也围绕《志愿者》版组织了"上海志愿者沙龙"。

"志愿者沙龙"每月一次例会,主要由三方面组成:一是有公益资金预算而缺乏公益项目的大型企业代表,二是有很好的公益项目而缺乏资金和人力的社会公益组织,三是有人力资源和项目但亟须创意和策划的相关行政机构。大家在以媒体传播为基础的沙龙上互通信息,挑选合作对象,共同创意和策划,在推动公益活动的实施和影响力方面取得了显著的成效。

短短几个月,我们和全市 100 多个主要民间志愿者团体建立了联系,包括和团市委、上海市志愿者协会建立了合作关系。沙龙上也不断促成一些公益项目,其中有的在本市开展,有的去边远地区开展,本报记者对这些项目筛选后前往采访和报道。由于晚报的策划和报道能力,凝聚了一批大型企业,每月的"上海志愿者沙龙"活动几乎成了企业公益沙龙。

作为媒体,我们不光报道,也参与做很多公益项目。这里只想举一个例子:2012年3月,晚报《志愿者》版和微博报道了"熊猫血"女孩樊平平手术急需用血的消息,不仅为其采集到了"熊猫血",还马上成立"《新闻晚报》上海志愿者沙龙爱心基金",接受市民捐赠,所有捐赠信息均通过网络即时发布。

事后,晚报专门单独成立了"熊猫血志愿者俱乐部",影响力辐射到华东地区,甚至有志愿者从杭州等外地请假打的来上海献血。2012年11月,晚报《志愿者》版报道另一则"熊猫血"女童果果需要帮助的消息,求助信息在新浪微博公益平台发布后,迅速成为个人求助类别中的第一名,短短几天,即募集到善款近18万元。

围绕第二个平台,我考虑开辟一个与婚姻有关的《幸福》版。这个灵感来自于一件事:2011年10月,儿子结婚,他问我:明年能帮他订一份《新闻晚报》吗?我有些奇怪:年轻人不看报的呀?他笑笑说:成家了,信箱里总不能空荡荡的吧?这让我想到晚报读者的定位:这是一份在家里读的报纸。我们应该把晚报发行的重点对准要结婚成家的年轻人,让年轻人有家,就有晚报。他们不仅是晚报发行的新生代读者,也是未来晚报网络第二平台的重要用户。他们对电子商务平台尤其青睐,谈婚论嫁的年轻人又是人生消费的最高峰:从房子、车子、家具、家电、床上用品、服装首饰一直到餐饮,会吸引企业商家的高度兴趣。

我与时政部主任东悦杭议论了很久,考虑到手头已经额外地增加了《微博》版和《志愿者》版,我们想在这两个版稳定几个月后再推出《幸福》版。

谁想这中间晚报主要领导又换人了,《IT时代报》的主编钮也仿调来《新闻晚报》任主编。这一出一进,不得不让我在半年之后才有机会向新任主编提出《幸福》版的方案。

2013年年初,钮主编尚未批复《幸福》版的方案,却将我们精心开辟的两块"试验田"《微博》版和《志愿者》版砍掉了。当时我在外地出差,对此决定毫不知情。后来《解放日报》副总编王伟来分管《新闻晚报》时,曾问起过我:"很有特色的版,为什么停了?"作为分管这两块版面的副主编,我无法回答他的问题,也无意去弄清这个问题了。

清代朝野极有影响的儒臣廉吏陈宏谋曾作"解惑十则",云:"言学,则止知有人,不知有己;言仕,则止知有己,不知有人;居官,则止知有上官,不知有百姓;论事,则止见己之是,不见己之非,止见人之非,不见人之是;涉世,则不求己之可以取信,惟欲人之见信,动辄致疑于人,不喜人致疑于己;处境,则常以己为不足,不以己为有余;值患难,则觉人之有负于己,不觉己之有负于人;值富贵,则恐人有所求之于己,不思己有所利济于人;亲友交际,则止觉人之缺情于己,不觉己缺情于人;僚属共事,则乐人顺从于己,不乐己顺从于人。此十惑也。"按孔子的说法,人生早该在四十就不惑了,何况我已近六十耳顺之年,半年后就要退休,既然没告知我并在我出差时砍掉这两个版,一定有不想让我知道并且不便当着我面去做的理由。我不想将此归于个人的偏听独任,只是自责平时没有把这两块"试验田"的意义向他讲清楚。

成事不说,遂事不谏。我不会去要求恢复已经砍掉的两个版面,但这并不妨碍我继续提出《幸福》版的构想。在追求人生职场快乐方面,没有点戆劲是不行的,他人的"精细"在我眼中都已模糊一片。在主动与钮主编经过数不清的沟通后,2013年4月19日,离我退休还有两个多月,晚报终于推出了《幸福》版。我们在头版发了一个开版启事:

"幸福"开版啦!

今天起,本报携手市民政局婚管处,倾情推出全新婚恋版面"幸福"版,逢周五出版,与你相约,与幸福相约。(详见今本报A2叠第20、21版)本报与市民政局婚管处联合推出的2013年度"幸福一生"系列公益活动同时拉开序幕。即日起到12月31日,凡到全市各区县婚登处结婚登记的新人,我们都将为你送上一份《新闻晚报》"礼包":免费赠阅晚报精美月卡;凡订阅我们年度报纸的新人,你们的婚礼照片就有机会登上我们的版面,参选"最美婚纱照",赢取年度大奖。

下个月,"幸福版"将推出系列互动活动之一:我们的新家。该活动向全市今年登记结婚的新人,征集新房装修的创意、心得。如果你的新家有一处是你尤为得意心仪之作,或者是你脑海中对即将装修的新房有与众不同的"金点子",都可以报名。此次征集活动可通过图文形式表达,我们将邀请沪上专业设计师为你点评,并送出丰厚奖品。报名方式:即日起发送图文电子邮件至xwwbysh@163.com。你在婚恋方面的困惑、建议或是新鲜的观点,也可随时发送邮件给我们,或私信本报。

从这份启事中,可以看出我们所做的充分准备,并能掂量出企业对我们的兴趣和支持。

特别要说的是,《幸福》版开版后,我们还利用媒体的功能,制作了一个方案,从本市一著名滑稽演员所办的公司手中,竟得了杨浦区婚登处一年一度颁证仪式的承办权,并将其原来10万元的承办费提高至15万元。

后来,据东悦杭说,市民政局婚管处得知后,也想把类似的活动交由《幸福》版来承办。我对东悦杭说,承办费多少都不要紧,关键是主办方若能同意我们拉企业赞助费,那就不是20万、30万元的事了。《幸福》版的潜力之大,可想而知。

晚报停刊后,有两家日报想接下去办《幸福》版。有人想让我去讲解一下《幸福》版的创意,我回答说:《幸福》版、《微博》版与《志愿者》版,是当初晚报想搞"社区网络"的三个有机组合。如果说《微博》版是一把以参政议政的尖刀,那么《志愿者》版则是用公益做的黏合剂,《幸福》版是想在报纸经营上寻找新的平台和方式。这三个版的出现,是我在思考"大上海生活圈"网络方案中先行推出的三块试验田。单单看中《幸福》版的商机,让我去讲是没有意义的,只有让我讲"大上海生活圈"的整体构思,才能讲得透。

任何创意,在它呈现在世人面前时,都显得很简单,但在这简单的背后,却有着更远的目标。没有这样的目标,当这些创意在进行中碰到难题需要调整完善时,就会走偏方向,最终使极好的创意陷入失败的泥潭。只是模仿者中没有多少人能理解这一点,这也是我从来都不担心创意会被人模仿的原因。

98. 遥望另一块纪念碑

这三块"试验田"的推出跨了两个年度,我不得不把它们连在一起叙述,因为这毕竟是一个整体,其间此起彼落,能让人感受到做事的不易。实际上,从《微博》版、《志愿者》版到《幸福》版这两年的时间里,《新闻晚报》除了主编一职的动荡不安之外,还有一件大事,那就是2011年9月16日,随解放日报报业集团一起从汉口路搬迁到了莘庄的都市路。这在上海的报业史上应该记上一笔。我在搬迁的当天,写了一篇博客《告别百年报街》:

汉口路,早在100多年前就是闻名的一条报街。

《申报》《新闻报》这两张沪上最大的报纸还有印厂,都在这条街上。早晨天不亮,这儿便车水马龙,报贩分发着机器上刚下来还带着热气的报纸,然后,全市的街面上响起了卖报声。

汉口路300号附近,原有《新闻报》旧址,1958年公私合营,《新闻报》并给《解放日报》;1985年《新闻报》复刊,至1998年再并入《解放日报》。那时,《解放日报》已在原《新闻报》旧址上造了高楼。从此,我先后在这幢高楼的18楼、19楼、20楼共待了12年零10个月。

这是我一生中在一家单位待得最长的年份。

原想我会在这幢大楼里一直待到退休,但2011年9月16日,却是我在这幢大楼里工作的最后一天。

这天早上签完版,中午的评报会就要去莘庄的都市路4855号召开。

我将在莘庄的新大楼,度过我新闻生涯余下的年头。

我们用摄像机记录了在老大楼最后一天的出报过程。情不自禁地,从20楼窗户里,我留恋地望着东边波澜起伏的黄浦江,升起在外滩高楼间橙色的朝阳,迎着旭日从浦西飘到浦东的彩霞,还有那条狭窄的报街——汉口路。

这条街上,以后只有报史而不再有报纸。

报社新的办公硬件不错,主编和副主编每人都有一间办公室。只是我不太习惯,开会和签版后回到办公室,连个说话的人也没有。

因为地处闵行偏远的地段,来访的朋友大大减少;因为离开了繁华的南京东路步行街,也失去了外出闲逛的兴趣。工作和生活变得单调而规律。每天早上6点半,我从家开车直接上中环,不用为堵车担心,因为此时还没到早高峰,一路畅通,半小时就到报社;也不用再为停车发愁,新楼的地下车库很大,随便停。走进办公室,先泡一杯茶,打开电脑在网上搜索当天的所有新闻后,去参加编前会。8点左右编前会结束,下楼去集团的食堂吃一碗拌面喝一碗豆浆,然后慢慢溜达到附近的莘庄公园散步。差不多半小时后,回到报社楼下的咖啡馆,点一杯加倍的浓缩咖啡。

此时,晚报有几位部主任,也落实了编前会的指令,会坐在咖啡馆里点上饮料,忙里偷闲,轻松一下,等着下一轮即将在电脑房开始的紧张工作:拼版,改稿,签样,出报。

搬到莘庄后我突然喜欢起冬天来,大楼下的咖啡馆直面冬日,门前桌椅上一片阳光,显得十分温暖惬意。

后来的主编钮也仿因不习惯晚报清晨编前会的工作节奏,常常错过编前会,但他会来到咖啡馆里和我们闲聊。我与钮也仿谈论最多的是报纸网络化的设想,在洒满阳光的咖啡馆门前,我像祥林嫂一样,向他不停地唠叨建立"大上海生活圈"社区网、实现晚报采编整体转型的设想。他多次击掌叫好,只是从没有拿到班子会议上作为议题。我想,或许他的叫好是对我这个即将退休的资深媒体人表示尊重,或许是因为他自己新来乍到,不想贸然决断吧。

不管怎么说,冬天的公园散步,还有咖啡馆门前的阳光,都给我退休前的工作和生活留下了美好的印象。我如同以前一样,憧憬着晚报的前途,充满了激情和斗志。

我喜欢在这种精神状态下去克服职场上的一个个难题。时政新闻部的年轻记者王楠曾对我叹苦衷,她为自己在业务上遇到了发展的瓶颈口而忧愁。我对她说,这一般来说不会是技术问题,而是精神问题,让她不必着急,安静下来看几本书,先调整一下自己的精神再说。

正是她,后来发现了一条重要的新闻线索。2012年3月23日,我参加市里活动几天后,一早到报社参加编前会,见时政新闻部将一篇稿件报在本版,没往重要版面推荐。这篇由记者王楠写的稿件很有价值:1944年夏,新四军浙东支队派出70多人去大鱼山岛开辟根据地。他们上岛5天后,被汉奸告密。日伪军300多人乘艇围攻大鱼山,还派了两架飞机助战。战斗从早晨8点一直打到下午3点多,新四军击毙日伪军100多人,牺牲了40多人。这场战斗,被当年延安的《解放日报》称之为"海上狼牙山战役"。烈士中,就有上海南汇籍战士24人。3月20日,南汇有一位"红色收藏家"告诉本报:他在南汇找到了其中两名家属,家属只有一个愿望:68年过去了,他们想去大鱼山岛祭奠亲人。

新闻的敏感和准确的判断来自精细的比较,而要想能够比较,就必须了解:什么是旧的,什么是新的?什么是一般的,什么是个别的?不得不说,阅历是宝贵的财富,它就像一根地平线,能分辨出已经沉入地平线下的陈物,能感觉到刚冒出地平线的新事。

我在会上当即问坐在身旁的时政新闻部主任东悦杭:这么好的稿件为什么不往头版和焦点版报?东悦杭低声对我说:已经报了两天了,都没被采用,今天只好安排在自己的版面上,再不见报就没时效性了。

在业务问题上,我从来不会顾及他人的面子,于是在编前会上毫无保留地发表意见:我们很少听说有上海人在本地集体参加新四军;我们也很少听说有过这么多的上海籍新四军在与日军的一次战斗中牺牲。这是一个多么好的新闻素材呀,还是那句老话,红木不能当柴禾烧了。我们要把这篇稿子做大,并且要帮助这些烈士家属完成68年来的愿望,让他们能去大鱼山岛祭奠亲人。

编前会上已经两天听到过这个报稿内容却没有在意的各位,没有提出异议,通过了我对此稿的推荐。当天,晚报头版、焦点版以78岁烈士妹妹邬凤仙老人的语气"真想到大鱼山岛看看阿哥"为标题,大篇幅进行了报道。

中午盘稿会上,我再次对此新闻线索进行了详细的策划,安排发现此新闻素材的时政部记者王楠、国内部记者程绩、摄影部记者龚星,组建跨部门的采访组。采访组一路前往大鱼山岛采访,一路与浦东新区有关部门联系促成烈士家属完成心愿。同时做好另一手准备,如果政府部门安排烈属上岛有困难,《新闻晚报》就出车包船,让烈士家属成行。

报道见报后,记者王楠又找到了三位烈士家属。另外还得知,68年前新四军血战大鱼山岛的唯一幸存者、92岁的李金根老人,就在不久前的2月18

日,于浦东新区周浦医院去世了。一条条新的线索不断发现,让晚报的新闻报道连续了好几天,引起同城媒体的关注,包括电视台也跟随采访。终于,在浦东新区民政局的努力和上海海事部门的支持下,大鱼山岛之行定在3月29日。

不知怎么搞的,对这次采访能否真正到位我有点不放心。3月29日早上,我随晚报四位记者一同前往出发集合点。现场一位干部对我说:一家新闻单位只能派两名记者上船,超过两名的要减掉,否则上不了船扔在码头就不好了。

我问他:那条船能上多少人?他说30来人。

我说:我先去码头看看,如果船上真装不了这么多人,那我就不去了。

于是大家一路无话。

到码头一看,原来是一条十分现代化的海事船,有好几个休息室和会议室,上去100人都没问题。

我终于和其他记者一起,陪同五位烈属,在三洋港登上了船。

大鱼山岛属于舟山市岱山县,这是个由400多个岛屿组成的县,而大鱼山岛地理位置独特,正好处在钱塘江大喇叭口外的中间。大鱼山,就像个哨位,牢牢地卡在东海之中。

在一望无际的大海上,看到星星点点的小岛,我一直唏嘘不已:68年了!24位烈士只能前来五位家人,现在及以后,还有多少人能记住这些烈士?

我能告诉大家的是:1988年,小岛的山顶上建了一座烈士纪念碑,岱山政府没有忘记这些烈士。

2005年,浙江组织该省的烈属家人来过岛上祭奠,浙江政府没有忘记这些烈士。

如今,在有关部门帮助下,上海烈属总算也来到大鱼山岛。他们登上建有烈士纪念碑的山顶,按照南汇当地的习俗,捧着画像,献上鲜花,烧起锡箔。在返回码头的一路,他们一路洒着纸钱,呼喊着"我们带你回家了!"喊得我鼻子直发酸。

已经第二次来到大鱼山岛的记者程绩告诉我:紧靠大海边的那座高山上,还有一块镌刻着"永垂不朽"的烈士碑,那是新中国刚成立时,当地渔民自发建起来的。

我问他:"你上去过没有?"

他回答:"没有。"

"这是采访中的一个遗憾,可惜了。"我边说边用摄像机的镜头尽可能地搜索那座山头。慢慢地,山顶上现出一块石碑。尽管它是那么简陋,但它却一下子拨动了我的心。我心底突然释放出一种欣慰:人民,从来没有忘记过这些烈士。

我很想去那座山,那座面临大海的山,很可能就是当年新四军阻击日寇的战场,所以渔民才会在那里立起纪念碑。

但没有时间了,海事船必须在规定的时间离开大鱼山岛。当大鱼山岛在我的视线里越来越远,越来越小时,我还能看见海边的那座山。那山上,有着另一块纪念碑,人民的纪念碑。

《新闻晚报》这组大鱼山岛祭奠先烈的系列报道,后来被评为市宣传系统"走转改"好稿一等奖和2012年度上海市好新闻二等奖。红木,终于雕成了精品。

事后有人提醒我:你挽救了一篇稿件的命运,却否定了之前的编前会,难道没想过会因此得罪人吗?

说实在的,真的没想过。在涉及业务问题需要表态时,我从来都极少考虑其他杂七杂八的因素。这让我想起另外一件事来:

2011年5月26日,我从外地回来,听说上海人民广播电台于5月27日全新改版,想和上海两家晚报合作,要搞一个《晚报预报》栏目。栏目的形式是每天上午9:10至9:30,由电台主持人电话连线晚报编辑,以对话形式,让两家晚报编辑口述当天下午出版的重点稿件内容。电台通过当时担任晚报媒体经营公司经理的郭文才,向晚报传达这个设想,没想到听了这个设想的晚报领导对他说:那你来负责这个项目吧。负责经营且不参与编前会出报的郭文才不知该怎么办,眼看第二天电台就要推出《晚报预报》了,他急得团团转。

我得知后当即打报告,提出这个项目不能由晚报媒体经营公司负责,而应该由晚报编辑部负责,建议立即商定具体负责此事的采编人员,并由每天当班的主编对播报内容进行审定。在这份书面报告上,我手写了个人意见:"请速报班子,并报毛老师,争取于电台改版首日完成。"

当天,毛用雄总编批示:"同意试行,逐步完善。"

第二天,电台改版首日,《新闻晚报》没有缺席,有主持经验的时政部主任东悦杭和负责评报的杨志洪两人,担任起《新闻晚报》电台预报的发言人。在后来的运行中,这个项目不光为本报记者进入电台直播打开了渠道,也为晚报扩大社会影响力起到了作用。

尤其值得一提的是,在与电台合作《晚报预报》栏目的过程中,还打开了晚报官方微博进一步发展的思路:我们为什么不可以在每天编前会后,通过微博对晚报下午出版的内容进行预报?我们为什么不可以"先网后报",将突发事件的新闻先在微博上报道?甚至,我们为什么不可以自己在微博上搞一个视频播报,将电台的音频转化为视频?

每个人的命运都掌握在自己的手里,作为一个唯好稿为上的新闻人,我应该满足这么多年来从中所获得的乐趣了,不会再有其他非分的想法和顾虑。假如事事处处都在担心因此会涉及否定了什么人,因此会给自己带来什么不测的祸福毁誉,我还能在职场上如此潇洒自在吗?

每个人对自己选择的职场生存方式都应该自信,我也一样:即使不在副主编的位置上我也会这样去带好一个部门;即使不在部主任的位置上,我也会这样去写好自己的稿件;即使这个平台没有宽松的业务氛围,我也会选择另一个平台去这样追求。

99. "上海生活圈"设想

曾几何时,为形成同城竞争,上海经历了上海电视台、东方电视台;上海广播电台、东方广播电台;文新报业集团、解放报业集团两两对垒的局面。不过,进入21世纪后,不再强调竞争,而推崇整合了。上海广电系统率先组建统一的文广新闻传媒集团,对上视、东视,上广、东广的资源实现整合。只有两大报业集团,还僵持在竞争中。2012年年底,市领导对此走访调研;2013年春节后,有关方面开始访谈两大报业集团数百位处级以上干部。正是在这次访谈中,有消息传出,高层对两大报业集团合并的想法很感兴趣。

古人云:审堂下之阴,而知日月之行、阴阳之变。在我看来,两大报业集团的合并是迟早的事。还记得1999年年初,《新闻晚报》一出现,《新民晚报》就以"一个城市两张晚报"为话题,发表了一篇文章,并配了一幅漫画,画中一个小孩跟在大人屁股后面跨栏。"一个城市两张晚报"这个在一些人眼中不该出现的怪象,竟然持续了13年,必然会成为合并的首要议题。

如此,《新闻晚报》在合并中的出路可想而知,假如说还有什么对策的话,那就是加快向新媒体的整体转型,迅速搭建一个"诺亚方舟"。我从2012年春就开始起草"上海生活圈"的设想,尽管现在离起草这份设想已经过去了多年,很多提法已经过时,但作为当年一位媒体人的思考轨迹,不妨全文照录如下:

关于"上海生活圈"总体框架的设想

一、"上海生活圈"是什么概念?

"上海生活圈"不是"大而全"的门户网站,它既是社区网,又是商务网,是区域性公共事务网络互动和区域性电子交易终端服务的双平台。

"上海生活圈"是依据上海城市12个商业中心的结构规划,以市民生活圈的市场为导向,完成《新闻晚报》对垂直社区的渗透和附近社区的辐射,实现传统媒体采编网格化、经营多元化的新媒体。

二、为什么是"上海生活圈"?

1. 走出传统媒体转型误区

传统媒体向新媒体转型的必要性已经无可置疑,在很长一段时间来,人们探索了多种方法,但其可行性正受到实际效果的考验。

电子版方式是最原始的,它用折磨读者的方式,注定了自己难逃失败的命运;

通过"报网互动"实现转型并盈利,只能是传统媒体人的一厢情愿,最终成为别人嫁衣;

一家报纸甚至一家集团就想打造门户网站,如同蛇吞象,本身小规模的物力和资金根本不可能立足门户网站之列;

"全媒体记者"的转型方式也存在致命缺陷:它不是整体转型,对传统媒体的破局没有根本作用;

手机报、iPad报纸想成为收费业务,在目前发展态势下,连运营商自己也已经不看好了;

想绑大款与新媒体巨头联合办网,除非你把自身定位为单纯的内容提供商,长期甘居配角地位,永无出头之日。

2. 留给我们的空间很小却很适合

与其种别人的田地,以内容给别人打工,把死活的主动权攥在别人手里,不如拥有自己的用户集聚平台,在自家的田地种下我们的新闻理想,收获我们自己的劳动成果。

但是,作为最初的转型者,我们的战略是争取生存空间,确立赢利模式。这就必须注重别人还没有涉足的市场,并把它做深做透,以投入较少的资源,获取较大的利润,成为新市场的领先者,避免与大公司正面竞争。

现在,新媒体的触角虽然已延伸到非常基层,但竞争力还未延伸到细分区域。新媒体并不是合适的细分区域媒体,互联网、移动互联网,都是没有"疆域"的开放平台,在这样开放的无空间限制的平台上,很难体现出区域性特征。而这,就成为了报业不同于新媒体的核心竞争力,也成为报业转型的一个重要路径。

反之,大型城市的报业空间已经发掘到极致,甚至出现了细分的社区报,但这些社区报在报道上采取的是行政区域模式,在经营上采取的是两次销售的传统模式。而这就为《新闻晚报》留下了按生活圈吸引用户参与公共事务网络互动和按生活圈进行电子商务的空间。

《新闻晚报》应该利用本身采编、读者和广告经营的全方位优势,在门户网站巨头尚未取得区域性新媒体垄断性优势时,大力打造在本市绝对领先的区域性公共事务和区域性生活资讯的新媒体双平台。

3. 还有更好的名称吗?

曾经考虑过用"〈新闻晚报〉社区网"之名,但此名与其他报业的"社区报"仅仅是"报网"之差,在区块划分上并没有体现市场与行政的重大区别。而且本市与全国各地有关行政部门都有"社区网"的设立,也难以区分。

浙江的《都市快报》一度更名为"都快网",他们当时对传统媒体还有依赖,希望以此借鉴《都市快报》的品牌优势。但很快发现,网友并不喜欢——他们总是习惯说19楼,从来不提都快网。一年后,彻底抛弃了"都快网","19楼"重新成为主域名。

"上海生活圈"虽然没有借用《新闻晚报》的品牌,但较好地表达了我们所要打造的新媒体内涵:

上海本身就有12个城市副中心的城市规划,已经成熟的副中心实际上就是周边市民的日常生活中心,新的副中心也正待形成,将成为吸引当地市民的生活消费。普通百姓称这些副中心为"生活圈"。

"店多成市",作为城市副中心,云集了来自世界、全国和本市的各大工商企业,纷纷在这些副中心建立连锁经营机构,他们称之为"商业圈"。

而网络上盛行的就是"圈"。

也曾经考虑过用花鸟鱼虫的名称、山水自然的名称、古怪精灵的名称、情调时尚的名称,但那都不能让人一目了然。古人云:字正腔圆才能成大事。所幸,"上海生活圈"这个字正腔圆的域名到目前还没有任何网站使用,留给我们正好。

或许,还有更好的名称?如有,也可考虑。

三、"上海生活圈"做什么?

传统媒体一向"以内容为王",而新媒体必须"以平台为王"。

简而言之,"上海生活圈"就是搭建平台。

在新传播时代,媒体的竞争是平台级的竞争,是全产业链的竞争;而内容只是传媒业产业链条中的一个环节,是重要的台阶,但不是一个平台。

如果新媒体依然如传统媒体一样,继续过度强调内容的重要性,坚持"内容为王"理念,其必将沦落为新传播时代的配角,成为别人迈向成功平台的台阶。

"上海生活圈"就是要在报业"内容为王"的台阶上,充分利用网络技术的特点来实现信息服务和用户的有效匹配,从而打造智能信息服务平台,参与全产业链的竞争。

为此,我们必须进行观念的转型:变采编理念为用户理念;变新闻导向为市场导向;变新闻价值为商业价值;变新闻为主为信息为主;实现线上和线下活动互动,实现精准营销。

在"上海生活圈",我们要搭建两大类六个平台。

第一类平台:

(1)"上海生活圈"紧紧依靠传统媒体目前还具备的采访、版面、公信力等优势,实现报网联动,为生活圈市民搭建对区域性执政能力、市政管理、消费权利的舆论监督平台。

(2)"上海生活圈"要联系社区论坛和区域意见领袖,发起热门话题,推动公益活动,组织健康、教育、法律、文化、娱乐等各种约会,搭建市民参与公共事务进行互动的平台。

(3)"上海生活圈"作为《新闻晚报》的基本网站,要链接报纸官方微博、微信等一系列新媒体介质,为加强报纸"内容为王"的核心竞争力构建信源的平台。

第二类平台:

(1)"上海生活圈"除了结合传统报纸的优势,为企业品牌提供"版面+网络"捆绑式推介外,还要为企业品牌提供线上线下的活动策划和执行,从而成为营销服务的策划和执行平台。

(2)"上海生活圈"每一个生活圈可以单独组织商务活动,也可以全市12个生活圈联合组织统一商务活动,以争取成为承办政府委办和500强企业的大型商务活动平台。

(3)"上海生活圈"要着眼于市场未来发展趋势,以互联网为基础,开展电子商务,通过提供信息服务、交易服务及销售代理,开辟成上海区域性电子商务平台。

总之,第一类三大平台是凝聚用户眼球,重塑用户黏度;第二类三大平台是凝聚营销资源,开拓营销市场。

报业是一个产业,报业转型不仅仅只局限于报纸,要拓宽空间、多头并进。

报业不光要经营与自己业务密切相关的产业,提供这些产业的增值服务;还要利用报业的品牌价值,在"上海生活圈"的平台上,搭建营销服务渠道,提供营销解决方案,开拓一切可以开拓的资源,开发一切可以开发的市场,开办一切可以开办的产业。

只有这样,才能够承载我们更多的新闻和经营诉求。

四、"上海生活圈"从何处着手?

报业转型不是个一步到位的过程,也不是个一蹴而就的过程。只能依靠一点一滴的进步,一步一步地实践,一个平台一个平台的累积。不可能一下子出现一个平台就实现报业转型的所有梦想。

1. 先打造凝聚用户黏度的三大平台。

万事开头难,既然"上海生活圈"具有区域性这个天然缺点,容易导致一开始很难获得大流量,这就要求我们必须从用户黏度出发,先建立前三大平台:舆论监督平台、公共互动平台、事件信源平台。

人所周知,新媒体对传统媒体的根本挑战,不是海量、迅速、便捷和广泛,而是媒体的公共功能。

我们曾经推崇过"厚报时代""读图时代",其实,报纸无论有多厚,图片无论多美,在网络面前都显得苍白无力。因为传统媒体的公共功能缺失,使网络承担了本应由传统媒体承担的责任,因而驱使用户纷纷涌向网络,带动了网络产业的发展和营销。所以,决定人们对媒体取舍的根本因素是功能,而不是阅读方式。

只有重塑公共功能才是报纸的根本性转型。我们应该明白"有所为,有所不为"的道理,找到"能为"的地方,报纸就有生存的空间。

既然我们现在做不到全局的公共功能恢复,那么就让我们从一个个生活圈里做起。

"上海生活圈"的前三大平台,本身就是完全不同于传统社区报的形式,它是按照市场导向,让生活圈里人人都可以参与公共事务的平台。

2. 让"上海生活圈"落地《新闻晚报》版面。

以《新闻晚报》品牌为源头、为基础,再往外延伸。这是传统媒体转型的一大优势。

事实证明,传统媒体的专业内容生产优势一旦有效延伸至社交媒体平台,依然具备强大的竞争力。

"上海生活圈"之所以还需要传统的版面,就是要让网报联手,充分利用已有的读者存量,扩大影响力,成为权威、专业的公共平台,更有力地促进公民有序参与公共生活,引导公共事件理性发展,推动公共决策,解决公共事务。

报纸和网络媒体不是取代关系,而是并存关系;不是排他性的关系,而是互补的关系;不是单一选择的关系,而是多项选择的关系。我们不仅可以利用现有资源把传统用户转化为数字用户,还可以利用新媒体优势把获得的新兴用户尽可能地转化为传统用户。

3. 从报业采编内部转型着手,框架布局,改变流程。

"上海生活圈"下,将按上海城市12个副中心设立12个生活圈。

《新闻晚报》本地新闻记者兼带网格化操作,即按照社会、科教、时政、经济对应结合,分成12个"生活圈小组",渗透到生活圈里,担任对生活圈内舆论监督、公共互动和新闻信源的采访、采集和策划。

"上海生活圈"要开发在线新闻技术,让"生活圈记者组"在不同生活圈内建立相应的微博、微信群圈,抓住无处不在的"低头族",对圈内自发的公共讨论空间发挥更多的协调作用,促进这些空间进一步完善,推动公民参与及公民社会的良性形成。

同时,引导更多用户成为新闻的合作生产者,推动参与式新闻的发展,促进新闻采编部门与圈内精英作者和用户之间的互动对话。

"生活圈小组"的日常统筹协调由《新闻晚报》新媒体活动部负责。

目前,《新闻晚报》新媒体尽管不是一个独立的部,但在时政部的努力下,已经着手对微博、微信等新媒体的改造,提出了一系列"先网后报""盘稿报稿""视频播报""上网稿酬"等制度性的建设。

如果再能给予三大平台支撑、版面落地手段和记者网格化措施,那么,我们就能克服网络媒体没有独立采访队伍,所发布内容主要是转载稿件;没有传统媒体强大的采编策划活动优势,区域性渗透力度不足;内容严重同质化,千网一面的三大缺陷。

只有这样,我们才能走出重塑用户黏度第一步,使传统媒体的转型取得实质性的意义。

五、"上海生活圈"分几步走?

"上海生活圈"不是一场赌博,它有清晰的生活圈核心思路和赢利目标,采用两大类六大平台战略,走的是"内部转型、外部扩张、孵化未来"的路径,是采编和经营全方位转型配套的系统工程。

这个系统工程可以分为五大步层层推进:

(1) 从启动项目之日起,三个月内完成报业采编内部的记者网格化框架,明确记者网格化的任务和操作程序,以第一类三大平台为基础,打造用户黏度;以本市12大生活圈为布局,推出"上海生活圈"基本网站。

(2) 从启动项目之日起,半年内完成经营广告内部业务员的网格化框架,明确"上海生活圈"电子商务的分类和操作程序,以第二类三大平台为目标,形成首批企业用户,搭建本市12大生活圈的电子交易渠道,推出"上海生活圈"的电子商务交易平台。

（3）从启动项目之日起,一年后转型为现代化企业模式,融资扩股,引进风险投资,加大项目投入,吸收优秀人才,进行品牌建设,改善形象,提高社会地位和信用度。

（4）从启动项目之日起,一年半后在12大生活圈设立实体的信息资讯服务处,组织和接纳线下推广、线下营销、线下代购、线下交易、线下服务……实现"一对一互动"式沟通的营销手法,扩大"上海生活圈"的影响力,构筑"上海生活圈"的立体赢利模式。

（5）从启动项目之日起,两年后向外扩张,将按照上海大都市经济圈范围,分层逐步扩大,从第一个上海市区600平方公里的圈,依次向第二个6300平方公里上海市全境的圈、第三个苏锡常嘉1.5万平方公里的圈、第四个9万平方公里长江三角洲全境的圈推进。

实际上,打造"上海生活圈"不是为转型而转型,"新媒体"这个壳不是最重要的,重要的是"借力"网媒,培育《新闻晚报》的核心竞争力。

未来,传统媒体要被重新定义,新媒体这个词也会消失。无论所谓的传统媒体,还是新媒体,核心逻辑是消费者获取信息的路径和方式改变了,所有的媒体都需要思考如何重新定义自己的内容产品、生产内容的方式、传递内容给消费者的方式、与受众的关系等。我们正是在这样的前提上,来规划未来赢利的商业模式的。

六、"上海生活圈"由谁来做?

1. 千万不要整体外包

这点很重要,有一批网站就是这么死的,领导一拍脑门决定做新媒体,就直接外包出去,个把月搞定后,运营推广。再过一段时间后发现没人用,就荒废了。

没有人去分析产品哪里出错,没有人分析需求进行迭代,这样的产品是绝对做不好的。

《新闻晚报》有自己的采编团队,有自己的经营团队,这就是门户网站巨头一直与传统媒体保持良好关系的原因,也是他们绞尽脑汁想利用的力量,我们自己为什么不用起来呢?

按照"上海生活圈"的基本模式,将《新闻晚报》采编和经营团队网格化,看上去只是一个小小的转变,产生的却会是巨大的能量。

2. 建立一个公司化运作的团队

一个媒体如果真的想彻底转型做新媒体,仅仅在内部搞新媒体活动部作用还不大，我们不能指望做个微博就能投放广告，而是要考虑微博如何给传统媒体带来影响力；我们不要指望做个网站就是新媒体，而是要真正考虑建立从生产到流通的数字化新机制。所以，成立新媒体公司，将"上海生活圈"的内容交给会用互联网思路玩的公司就更有前途。

"上海生活圈"不是传统媒体的附属品，在体制和机制上不应该受到传统媒体的制约，在经营和销售上不是采取传统媒体代理网络媒体的方式，它必须是从传统媒体内重新创业的新体制，是一个独立的子公司。

这个公司在电子商务正式上线之后，就必须改变由传统媒体对新媒体输血的方式运作，实现"自主经营、自负盈亏"，成为真正独立的市场主体。

这种体制的建立，不是为了不同于内部，更重要的针对外部瞬息万变的市场竞争，以便快速决策快速实施，必须记住：一个全新的商业模式差不多两年就落伍了。

3. 协调好传统媒体内部利益，形成合力发展新媒体

由于新媒体在初期尚未实现盈利，需要传统媒体部分的盈利来投入和支持，只有具有超前战略眼光、意志力超强的管理团队，才能够协调好传统媒体和新媒体之间的关系，才能够带领传统媒体的所有人进行具有历史意义的转型。

新媒体也必须清楚：新媒体与传统媒体不是谁替代谁的问题，而是相互的融合补充。从某种意义上来说，传统媒体的存在是发展新媒体的一大优势。新媒体在与外界新媒体合作的同时，更应该与自己内部的传统媒体进行无缝接合。

4. 与互联网门户巨头合作

在与纯互联网公司合作产品的过程中，更主要的是培养互联网思维。在这一过程中，不要苛求出彩，只要顺利推进，相信对报社新媒体团队是有很大锻炼作用的。在内容上，可以先在微博、微信、新闻客户端此类成熟产品上做。

既然互联网能把我们的内容当做他们的台阶，我们也可以把互联网的平台当做自己的台阶。这样既推广了内容，也不用过多的资金投入。

还可以请一些互联网大牛产品经理作为顾问，可以聘用一些产品大牛指导一款产品，作为团队的顾问来参与"上海生活圈"产品的整个研发过程。现在已经有一些类似的公司为传统行业提供此类服务，可以加以关注。

5. 凝聚社区论坛和意见领袖的资源

从精英制造内容到读者参与内容。新媒体带来的最大价值是读者的创造，传统媒体依靠精英控制内容今天正在被随时随地的意见领袖、草根以及大众内容创造者改变，通过"上海生活圈"吸引这些人的加入是十分关键的。

七、"上海生活圈"如何做？

"上海生活圈"最重要的就是确立电子商务盈利模式。

目前，电子商务的赢利模式基本可划分为三种类型：产品交易型、服务销售型和信息交付型。

具体可分为以下七类操作方式：

（1）会员费。企业通过"上海生活圈"电子商务平台参与电子商务交易，必须注册为会员，每年要交纳一定的会员费，才能享受网站提供的各种服务。会员可按照租铺容量和捆绑服务分成三个等级，价格从2000元到1万元不等。

（2）交易佣金。其中包括网上支付、网上中介、网上代购、网上拍卖、威客悬赏、物流服务。

（3）广告费。网络广告也是电子商务平台的主要收入来源。可根据首页位置及广告类型来收费，并推出弹出广告、漂浮广告、BANNER广告、图片广告、文字广告、邮件广告、动态广告flash等多种表现形式供用户选择。

（4）竞价排名。企业为了促进产品的销售，都希望在网站信息搜索中将自己的排名靠前，而网站在确保信息准确的基础上，根据会员交费的不同对排名顺序作相应的调整，并采用搜索竞价排名方式，确定企业排名顺序，热点词汇直达商铺或企业网站。

（5）增值服务。电子商务除了为企业提供贸易供求信息以外，还会提供一些独特的增值服务，包括企业认证、独立域名、提供行业数据分析报告、搜索引擎优化、客户留言、前沿资讯、短信服务和邮件服务、高级商友俱乐部收费服务和线下服务、专家在线资讯服务。

（6）线下服务。为企业策划和承办各种展会、培训、期刊、研讨会、行业商会、高峰论坛、团购，包括为企业提供品牌促销活动、网络营销活动等策划。

（7）商务合作。与政府、行业协会、集团性企业合作。"上海生活圈"的优势就是可以采用下属12个生活圈共同联动的呼应形式，开展大规模的政务活动或联盟营销等商务经营活动。

毋庸置疑，无论什么电子商务网站，赢利的也就是以上几种模式，故网站赢利模式的选择关键还要归结到自己的核心竞争能力。

"上海生活圈"的核心竞争能力就是："依托报纸渗透社区，凝聚用户重塑黏度；打造圈内精准营销，形成跨圈联动平台。"

因此，"上海生活圈"一是要对内协调好版面与网络的联系、经营与采编的配合、两大类平台活动的统筹，并为此制定一系列操作程序和规范。二是要对外处理好用户投诉反馈、建立起完整的用户信息数据库和企业信息数据库，为拓展市场打下良好扎实的基础。

必须看到,新媒体中的电子运营商或平台具有互动性、传播渠道多样化、表达方式多样化等特征,网站盈利模式是多样的,新的盈利模式也在不断出现,我们必须关注新项目的开发。

新项目的开发在具体实际管理和操作中间,一是要有好的决策体制,但也要有赢利承载的考核;二是栏目的立项和改变,销售部门要有最终的否决权;三是要有系统的制度进行保证,保证采编和经营完全协同一致。

八、"上海生活圈"成本如何?

传统媒体由于印刷成本、落地费等成本巨大,并将伴随其整个过程,加上版面空间受到局限,所以不可能无限制地发展用户。

新媒体却完全不同,先期成本高,或者说沉没成本高;后期成本较低,逐步为零。加上平台空间是海量的甚至是无限量的,所以用户数量越多越经济。

正因为网络经济的边际成本趋向于零的显著特点,它可以在基础业务平台方面利用免费的优势来尽可能地吸引用户,并在此基础上搭建巨型平台。

网络媒体这种"免费+收费"的商业模式,充分发挥了规模经济和范围经济效用,利用免费优势吸引巨量的用户,进而搭建大型平台进行资源协同和共享。而且由于其存储空间海量,它就能更好地满足用户的个性化需求,做到精准营销,把各种个性化和小众化的用户吸引到巨型平台上来。

更为重要的是在网络经济情况下,市场不仅仅只是买卖双方匹配的系统,而是市场多方共存的生态系统,其中只有某些方面双方直接进行交易,而更多地依靠三方或多方交易,使网络媒体可以在平台上直接实现赢利。

因此,传统媒体成本最低的方法就是融合新媒体重新出发。当然,传统媒体在最初介入新媒体时,也要调整好心态,不要对短期回报有太大期望。

经过询价,现在市场上通行的电子商务网站建设价格在25000元。由于我们对于网站的功能要求会有不同,费用可能上下浮动一些,但不会太大。

除了此项费用之外,重要的还有人力成本。

采编团队和经营团队尽管通过网格化转型,可以在"上海生海圈"中成为重要力量,但他们的成本就像"上海生活圈"要落地的版面一样,即使不转型也要支出,已经包含在以前的成本之中,这里不再计入。

作为新媒体公司的管理与技术人力成本可以进行精确预算,第一期约在100万元左右。"上海生海圈"上线后,争取会员费一项收入完成成本。其他如交易佣金、广告费、竞价排名费、增值服务费、线下服务费、商务活动合作费都可成为利润。

100. 向晚报挥挥手

2013年春,解放日报报业集团三年一次各报部门主任的竞聘如期进行。这本来是有统一程序、统一时间要求的,独独《新闻晚报》别出心裁,提出要一个部门一个部门分批排队竞聘。集团竟然也同意了,结果晚报的部主任竞聘竟然搞了好几个月,直到我退休的夏天,也没有全部完成。尤其是与"上海生活圈"方案实施有关的新媒体部,最后也无声无息地泡汤了。

晚报在涉及命运前途的大方向前,显得心不在焉,只有一线的采编依然在拼搏新闻。2013年4月21日,我的一篇博客记录了退休前两个月的紧张工作状态:

本周当班,眼花缭乱,新闻转换得也太快了!

从复旦校园宿舍投毒案到美国波士顿马拉松终点爆炸案,再从得州化肥厂爆炸案到四川雅安地震……一波未息一波又起,个个惊魂动魄,件件触目惊心。

以至于我们不得不淡化了H7N9禽流感、朝鲜半岛紧张局势、撒切尔夫人的葬礼、凤凰古城收门票、股票的过山车、黄金的直线下落、沪车牌照的首次降价、上海汽车展……相比之下,这些本来都可以成为当天最重要的新闻,显得黯然失色。

面对接二连三的突发新闻,每天上午,不得不临时组织应急采访,不得不再三调整版面。

在忙完晚报早晨的"黄金时段",完成截稿传版之后,我才能松一口气,暂时安静下来。

到中午盘稿会,本以为这一波已经过去,认真策划好第二天正常的重点新闻,孰料第二天一早又被新的事件覆盖,只得再重新组织应急采访,临时调整版面。

策划的正常重点稿因为版面紧张发不出,积累的余量已足够下周所用,等待它们的可能就是删短简单发出了。想到这里,我心中不由产生一丝对那些拼命写策划稿记者的愧疚。

昨天夜里,为了派出的三名记者能够顺利到达发生7.0级地震的灾区雅安,报社十多个后方采编人员一直忙到零点以后。

要闻部张勇为雅安地震报道的前后方采编之间能便捷联系,创建了"雅安雅安"的微信群,采编们在微信上出点子、找人脉、提供资料……倒也真解决了一些很实际的问题:从上海消防那里为前方记者借了顶级的安全帽、在保险公司那里为前方记者办好了意外保险、从当地旅行公司那里为前方记者订好了越野车。

最让人感动的是劳佳迪正在四川做财经新闻采访,主动请缨要去灾区。她在微信中问:"今天,我穿着裙子,去灾区不要紧吧?"

得知这一信息后,记者祝玲主动回复道:"我姐姐在华西医院工作,家在成都,可以为你提供运动款衣物,手电筒、安全帽等保护装备。""运动装已经帮你准备好了。你穿多大码的鞋?现在让姐姐去帮你准备一双运动鞋。"

"太感动了,眼泪哗哗地流……"昨晚7:00左右,劳佳迪在"雅安雅安"微信群里说道:"祝玲姐姐主动打来电话,不仅为我准备了衣服、裤子、运动鞋,还准备了牛奶、饮用水、面包、香肠、雨伞、消毒液。在祝姐姐家吃完晚饭,姐姐带着我赶赴医院采访。分别时,祝姐姐还特意塞了一些零花钱,并叮嘱道:身边多带些钱,以防万一。"

300多条微信,让前方记者感动不已,以至于上传了许多流泪的、竖大拇指的表情包。

除了周一到周五,本周六也是我当班。

我加入了"雅安雅安"微信群,一面很"残酷"地指令到达成都的三名记者必须马不停蹄地进入雅安,保证周日本报能有记者从雅安传回的最新消息;一面又很"人性"地关照他们就在雅安驻扎,不能半夜往其他灾区深入。

直到半夜凌晨,记者还在成都,纠缠在有关方面不发放通行证的问题上。

我累了,发出微信:"相信船到桥头自然直",然后睡下。

清晨5点醒来,先拿起手机,看到前方记者微信报告,已经在凌晨3点多到达了雅安,心中大喜,不能成寐!

周日,我应该休息,但既然"不能成寐",就出门开车,再去报社。

发觉"不能成寐"的不止我一个,好几个本该休息的部主任和编辑也都坐在了编前会的桌前。

听他们梳理、听他们判断、听他们定版,我觉得自昨天上午以来的24个小时的焦虑,甚至本周168个小时新闻频繁转换而造成的紧张,都在心里慢慢得到了释放,显得尤其平静和安宁。

我突然轻松地想到:再有70天,我就要退休了。

从到这个报社的14年来,几乎每次重大突发新闻,我都被任命为临时采访小组的组长,届时不管双休假日还是白天黑夜,我都必须在报社在现场。

但愿这是我的最后一次。

并不是不愿意为报道这些令人惊魂动魄、触目惊心的突发事件付出艰辛,而是不再想看到每次这些重大事件背后的普通人的鲜血和生命!

2013年6月28日,还有两天退休,我在《关于搭建本报稿件"先网后报"体系的报告》上签字,这是我签的最后一份报告。这份报告细化了"先网后报"的概念,提出:"记者采写稿件除了考虑报纸截稿、版面等要求外,只要新闻要素相对齐备,即可随时报送新媒体平台,经一定的审稿程序发布。"

报告规定"先网后报"内容主体目前先定为三类:突发事件;条线统发消息;与以上相应的图片、视频和评论。

记者的独家消息和本报策划的专题报道依然实行"先报后网"。

2013年6月30日,是我副主编聘期最后一天,也是我退休前最后一天出席编前会。有同事要我发表一下感言,我笑笑说:记得晚报从汉口路搬家时,有同事感叹在晚报收获了爱情,找到了伴侣,建立了家庭,有了儿子和女儿,但我突然发觉14年来在晚报退休前做了爷爷的,只有我一个。大家大笑,有人认真地数了一下人头,惊奇地发现:无论在职还是退休的人里,当时真的还没有做了爷爷奶奶外公外婆的。

这年的6月2日,我的孙子出生,一直沉浸在喜悦之中的我,在退休前由衷地感慨:非常感谢《新闻晚报》让我升了一级,当然,绝不仅仅是因为辈分。

这天下午,我有两个意外:

一是晚报主编钮也仿告知我:他同我一样,明天也要退出《新闻晚报》,去《新民晚报》了。这让我大吃一惊!显然这不是集团的人事安排,而是他酝酿已久的方向。我毫无表情地笑笑,不作任何评价。

二是分管晚报的集团副总编王伟、集团领导成员兼晚报经营公司董事长寿光武、晚报主编钮也仿在一张继续留用我的纸上分别签字。继续留用我的理由,是想让我实施"上海生活圈"的设想。承担晚报经营业务的广告公司老总为此约我谈了一次话。他进一步了解了我对搭建"上海生活圈"框架的设想后,问了两句话:网站是年轻人的事,你有信心干吗?如果你想干,那么和晚报合作还有意思吗?他表示如果干,他可以个人投资。

话不投机半句多,我回应他:这份方案本来就是为晚报的整体转型设计的,如果你认为与晚报合作没有意思,那就算了。

我最后一次以晚报名义参加的活动是在退休后的第五天。2013年7月5日,我同东悦杭一起来到杭州阿里巴巴总部,举办了"天天正能量"的项目启动仪式。如果这不是从6月份延续下来的活动,我是不会出席这个项目的启动仪式的。

当时晚报微博报道,上海地铁一号线车厢里有人扔了满地西瓜皮,一位女士把西瓜皮一块块捡起来装进塑料袋,扎好后放进角落。"全车厢的人都一起目不转睛地看完了整个过程"。阿里巴巴"天天正能量"团队捕捉到晚报这条微博后,随即在微博平台上发起了"寻找正能量阿姨"活动,并承诺每转发一次就奖励阿姨1元钱,2万元封顶。该微博最终阅读达1500余万次,转发达4万余次。

捡西瓜皮的陈阿姨最终被本报记者找到,而陈阿姨却表示要将这笔2万元奖金捐给贫困学生。

这是阿里巴巴"天天正能量"活动中第一个影响较大的案例,因此他们邀请报道此事的《新闻晚报》参加项目启动仪式。

我站在阿里巴巴总部1号楼数据中心,看到巨大显示屏上有无数实时交易的数据,通过滚动的弧线,不停地延伸覆盖了全国及世界各地。网络的发展与应用已经到了如此地步,令人震撼。下意识地,我感到退休前那份《上海生活圈的设想》显得太微不足道了……所有的信息都在暗示:《新闻晚报》将来的前景可能比我预料的还要糟糕和复杂。

我很幸运,也很满足。26年的新闻生涯,无论在业务还是在职场上,我所付出的已经得到了收获。"手挥五弦,目送归鸿",我可以也应该自由自在地开始全新的生活了,扬起手,同晚报告别吧。

后　记

　　退休后,我过着一种自己喜欢的生活:书写与游历。

　　实际上,从2012年下半年起,我就开始动手整理插队时的资料,退休后加快了速度,30多万字的《边境插队手记》在2014年1月完稿,一年后出版;然后又开始整理26年新闻生涯的资料。

　　我和妻都会开车,退休后或约好友或携孙,沿长江玩"两湖"(湖南、湖北),沿黄河玩"两西"(陕西、山西),沿大海玩"两东"(广东、山东),向北经内蒙古到黑龙江,向南经广西到贵州……近处的江浙皖就更不用说了,只要高兴,开车就走。妻不爱去国外旅游,听我一提要去国外,她便说:国内还没跑够呢,去国外干什么?尽管如此,我还是去了美国一次,今年5月,经不住儿子儿媳两口忽悠,妻终于跟全家去了一回巴厘岛。

　　至于上海两大报业集团的合并,是在我意料之中的。"分久必合,合久必分",分分合合各有其利,分则竞争,精彩纷呈;合则太平,世间安宁。不过,合并有各种方式,像《新闻晚报》这样被休刊的结局却出乎我的意料。

　　2013年11月的一天,上海电视台主持人程雷婚礼,作为曾在《智力大冲浪》共事三年多的朋友,我被邀请出席。婚礼上见到尚在上海广播电视台当台长、即将担任上海报业集团党委书记、社长的裘新。他得知我已经退休,问:没有被聘用吗?我说:报业正在大调整,太复杂,不想参与其中了。

　　但后来我还是参加了《新闻晚报》休刊前的最后一次编前会,那是2013年的12月31日。

　　已经半年赋闲在家的我,每天睡到自然醒。2013年的最后一天却辗转反侧,夜不成寐。凌晨3:00醒来一次,5:00又醒来一次,6:00我忍不住起床,开车去《新闻晚报》社。我想在她最后沉没的那一天靠近她,陪晚报人一起向她致礼。

　　编前会、早餐、咖啡、拼版、签样……一切都那么熟悉。同样的程序,却不一样的氛围。

　　当天的人群中,唯一见证《新闻晚刊》首期到《新闻晚报》最后一期的,就是我。我被邀请坐在编前会的老位置，一言不发，只默默地向曾经的同仁致以注目礼。

我想握着仅仅14岁就夭折的她的手，告诉她："从你出生那天起，就想把你划到波澜壮阔的大海，去看海上日出的辉煌，然后在我生命逝去的时候，看你载着年轻人的希望继续破浪前进！但今天……"我突然有一种白发人送黑发人的伤感。

拼完版签好最后一个版样，接下来的评报会盘稿会不用再开，一切都结束了。

没有了明天，只有全体晚报人手举"新闻晚报1314"的纸牌，在解放日报报业集团大楼前的合影。

假如说，"1314"是晚报年轻人用网络语言表达了他们对晚报一生一世的情感，那么，无意中却戳痛了莘庄这幢大楼的软肋。很难想象，理应开明通达的报业，在设计这幢大楼的电梯楼层指示牌时，既像中世纪的西方人那样避开了13楼，又像中国往来于市肆的商贩贾人那样避开了4楼和14楼。

有人祝福我，说《新闻晚报》这条船是在我完成个人新闻生涯，登上颐养天年的彼岸后才沉没的，所以我很幸运。

我并不为这样的幸运感到高兴。已经过去的2013年，透露出种种迹象：一个改变媒体格局和舆论环境的大时代正悄然向我们走来，可惜我已"退伍"与之无缘。幸运，将降临在年轻一代媒体人身上！

那晚，手机像往年一样，接到一个又一个元旦新年的祝福，我一个没回。直到2014年1月1日的夜里，我才懒懒地打开手机，在新年的第一天送给晚报即将各奔前程的年轻人两句话：

第一句是"天生我才必有用"。人不可能一辈子待在一个地方，哪怕一棵树，根扎得再深，只有挪动后才成栋梁。希望在这次挪动中晚报的人才能得到赏识而重用。

第二句是"东边不亮西边亮"。或许有人在这次挪动中并没有得到赏识和重用，请记住，看不到亮光的人是瞎子，放弃亮光的是朽木。无论在怎样艰难的境遇下，快乐地发光并慢慢地寻觅，总会有大放光芒的一天。

我不想再对他们说"业务是立身之本"这句话。那是我曾经反复强调的，现在看来却是我的幼稚。

在整理26年新闻经历时，越来越多的资料证明：人在职场，业务之外的种种麻烦、不顺甚至挫折，不断阻碍和冲击着所谓的"业务为本"。在我的业务追求之中，就常常交织了复杂的内外职场纠葛。一路走来，经常看到有人因"怀才不遇"怨天尤人,因"岁月无情"自怜自艾,最后放弃追求,踌躇不前。回想往事,不禁为之叹惜。人生,并不单靠业务过硬才能成功,还要有"处世如水"的智慧和精神。

自老子以来的几千年,中国就有很多先哲用水的特性来比喻做人处世。

水,有向下而居的谦卑,与万物无争,于是没有来自内心的忧虑,也没有来自外界的纷扰;水,一旦认准目标,无论直行蜿蜒,无论地上地下,都坚定执着一往无前;水,锲而不舍,毅力坚强,滴水可以穿石;水,纯净透明,既不趋炎附势,也不故作清高;水,长流不腐,在涤荡万物时也源源不断引进活水抵御侵蚀;水,兢兢业业不存侥幸,见干土缝隙必渗透而后前行,遇深沟巨坑必填满而后奔流;水,越挫越勇,浪花拍岸、旋啸过礁、百折绕坡、断崖飞瀑,处处留下美景;水,敢于闯荡,在高山峻岭阻挡之间,一泻千里,气势磅礴,奔猛汹涌;水,随机应变,柔能变形,形能变声,境地不同,风采各异;水,以柔克刚,无所不通,或跨越、或绕开、或潜流、或喷涌、或升腾为气体,为云、为雾、为雨、为霰、为雹、为雪,或凝固为冰块,环境越寒冷恶劣,越增其钢铁般的坚硬。水,还启示如何交人,与小人之交泾渭分明敬而远之,与世人之交融通平和大度包容,与君子之交相敬如宾清淡如水。

当然,水也会泛滥成灾,令人畏惧,但如何防水治水那是另外一个话题。或者说,那是更高管理层研究的课题。我感到惊讶的是,人类最初就逐水而居,水,一直是人类的"精神图腾"。它激发了多少智者无穷的想象和情怀,以至于竟然能从水中提炼出精辟的处世之道。

我并不是一个很懂"处世"的人,只是想通过这本书纠正我以前对年轻人只强调"业务为立身之本"的误导,告诉现在及将来终要步入社会的年轻人,专业业务与职场经历是不能截然分开的,两者密切联系相辅相成。只有"业务为本,处世如水"这两者的结合,才能在职场立身;只有智慧地两者并用,才能在职场生存压力越大时,取得专业业务上更大的成功,从而享受到职场的快乐和潇洒。从这个思路出发,我于2016年6月动笔,40万字的初稿,在半年里一气呵成,写下了26年来在职场和业务两方面的得失。

这不是一位成功者的经验,只是一个经历者的感悟。

无论在我26年的新闻生涯中还留下多少遗憾,写完这本书,我的心如同汇入大海,一切都归于平静了。

最后,要感谢原解放日报报业集团副总编、《新闻晚报》主编寿光武先生拨冗为我这本书作序。先作为他属下的部主任,后作为他的副手,我与他在一起整整13年。这是我16岁踏上社会后,跟随时间最长的一位领导。正是他的通融大度和唯才是用,才使我圆满走完了职业生涯。

另外，我还要感谢原《上海房地产报》副主编徐勋国先生为此书进行了文字修订。在我担任《新闻晚报》社会新闻部主任时，他是社会新闻版的责任编辑，虽然我们在一起只有短短3年多时间，但用徐勋国的话来说，那是一段难忘的共铸辉煌的日子。

2017年6月定稿于上海